Das Unbehagen darüber, sich nur noch gegen die Gefahr eines Angriffskriegs schützen zu können, indem man dem potentiellen Gegner mit einem Atomkrieg, in letzter Konsequenz mit einer nuklearen Apokalypse droht, hat weite Kreise der Bevölkerung ergriffen und die ›Abschreckungsstrategie‹ der NATO in Frage gestellt.

Horst Afheldt, einer der engagiertesten Verfechter einer alternativen Sicherheitspolitik, der schon in seinem Buch *Verteidigung und Frieden* (Hanser 1976) auf die Mängel der westlichen Verteidigungskonzeption hingewiesen hat, legt mit diesem Buch eine kritische Bilanz der gesamten Verteidigungspolitik des Westens seit 1945 vor.

Besonders die seit Ende der 50er Jahre in den USA entwickelte ›Rüstungskontrollpolitik‹, die angesichts der Aufrüstung der Supermächte offensichtlich gescheitert ist, drängt zu der Fragestellung, ob das Ost-West-Verhältnis durch militärische Mittel weiterhin im Gleichgewicht gehalten werden und ob das Denkmuster vom ›militärischen Gleichgewicht‹ überhaupt den Ausbruch eines Atomkriegs verhindern kann.

Die kritische Analyse des bislang noch vorherrschenden Konzepts vom ›militärischen Gleichgewicht‹ ist der Kernpunkt in Afheldts Untersuchung und stellt den wichtigsten Beitrag zur fortlaufenden Diskussion über die Sicherheitspolitik dar.

Mit seinem Buch möchte der Autor Auswege aus einer gescheiterten Verteidigungspolitik aufzeigen, die auf ein glaubwürdigeres Sicherheitskonzept in Europa hinwirken. Voraussetzung dafür bleibt die genaue Analyse der bisherigen Fehlentwicklung der westlichen Sicherheitspolitik. Nur eine umfassende Bestandsaufnahme eröffnet die Chance für eine Politik, die von den zwanghaften Vorstellungen militärtechnischer Kalküle befreit ist.

Horst Afheldt, geboren 1924, studierte Physik und Rechtswissenschaft in Straßburg und Hamburg und ist seit 1970 Mitarbeiter am Max-Planck-Institut zur Erforschung der Lebensbedingungen der wissenschaftlich-technischen Welt in Starnberg (seit 1980 Max-Planck-Institut für Sozialwissenschaften). Veröffentlichungen: *Verteidigung und Frieden. Politik mit militärischen Mitteln* (1976 im Hanser Verlag) und *Defensive Verteidigung* (1983).

Horst Afheldt

Atomkrieg

Das Verhängnis einer Politik
mit militärischen Mitteln

Carl Hanser Verlag

Bibliographie und Register
Elisabeth Schedone

ISBN 3-446-14044-1
Alle Rechte vorbehalten
© 1984 Carl Hanser Verlag München Wien
Schutzumschlag: Klaus Detjen
Satz: Fotosatz Otto Gutfreund, Darmstadt
Druck und Bindung: F. Pustet, Regensburg
Printed in Germany

Danksagung

Peter Barth, Mir Ferdowsi und Elisabeth Schedone danke ich für Anregungen und für die mühevolle Arbeit, Statistiken und Literatur zusammenzutragen, zu ergänzen und auszuwerten. Irmgard Drieschner und Maria Palm danke ich dafür, daß sie geduldig die Manuskripte wieder und wieder geschrieben und umgeschrieben haben. Peter Barth, Irmgard Drieschner, Ines Reich-Hilweg und Elisabeth Schedone danke ich darüber hinaus für ihre Hilfe bei der Redaktion des Buches.

Carl Friedrich von Weizsäcker danke ich dafür, daß er das Max-Planck-Institut zur Erforschung der Lebensbedingungen der wissenschaftlich-technischen Welt in Starnberg 1970 gründete und so auch die hier vorgelegte Arbeit möglich machte.

Horst Afheldt

Inhalt

Zu diesem Buch

Seit dem NATO-Beschluß vom Dezember 1979 gibt es in der Bundesrepublik eine öffentliche Diskussion der Sicherheitspolitik. Diese Folge jenes Beschlusses ist zu begrüßen. Denn bis 1979 wurde Sicherheitspolitik nur in einem kleinen sich nach außen abschließenden Kreis diskutiert und mitbestimmt. Doch die so geführte Sicherheitspolitik der letzten 20 Jahre hat sich festgefahren. Ohne öffentliche Diskussion und ohne politisches Gewicht für neue Positionen kann diese Politik nicht aus ihrer Sackgasse herausgebracht werden. Nur: Wo liegen die Schwächen der alten Politik? Wo sind die neuen Positionen? Was macht die Diskussion oft so vehement, die Positionen so unvereinbar? (Kapitel 1). Liegen unterschiedliche Werte und Ziele hinter unversöhnlichen Positionen in Detailfragen? Und wenn das so ist, wie sehen diese unterschiedlichen Ziele und Werte aus – und wie haben sich derart unterschiedliche Grundvorstellungen über Sicherheit historisch entwickelt? Um dieser Frage nachzugehen, soll zunächst einmal die Entwicklung von Politik mit Einmischung militärischer Mittel, die zum Fiasko der Gleichgewichtspolitik der Mächte im Ersten Weltkrieg führte, skizziert werden. Es folgen die Versuche, die mit der Völkerbund-Satzung begannen, ein solches Fiasko in Zukunft zu verhindern. Bemühungen, die wiederum fehlschlugen – was spätestens der Zweite Weltkrieg unabweislich demonstrierte (Kapitel 2).

Das Ende des Zweiten Weltkriegs sah die Teilung der Welt in zwei antagonistische Blöcke, geführt von je einer Supermacht. Es sah schon damit eine Welt, in der weder die alte Gleichgewichtspolitik der Zeit vor dem Ersten Weltkrieg, noch der Versuch, Frieden durch kollektive Sicherheit (Völkerbund) zu erhalten, irgendwelche Chancen hatte. Denn die Voraussetzung für diese beiden Formen der Friedenssicherung fehlte: eine größere Zahl unabhängiger, etwa gleichrangiger Mächte.

Die Politik kooperativer Rüstungssteuerung (Arms-control-Politik), Ende der 50er Jahre in den USA entwickelt, suchte aus dieser Falle bipolarer Konfrontation, die die Beteiligten in einem Zirkel des Wettrüstens und der Eskalationsgefahr in Krisen festhielt, einen Ausweg zu weisen. Es ist wichtig, die Grundprinzipien dieses Ansatzes wieder in Erinnerung zu rufen (Kapitel 3). Doch auch diese Politik ist gescheitert. Das zeigt schon das Wettrüsten, das nach der Einführung der Rüstungssteuerungspolitik 1960 Dimensionen erreichte, die man vor ihrer Einführung für unmöglich gehalten hatte.

Warum ist diese Politik gescheitert?

Welche Faktoren haben dieses Ergebnis produziert? Ist Rüstungssteuerungspolitik unmöglich? Oder sind die angestrebten Erfolge nicht eingetreten, weil man diese Politik fehlerhaft verfolgt hat – oder ist Rüstungssteuerungspolitik gar nicht gescheitert, weil die verbalen Bekenntnisse zu dieser Politik den realen politischen Zielsetzungen nicht entsprachen? Anders: Konnte Rüstungssteuerungspolitik in Wirklichkeit gar nicht scheitern, weil sie überhaupt nicht versucht wurde?

Um diesen Fragen nachzugehen, muß die Entwicklung der sogenannten Sicherheitspolitik (Rüstungs-, Rüstungskontroll- und Entspannungspolitik) seit 1960 betrachtet werden. Insbesondere ist die Sicherheitspolitik von heute daraufhin zu untersuchen, inwieweit sie die Ziele der Rüstungssteuerungspolitik verfehlt und wo ihre Zielsetzungen – wie z.b.»militärisches Gleichgewicht« – überhaupt nicht mehr mit den Zielen der neuen Politik, Krieg durch kooperative Rüstungssteuerung zu verhüten, übereinstimmen. Stellt unsere Politik einen Rückfall in die alte Nutzung militärischer Mittel zum politischen Zweck dar – und sei dieser Zweck auch »nur«, militärische Rüstung als Drohmittel im Streit um politische Positionen zu verwenden?

Im Verlaufe einer solchen Untersuchung (Kapitel 4 bis 6) stellen sich Kriterien heraus, die *mindestens* erfüllt werden müssen, wenn Kriegsverhütung durch Rüstungssteuerung in der realen Welt von heute überhaupt eine Chance haben soll (notwendige Bedingungen). Niemand wird annehmen dürfen, daß es genügt, diese notwendigen Bedingungen zu erfüllen, um den Frieden zu sichern. Eine Reihe von anderen Bedingungen ist darüber hinaus unerläßlich, darunter als erste wohl der Wille, eine solche kooperative Kriegsverhütung höher zu schätzen als eigene Machtchancen, als das Ziel z.B., die erste Macht der Welt zu werden (UdSSR) oder zu bleiben (USA).

Aber selbst wenn die Summe aller hinreichend erscheinenden Bedingungen erfüllt wäre – selbst dann müßte ein weiterer Faktor hinzutreten: eine glückliche Fügung. Denn ein Netz kooperativer Friedenssicherung ist schwer aufzubauen, braucht Kraft, Entschlossenheit und Zeit. Es zu zerreißen ist jedoch leicht. Ein einzelnes Ereignis mag dazu genügen: sei es mehr oder weniger vorhersehbar, wie die Folge technischer Entwicklung (z.B. Weltraumkriegsmittel, Raketenabwehr usw.), sei es so unvorhersehbar, wie manche sozio-ökonomische Entwicklung, wie die Wandlung des Iran unter dem Ayatollah Khomeini.

Aber ist das Kriegsverhütungsnetz nicht unzerreißbar, bleibt Krieg möglich. Bricht er heute aus, spricht nichts dafür, daß er sich so begrenzen läßt, daß die Europäer in Ost und West als Industrienationen überleben können. Und fraglich ist auch, ob die Hauptgegner Sowjetunion und USA nach einem solchen Krieg noch Weltmächte sein würden.

Kein Zweifel deshalb: Die wichtigste Aufgabe der Politik europäischer Nationen ist, dafür zu sorgen, daß dieser Krieg zwischen Ost und West unwahrscheinlich wird. Kriegsverhütung dadurch, *beide* Seiten zur politischen Nutzung ihrer militärischen Mittel *un*fähig zu machen, Stabilitätspolitik also, müßte deshalb den höchsten Stellenwert haben. Doch welche Ebenen der militärischen Konfrontation der beiden Supermächte wir auch betrachten – wir finden statt dessen einen Wettlauf um militärische Optionen, um militärische Fähigkeiten. Das Scheitern von Rüstungsbegrenzungsversuchen findet schon hier eine hinreichende Ursache.

Dennoch bleibt ein Angriffskrieg à la Hitler 1939 in der atomaren Welt mit solchen Risiken der Selbstzerstörung behaftet, daß er unwahrscheinlich bis unmöglich erscheint – was auch immer an strategischen und technischen Variationen *bis heute* auftauchte. Auch in der Geschichte der Neuzeit ist er fast ein Unikum. Doch wie steht es mit dem Krieg, den letztlich niemand wirklich anstrebt – der dadurch ausbricht, daß man militärische Mittel als Drohmittel in Krisen einsetzt, bis schließlich niemand mehr diese Drohmittel beherrscht? Wie steht es mit einem Krieg, der dadurch entsteht, daß Krieg immer mehr als letztlich unvermeidlich erscheint – bis er schließlich unvermeidlich wird? Wie steht es also mit einem Krieg, der wie der Erste Weltkrieg im August 1914 ausbricht? Und was ist, wenn im diplomatisch-militärischen Spiel eine Seite sich in eine Situation begeben hat – oder in eine Situation gedrängt fühlt, aus der sie zu Recht oder zu Unrecht nur noch einen Ausweg sieht, nämlich die Flucht nach vorne, in den Krieg. Wie steht es also mit einem Krieg, der so beginnt wie der japanisch-amerikanische 1941: mit einem Überraschungs-Verzweiflungsangriff einer Nation also, die sich durch falsche Politik in eine Situation begeben hat, in der ihr Gegner ihr nur noch die Wahl zwischen Kapitulation und Angriff gelassen hat?

Ist es nicht leider durchaus wahrscheinlich, daß sich solche Entscheidungsfolgen wiederholen können? Wie war es denn zwischen den Supermächten in der Kuba-Krise 1962, in der Jom-Kippur-Krise 1973? Wurde nicht in beiden Krisen mit militärischen Machtmitteln – konventionellen und atomaren im Hintergrund – gepokert? Wurde dieser Poker nicht 1973 schon sehr viel waghalsiger und um sekundärere Positionen geführt als 1962? (Kapitel 7.1)

Sind jedenfalls die militärischen Vorbereitungen in Ost- und Westeuropa so stabil, daß sich militärische Eskalationszwänge nicht gegen die ursprünglichen Absichten der Beteiligten ausbreiten können?

Die Antwort ist leider negativ: Noch nie war die militärische Situation in Europa so instabil wie heute, nach mehr als 20 Jahren einer Politik, die den Zielen kooperativer Rüstungssteuerung zu folgen behauptete. (Kapitel 7.2)

Doch damit stellt sich die Frage:

Welche verantwortbaren Optionen bleiben eigentlich zukünftigen Bundesregierungen in zukünftigen ernsten Krisen? – Inwieweit kann und darf die bisherige Sicherheitspolitik im Innern und im Bündnis überhaupt fortgesetzt werden? (Kapitel 8)

I. Statt einer Einleitung

1. Sicherheitspolitik, Nachrüstung und Neutronenwaffe – eine kaum erfundene Diskussion am runden Tisch

Zeit: 1980? 1981? 1982? Ort: Bundesrepublik Deutschland

Teilnehmer:
A Der Abgeordnete Attila Nibelung, Mitglied des Verteidigungsausschusses einer (beliebigen) Partei, der mit seiner Partei »fest hinter dem Nachrüstungsbeschluß der NATO vom Dezember 1979 steht«.
B Der Friedensforscher Böse-Kassandra, der seit 20 Jahren »Beiträge zur Sicherheitspolitik, Rüstungsbegrenzung und Abrüstung« leistet.
C Der Diskussionsleiter Professor Dr. Clever-Dolphin[1], Logiker.

Das Wort hat der Abgeordnete Attila Nibelung:
»Ich fasse meine Auffassung in 9 Thesen zusammen:
1. Die Geschichte lehrt, daß militärisches Gleichgewicht den Frieden bewahrt.
2. 37 Jahre Frieden in Europa beweisen, daß es NATO-Bündnis und militärisches Gleichgewicht waren, die diesen längsten Frieden, den Europa kennt, bescherten.
3. 37 Jahre Frieden in Europa beweisen ferner, daß der Krieg in Europa auch weiter undenkbar bleibt, wenn wir nur die Voraussetzungen des Friedens sichern: Abschreckung durch NATO-Bündnis und militärisches Gleichgewicht.
4. Wer die Bevölkerung damit verunsichert, daß er schildert, was geschieht, wenn die für dieses militärische Gleichgewicht bereitgestellten konventionellen und nuklearen Waffen beider Seiten eines Tages eingesetzt werden müßten, entwickelt deshalb ein ganz irreales Schreckensbild und gefährdet so den Frieden. Denn er untergräbt mit diesem Katastrophenbild Widerstandswillen und Verteidigungsbereitschaft, weckt den Gedanken ›lieber rot als tot‹.
5. Damit NATO und militärisches Gleichgewicht den Krieg weiter unmöglich machen, wie seit 37 Jahren, muß die NATO folglich ihr konventionelles und nukleares Potential stets auf einem Stand erhalten, der das Gleichgewicht auf

---

1 Ende der 50er Jahre schrieb der Physiker Leo Szilard sein Buch: »The voice of the dolphins« – dt. Übers. 1981.
Professor Dolphin hat die (unbestechlich) uninformierte (undesinformierte) Intelligenz der Delphine Szilards.

allen Ebenen wahrt: der konventionellen, der taktisch-nuklearen, der Mittelstreckenebene und der strategischen Ebene.

6. Angesichts der gewaltigen Aufrüstung der Sowjetunion in den letzten Jahren auf allen Gebieten, den strategischen Kernwaffen, den taktischen Kernwaffen, den konventionellen Streitkräften, der Flotte und insbesondere den Mittelstreckensystemen (SS-20), muß die NATO erhebliche Verteidigungsanstrengungen unternehmen, um dieses Gleichgewicht wiederherzustellen. Die Sowjetunion gibt heute 14% ihres Bruttosozialproduktes für Verteidigung aus, die USA aber nur 7%!

7. Was im einzelnen zur Nachrüstung nötig ist, bestimmen die zuständigen Gremien der NATO, in denen die Bundesrepublik angemessen vertreten ist. Nur wenn die sorgfältig erwogenen und als notwendig erkannten und vereinbarten Rüstungsmaßnahmen auch durchgeführt werden, können Lücken im Abschreckungssystem vermieden werden, kann die NATO ihren Verteidigungsauftrag erfüllen, abschrecken und so den Frieden bewahren. Die hierzu notwendigen Überlegungen sind so kompliziert, daß nur wenige wirkliche Fachleute sie verstehen und kritisieren können.[2]

8. Grundlage für diese Planung ist die Strategie der flexiblen Reaktion. Ersteinsatz von Atomwaffen kommt erst nach äußerster konventioneller Gegenwehr in Betracht, hat mehr Signal- als Zerstörungscharakter, zielt auf Gewinn von Pausen, Zeit und Verhandlungen. Da die NATO Atomwaffen nur defensiv, vorsichtig dosiert und kontrolliert einsetzen würde, muß sie alle Optionen auf den diversen Ebenen haben. Es dürfen keine Lücken bestehen, die konfliktverschärfende dramatische Eskalationssprünge nötig machen würden.[3]

Die Neutronenwaffe z.B. ist ein notwendiges Mittel für die Option, ohne große Verluste der eigenen Bevölkerung die Panzerwaffe des Gegners zu zerstören.

9. Wer an wichtigen Beschlüssen der NATO – z.B. dem Nachrüstungsbeschluß – rüttelt, gefährdet das *Bündnis* und damit den Frieden. Denn einmal gefaßte Beschlüsse nicht durchzuführen, zeigt Schwäche. Schwäche aber unterhöhlt die Abschreckung.

Wer solche Beschlüsse in Frage stellt, stellt außerdem die Chancen für

---

2 Diese »Arroganz der Fachleute« treibt manchmal seltsame Blüten. So etwa bei Adelbert Weinstein in der Frankfurter Allgemeinen Zeitung vom 23. 10. 1981, S. 1: »Die Deutung der Atomstrategie ist schwierig. Der amerikanische Präsident hat aus dem Stegreif zu Grundsatzfragen der nuklearen Kriegführung Stellung genommen. Seine Formulierungen verrieten den Laien... Das, was Atomstrategie genannt wird, ist seit einem Menschenalter eine Geheimwissenschaft. Sie wird von einigen Dutzend Analytikern, militärischen Fachleuten, Philosophen und Journalisten betrieben...« Wie aber soll eine Abschreckungspolitik funktionieren, wenn dem für diese Politik im Westen letztlich allein entscheidenden Mann, dem Präsidenten der USA, testiert wird, er verstehe diese Politik gar nicht?

3 Diese Beschreibung verwendet Christian Potyka (1981) in seiner Darstellung der Sprachlosigkeit in der Nachrüstungsdiskussion, die zu diesem Kapitel anregte.

gegenseitige kontrollierte Abrüstung in Frage. Denn über Rüstungsbegrenzung und *Abrüstung* kann nur aus einer Position des Gleichgewichts erfolgreich verhandelt werden. Daß wir Rüstungsbegrenzung ernsthaft anstreben, zeigt aber der 2. Teil des Doppelbeschlusses: Das Rüstungsbegrenzungsangebot.«

Der Friedensforscher Böse-Kassandra antwortet:
»Ich muß Ihnen leider These für These widersprechen. Schon Ihr Ausgangspunkt, den Sie in

These 1
beschreiben, ist falsch.

Es stimmt einfach nicht, daß militärisches Gleichgewicht den Frieden erhält. Am 1. August 1914 brach der Erste Weltkrieg aus. Und das, obgleich das militärische Gleichgewicht zwischen den Mittelmächten (Deutschland und Österreich-Ungarn) einerseits und der Entente (England, Frankreich, Rußland) andererseits so außerordentlich genau austariert war, daß es eines vierjährigen Krieges bedurfte, bis im November 1918 mit der Niederlage Deutschlands und Österreich-Ungarns der Krieg endlich entschieden war. Von diesem Krieg hat sich Europa nie wieder erholt. Die eurozentrische Welt war versunken. Es war das real existierende Gleichgewicht, das diesen Krieg so lang und zerstörerisch machte.

Daß Sie, ausgehend von einem so grundfalschen Zielbild ›militärisches Gleichgewicht‹, dann These zu These zu falschen Schlüssen kommen, verwundert nicht.

Denn: Zu *These 2*
Nicht *wegen,* wie Sie meinen, sondern *trotz* wachsender Militärpotentiale in Ost und West, trotz zunehmender Probleme in der Welt, trotz Dekolonisation und technologischer Entwicklung ist es in Europa in den letzten 37 Jahren nicht zum Krieg gekommen. Wesentlich dafür war sicherlich, daß bis vor kurzem Rüstungssteuerung und Rüstungskontrolle nicht ganz erfolglos darin waren, die militärischen Machtmittel beider Seiten in ein Kriegsverhütungskonzept einzubinden, und daß einige Jahre Entspannungspolitik die politischen Gegensätze entschärften. Doch kooperative Rüstungssteuerung, Stabilisierung von Krisen und Begrenzung des Wettrüstens sind Vergangenheit. Und die Entspannungspolitik ist tot, jedenfalls in den Augen der amerikanischen Regierung unter Präsident Reagan. Es gibt aber, wie jahrelang unsere Weißbücher zu Recht betont haben, keinen Ersatz für Entspannungspolitik.

Ihre These 3,
37 Jahre Frieden in Europa würden beweisen, daß Krieg in Europa heute undenkbar sei, ist ebenso falsch. Denn 37 Jahre Frieden in Europa heute

beweisen ebensowenig wie 42 Friedensjahre in Europa von 1871 bis 1913[4], daß europäischer Krieg undenkbar bleibt, wenn wir nur Bündnis (NATO 1981, Bündnis der Mittelmächte 1914), Abschreckung[5] und militärisches Gleichgewicht sichern. Krieg bleibt also *möglich*.

Krieg ist schon deshalb möglich, weil niemand sicherstellen kann, daß *nie* in Zukunft auch nur *eine* zukünftige Regierung in irgendeiner Krise einen *einzigen* Fehler macht – sei es eine deutsche, eine amerikanische oder eine russische. Darüber hinaus kann Abschreckung auch einen unbeabsichtigten oder durch einen Betriebsunfall ausgelösten Ausbruch von Feindseligkeiten nicht verhindern, wie alle amerikanischen Regierungen seit Jahren betonen.[6] Aber die absolute Narrensicherheit des Abschreckungssystems müßten Sie garantieren können, wenn Sie Kriegsverhütung auf der Drohung mit atomarer Vernichtung aufbauen wollen.

Zu *These 4* (Der Verteidigungswille wird untergraben)

Nicht der, der darauf hinweist, was geschieht, wenn unsere Bundeswehr eines Tages ihren Verteidigungsauftrag erfüllen müßte, untergräbt Verteidigungswillen und Verteidigungsbereitschaft. Sondern der, der die Bundeswehr in ein Konzept zwingt, bei dem durch Einbau nuklearer Mittel Verteidigung das zerstören würde, was verteidigt werden soll. Schon 1960 forderte der spätere Bundeskanzler Helmut Schmidt deshalb ein Konzept, in dem Verteidigung ohne Selbstzerstörung möglich wird.[7]

In Ihrer *These 5*

(Nachrüstung, um Gleichgewicht und Frieden zu erhalten) ist nicht nur der Ausgangspunkt (Gleichgewicht = Frieden) falsch. Man kann doch auch nicht übersehen: Wer auf eine Rüstung des Gegners mit XYZ-Waffen mit einer eigenen Nachrüstung mit XYZ-Waffen zur Erhaltung des Gleichgewichts bei XYZ-Waffen antwortet, tut nur *eines* mit unbestreitbarer Sicherheit: er setzt Wettrüsten fort. Er vergrößert außerdem meist die Zahl der Zerstörungsmittel, die in *unserem* Land eingesetzt werden, wenn die Abschreckung versagen sollte. Aber ob damit der Krieg wahrscheinlicher oder unwahrscheinlicher wird, hängt nicht von optischer Zahlengleichheit ab, sondern von sehr viel komplizierteren

---

4 Der Balkan rechnete nach damaliger Auffassung politisch nicht zu Europa. In Rußland war z.B. das asiatische Departement zuständig. Vgl. George Kennan 1979, S.30.

5 Die deutsche Hochseeflotte bezeichnet wohl die erste umfassende Rüstung zu »Abschreckungszwecken« dieses Jahrhunderts. Sie sollte als »Risikoflotte« England vom Krieg abhalten. Darüber, ob es trotz Abschreckung oder gerade wegen der Flotte zum Krieg gekommen ist, konnte man dann trefflich streiten.

6 Böse-Kassandra stimmt hier wörtlich mit den Erklärungen von US-Verteidigungsminister Weinberger im Jahresbericht f.d. Haushaltjahr 1984 überein. (Vgl. Europa Archiv 1983, S.D 439)

7 Helmut Schmidt 1965, S. 118 ff.

Kriterien. Solange der vom Zaun gebrochene Angriffskrieg schon deshalb nicht wahrscheinlich ist, weil niemand weiß, ob ein Krieg nicht in den alles zerstörenden strategischen Kernwaffenkrieg eskaliert, ist die Verhinderung eines solchen Krieges nicht das Hauptproblem. Vielmehr hängt der Einfluß von Rüstung auf die Wahrscheinlichkeit eines Krieges davon ab, ob der Krieg, den niemand wirklich will, der Krieg, der unerwünscht aus einer Krise entsteht, durch die Rüstung wahrscheinlicher wird oder nicht. Aber dieses Problem kommt bei Ihnen überhaupt nicht vor.

Die Fixierung auf den unwahrscheinlichen Angriffskrieg der Sowjetunion à la Hitler 1939 zeigt sich auch in

Ihrer *These* 6 (Sowjetische Überrüstung)

Sie tun so, als ob nur der Warschauer Pakt gerüstet hätte, die NATO aber das letzte Jahrzehnt verschlafen habe. Das ist Unsinn. Ein Blick in unsere Weißbücher zeigt Ihnen, daß nicht nur der Warschauer Pakt rüstete. Dessen Rüstung finden Sie im Weißbuch unter Bedrohung. Unter eigenen Leistungen zur Aufrechterhaltung der Sicherheit finden Sie dann, wie die NATO unsere konventionellen und nuklearen Systeme mit erheblichem Aufwand laufend verbessert hat. Betrachten Sie die Rüstungsaufwendungen insgesamt, so finden Sie, daß die Bundesrepublik in der bündnisinternen Diskussion mit Recht darauf hinweist, daß sie von 1970 bis 1980 ihre Rüstungsaufwendungen real um 30 % gesteigert hat. Stärker sind auch die Aufwendungen der Sowjetunion nicht gewachsen. Und 14 % des Bruttosozialprodukts der Sowjetunion sind weniger als 7 % des mehr als doppelt so großen Bruttosozialprodukts der USA. [8] Sie übergehen auch völlig, daß die USA heute (ohne Frankreich und England) 3 300 strategische Nuklearwaffen (Sprengköpfe) *mehr* haben als die Sowjetunion. Und daß 1970, als Sie noch nicht von Überlegenheit der Sowjetunion redeten, der Vorsprung der USA nur 2 100 Atomsprengköpfe betrug. Wieso ist die Überlegenheit der Sowjetunion gewachsen, wenn der amerikanische Vorsprung in Sprengköpfen um 50 % zugenommen hat? [9]

Zu *These* 7 (Nur die Fachleute in der NATO können feststellen, welche Rüstungsmaßnahmen erforderlich sind)

Moderne Sicherheitspolitik, so wie sie z.B. in den Büchern von Helmut Schmidt oder des früheren US-Außenministers Kissinger in den 50er und 60er Jahren formuliert und gefordert wurde, muß neben den Kriterien militärischer Effizienz zusätzliche nicht-militärische Kriterien erfüllen. Höhere Treffsicherheit der Pershing II gegenüber seegestützten Raketen z.B. ist deshalb alleine kein

8 So die New York Times in ihrer Stellungnahme zum Pentagon-Bericht vom 27.9.1981, zitiert nach Le Monde vom 13.9.1981.
9 John M. Collins 1980, S.460.

hinreichendes Argument, sich für landgestützte Raketen zu entscheiden. Begrenzbarkeit des Rüstungswettlaufs und Beherrschbarkeit von Krisen, Verhinderung automatischer Eskalation von Konflikten zum Atomkrieg sind übergeordnete Kriterien für unsere Sicherheit, die bei jeder Entscheidung berücksichtigt werden müssen. Leider werden diese Kriterien heute in schnell wachsendem Maße verletzt. Der Nachrüstungsbeschluß bietet ein besonders krasses Exempel für diesen gefährlichen Trend:

1. mit der Einführung neuer Waffensysteme (landgestützte nukleare Cruise Missiles), die Rüstungskontrolle und Rüstungskontrollvereinbarungen fast unmöglich machen.[10]

2. mit dem Ausbau verwundbarer, an Land stationierter Raketen zu eurostrategischen Raketen (Pershing II), die in Krisen die Eskalationsgefahr erhöhen.

Gerade weil bei Kriegsverhütungspolitik so viele Kriterien gleichrangig neben militärische Effizienz treten müssen, hat sich die Rüstungssteuerungsschule als eine wissenschaftliche Disziplin entwickelt. Diese Schule, außerhalb militärischer und politischer Entscheidungsgremien mit ihren oft kurzfristigen Entscheidungszwängen gewachsen, soll die zur Kriegsverhütung *langfristig* nötigen Kriterien entwickeln und in der politischen Diskussion behaupten. Die eben aufgezeigten Entwicklungen der letzten Jahre zeigen, daß diese Aufgabe der Rüstungskontrollschule immer unzureichender erfüllt wird.

In Ihrer *These 8*

beschreiben Sie als NATO-Strategie der ›flexible response‹ die Wunschvorstellungen, die die Europäer an diese Strategie in den relativ friedlichen 70er Jahren knüpften. Doch die Verhältnisse, sie sind nicht so:

In der Realität bewirkt Ihr Glasperlenspiel mit Optionen[11], die wir angeblich brauchen, daß immer mehr Waffen angeschafft wurden, um für die jeweils neu ›notwendige‹ Option bereitzustehen. Auf diese Weise entstanden langsam diejenigen Arsenale, die gerade *nicht* für ›begrenzte, mehr auf Signal- als Zerstörungswirkung abzielende‹ Optionen geeignet sind, sondern für nukleare Verteidigung, für einen Sieg im Nuklearkrieg. Wenn ich mich polemisch ausdrücken darf: Der, der immer neue Optionen für abgestufte Abschreckung findet, ist der nützliche Idiot der Theoretiker des Sieges im Nuklearkrieg.

Die Gefahr liegt darin, daß auf den Theoretiker auch einmal in Ost oder West der Praktiker folgt. Schon heute ist ein vorsichtiger Ersteinsatz von Kernwaffen mit mehr Signal- als Zerstörungscharakter aus den amerikanischen öffentlichen Begründungen für taktische Kernwaffen verschwunden.[12] Es ist diese schlei-

---

10 Vgl. die Untersuchung des Brookings Institute, zit. nach Süddeutsche Zeitung vom 1.12.1981, »Zweifel an Cruise Missiles«.

11 Dieser Ausdruck stammt von Christian Potyka 1981.

12 Vgl. z.B. das z.Zt. gültige amerikanische Field Manual 100–5 und meine Kritik daran (in H. Afheldt, Defensive Verteidigung, 1983, Kap. 2.3).

chende Tendenz, Kernwaffen immer weniger als (politische) Abschreckungsinstrumente und immer mehr als ›Waffen mit militärischen Aufgaben‹ zu sehen, zu entwickeln und einzuplanen, die den Frieden in unserem Lande so gefährdet und im Krieg unsere Existenz bedroht.

Zu Ihrer *These 9*
(Aufrüstung als Voraussetzung für kontrollierte Abrüstung) muß ich sagen: Wer rüstet, um abzurüsten, rüstet zunächst einmal. Die normale Reaktion der Gegenseite ist nicht Rüstungsbegrenzung, sondern: Weiterrüsten. Daß im vorliegenden Falle gute Chancen dafür bestehen, daß die Reaktion der Sowjetunion anders ausfällt, können Sie nicht belegen. Die im zweiten Teil des Beschlusses vom Dezember 1979 bekundete Absicht der NATO, zur Rüstungsbegrenzung bei eurostrategischen Systemen zu kommen, ist lobenswert. Aber sehr viel einfachere Rüstungsbegrenzungsverhandlungen, wie SALT und MBFR (Wiener Truppenabbauverhandlungen), haben nach mehr als 10 Jahren immer noch nicht zu einer echten Rüstungsbegrenzung oder gar Rüstungsreduktion geführt.

Wie soll überdies bei eurostrategischen Raketen eine Rüstungsbegrenzungsvereinbarung aussehen, die unserer Sicherheit dient, wenn sich nicht einmal die beiden Gruppen, die den NATO-Nachrüstungsbeschluß im Bündnis vorbereiteten, auf ein gemeinsames Ziel einigen konnten? Denn während die von den Verteidigungsministerien gestellte High Level Group sich nur für eine teilweise Nachrüstung aussprach und ausdrücklich ein gewisses *Ungleich*gewicht an eurostrategischen Waffen für notwendig hielt, weil nur so der Abschreckungsverbund zu den strategischen Waffen gesichert sei, forderte die aus den Außenministerien stammende Special Consultative Group absolute de-facto- und de-jure-*Gleichheit* für die Mittelstreckensysteme in Ost und West.[13] Und letztere Forderung nach Gleichheit, die die militärischen Fachleute der Special Consultative Group selbst für abschreckungsmindernd hielten, ist jetzt die offizielle Bündnispolitik geworden.«[14]

Das Wort hat der Diskussionsleiter, Prof. Dr. Clever-Dolphin (C):
»Ich stehe vor dem unangenehmen Problem, in einer Diskussion vermitteln und kritisieren zu müssen, die mich mehr an einen Wortwechsel unter Gehörlosen als an eine echte Diskussion erinnert.[15]

13 Vgl. »Die nuklearen Mittelstreckenwaffen. Modernisierung und Rüstungskontrolle«, hrsg. v. Bundesminister der Verteidigung – Planungsstab, S. 10/11 und S. 21.
14 Jedenfalls wird die Position der Special Consultative Group jetzt als US-Position dargestellt. Vgl. Bericht über das Treffen dieser Gruppe v. 16.9.1981 in Brüssel, Atlantic News v. 18.9.1981 Nr. 1347, S. 1.
15 Christian Potyka, der leider am 22.7.1981 viel zu früh starb, beschrieb in einer seiner letzten Arbeiten einen solchen Diskussionsverlauf sehr präzise so:

19

Das Bild, das Sie, Herr Abgeordneter, gezeichnet haben, ist in sich geschlossen und lückenlos. Glaubt man, daß das Gleichgewicht in der Geschichte den Frieden erhalten hat, daß insbesondere das Gleichgewicht in Europa 37 Jahre den Frieden erhielt und daß es dies auch weiter tun wird, wenn wir nur die für das Gleichgewicht von der NATO für notwendig befundenen Rüstungsmaßnahmen ergreifen, um keine Abschreckungslücke entstehen zu lassen, dann ist die Richtigkeit des Beschlusses sicher. Denn dann erhält dieser Beschluß das Abschreckungssystem, und das Abschreckungssystem ist ja nach Ihrer Auffassung unfehlbar. Folglich ist und bleibt Krieg in Europa unmöglich – und die Frage, was geschehen würde, wenn es ihn doch gäbe, ist gegenstandslos. Wer sie dennoch stellt, kann dies von Ihrer Position aus nur tun, um den Widerstandswillen der Bevölkerung zu untergraben und die NATO zu zerstören.

Daß Sie, Herr Abgeordneter, nicht dartun konnten, daß Rüstungsbegrenzung wirklich zustande kommen wird, ist dann auch kein starkes Argument gegen den Nachrüstungsbeschluß. Denn Begrenzung von Rüstung ist kein Ziel an sich, sondern ein Mittel, das vor allem den Frieden sichern soll. Und wenn das militärische Gleichgewicht Voraussetzung für Frieden durch Abschreckung ist, ist es immer noch besser, es durch Aufrüstung zu sichern, als die Voraussetzung für den Frieden zu gefährden.

Wer allerdings nicht an die absolute Unfehlbarkeit dieses Abschreckungspostulats glaubt, den kann Ihre Argumentation kaum erreichen. Denn beweisen können Sie keine der von Ihnen zur Grundlage gemachten Thesen:

Die Geschichte lehrt bei oberflächlichen Vergleichen gar nichts. Aus ihr folgt weder, daß das Gleichgewicht den Frieden bewahrte (Juni 1914), noch, daß Gleichgewicht zum Kriege führen muß (August 1914). Auch 37 Jahre Frieden in Europa und gleichzeitiges Auftreten von NATO, Warschauer Pakt, militärischem Gleichgewicht und Ungleichgewichten [16], Sozialismus, Kapitalismus, Krisen, Entspannung und Konfrontation beweisen nur eins: daß diese Dinge gleichzeitig aufgetreten sind (zeitliche Korrelation). Sie beweisen überhaupt nichts für Kausalitäten. Ob wegen oder trotz NATO und Warschauer Pakt Krieg verhütet wurde, kann mit dieser zeitlichen Korrelation deshalb heute ebensowenig bewiesen werden, wie man 1913 hätte beweisen können, ob es wegen oder

---

»Wie Afheldt und Domröse vergangenes Wochenende auf einer Klausurtagung des überparteilichen Gesprächskreises Politik und Strategie im Godesberger Gustav-Stresemann-Institut, geraten in diesen Tagen viele Verteidiger und Kritiker des Nachrüstungsbeschlusses aneinander. Dabei wiederholt sich das gleiche Diskussionsmuster: Die einen argumentieren nur in den Kategorien und nach den Vorgaben der NATO-Strategie, die anderen nach den ungeschriebenen Gesetzen von Friedensforschung und Rüstungskontrolle.« (Potyka 1981)

16 So hat seit 1949 die Sowjetunion eine konventionelle Überlegenheit in Europa, seit Ende der 50er Jahre eine Überlegenheit in Mittelstreckensystemen, während andererseits die nukleare Überlegenheit der USA auf der strategischen Ebene jedenfalls bis Mitte der 70er Jahre unstreitig war.

trotz der deutschen Hochseeflotte (Risiko-Flotte!) 1913 noch nicht zu einem Krieg mit Beteiligung Englands auf der feindlichen Seite gekommen war.

Noch weniger beweisen 37 Jahre Frieden in Europa, daß der Frieden auch weiter erhalten bleibt, wenn nur Bündnis und militärisches Gleichgewicht erhalten werden. Sie beweisen dies so wenig, wie die sichere Fahrt der Titanic bis zum Zusammenstoß mit dem Eisberg ihre Unsinkbarkeit bewies.

Sie beweisen dies so wenig, wie das Ausbleiben eines großen Reaktorunfalles bis heute beweist, daß es einen solchen Unfall nie geben wird.

Wer absolute Pannensicherheit technischer oder gar technisch-sozialer Systeme behauptet, wird im allgemeinen als Scharlatan betrachtet. Überlegungen über größere Reaktorunfälle und Versuche, für solche Unfälle vorzusorgen, gehören deshalb zu den selbstverständlichen Maßnahmen der mit so viel Mißtrauen betrachteten friedlichen Nutzung der Kernenergie. Ist Ihr Abschreckungssystem aber *nicht* unfehlbar, dann spielt es in der Tat eine entscheidende Rolle, was geschieht, wenn es einmal versagt. Und darüber haben Sie sich ausgeschwiegen.

Sie, Herr Böse-Kassandra dagegen, habe ich nicht wirklich verstanden.

Zwar entsprechen Ihre Einwendungen gegen die behauptete Unfehlbarkeit des Abschreckungssystems der Logik. Und dies habe ich Herrn Attila Nibelung ja auch eben entgegengehalten. Aber daß es Rüstungskontrolle und Entspannungspolitik waren, die den Frieden mit erhalten haben, ist ebensowenig aus dem bisherigen Friedenszustand abzuleiten, wie daß das Gleichgewicht oder sonst irgendein Faktor der letzten 37 Jahre kausal war.

Mit Ihrer Feststellung, Nachrüstung vergrößere die Zerstörungspotentiale, haben Sie nur einen Teil der Wahrheit beschrieben. Sicher tut sie das. Aber die These des Abgeordneten Nibelung war ja gerade (These 5), nur so werde die Abschreckung über alle Stufen lückenlos sichergestellt und auf diese Weise die Kriegswahrscheinlichkeit vermindert. Kann nicht eine Verminderung der Kriegswahrscheinlichkeit die Verschlimmerung der Folgen bei Versagen der Abschreckung aufheben? Auch dann, wenn man die These von der *Unmöglichkeit* des Versagens der Abschreckung als unseriös zurückweisen muß?

Was schließlich ist moderne Sicherheitspolitik, von der Sie in Ihrer Entgegnung zu These 7 sprechen? Was ist Krisenstabilität? Wieso ist Kristenstabilität nicht durch den Doppelbeschluß gewahrt? Was entscheidet über eine Eskalation des Rüstungswettlaufs? Woraus folgt, daß die Treffsicherheit der Pershing II einen niedrigeren Stellenwert hat als Krisenstabilität – was immer das auch ist? Wo nimmt die Wissenschaft von der Sicherheitspolitik das Recht her, Forderungen aufzustellen, die über die militärischen Effizienzkategorien hinausgehen?

Schließlich habe ich nicht verstanden, was Sie meinen, wenn Sie sagen, Kernwaffen würden immer weniger als politische Abschreckungsinstrumente und immer mehr als Waffen mit militärischen Aufgaben betrachtet. Was ist der Unterschied – und warum ist dieser Unterschied wichtig?

Stimmt es wirklich, wie Sie behaupten, daß Rüstungskontrollverhandlungen über eurostrategische Systeme wenig Chancen haben? Soweit diese These sich auf die Erfolglosigkeit der bisherigen Rüstungskontrollpolitik stützt, ist sie nicht besser begründet, als die Behauptung des Abgeordneten Nibelung, es werde auch weiterhin keinen Krieg geben, weil es bisher zwischen NATO und Warschauer Pakt keinen Krieg gegeben habe.

So komme ich zu folgendem Resultat:

Ich sehe auf der einen Seite beim Abgeordneten, Herrn Attila Nibelung, ein einfaches, jedermann einleuchtendes Konzept. Ein Konzept, bei dem sich eines aus dem anderen ableiten und begründen läßt, wenn man nur die Prämissen akzeptiert. Wenn man vor allem an die unfehlbar friedenssichernde Rolle des militärischen Gleichgewichts glaubt. Leider gibt es für diesen Grundpfeiler jedoch keine stichhaltige Begründung, und die geschichtliche Erfahrung widerspricht dieser Annahme.

Wer aber den Glauben an die Unfehlbarkeit des Abschreckungssystems und an fehlerfreies Handeln aller deutschen, amerikanischen und russischen Regierungen in allen vor uns liegenden Krisen teilt, kann jedenfalls ruhig schlafen. Und ein so verschafftes subjektives Sicherheitsgefühl ist sicherlich auch ein positiver politischer Faktor. Und zwar nicht nur innenpolitisch, sondern auch im Ost-West-Verhältnis.

Auf der anderen Seite sehe ich beim Friedensforscher Böse-Kassandra eine Reihe komplizierter Argumente, die mich nicht überzeugen können, weil ich sie teilweise zum ersten Male höre, nicht wirklich verstehe, was sie aussagen und nicht übersehen kann, welches Gewicht sie haben. Die mich aber beunruhigen, weil sie die Rolle der Rüstung bei Versagen der Abschreckung ins Kalkül ziehen, die Unfehlbarkeit von Abschreckung also bestreiten. Eine Unfehlbarkeit, für die ich beim Abgeordneten Nibelung leider keinen Beweis finden konnte.

Beunruhigung aber ist nur dann ein positiver politischer Faktor, wenn sie in besseres Handeln umgesetzt werden kann. Doch wie dieses bessere Handeln aussehen soll, davon hat der Friedensforscher Böse-Kassandra leider nichts gesagt.

Ziehe ich ein vorläufiges *Fazit,*

so sehe ich vor mir zwei ganz unterschiedliche Bilder der Realität unserer Welt. Sie, Herr Abgeordneter Attila Nibelung, sehen sich in einer Welt, in der nur eine wirkliche Gefahr zählt:

Der Griff der Sowjetunion nach der Weltherrschaft, der Angriffskrieg der Sowjetunion nach dem Bilde von Hitlers Angriff 1939, der nur durch Entschlossenheit, Stärke und Einheit der NATO unter amerikanischer Führung verhindert werden kann.

Sie dagegen, Herr Böse-Kassandra, scheinen die Hauptgefahr nicht in diesem unprovozierten Angriffskrieg, sondern in einem Krieg zu sehen, der aus der sich verschärfenden militärischen Konfrontation der beiden Weltmächte entsteht und in den die beiden Blöcke so hineingezogen werden, wie die europäischen Mächtebündnisse 1914. Besonders scheint Sie zu beunruhigen, daß sich diese Konfrontation mehr und mehr dem Einfluß der Europäer entzieht, die, falls es zum Zusammenprall kommen würde, mit Sicherheit die ersten Opfer wären.

Stimmt es vielleicht, daß ›der Glaube, es gäbe nur eine Wirklichkeit, die gefährlichste... Selbsttäuschung ist; daß es vielmehr zahllose Wirklichkeitsauffassungen gibt, die sehr widersprüchlich sein können, die alle das Ergebnis von Kommunikation und nicht der Widerschein ewiger objektiver Wahrheiten sind‹?[17]

Wie wirklich ist also die Wirklichkeit von Herrn Attila Nibelung – wie wirklich die von Herrn Böse-Kassandra?«

Damit schließt die Diskussionsrunde. Weil die Diskussionslage so ist, wie Dr. Clever-Dolphin sie beschrieb, wurde aus diesem Diskussionsbeitrag ein so dickes Buch: das vor Ihnen liegende.

---

17 Paul Watzlawick, Wie wirklich ist die Wirklichkeit? München 1976, S. 7.

II. Politik und militärische Mittel in der Geschichte und im Atomzeitalter

>»Indem sich die ... Staatskunst in dem Trachten erschöpfte, die Verwirklichung eigenen Machtbegehrens durch Koalitionen und Rüstungen zu sichern, folgte sie dem allgemeinen Zuge der Zeit. An dem Wahne, mit diesen Mitteln den Menschheitsaufgaben der Politik gerecht zu werden, ist Europa zugrunde gegangen, und in diesem Irrglauben konzentriert sich die Gesamtschuld aller am Kriege beteiligten Nationen. Auch derjenigen, die den Krieg verhüten wollten.«[18]

2. Friede, Gleichgewicht, Krieg

Sichert militärisches Gleichgewicht den Frieden – oder gefährdet es ihn? Was lehrt die Geschichte – wenn sie uns über unsere Probleme überhaupt etwas lehrt?

2.1 Frieden durch militärisches Gleichgewicht?

Am Anfang der Verwirrung, der sprachlosen Diskussion, steht ein Wort. Das Wort »Gleichgewicht«. Gleichgewicht ist ein Begriff der Physik, der Physik in ihrer Grundform der Mechanik.

Solch ein physikalisches, mechanisches Gleichgewicht zwischen Staaten oder Heeren, Waffensystemen oder Industriepotentialen gibt es natürlich nicht. »Gleichgewicht« ist in der Politik deshalb ein Bild, eine Metapher. Und Metaphern sind gleich gut dazu geeignet, Sachverhalte deutlich zu machen, wie sie zu verwirren. Sei es, daß verschiedene Betrachter unter dem gleichen Bild verschiedene Sachverhalte verstehen, die alle durch dasselbe Bild verdeutlicht werden können, sei es, daß man ein Bild benutzt, das die eigene gewünschte Lösung praktisch präjudiziert.

Beide Formen der Verwirrung kennzeichnen die Diskussion um unsere Sicherheitspolitik heute.

Ein Beispiel dafür, wie Bilder verwendet werden können, um Resultate zu

---

18 Th. von Bethmann Hollweg, deutscher Reichskanzler im Juli 1914, in seinem Buch: Betrachtungen zum Weltkriege, Bd. 1, 1919, S. 193. (Der wörtliche Bezug auf »die *englische* Staatskunst« im Buch ist, wenn das Zitat aus dem Buchzusammenhang gelöst wird, irreführend. Gemeint ist die Staatskunst *aller* beteiligten Nationen.)

präjudizieren, bietet der Begriff der »Lücke«. Als »Raketenlücke« aus der Aufrüstungsdiskussion der frühen 60er Jahre bestens bekannt [19], steht sie heute als »Abschreckungslücke« oder »Lücke bei den Mittelstreckenpotentialen« in neuer Blüte. Das Bild »Lücke« bezeichnet etwas, was fehlt. Ein Zahn z.B.: eine Zahnlücke. Etwas was fehlt, muß natürlich beschafft werden. Jedermann versteht das.

Aber damit ist das Sachproblem wegdefiniert. Denn so klar es ist, daß ein herausgebrochener Zahn »fehlt«, so wenig klar ist dies bei den Sachproblemen, auf die das Bild der »Lücke« projiziert wird. Weil hier die Frage ja gerade ist: Fehlt etwas – oder ist es gut so, wie es ist. Erst wenn man diese Entscheidung nach sachlichen Kriterien getroffen hat, kann man sagen: Es besteht eine Lücke, die gefüllt werden muß – oder nicht.

Hinter dem Münchner Rathaus z.B. befindet sich ein unbebauter Platz. Ein Platz mit einigen Sitzbänken, Blumen. Eben ein Platz – also keine Bebauung. Eine Baulücke sagen die einen, die gerne dort bauen würden. – Nein, sagen die anderen: ein Platz. Ein freier Platz, und das ist gut so.

Gehen wir jetzt zum zweiten Bild und der zweiten Verwirrungsform. Es mag sein, daß die sowjetischen SS-20 den Frieden bedrohen. Und ob sie das tun und was zu tun wäre, um den Frieden dennoch zu sichern, ist eine wichtige Frage. Wenn man *feststellt,* daß sie den Frieden bedrohen, mag man das in die Metapher kleiden: Die sowjetische Raketenrüstung zerstört das militärische Gleichgewicht. Damit setzt man »Gefährdung des Friedens« in das Bild um: Gefährdung des Gleichgewichts. Und niemand kann das verwehren. Nur umgekehrt geht es schief: *Die* haben Mittelstreckenraketen, *wir* nicht. Also ist hier eine Lücke. Also ist das Gleichgewicht gestört. Das Gleichgewicht aber ist die Voraussetzung zum Frieden. Also brauchen *wir auch* Mittelstreckenraketen.

So herum addiert man zwei Fehler: Das mißverständliche Bild der Lücke und das des Gleichgewichts als Friedensfaktor. Denn woraus ergibt sich, daß Gleichgewicht den Frieden erhält? Es sei denn, man definiert einfach wie oben: Gefährdung des Friedens nennen wir Gefährdung des Gleichgewichts. Dann aber ist die Metapher »Gleichgewicht« überflüssig, leer.

Will man aus dem Begriff »Gleichgewicht« irgendwelche Forderungen über die Sicherheit unseres Friedens ableiten, muß man deshalb sehr deutlich sagen, was man unter dem Bild Gleichgewicht eigentlich versteht. Nur dann kann man sinnvolle Aussagen machen, die sich belegen oder falsifizieren lassen.

Versuchen wir es mit der präzisen und für militärische Kräftevergleiche sicher relativ gut geeigneten Definition: Gleichgewicht bedeutet gleiche militärische Fähigkeit. Dies ist eine gute Formel deshalb, weil sie über spezielle Ungleichhei-

---

19 Präsident Kennedy führte seinen Wahlkampf 1960 nach dem Sputnik-Schock mit einer angeblich zwischen den USA und der Sowjetunion bestehenden Raketenlücke. In Wahrheit besaßen die USA einen erheblichen Vorsprung – vgl. unten Kap. 3.1, S. 53.

ten hinweg summiert. Der eine mag mehr Panzer, der andere mehr Flugzeuge haben. Die Aussage ist: In der Summe haben sie gleiche militärische Fähigkeiten. Sie sind militärisch gleich stark.[20] Definiert man Gleichgewicht so, wird die Aussage: »Das militärische Gleichgewicht erhält den Frieden« eine sinnvolle Behauptung. Eine Behauptung, die belegt oder widerlegt werden kann.[21] Prüft man diese Aussage, militärisches Gleichgewicht im Sinne von »gleiche militärische Fähigkeiten« erhalte den Frieden, stellt sich aber leider heraus, daß sie falsch ist.

Welche Mühe man sich auch immer geben mag, »gleiche militärische Fähigkeiten« aus Daten über Mannschaftsstärken, Waffenqualität und Waffenzahlen, Produktionskapazitäten, geostrategischen Vor- und Nachteilen und moralischen Qualitäten zu ermitteln – die endgültige Antwort gibt immer erst der Krieg. Von Kriegen jedoch berichtet uns die Geschichte. Verhinderte militärisches Gleichgewicht im Sinne von gleichen militärischen Fähigkeiten nach geschichtlicher Erfahrung den Krieg, müßten militärisches Gleichgewicht und Krieg sich in der Geschichte also ausschließen. Doch das ist absolut nicht der Fall. Wir finden vielmehr militärisches Gleichgewicht eng verkuppelt mit den längsten, schwersten und diese Welt am entscheidendsten prägenden Kriegen.

Schon der Kampf Spartas und Athens im 5. Jahrhundert v. Chr. war ein jahrhundertelanges Ringen. Allein der Peloponnesische Krieg, eine Phase dieses Krieges, dauerte 27 Jahre.[22] 27 Jahre eines hin- und herwogenden Krieges – ist das nicht ein deutlicher Beweis für das Ausbalancieren der militärischen Fähigkeiten beider Seiten in diesem Konflikt?

Auch das Gleichgewicht zwischen Rom und Karthago war so vollkommen ausbalanciert, wie man es sich nur wünschen kann, wenn man gleiche militärische Fähigkeiten zur Verhinderung eines Krieges fordert. Drei lange Punische Kriege waren nötig, bis endlich der eine der Kontrahenten vernichtet war.

30 Jahre dauerte der Krieg zwischen Katholiken und Protestanten in Mitteleuropa; bis das Land zerstört und im Frieden von 1648 etwa derselbe Zustand akzeptiert war, der bei Kriegsausbruch geherrscht hatte. Militärisches Gleichgewicht am Anfang und am Ende.

---

20 So auch die Bundesregierung in ihrer Veröffentlichung »Aspekte der Friedenspolitik«, 1981, S. 23/24:
»…insgesamt muß zwischen den Streitkräften ein ungefährer Gleichstand der militärischen Mittel bestehen. Es muß sich nicht notwendigerweise in gleichen Waffenzahlen und Stärken bei allen Arten von Streitkräften ausdrücken…«
»Unter sicherheitspolitischen Aspekten ist ein annäherndes Gleichgewicht dann gegeben, wenn in einem bestimmten geographischen Raum die militärischen Fähigkeiten der einen Seite die militärischen Fähigkeiten der anderen Seite ausbalancieren.«
21 Die Minimalforderung an eine Aussage ist (nach Popper), daß sie falsifiziert werden kann.
22 Von 431 bis 404 v. Chr.

4 Jahre tobte der erste »moderne Krieg«, der amerikanische Bürgerkrieg von 1861 bis 1865 (Sezessionskrieg), bis die Nordstaaten die Südstaaten besiegen konnten und so das Gesicht Nordamerikas prägten. Militärisches Gleichgewicht und Krieg mit unermeßlichen, alle anderen Kriege jenes Jahrhunderts weit übertreffenden Zerstörungen gingen auch hier Hand in Hand.

Im August 1914 gingen in Europa die Lichter aus – und nie wieder sollten sie so über die Welt leuchten, wie bis zu diesem Jahre. 4 Jahre und 3 Monate Krieg, der in entsetzlichen Materialschlachten Millionen Menschen (Menschenmaterial) buchstäblich vernichtete, und der Eintritt einer außereuropäischen Macht (Amerika) waren nötig, um endlich 1918 eine Entscheidung herbeizuführen. Ist ein »besseres militärisches Gleichgewicht« als das im jahrelangen Grabenkrieg demonstrierte überhaupt vorstellbar?

Auch 1914 hat also militärisches Gleichgewicht den Frieden nicht erhalten. Und man kann sagen: 1939 ebenfalls nicht. Denn zwar sah es am Anfang nach Überlegenheit Hitler-Deutschlands aus. Doch schon im Herbst 1940, nach der Niederlage Frankreichs, verlor Deutschland die »Schlacht um England«. Deutschland war eben nicht stärker als seine Anfangshauptgegner England und Frankreich zusammen. Mehr als 5 Jahre dauerte es schließlich, bis Deutschland besiegt war.

Wenn die Geschichte überhaupt etwas über die Folgen eines militärischen Gleichgewichts im Sinne von gleichen militärischen Fähigkeiten lehrt, dann lautet diese Lehre deshalb:

1. Besteht ein echtes militärisches Gleichgewicht und kommt es zum Kriege, dann sind die Zerstörungen besonders schwer, bis der Krieg endlich beendet werden kann.
Und
2. alle das Gesicht unserer Welt bis heute entscheidend prägenden Kriege sind Kriege, entstanden und gefochten im »militärischen Gleichgewicht«.

Frage:
Kann vor dieser geschichtlichen Erfahrung militärisches Gleichgewicht im Sinne von gleichen militärischen Fähigkeiten wirklich ein erstrebenswertes Ziel sein, wenn man den *Entscheidungskrieg* zwischen West und Ost *verhüten* will?

Aber hat denn nicht das berühmte Gleichgewicht der Mächte, die balance of power, jahrhundertelang den Frieden Europas bewahrt?

Antwort:
Erstens: Es hat *nicht*! Sollte dies auch gar nicht – jedenfalls nicht immer.
Zweitens: Wer dieses *politische* Gleichgewicht der Mächte mit *militärischem* Gleichgewicht verwechselt, fällt wieder auf ein Verwirrspiel mit Bildern herein. Gleichgewicht der Mächte hat mit militärischem Gleichgewicht so viel zu tun wie Löwe mit Löwenzahnkraut.

Zur ersten Antwort:
Das europäische Gleichgewichtssystem war ein politisches Gleichgewichtssystem, kein militärisches. Es war ein intelligentes System *mehrerer* Großmächte, das allen Beteiligten lange Zeit eine verläßliche Garantie für ihre Existenz gab und dem diese Mächte deshalb einen hohen Wert zumaßen. In diesem System war die Anwendung von militärischer Gewalt zur Erreichung von politischen Zielen auf relativ wenige Fälle reduziert. Doch ausgeschlossen war sie nicht. Das System setzte die Möglichkeit der Anwendung militärischer Mittel vielmehr voraus.

Der spätere amerikanische Außenminister Henry Kissinger beschreibt das Funktionieren dieses Gleichgewichtssystems so:

»Solange das internationale System aus vielen Staaten etwa gleicher Stärke bestand, konnten geschickte (diplomatische) Manöver physische Macht bis zu einem gewissen Grade ersetzen. Solange keine Nation stark genug war, alle anderen auszuschalten, konnte Koalitionswechsel dazu benutzt werden, Druck auszuüben oder Unterstützung zu organisieren. Wechselnde Koalitionen dienten gewissermaßen als Ersatz für militärischen Konflikt. In den klassischen Perioden der Kabinettsdiplomatie im 18. und 19. Jahrhundert hingen die diplomatischen Optionen und die Verhandlungspositionen eines Landes davon ab, daß es für so viele andere Länder wie möglich als Partner in Frage kam. Das führte dazu, daß keine politische Beziehung als ewigdauernd angesehen und kein Konflikt bis zur letzten Konsequenz getrieben wurde. Streitigkeiten wurden durch die stillschweigende Übereinkunft begrenzt, daß die Aufrechterhaltung des bestehenden Systems wichtiger war als jeder einzige Streitfall.«[23]

Den *Frieden* sichern, die Anwendung militärischer Gewalt also ausschließen, das konnte dieses System nicht. Wollte es auch gar nicht.

Kissinger:

»Selbst im Wiener Kongreß, – lange als *das* Vorbild diplomatischer Konferenzen angesehen – wurde die Regelung, die für ein Jahrhundert den europäischen Frieden erhielt, nicht ohne Kriegsdrohung erreicht.«[24]

Und:

»Kriege kamen vor, aber sie bedrohten nicht das nationale Überleben und blieben im Verhältnis zu bestimmten begrenzten Zielen.«[25]

23 Kissinger 1960, S. 171.
24 Kissinger 1960, S. 170.
25 Kissinger 1960, S. 171. Hans Adolf Jacobsen (1969, S. 38) beschreibt die kriegsfördernde Rolle des Systems so: »Zwar hat das multipolare Gleichgewicht bis in das 18. Jahrhundert die Existenz aller Mitglieder des modernen Staatensystems gesichert; doch sind im Namen des Gleichgewichts ebenso Länder zerstückelt und Gebiete annektiert worden, zumal die meisten Kriege der Neuzeit durch das System des Gleichgewichts verursacht worden sind (Präventivkriege, imperialistische Kriege, Krimkrieg, 1. Weltkrieg).«

Das ist der Krieg, den Clausewitz als Fortführung der Politik mit Einmischung anderer Mittel bezeichnet.

Zur zweiten Antwort:
Im System des Gleichgewichts der Mächte wurde Krieg dann verhindert oder schnell beendet, wenn der, der den Status quo erhalten wollte, gegen den, der entschlossen war, notfalls mit Gewalt die Verhältnisse zu verändern, eine überwältigend-abschreckend-starke Koalition zustande brachte.

Nicht militärisches Gleichgewicht, sondern militärische Überlegenheit der Status-quo-Mächte, der im konkreten Fall den Frieden vorziehenden Mächte also, sicherte im System des Gleichgewichts der Mächte den Frieden.
Überlegenheit der »aufstrebenden«, Veränderung suchenden Mächte dagegen führte mit derselben Logik entweder zu einem kurzen Eroberungskrieg – oder zur vorweggenommenen »Kapitulation«, zum Nachgeben des Unterlegenen in der Streitfrage ohne Krieg. [26]

Aus diesen Erkenntnissen über das System des Gleichgewichts der Mächte (balance of power) der Zeit vor dem Ersten Weltkrieg folgt deutlich, was geschieht, wenn die Zahl der Mächte oder Mächtegruppen auf zwei zurückgeht:

Kissinger:

»Immer, wenn die Zahl der souveränen Staaten zurückging, wurde die Diplomatie rigider. Als ein Vereinigtes Deutschland und ein Vereinigtes Italien im 19. Jahrhundert entstanden, ersetzten sie eine Gruppe kleiner Fürstentümer... Vom Standpunkt der diplomatischen Flexibilität aus war damit etwas aus dem Spiel der Führung der Außenpolitik herausgenommen worden. In dem Maße, in dem die verfügbaren diplomatischen Optionen abnahmen, wuchs die Versuchung, Sicherheit dadurch zu gewinnen, daß die physische Kraft des Landes mobilisiert wurde. Der Rüstungswettlauf vor dem 1. Weltkrieg war ebensoviel das Resultat wie der Grund der Unflexibilität der Diplomatie. Frankreich und Deutschland waren in einem fundamentalen Konflikt. Und kein Staat konnte eine überwältigende Koalition organisieren. Das Ergebnis war, daß militärische Macht diplomatische Geschicklichkeit zu ersetzen hatte, und die Zeit vor dem 1. Weltkrieg zeigte eine kontinuierliche Zunahme der stehenden Armeen.

Der 2. Weltkrieg[27] beschleunigte die Polarisierung der Macht. Am Ende des 2. Weltkriegs waren nur zwei Hauptmächte übriggeblieben – Hauptmächte in dem Sinne, Aussichten zu haben, ihre Sicherheit durch ihre eigenen Ressourcen garantieren zu können. Aber eine Zweimächte-Welt ist notwendigerweise unstabil. Jede relative Schwächung der einen Seite ist verbunden mit einer absoluten Stärkung der anderen. Jeder Streitpunkt scheint ein Punkt von Leben und Tod zu sein. Die Diplomatie wird rigide, da kein Staat über die Dinge verhandeln kann, die er für die Voraussetzungen seines

---

26 Vgl. dazu z.B. Daniel Frei, Kriegsverhütung und Friedenssicherung, Stuttgart 1970, S. 70f.
27 In Kissinger 1960, S. 171, steht »1. Weltkrieg« – offensichtlich ein Druckfehler.

Überlebens hält. In einer Zweimächte-Welt werden diese Erfordernisse wahrscheinlich wechselseitig unvereinbar aussehen. Der Bereich, in dem die Diplomatie am notwendigsten ist, wird dann am wenigsten verhandlungsfähig erscheinen.«[28]

Der Zusammenbruch des kriegsbegrenzenden Systems des Gleichgewichts der Mächte im Ersten Weltkrieg ist also charakterisiert durch
1. die Reduktion der organisierbaren Machtgruppen auf zwei,
2. das tatsächlich bestehende militärische Gleichgewicht zwischen diesen beiden Gruppen. (»Kein Staat konnte eine übermächtige Koalition zur Verhinderung eines Angriffs durch seinen Gegner zusammenbringen.«)

Das aber ist eine viel gravierendere negative Feststellung über die Tauglichkeit eines militärischen Gleichgewichts zur Kriegsverhütung in der Geschichte als die, die in der einleitenden Diskussion am runden Tisch getroffen wurde.

Nicht nur ist der Satz, daß militärisches Gleichgewicht den Frieden erhalten hat, durch die geschichtlichen Erfahrungen falsifiziert. Es zeigt sich sogar, daß Streben nach militärischem Gleichgewicht charakteristisch ist für eine besonders kriegsgefährliche Struktur: Die Erstarrung des Mächtekonzerts in einer bipolaren Konfrontation, die die Organisation von militärischer Überlegenheit der Status-quo-Verteidiger durch Rückversicherungsverträge nicht mehr zuläßt. Eine Struktur also, die, wie die Geschichte zeigt, zu Wettrüsten führt, bis das System im Krieg zusammenbricht.

Die Schwere der Katastrophe eines solchen Zusammenpralls ist dabei für bipolare Konfrontationen ebenso typisch, wie die relativ lange Friedenszeit zwischen zwei Kriegen.[29]

Der mörderische, bis zur Erschöpfung aller Mittel ausgefochtene Erste Weltkrieg diskreditierte das »Gleichgewichtssystem der Mächte«. Er diskreditierte insbesondere – und wie man meinte, für immer – militärisches Gleichgewicht als letzte Ausflucht eines in eine bipolare Konfrontation entarteten Systems des Mächtegleichgewichts.

Der 1919 aufgrund der 27 Punkte des amerikanischen Präsidenten Wilson

---

28 Kissinger 1960, S. 171/172. Anders K. Waltz 1981. Er nennt die Erstarrung in zwei Blöcke, die Kissinger so eloquent beschreibt, »einen Beitrag zu Stabilisierung und Frieden«. Sicher, jede Erstarrung ist ›stabilisierend‹. Bis die gefrorene Struktur explodiert, weil Leben der Völker kein statischer Zustand ist und weil die notwendigen Anpassungen in so einer starren Ordnung nicht möglich sind (Polen 1981).

29 Vgl. über die Korrelation zwischen Friedensdauer und Zugehörigkeit der Staaten zu einem Block E. Weede, Kriegsverhütung durch nukleare Abschreckung oder Entspannung. Tagungsbericht der Jahrestagung der Österr. Gesellschaft für Politikwissenschaft 1982. Wenn Weede die Friedensdauer von 1945 bis heute auf die *nukleare* Abschreckung zurückführt, die ihrerseits seit 1945 mit der bipolaren Konfrontation korreliert ist, findet das allerdings in seinem historischen Material verständlicherweise keine Stütze.

gegründete Völkerbund suchte deshalb das diskreditierte Gleichgewichtssystem durch eine neue Form der Friedenssicherung zu ersetzen. Kriegsverhütung im Rahmen des Völkerbundes sollte durch das Prinzip der *kollektiven Sicherheit* gewährt werden. Dieses Prinzip sah gemäß Artikel 16, Abs. 1 der Völkerbundsatzung vor: Falls ein Staat zum Kriege schreitet, wird er so angesehen, als ob er gegen *alle* Staaten zum Kriege schreitet. Schon das Wissen, sich einer solchen Übermacht gegenüberzusehen, sollte jeden Staat davon abschrecken, Krieg zur Durchführung der nationalen Ziele zu nutzen. So sollte *Übermacht* der »Friedliebenden« Krieg ebenso verhüten, wie das Gewaltmonopol der nationalen Polizei im Inneren Störungen von Ruhe und Ordnung in der Gesellschaft verhindern soll.

Um sicherzustellen, daß auch tatsächlich alle Staaten gegen den Rechtsbrecher zusammenstanden, wurden gemäß dem 25. Punkt von Wilsons 27 Punkten Militärbündnisse verboten.

Halten wir fest: Das, was heute in West und Ost als »Garantie des Friedens« gefeiert wird, die Militärbündnisse NATO und Warschauer Pakt und militärisches Gleichgewicht (gleiche militärische Fähigkeiten) zwischen ihnen, betrachtete die Völkerbundsatzung als Wurzel des Kriegsübels. Militärpakte waren deshalb nach der Völkerbundsatzung verboten.
Die geschichtliche Erfahrung bestätigt diese Auffassung.

Bekanntlich konnte auch das Prinzip der *kollektiven Sicherheit* den Zweiten Weltkrieg nicht verhüten. Lange vorher schon hatte es im italienischen Abessinien-Krieg und im japanisch-chinesischen Krieg versagt. Was waren die Gründe dieses Versagens?

Erster Grund:
Das Prinzip der kollektiven Sicherheit ist im Völkerbund nie wirklich realisiert worden. Schon daß die Vereinigten Staaten sich nicht am Völkerbund beteiligten, stellte die Effizienz des Prinzips in Frage. Denn das Gewicht der Vereinigten Staaten hatte durch die Schwächung der europäischen Völker im Ersten Weltkrieg entscheidend zugenommen.

Zweiter Grund:
Das Prinzip der kollektiven Sicherheit erhielt den zweiten Schlag durch eine Resolution aus dem Jahre 1921, in der die Staaten die Völkerbundsatzung dahingehend auslegten – oder besser verbogen –, jeder Staat habe das Recht, *selber* zu entscheiden, ob ein Fall der kollektiven Sicherheit vorliege oder nicht.[30] Damit aber war die Automatik zerstört, die dem potentiellen Friedens-

---

30 Vgl. League of Nations, Official Journal Spec. Suppl. Nr. 6 (Oct. 1921), p. 24 ff. Besonders Ziffer 3 a.a.O.

brecher von vornherein vor Augen führen sollte, daß er gegen die Übermacht der »Friedliebenden« seine Ziele unmöglich mit Gewalt würde erreichen können.

Dritter Grund:
Das Prinzip der kollektiven Sicherheit kann nur funktionieren, wenn *jeder* Staat *jederzeit* gegen *jeden* Aggressor antritt. Gleichgültig, ob dieser Aggressor sonst zu seinen Freunden oder seinen Feinden zählt. Bei den stets vorhandenen Interessengegensätzen aber ist ein solches Verhalten politisch oft kurzfristig so ungünstig, daß es wider die kurzfristigen Interessen der Staaten ist – so stark das Interesse am Funktionieren des Prinzips langfristig auch sein mag (Morgenthau).[31] Ein häufig sich sehr stark manifestierender Gegensatz ist der Gegensatz zwischen Status-quo-Mächten und solchen, die den Status quo ändern wollen. Deutschland und Italien z. B. sahen in der Zeit vor dem Zweiten Weltkrieg gemeinsam ihr Interesse darin, den Status quo zu ändern. Folglich war es gegen das politische Interesse Deutschlands, gegen Italiens Abessinien-Krieg Stellung zu nehmen.

So gelang es Deutschland, aus der absoluten Unterlegenheit nach der Niederlage 1918 durch Ausnutzung dieser Interessengemeinsamkeit der Nicht-Status-quo-Mächte, wieder eine Art Gleichgewicht aufzubauen.

Das Ende des Zweiten Weltkriegs warf die Welt zurück in eine bipolare Konfrontation wie 1914. Es verstärkte diese Konfrontation noch durch die ideologischen Gegensätze, die der Kriegskonfrontation von 1914 gefehlt haben.[32]

Die Satzung der 1945 gegründeten UNO zog die Konsequenz aus dieser Realität. Zwar versuchte diese Satzung, die Zentralgewalt der internationalen Organisation zu stärken. So entscheidet der Sicherheitsrat im Konfliktsfalle mit bindender Wirkung gegen alle Mitgliedstaaten. Er entscheidet insbesondere über den Einsatz der UNO-Streitkräfte. Gemäß Artikel 43 der UNO-Satzung müssen dem Sicherheitsrat Streitkräfte zur Verfügung gestellt werden. Die Stärke dieser ständigen Streitkräfte soll durch ein Abkommen geregelt werden. Doch ein solches Abkommen ist bislang nicht zustande gekommen. Und im Sicherheitsrat hat jede der Großmächte ständigen Sitz und – Vetorecht.

So scheiterte auch dieser zweite Versuch, durch *kollektive Sicherheit* die *überwältigende* militärische Macht gegen jeden Friedensstörer sicherzustellen. Nur die in der UNO-Satzung, entgegen der Völkerbund-Satzung, erlaubten Sonderbündnisse zur »kollektiven Selbstverteidigung« (Artikel 51) wurden Realität. Die wichtigsten sind NATO und Warschauer Pakt. Bipolare Konfrontation

---

31 Morgenthau, Hans J. 1963, S. 354–364.
32 Zwar suchte die Kriegspropaganda diese Realität zu überdecken. Doch läßt sich einfach nicht leugnen, daß das demokratische England mit dem absolutistischen Rußland gegen die konstitutionellen Monarchien der Mittelmächte stand.

und »Gleichgewicht«, das, was die Völkerbund-Satzung aus geschichtlicher Erfahrung als kriegstreibend für immer ausschließen wollte, sind somit wieder neue (alte) Realität.

2.2 Wege in den Krieg

Wieweit gelten die geschichtlichen Erfahrungen im nuklearen Zeitalter – unter dem Damoklesschwert eines jederzeit möglichen alles vernichtenden umfassenden Nuklearkrieges?

Konkret gefragt: Wie kann es denn – bei richtigem Verhalten der Staaten – im militärischen Gleichgewicht zum Kriege kommen, wenn sich jede Seite ausrechnen kann, daß sie durch die Eskalation zum Atomkrieg nach diesem Krieg schlechter dasteht als vorher – selbst dann, wenn sie »als Sieger« hervorgehen sollte?

Stellt man diese Frage an die Geschichte, muß man formulieren:

Wieso kann es denn im militärischen Gleichgewicht zum Kriege kommen, wenn doch jeder sich ausrechnen kann, daß mit militärischen Mitteln im militärischen Gleichgewicht politischer Gewinn nicht erreicht werden kann. Weil der Krieg, der ausgelöst wird, so zerstörerisch wird, daß an dessen Ende selbst der Sieger schlechter da steht als vorher (England und Frankreich 1918), vom Verlierer ganz zu schweigen.

Die geschichtliche Antwort darauf ist:

Wie gut oder wie schlecht ein militärisches Gleichgewicht tatsächlich ist, zeigt sich eben erst im Krieg. Überschätzung der eigenen Möglichkeiten oder Unterschätzen der Mittel und der Entschlossenheit der Gegner, *Fehlkalkulation* also, ist ein historisch bekanntes Vehikel in den Krieg (Hitler 1939: Unterschätzung Englands; 1941: Unterschätzung Rußlands; der Angriff des Irak auf den Iran 1980).

Nie Zweifel an der eigenen Entschlossenheit aufkommen zu lassen, weder in Rüstungsprogrammen Nachgiebigkeit zu zeigen, noch in Krisen »mit den Lidern zu blinzeln«[33], ist deshalb aus gutem Grund eine der größten Sorgen beider Pakte, der NATO sowie des Warschauer Paktes.

Nur: Fehlkalkulation über die Entschlossenheit des Gegners ist nur *ein* Weg in den Krieg. Und der Versuch, diesen Weg durch entschlossenes Rüsten und »furchtloses Vorangehen« in der Krise zu verbauen, bereitet fast zwangsläufig einen Nebenweg. Wie soll denn der Krieg verhindert werden, wenn *alle* Seiten fest entschlossen auftreten, um dem Gegner klar zu machen, daß *er* sich zurückziehen muß, um eine Katastrophe zu verhüten? Die Juli-Krise 1914 bietet hier ein abschreckendes Beispiel:

---

33 Kennedy über Chruschtschow in der Kuba-Krise, als die russischen Schiffe vor der US-Seeblockade abdrehten.

»Eins muß ich dabei allerdings einräumen. Daß selbst russisches Denken davor zurückschrecken werde, ohne äußerste Not den furchtbaren letzten Schritt zu tun, habe ich zu Beginn der Krise ebenso angenommen, wie ich glaubte, daß auch England, vor die allerletzte Entscheidung gestellt, die Erhaltung des Weltfriedens höher schätzen werde als seine Freundschaften.« (Bethmann Hollweg, deutscher Reichskanzler, in der Juli-Krise 1914.)[34]

Unvorhergesehenes Verhalten des Gegners in der Krise kann so leicht dem Krieg eine Tür öffnen, die die Krisenpolitik verschließen soll. Gerade dann, wenn man versucht, durch entschiedenes Auftreten in der Krise Fehlkalkulationen des Gegners zu vermeiden.

Die Frage, wie diese Türen in den Krieg sich in Krisenzeiten öffnen, ist deshalb eine der wichtigsten Fragen zum Frieden in unserer Zeit überhaupt. Wir wollen deshalb das historische Paradebeispiel, *die Juli-Krise 1914*, etwas näher betrachten.

Wie kam es 1914 zum Krieg?

Vorangegangen war die Degeneration des Gleichgewichtssystems der Mächte in eine »bipolare« Konfrontation der Zentralmächte Deutschland–Österreich mit der Entente Frankreich–England–Rußland. Doch diese Degeneration war 1914 nicht neu. Sie hatte sich spätestens mit der Nichterneuerung des deutsch-russischen Rückversicherungsvertrages nach der Entlassung Bismarcks im Jahre 1890 verfestigt. Und auch der deutsch-britische Gegensatz, aufgeschaukelt durch das Flottenwettrüsten, war 1914 nicht stärker als z.B. 1911 – eher schwächer.[35]

Warum also hat die Abschreckung durch militärisches Gleichgewicht zwischen den beiden Blöcken gerade 1914 versagt? Die Frage, *warum* es 1914 zum Kriege kam, ist als Teil der »Kriegsschuldfrage« von Generationen von Historikern untersucht worden. Legt man den Akzent weniger auf die spezifischen Bedingungen des Jahres 1914 und mehr auf die 1914 zugrunde liegenden Strukturen, so findet man zwei bemerkenswerte Phänomene:

Das erste Phänomen manifestierte sich in den Anfängen der Juli-Krise. Es heißt:

Wenn schon Krieg – dann besser heute als morgen.

Das zweite Phänomen zeigte sich gegen Ende der Krise. Es heißt:

Der Krieg, den niemand (mehr) verhindern kann.

---

34 Bethmann Hollweg 1919, S. 143.

35 Die entscheidende Verschärfung des Flottenwettrüstens entstand 1908/1909 mit der deutschen Flottennovelle von 1908, die gleichzeitig eine Vergrößerung der Tonnage und den Übergang zum 4er Tempo (4 Linienschiffe statt 3) brachte. Dieses Programm löste die englische »Flottenpanik von 1909« aus (Bewilligung von 10 Schlachtschiffen). Ab 1912 reduzierte sich der deutsche Flottenbau bis 1914 auf 2 Schiffe pro Jahr. Vgl. G. Howe, Gedanken zur deutschen Wehrpolitik, in: Wilhelm Schüssler, Weltmachtstreben und Flottenbau, 1956. Vgl. zur politischen Entspannung auch Bethmann Hollweg 1919, S. 61/62.

2.2.1 Der Krieg vom Typ 1914

2.2.1.1 Wenn schon Krieg – dann besser heute als morgen?

Die Überzeugung, es sei nicht mehr möglich, die Krise auch durch eigenes *Nachgeben* zu entschärfen, beherrschte die Politik beider Seiten. Ursache dafür war letztlich die Auffassung, die eigene Machtposition schwinde dahin, die der Gegner aber wachse von Jahr zu Jahr.

Das *Kaiserreich* fürchtete eine Verschlechterung seiner militärischen und politischen Position. Die *militärischen* Gründe waren:

1. Die sich immer deutlicher abzeichnende militärische Kooperation zwischen England einerseits und Frankreich und Rußland andererseits.[36]

2. Die Verbesserung der Militärposition Frankreichs durch die Auswirkungen der Heeresreform, mit der es 1913 die zweijährige Dienstzeit auf 3 Jahre verlängerte.

3. Die Auswirkungen der britischen Flottenbauprogramme, die Großbritannien als Antwort auf das deutsche Flottenbauprogramm von 1908 beschlossen hatte.[37]

4. Eine Stärkung der russischen Militärmacht ab 1916, besonders durch den Ausbau des Eisenbahnnetzes.[38]

Politisch befürchtete man den Zusammenbruch des letzten verbliebenen möglichen Bündnispartners: der Donaumonarchie Österreich-Ungarn.[39] Und man befürchtete schließlich im Inneren ein Anwachsen der »militärfeindlichen« Sozialdemokratie.

Alle diese Befürchtungen waren für die damals Handelnden nicht unbegründet. Die Auflösungserscheinungen des Vielvölkerstaates Donaumonarchie waren unübersehbar. Und der baldige Tod der Integrationsfigur dieses Reiches, des 84jährigen Kaisers Franz Joseph, war aus biologischen Gründen wahrscheinlich.

Mit den Worten Bethmann Hollwegs, des deutschen Reichskanzlers der Juli-Krise:

»Poincaré war ein Repräsentant der Revanche. Rußland setzte den Marsch auf Konstantinopel an, und der Weg führte über Berlin und Wien. Die russischen Bataillone vermehrten sich mit französischem Golde von Jahr zu Jahr. Frankreich hatte auf russischen Druck die dreijährige Dienstzeit eingeführt, die lange zu tragen es weder imstande noch willens war. Friedliche internationale Zusammenarbeit war nicht das Ziel der Kabinette...

---

36 Im Mai 1914 begannen russisch-britische Flottengespräche (Barbara Tuchmann 1962, S. 38). Die britisch-französische militärische Kooperation lief seit Jahren halboffiziell – aber nicht unbeobachtet. Die Planungen waren im Frühjahr 1914 abgeschlossen (Tuchmann 1962, S. 64).

37 Vgl. Anm. 35.

38 Barbara Tuchman 1962, S. 38.

39 Th. von Bethmann Hollweg 1919, S. 133ff. (140)
Eine prägnante Darstellung der Juli-Krise und der sich entwickelnden Zwänge gibt E. Zechlin in der Frankfurter Allgemeinen Zeitung v. 8. 7. 1982, S. 6.

Die deutsche Politik sah Deutschlands Existenz als Großmacht auf die Spitze feindlicher Bajonette gestellt. Den einzigen verläßlichen Bundesgenossen glaubte sie rapidem Verfall ausgesetzt, wenn sie ihm verwehrte, die Minen unschädlich zu machen, die unter die Fundamente seines Hauses gelegt wurden. Brach dieser Bundesgenosse zusammen oder ging er gar in das Gegenlager über, weil er sich in dem Schutz seiner Lebensinteressen von dem alten Freunde getäuscht glaubte, dann war Deutschland völlig vereinsamt, ließ sich seine Atemfreiheit von einem Ringe von Mächten abschnüren...«

Und:

»Durfte Preisgabe Österreichs die Antwort sein? Überließen wir Österreich-Ungarn dem Zerfall, dann hätte die slawische Welt einen Sieg von säkularer Bedeutung errungen. Für den Westen hätte Moskaus kampfloser Triumph eine Epoche schweren russischen Drukkes eingeleitet. Den Fall Österreichs hätte Deutschland nur als östlichen Winken gefügiger Vasall überlebt... Einem unfolgsamen Deutschland aber konnten dann seine Bedränger nach ihrem Belieben den Tag bestimmen, wo sie es aus der Zahl der Großmächte auslöschen würden.

Mir ist eine solche Kapitulation unmöglich erschienen.«[40]

Weniger deutlich sah man im Kaiserreich die Schwächen der Gegenseite – z. B. die innere Schwäche Rußlands. Und wenn man sie sah, folgerte man aus ihr eher russische Aggressivität als Interesse am Frieden.[41] Doch eben die Furcht vor dieser Schwäche beherrschte die Gegner Deutschlands, vor allem den Zaren selbst. Rußland meinte, insbesondere nach den demütigenden Erfahrungen des verlorenen Krieges gegen Japan (1904), sich eine neue Demütigung nicht leisten zu können. Vor allem nicht in der serbischen Frage, wo Rußlands Rolle als Vorkämpfer aller Slawen bedroht war.[42]

In England und Frankreich fürchtete man darüber hinaus, daß das kaiserliche Deutschland dabei sei, nicht nur mit wirtschaftlichen Mitteln, sondern auch mit seiner »schimmernden Wehr« (Kaiser Wilhelm II.) nach »der Weltmacht zu greifen«.[43] In ihrem Buch »German Sea-Power« beschrieben Archibald Hurd und Henry Castle 1913 dieses Problem aus britischer Sicht so:

»[Der Deutsche]... ist überzeugt, daß sein Land Leute und das Geld hat, um bald in einer Position zu sein, Schiffe so leicht und schnell und so gut wie jeder andere Staat zu bauen und auszurüsten. Daß jede substantielle Verbesserung der deutschen Position in dieser Richtung nicht nur die Wohlfahrt oder die Entwicklung oder das Prestige, sondern auch

---

40 Bethmann Hollweg 1919, S. 128, 133.
41 Bethmann Hollweg 1919, S. 122.
42 Über die Entwicklung der russischen Politik, die auf die Seite der Entente führte, vgl. George F. Kennan (1956).
43 Wieweit die Furcht vor dem »Griff nach der Weltmacht« objektiv begründet war, das ist auch heute noch nicht endgültig entschieden. Daß sie aber nicht so unbegründet war, wie die deutsche »Kriegsschuldliteratur« jahrelang zu zeigen suchte, das steht nach Fritz Fischers Buch »Der Griff nach der Weltmacht« fest.

die nackte Existenz Großbritanniens gefährden würde, ist eine Überlegung, welche wir nicht in seine Kalkulationen hineinbringen. Es kann nicht einmal erwartet werden, daß er (der Deutsche) die Existenz eines anderen Staates als legitimes Hindernis gegen die Befriedigung seiner Wünsche akzeptiert. Insbesondere dann, wenn er überzeugt ist, daß der andere Staat den Platz okkupiert, der nach moralischem Recht seinem eigenen Land zusteht.

Zweifellos könnte und würde er nicht solche Ambitionen blühen lassen, wenn ihm klargemacht worden wäre, daß sie niemals realisiert werden könnten. Daß keine Anstrengung Deutschlands entscheidend die Balance der Seemacht zu ihren Gunsten gegen Großbritannien verändern kann. Und daß Deutschland gezwungen würde, für seine Ansprüche zu kämpfen, lange bevor Deutschland in einer Lage sein würde, diese Schlacht auf irgendeiner Basis gleicher Stärke zu fechten. Unglücklicherweise ist dies dem Deutschen nicht klargemacht worden. Im Gegenteil, er weiß, daß sich die Relation der deutschen Flotte zu der Großbritanniens schon sehr erheblich zugunsten seines Landes verschoben hat. Und er sieht keinen Grund, warum dieser Prozeß nicht unbegrenzt fortgeführt werden sollte. Er ist überzeugt, daß Deutschland bald reich genug sein wird, ebensoviel für seine Flotte auszugeben wie Großbritannien, und was die Bemannung dieser Flotte angeht, rechnet er auf den enormen Vorteil, den er in der unerschöpflichen Zahl der Wehrpflichtigen in einer Bevölkerung von 90 Millionen sieht.«[44]

Berücksichtigt man, daß das Buch von Hurd und Castle, aus dem soeben zitiert wurde, nicht zu der Flut von scharfmacherischen Schriften gehört, die auf beiden Seiten die Unvermeidlichkeit der letzten Auseinandersetzung predigten – daß Hurd und Castle vielmehr versuchten, beiden Seiten das Verhalten der Gegenseite verständlich zu machen –, so entwickelt sich in der historischen Rückschau eine politische Verstrickung von der Struktur einer antiken Tragödie.

Betrachtet man, wie diese Grundstruktur die Beteiligten verführte, sich »auf die Krise trotz Kriegsgefahr erst einmal einzulassen, Stärke und Entschlossenheit zu zeigen«, so läßt sie sich wie folgt skizzieren:

Alle Beteiligten ließen sich von der möglichen Folge »festen Auftretens«, dem Krieg, nicht abschrecken, weil sie nicht den Friedenszustand an sich mit den Gefahren des Krieges verglichen, sondern fragten:

Wie gefährlich ist es, heute (1914) den Krieg durch Zurückweichen zu vermeiden? Führt eine solche Kompromißbereitschaft nicht zwangsläufig in eine aussichtslose Position? Müssen wir in einer solchen Position der Schwäche nicht unvermeidlich in zwei oder drei Jahren doch zu einem dann von vornherein aussichtslosen Krieg antreten – oder kapitulieren und von der Weltbühne abtreten? Haben wir dagegen heute (1914) nicht jedenfalls Siegeschancen, falls wider Erwarten die Gegner nicht nachgeben, und es so zum Kriege kommen sollte?

Die Antwort beider Seiten auf diese Frage war: Festbleiben. Den Gegner

---

44 Hurd und Castle 1913, S. 181.

dadurch zum Zurückweichen zwingen. Und kommt es wider Erwarten zum Schlimmsten, so ist Krieg 1914 immer noch aussichtsreicher als 1916. Finden wir nicht heute wieder ähnliche Ängste? Angst vor der wachsenden Rüstung der Gegenseite ebenso wie beiderseitige Furcht vor Zerfallserscheinungen im eigenen Lager: Wirtschaftskrise in West und Ost, Polens politische Versuche, die russischen Zwangsvorbilder abzuschütteln, Zerfall des Richtbildes Wachstumsgesellschaft, »Neutralismus« und »Anti-Amerikanismus-Furcht« im Westen?

Ist der Satz von Bethmann Hollweg:

»Nur kraftvolle Entschlossenheit konnte dem Zerfließen der Monarchie einen Damm entgegensetzen und damit zugleich – so paradox es auch klingen mag – den allgemeinen Frieden für lange Zeit retten.«[45]

nicht wieder Allgemeingut, wenn man nur »Zerfließen der Monarchie« durch »Aufweichung des NATO-Bündnisses« ersetzt?

2.2.1.2 Der Krieg, den niemand (mehr) verhindern kann

Eine weitere typische Struktur von Krisenentwicklungen, die aus der Juli-Krise 1914 in den Ersten Weltkrieg führte, manifestierte sich erst in der zweiten Phase der Krise, im letzten Drittel des Monats Juli 1914. Sie wirkte sich erst aus, als aus den soeben beschriebenen Gründen beide Seiten »Festigkeit« gezeigt hatten und so die Krise sich ein Stück weit entwickeln ließen. Barbara Tuchman beschreibt diese Struktur in ihrem Buch »August 1914« so:

»Am 5. Juli versicherte Deutschland Österreich, daß es auf Deutschlands treue Unterstützung rechnen könne, falls eine Strafaktion gegen Serbien Österreich in einen Konflikt mit Rußland bringen würde. Dies war das Signal, das die unaufhaltsame Kette von Ereignissen von da an losließ. Am 23. Juli übergab Österreich ein Ultimatum an Serbien, wies am 26. Juli die serbische Antwort zurück (obwohl der Kaiser, jetzt nervös geworden, einräumte, daß diese Antwort jeden Kriegsgrund wegnahm), am 28. Juli erklärte Österreich Serbien den Krieg, bombardierte am 29. Juli Belgrad. An diesem Tag mobilisierte Rußland an seiner österreichischen Grenze, und am 30. Juli ordneten Österreich und Rußland die Generalmobilmachung an. Am 31. Juli sandte Deutschland ein Ultimatum an Rußland, innerhalb von 12 Stunden zu demobilisieren und eine klare Erklärung, daß dies erfolgt sei, abzugeben.

Der Krieg drückte gegen alle Grenzen. Plötzlich erschrocken, kämpften und rangen die Regierungen, ihn draußen zu halten. Es war umsonst... Generalstäbe, geleitet durch ihre erbarmungslosen Zeitpläne, forderten freie Hand zum Handeln, damit ihre Gegner nicht eine Stunde gewinnen konnten. Erschrocken vor dem Abgrund, suchten die Staatslenker, die letztlich verantwortlich für das Schicksal ihres Landes sein würden, zurückzuweichen, aber der Zwang der militärischen Pläne zog sie vorwärts.«[46]

45 Bethmann Hollweg 1919, S. 140.
46 Barbara Tuchman 1962, S. 78.

Die Frage, wie sich solche militärischen Zugzwänge entwickeln können, ist die Frage nach dem Primat der Politik über militärische Eigengesetzlichkeiten in einer Krise.

Man kann die politische Herrschaft über das militärische Geschehen in einer Krise auf zwei nicht ganz gleich zu behandelnde Weisen verlieren:

Der erste Weg in die Überwältigung der politischen Zwecke durch das militärische Mittel ist:

Die Streitkräfte so aufzubauen, daß dann – und vielleicht nur dann – eine Siegeschance winkt, wenn man *zuerst* und möglichst überraschend angreift (Siegprämie für den ersten Schlag). Gerade in einem militärischen Gleichgewicht (gleiche militärische Fähigkeiten) ist dieser Überraschungsangriff meist der einzige Einsatz militärischer Mittel, der fälschlicher- oder richtigerweise Erfolg verheißt.

Die oben beschriebene Juli-Krise 1914 enthielt viele Elemente dieser *»first-strike-Prämien-*Instabilität«. Die unterschiedlichen militärischen Verläufe der Nahost-Kriege 1967 (israelischer Überraschungsangriff) und 1973 (ägyptisch-syrischer Überraschungsangriff) demonstrieren dieselbe Instabilität der Vorbereitungen und den Einfluß der »Prämie für den ersten Schlag« in der Nahost-Konfrontation der 60er und 70er Jahre.

Der zweite Weg zum Abdanken der Politik in der Krise ist, die politische Entscheidung schon sehr frühzeitig einem *Automatismus* zu überlassen, den man jedenfalls selbst nicht mehr in der Hand hat.

Das literarische Beispiel hierfür ist die Weltuntergangs-Maschine (Doomsday-Maschine). Eine Maschine, die, fest eingebaut und von uns selber nicht mehr zu stoppen, unsere Welt zerstört, wenn der Feind bestimmte »verbotene« Maßnahmen ergreift – z. B. eine Atomwaffe gegen uns einsetzt.[47] Wobei »unsere Welt« den Planeten meinen mag oder auch nur Europa.

In der Juli-Krise 1914 waren es die Mobilmachungs- und Kriegführungspläne[48], die zu einem solchen Abdanken der Politik an einen Automatismus in den Krieg führten.

2.2.2 Der vom Zaun gebrochene Eroberungskrieg – Krieg vom Typ 1939

Der Prototyp dieses vom Zaun gebrochenen Eroberungskrieges ist der Krieg Hitler-Deutschlands, der Zweite Weltkrieg.

---

47 Herman Kahn 1961, S. 144 ff.

48 Ein Beispiel dafür, oft zitiert, ist die (fast) ausschließliche Planung einer deutschen Mobilmachung gegen Ost *und* West, die eine Mobilmachung nur gegen Rußland von vornherein (fast) ausschloß. Die Parallele auf westlicher Seite ist die Forderung Joffres, des französischen Generalstabschefs, nach sofortiger Mobilmachung, die damit begründet wurde, daß jeder Tag Wartens 15–20 km Terrainverlust bedeute. Grundlage dieser Befürchtung war im wesentlichen wohl die französische Planung der »Offensive à l'Outrance«. Vgl. dazu Tuchman 1962, S. 94.

Die Situation 1982 mit der von 1939 zu vergleichen heißt, einen vom Zaun gebrochenen Angriffskrieg der Sowjetunion nach dem Vorbild Hitlers vor sich zu sehen. Die Konzentration auf *diese* Kriegsursache führt dazu, ein Reaktionsprogramm gegen alle denkbaren Optionen der Sowjetunion aufzubauen. Ein Programm, das die Zerstörung sowjetischer Positionen und schließlich auch der Sowjetunion selbst vorsieht und sicherstellt, falls die Sowjetunion diesen Krieg tatsächlich vom Zaun brechen würde.

Je mehr man sich ausschließlich auf diese eine Kriegsursache konzentriert, desto eher erliegt man dann der Gefahr, in Automatismen zur nuklearen Eskalation à la Doomsday-Maschine nur eine Verstärkung der Abschreckung zu sehen – das Abdanken der Politik gegenüber den so entstandenen Zwängen aber zu verdrängen.

2.3 Was also lehrt die Geschichte?

Friedenssicherung durch militärisches Gleichgewicht kann auf sehr unterschiedliche Weise zusammenbrechen: im gewollten, vom Zaun gebrochenen Krieg (Typ 1939) oder in einem Krieg, den eigentlich letztlich niemand wünscht – entstanden aus einer Krise (Typ 1914).

So unterschiedlich die Wege in den Krieg sind, so unterschiedlich sind die Mittel, die vorgesehen werden müssen, um diese Wege zu versperren, um zu verhüten, daß aus militärischem Gleichgewicht besonders zerstörerischer Krieg wird.

Dabei wird man dem »vom Zaun gebrochenen Krieg« zwischen den Blöcken im Zeitalter der Atomwaffen eine wesentlich geringere Wahrscheinlichkeit geben müssen als dem letztlich »nicht gewünschten Krieg«.[49] Denn wer mag annehmen, irgendeine Großmacht breche heute angesichts der atomaren Arsenale auf beiden Seiten leichtfertig einen Krieg vom Zaun?

Aber wie 1914 in einer Krise weit, vielleicht zu weit vorzupreschen, um nicht eine »die Abschreckung gefährdende Schwäche« zu zeigen – dieser mögliche Fehler ist mit der objektiven Notwendigkeit, Abschreckung glaubhaft zu machen, fast vorprogrammiert.

Und das Kalkül, einer der Gegner könnte sich sagen: besser angreifen und die feindlichen Nuklearstreitkräfte am Boden zerstören, als abwarten bis er selbst angegriffen wird, dieses Kalkül ist ein typisches Kalkül der nuklearen Konfrontation. Es beherrschte weitgehend die Diskussion der strategischen Situation Ende der 50er Jahre.[50] Prävention und Präventionsangst sind also keine Kalküle nur der voratomaren Zeit – im Gegenteil!

---

49 Auch den argentinisch-britischen Falkland-Krieg wird man unter diese Kriege rechnen müssen. Auch hier manifestierte sich auf beiden Seiten die Entscheidungsstruktur, die typisch ist für den Krieg vom Typ 1914. Vgl. dazu Richard N. Lebow, Der Krieg, den keiner wollte.

50 Siehe die detaillierte Darstellung unten Kap. 3.1.

Nie war es deutlicher als im Zeitalter der Atomwaffen, daß Gleichgewicht, gleiche militärische Fähigkeiten, Krieg nicht nur nicht ausschließt, sondern u. U. geradezu erzwingt. Das folgende, frei erfundene Szenario soll diese Realität deutlich machen:

Im Jahre 1986 beschließt die amerikanische Regierung, zur regionalen Stabilisierung der Golfregion gegen sowjetische Angriffe Saudi-Arabien 30 Mittelstreckenraketen vom Typ MY zu liefern. Die MY ist eine hier ebenfalls erdachte Mittelstreckenversion der MX-Rakete. Sie besitzt 10 Sprengköpfe und ist außerordentlich zielgenau. Die Raketen werden in verbunkerten Silos untergebracht.

Israel zeigt sich durch die ersten Planungen so beunruhigt, daß der amerikanischen Regierung nichts übrig bleibt, als auch Israel die gleiche Zahl der gleichen Raketen zu überlassen.

So haben im Jahre 1988 sowohl Israel als auch Saudi-Arabien je 30 verbunkerte Raketen mit je 10 Sprengköpfen höchster Treffergenauigkeit. Die Systeme, von den gleichen Herstellerfirmen geliefert, sind absolut gleichwertig. Somit steht man vor dem Idealfall eines Gleichgewichts: Gleiche militärische Fähigkeiten mit genau den gleichen Waffen gleicher Zahl.

Einige Wochen nach Indienststellung der Systeme wird die saudische Regierung gestürzt. Fanatische Moslems organisieren Massenaufmärsche, Regierung und Bevölkerung fordern: Tod für Israel.

Der israelische Premierminister ruft eilends den Generalstab und fragt, ob das nukleare Gleichgewicht zwischen Israel und seinem neuen Feind Saudi-Arabien tatsächlich den Frieden garantiere.

Die Antwort des Generalstabschefs: »Es stimmt, wir haben gleiche militärische Fähigkeiten wie die Saudis. Wenn *wir* die saudischen Raketen mit nur 6 unserer Raketen mit ihren 60 Sprengköpfen angreifen, können wir alle saudischen Raketen in 3 Minuten mit über 99%iger Wahrscheinlichkeit vernichten. Gleichzeitig ist Saudi-Arabien ausgelöscht. Die Saudis haben dieselbe Fähigkeit. Greifen *sie* unsere Raketen an, zerstören sie unsere Nuklearstreitkraft mit über 99%iger Wahrscheinlichkeit. Gleichzeitig ist unser Land zerstört, unsere Bevölkerung getötet. Dies wissen die Saudis natürlich. Mein Fazit deshalb: Wenn überhaupt noch eine Chance für unser Überleben besteht, und die Saudis ihre Raketen nicht bereits im Begriff sind abzuschießen, dann, Herr Premierminister, müssen Sie *jetzt* den Angriffsbefehl geben!«

Etwa zur gleichen Zeit fragt die neue saudische Revolutionsregierung ihren Generalstabschef und erhält die gleiche Antwort. Denn die militärischen Fähigkeiten beider Seiten sind ja gleich.

Preisfrage: Wer schießt zuerst?[50a]

50a Daß diese erfundene Geschichte nicht ganz außerhalb denkbarer Entwicklungen liegt, zeigt ein Artikel aus der »Jerusalem Post« vom 31.1.84, zit. nach »Die Tageszeitung« vom 1.2.84: »Die unabhängige Zeitung ›Jerusalem Post‹ glaubt fest an einen israelischen Präventivschlag gegen Saudi-

Bei allen Unterschieden des atomaren Zeitalters zu 1914 sollte man sich schon aus diesen Gründen vor dem Trugschluß hüten, was 1914 geschah könnte sich nicht (in anderer Form) in den 80er Jahren dieses Jahrhunderts wiederholen. Zwar wird sich der Begeisterungstaumel der Massen 1914 in fast allen europäischen Ländern bestimmt nicht wiederholen lassen.[51] Doch niemand hat je angenommen, diese Begeisterung der Massen sei Ursache des Ersten Weltkrieges gewesen. Der Historiker Klaus Vondung, auf der Suche nach der Erklärung für Krieg und Kriegseuphorie 1914, schreibt:

»In fast allen Ländern wurde in den Jahrzehnten vor 1914 die Erfahrung gesellschaftlicher Desintegration gemacht: der Desintegration zwischen Bürgertum und Proletariat in den entwickelten westlichen Industrienationen, der Spaltung zwischen einer fortgeschrittenen, industrialisierten und einer zurückgebliebenen, bäuerlichen Region wie in Italien oder des Zerfalls in verschiedene Nationalitäten wie in der Donaumonarchie. In Deutschland, wo die Klassengegensätze einer bereits hochindustrialisierten Gesellschaft durch ein autoritatives politisches System noch verschärft wurden, drängte sich die Erfahrung des Auseinanderfallens in ›zwei Nationen‹ besonders beängstigend auf. Durch die Deutung des Kriegs als Wende zu neuer Einheit wurde in den meisten Ländern 1914 dem Krieg Sinn verliehen. In Frankreich artikulierte sich dies Verständnis im Jubel über die wiederhergestellte *union sacrée;* derselbe Zusammenhang von Erfahrungsanlaß, Sinndeutung und Kriegsbegeisterung läßt sich in Deutschland beobachten.«[52]

Der Politikwissenschaftler J. Gebhardt beschreibt die Reduktion der in Frage gestellten Erfahrungswelt auf ein Freund-Feind-Verhältnis im selben Sammelband so:

»Die zentrale Idee der Konfrontation, also der Reduktion der geschichtlich-gesellschaftlichen Welt auf die Konstellation von Freund und Feind, ist das gemeinsame Symptom der Krise für alle Symbolformen gesellschaftlicher Sinndeutung, gleich welchem Sozialfeld sie angehören.«[53]

Arabien, sollte die Aufrüstung dieses Landes bedrohliche Ausmaße erreichen und Kriegsstimmung erneut die Lage im Nahen Osten beherrschen.«

51 Den Hintergrund dieser Begeisterung beschreibt Vondung so: »Ein anderer Erfahrungshintergrund, aus dem heraus sich Sinndeutungen motivierten, die sich wiederum als Kriegsbegeisterung artikulierten, setzte sich aus Erfahrungen der Trägheit, Langeweile und Sinnlosigkeit der Existenz zusammen, die offenbar viele, vor allem junge Menschen in der Vorkriegszeit gemacht hatten. Symptomatisch sind die Tagebucheintragungen Georg Heyms aus den Jahren 1909–1911: ›Ich weiß auch gewiß nicht, warum ich noch lebe; ich meine, keine Zeit war bis auf den Tag so inhaltslos wie diese. (29.9.09) Es ist immer das gleiche, so langweilig, langweilig, langweilig. Es geschieht nichts, nichts, nichts. Wenn doch einmal etwas geschehen wollte, was nicht diesen faden Geschmack von Alltäglichkeit hinterläßt. [...] sei es auch nur, daß man einen Krieg begänne, er kann ungerecht sein. Dieser Frieden ist so faul ölig und schmierig wie eine Leimpolitur auf alten Möbeln. (6.7.10) Mein Gott – ich ersticke noch mit meinem brachliegenden Enthousiasmus in dieser banalen Zeit. [...] Ich hoffte jetzt wenigstens auf einen Krieg. (15.9.11)‹« Klaus Vondung, Propaganda oder Sinndeutung, in: Klaus Vondung, Hrsg., Kriegserlebnis, 1980, S. 19.
52 Klaus Vondung 1980, S. 18–19.
53 Gebhardt 1980, S. 55.

Innere Krise aller beteiligten Gesellschaften, Reduktion der Erfahrungen auf ein Freund-Feind-Handlungsschema – ist das wirklich heute, 1983, in West und Ost so anders? Leben nicht die westlichen Industrienationen in einer heute fast unlösbar erscheinenden Krise ihrer Wohlstandsökonomie, demonstriert nicht die staatskapitalistische Gesellschaftsform des »realen Sozialismus« täglich ihre Unfähigkeit, die ökonomischen Probleme zu lösen? Erklärt nicht die amerikanische Reagan-Administration die Sowjetunion zur Ursache aller Probleme dieser Welt? Wobei, was immer diese Administration selber glauben mag, sie doch zumindest politisch geschickt ein in den USA weit verbreitetes Gefühl anspricht?

Zudem: Der Begeisterungstaumel der Massen 1914 in fast allen Ländern verstellt leicht den Blick darauf, daß auch 1914 führende Politiker und Militärs sehr wohl sahen, daß der Krieg, wie immer er ausgehen würde, auch für den Sieger das Ende einer Blütezeit darstellen mußte. Sir Edward Grey, der damalige britische Außenminister, faßte dieses Urteil in die berühmten Worte:

»Die Lichter gehen aus überall in Europa – und wir werden sie zu unseren Lebzeiten nicht mehr angehen sehen.«[54]

Aber auch die Generalstabschefs der Armeen, die die Hauptlast des Krieges tragen sollten, der deutschen und der französischen, Moltke und Joffre, sahen ein jahrelanges, schweres Ringen voraus. Nur, sie zogen nicht die Konsequenz aus dieser Erkenntnis. Ihre Vorbereitungen beschränkten sich auf den kurzen »Sieg«. Hätten sie die Realität, die sie voraussahen, auch den Planungen zugrunde gelegt – sie hätten vor ihren eigenen Planungen zurückschrecken müssen.[55] Wieder einmal trifft man auf eine erschreckende Ähnlichkeit der Struktur unserer Situation 1983 mit der von 1914.

Doch die Vorkriegszeit 1914 und unsere Zeit 1983 haben noch ein weiteres Kennzeichen gemeinsam. Hören wir nicht heute, es sei Defätismus, wenn vor der Gefahr gewarnt werde, es könne zum Kriege kommen? Denn alle Krisen im Ost-West-Verhältnis, von Berlin über Kuba und Vietnam, ČSSR und Afghanistan, Nahost-Kriege usw. usf. hätten nicht zum großen Krieg geführt! Daraus folge, daß man mit Vertrauen so weitermachen könne wie bisher, wenn der Westen stark und entschlossen genug bleibe. Angst zu verbreiten schwäche nur die eigene Position.

Doch wohin solches Denken führt, beschrieb Kissinger schon vor 20 Jahren:

»Wenn über eine Reihe von Jahren die im Streit liegenden Gegner langsam die Überzeugung gewinnen, daß die Konfrontation durch Drohung und Gegendrohung *immer* dadurch beendet wird, daß *einer* schon zurückziehen wird, dann kann der Zusammenprall schon durch dieses Sicherheitsgefühl ausgelöst werden.«

54 Tuchman 1962, S. 126.

55 Daß heute der atomare Vernichtungskrieg (warum auch immer) vorbereitet wird und niemand vor dieser Planung zurückschreckt, weil er hofft, gerade so den Krieg verhüten zu können, beschreibt die Realität der 80er Jahre.

Und er fährt fort:

»Wenn man alles zusammen betrachtet, so erschien die Krise, die zum Ersten Weltkrieg führte, nicht anders als die unzähligen anderen, die dadurch gelöst worden waren, daß man bis an den Abgrund des Krieges ging.«[56]

Auch die These, »Krieg in unserer Zeit sei letztlich unmöglich«, mit der man sich heute so gerne über selbstmörderische Verteidigungsplanung hinwegtröstet, wurde schon vor 1914 vertreten. 1910 war ein Buch erschienen, »The Great Illusion«. Barbara Tuchman beschreibt dessen Wirkung so:

»Ein neues Buch, The great illusion, von Norman Angell, war gerade (1910) erschienen, welches bewies, daß Krieg unmöglich war. Durch eindrucksvolle Beispiele und unbestreitbare Argumente zeigte Angell, daß in der derzeitigen finanziellen und ökonomischen Interdependenz der Nationen der Sieger ebenso leiden würde wie der Besiegte. Krieg war deshalb kein gewinnversprechendes Mittel mehr, keine Nation würde deshalb so verrückt sein, einen Krieg zu starten. In 11 Sprachen übersetzt, war ›The great illusion‹ ein Kult geworden... Der Freund und Ratgeber des (britischen) Königs, Viscount Esher, ... gab in Cambridge und an der Sorbonne Vorlesungen, in denen er bewies, wie neue ökonomische Faktoren klar die Unsinnigkeit aggressiver Kriege beweisen. Ein Krieg des 20. Jahrhunderts würde ein solches Ausmaß annehmen, sagte er, daß seine unvermeidlichen Konsequenzen kommerziellen Desasters, finanziellen Ruins und individuellen Leidens zwangsläufig so einen zurückhaltenden Einfluß ausüben würden, daß *Krieg undenkbar* wird.«[57]

Warum hier so viel aus Barbara Tuchmans Buch zitiert wird? Weil ihre Darstellung der Ereignisse, die zum Ersten Weltkrieg führten, im Krisenmanagement Kennedys in der Kuba-Krise 1962 bereits auf eine nukleare Konfrontation angewendet wurde.[58]

2.4 Die fünfziger Jahre: Atombombe, Krieg und Kalter Krieg

Am 25.6.1950 überschritten nordkoreanische Truppen den 38. Breitengrad, die Demarkationslinie zwischen Nord- und Südkorea.[59] Wenige Wochen später war

---

56 Kissinger 1960, S. 51 (Hervorh. v. Verf.).
57 Barbara Tuchman 1962, S. 21/22 (Hervorhebung v. Verf.).
58 Robert Kennedy in seinem Buch »13 Tage« beschreibt, wie Präsident Kennedy durch die Lektüre von Barbara Tuchmans Buch sensibilisiert, Vorschlägen von militärischer Seite entgegentrat, die zu einer unhaltbaren Eskalation hätten führen können:
»Vor kurzem hatte er Barbara Tuchmans Buch ›August 1914‹ *[The Guns of August]* gelesen, und er schilderte die Fehlberechnungen der Deutschen, der Russen, der Franzosen und Engländer. Alle seien sozusagen in den Krieg gestolpert, infolge von Dummheit, individuellen Antipathien, Mißverständnissen und persönlichen Minderwertigkeitskomplexen oder Geltungsbedürfnissen.« (S.59) »Wie ich schon erwähnte, hatte ihn Barbara Tuchmans Buch ›August 1914‹ tief beeindruckt – die Fehlberechnungen und Mißverständnisse der Russen, der Österreicher, der Deutschen, der Franzosen und Engländer, die dieses Buch aufzeigte. Er wollte unbedingt das Seinige dafür tun, daß kein damit vergleichbares Buch über die Fehlberechnungen vom Oktober 1962 geschrieben werden könnte.« (S.129)
59 Dieser Sachverhalt steht fest. Streit herrscht zwischen West und Ost darüber, ob der Angriff

45

Südkorea bis auf kleine Reste in kommunistischer Hand. In Europa wuchs die Furcht vor einem ähnlichen Eroberungsangriff: »Ei, ei, ei Korea, der Krieg kommt immer näher...«, variierte man einen beliebten Schlager.

In der schon damals weitverbreiteten Illustrierten »Stern« erschien eine Serie, in der ein Angriff der Roten Armee auf Westeuropa geschildert wurde: »Eines Morgens, als die Bürger in der Bundesrepublik ihre Fensterläden öffneten, sahen sie auf den Straßen fremde Soldaten...«, war der Tenor dieses Berichts.

Schon 1949 hatte Adenauer den Alliierten einen deutschen Verteidigungsbeitrag angeboten. Das Konzept für diesen Beitrag wurde von ehemaligen Offizieren der Wehrmacht in der sog. Himmeroder Denkschrift skizziert.[60] Es sah 12 Divisionen vor, die die Gesamtzahl der Divisionen der NATO auf 25 Divisionen ergänzen sollten. Mit Hilfe dieser Armeen sollte der Westen befähigt werden,

1. den Abwehrkampf bereits nahe der Zonengrenze zu führen,
2. den Kampf so schnell wie möglich in den von der Sowjetunion beherrschten osteuropäischen Raum zu tragen, die »Ostzone« und die anderen osteuropäischen Völker zu befreien,
3. mit großangelegten Angriffen in die Sowjetunion vorzustoßen.

Das Konzept ging davon aus, daß gegen die Sowjetunion Kernwaffen eingesetzt würden.

So paßte dieses Militärkonzept in die damalige politische Landschaft, paßte in das später vom amerikanischen Außenminister Dulles propagierte Konzept des »roll-back«. Es korrespondierte überdies mit der westdeutschen Deutschlandpolitik, die die Wiedervereinigung Deutschlands und das Recht dieses wiedervereinigten Deutschlands forderte, frei darüber zu bestimmen, ob es einem Militärbündnis beitreten wolle. Denn freie Bündniswahl eines wiedervereinigten Deutschlands bedeutete selbst dann Westbündnis, wenn wider jedes Erwarten alle wahlfähigen Bewohner Ostdeutschlands für ein Ostbündnis oder für Neutralität gestimmt hätten, weil die Bevölkerung der Bundesrepublik fast dreimal so groß war wie die der DDR.[61] Wieweit irgendein *Militär*konzept der westdeut-

unprovoziert war oder ob ein südkoreanischer Angriff, wie die Gegenseite behauptet, unmittelbar vorangegangen war.

Auch alle »Zwischenlösungen« werden vertreten (bevorstehender südkoreanischer Angriff usw.). Zweifel an der eindeutigen Richtigkeit der westlichen Auffassung machte sich auch im Westen bald bemerkbar. Über solche Zweifel vgl. z.B. Vereinte Nationen Heft 2/72, S. 53 ff. mit Aufsätzen von W. Bartel und Paul Sethe (1953).

60 Denkschrift des militärischen Expertenausschusses über die Aufstellung eines deutschen Kontingents im Rahmen einer übernationalen Streitmacht zur Verteidigung Westeuropas vom 9.10.1950. (Rautenberg/Wiggershaus 1977)

61 Die Bevölkerung der DDR wurde mit 18,3 Millionen (Mitte 1953), die der Bundesrepublik mit 52 Millionen (31.12.1954) angegeben. Vgl. Statistisches Jahrbuch 1955, S.15.

schen Forderung, diese Wiedervereinigung in Freiheit (mit freier Wahl des Bündnisses) nur in *friedlicher* Weise herbeizuführen, entsprechen konnte (Wiedervereinigung in *Frieden* und Freiheit), darüber entbrannte bald in Deutschland ein heftiger innenpolitischer Streit:

»Ohne mich« war die Devise, die der Wiederbewaffnung entgegengestellt wurde. Eine Devise, die in der damaligen Parteienlandschaft in erster Linie von der SPD aufgegriffen wurde, was bis heute Rückwirkungen auf die Wehrpolitik dieser Partei zeigt.[62]

Dabei war dieser Widerstand gegen die Wiederbewaffnung vor allem beim damaligen SPD-Vorsitzenden Schumacher weniger von pazifistischen Überzeugungen getragen als vielmehr von nationalen. Denn es schien unmöglich, die Wiedervereinigung unseres Landes durchzusetzen, wenn das volle Gewicht des wiedervereinigten Deutschland für das westliche Bündnis in die Waagschale geworfen würde. Für ein wiedervereinigtes, neutrales Deutschland dagegen konnte man durchaus Chancen sehen. Die Erfahrung des damals ebenfalls geteilten Österreichs, das am 15.5.1955 einen Staatsvertrag über seine Neutralität abschließen konnte und dessen Territorium in der Folge von russischen und amerikanischen Truppen geräumt wurde, sprach für eine solche Chance.

Ob sie wirklich bestanden hat, weiß niemand, ebensowenig kann man beweisen, daß schon damals jedermann hätte wissen müssen, daß die Einbindung der Bundesrepublik in das westliche Bündnis die »Wiedervereinigung in Frieden und Freiheit« ausschloß. Denn daß der Einsatz politischer und militärischer Machtmittel die Welt verändern kann, das hatte man ja gerade im Zweiten Weltkrieg erfahren. Und der lag erst 10 Jahre zurück. Da ferner damals die amerikanische Macht der sowjetischen in praktisch jeder Beziehung überlegen war, mochte man sich dem Glauben hingeben, es sei möglich, daß eine vereinigte westeuropäisch-amerikanische Macht auch die Wiedervereinigung erzwingen würde. Die noch mehr als 10 Jahre nach Abschluß des NATO-Vertrages andauernden Versuche der Bundesrepublik, die anderen NATO-Partner auf das Ziel Wiedervereinigung im Westbündnis festzunageln, waren Ausläufer dieser Hoffnung. Einer Hoffnung, die sich zusehends als Illusion erwies.

Auf den NATO-Vertrag vom 4.4.1949 und den Beitritt der Bundesrepublik zur NATO am 5.5.1955 folgte am 14.5.1955 der Abschluß des Warschauer Paktes. Damit war Mitte der 50er Jahre die Teilung des Weltsystems in zwei Blöcke perfekt. Der Versuch, einen Block der Blockfreien zu bauen (Bandung-Konferenz 1955), war ein Versuch, Unabhängigkeit von den Großmächten und damit Multipolarität im alten Sinne des Gleichgewichtssystems der Mächte zu erhalten. Doch die Schwäche dieser blockfreien Nationen gegenüber den über-

---

62 Es gibt Stimmen, die meinen, die Neigung zu demonstrativen Militärakten, wie öffentliche Gelöbnisfeiern, habe unter Verteidigungsminister Apel dazu gedient, diese historische Erinnerung zu »bewältigen«.

mächtigen Blöcken der beiden großen Industriestaaten war so offensichtlich[63], daß man feststellen muß:

Das alte Gleichgewichtssystem der Mächte war Mitte der 50er Jahre dauerhaft zerbrochen. Es war in die nach jeder geschichtlichen Erfahrung stets kritische Phase der starren Zweier-Block-Konfrontation getreten. Einer Konfrontation, die meist das Ende der Nachkriegszeit und den Übergang in die Vorkriegszeit charakterisiert hat.

Der ideologische Überbau des Zwei-Blöcke-Systems, hie »sozialistische Staaten«, dort »freie Welt«, trug zur Bipolarität ebenso bei, wie das Machtinteresse der beiden »jungen« Weltmächte: USA und Sowjetunion. Ob dieser Zerfall in zwei Blöcke vermeidbar gewesen wäre, wenn ein »neutrales, wiedervereinigtes Deutschland« Kern einer gesamteuropäischen neutralen Zone geworden wäre, ist reine Spekulation. Ebensowenig kann die Frage beantwortet werden, ob es überhaupt denkbar war, daß angesichts dieses Wettstreits der beiden Weltmächte irgendeine dieser Mächte Teile ihres Einflußbereichs in die Neutralität entlassen hätte.

Hätte die angestrebte Einbindung eines deutschen Verteidigungsbeitrages in eine *Europäische* Verteidigungsgemeinschaft (EVG) an dieser Bipolarität etwas geändert? *Damals* sicherlich nicht. Denn diese EVG war als fester Teil des westlichen Blocks konzipiert.[64] Ob eine solche europäische Verteidigungsgemeinschaft, wäre sie damals entstanden, heute den westeuropäischen Mächten eine stärkere Position gegenüber den Supermächten geben würde, ist eine andere Frage. Und auch hier ist jede Antwort spekulativ. Denn niemand weiß, was aus dieser EVG in den letzten 25 Jahren geworden wäre.

Gleichzeitig mit der zunehmenden Erstarrung der Welt in zwei sich feindlich gegenüberstehende Blöcke (Kalter Krieg) entwickelte sich auf beiden Seiten des Eisernen Vorhangs die atomare Rüstung. Beide Erben des Zweiten Weltkriegs: bipolare Konfrontation und atomare Rüstung waren es, die Politik und Denken in den 50er Jahren dominierten.

Die nach geschichtlicher Erfahrung für die eigene Sicherheit nötige Überlegenheit gegen etwaige Angreifer durch Verteidigungsbündnisse sicherzustellen, war nicht mehr möglich. Denn dafür gab es außerhalb der Blöcke keine machtvollen Bündnispartner mehr.

---

63 An der Bandung-Konferenz nahmen teil: Burma, Ceylon, Indien, Indonesien und Pakistan als Schirmherren; des weiteren Afghanistan, Kambodscha, VR China, Ägypten, Äthiopien, Goldküste, Iran, Irak, Japan, Jordanien, Laos, Libanon, Liberien, Libyen, Nepal, Philippinen, Saudi-Arabien, Sudan, Syrien, Thailand, Türkei, Nordvietnam, Südvietnam und Yemen. Quelle: Archiv der Gegenwart 1955, S. 5134.

64 Vgl. Art. 2, § 2 des EVG-Vertragsentwurfs.

Der klassische Ausweg aus einer solchen bipolaren Konfrontation (Rom-Kathargo-Situation), der Entscheidungskrieg, war ein äußerst fragwürdiges Instrument geworden. Denn mit den Atomwaffen beider Seiten bedrohte jeder Krieg die Existenz *beider* Staaten.

Damit aber waren die klassischen Gründe für Wettrüsten in einer bipolaren Situation keineswegs entfallen, sondern erst recht gegeben. Denn wenn nach geschichtlicher Erfahrung nur *eigene Überlegenheit* den als aggressiv angesehenen Gegner vom Griff zu den (tödlichen) Waffen abhalten konnte, blieb nichts, als zu versuchen, diese Überlegenheit durch Wettrüsten zu erreichen.

Unter solchen Umständen konnten aber Abrüstungsverhandlungen nur zu dem führen, wozu sie bis dato in der Geschichte immer geführt hatten: zu nichts. Denn wer Überlegenheit zu seiner Sicherheit zu brauchen meint, wird sie nicht in Verhandlungen aufgeben. Meinen beide, daß sie Überlegenheit brauchen, wird die »Verhandlung« zum Possenspiel.

3. Rüstungssteuerung (arms control) – ein Ausweg?

3.1 Rüstungssteuerung, das Versprechen einer realistischen Sicherheitspolitik – Kriterien und Erwartungen

1960 war klar, daß es in einer atomar gerüsteten bipolaren Welt fürs Überleben der Menschheit nicht mehr genügte, ja nicht einmal mehr möglich war,»normale Gleichgewichtspolitik« fortzuführen. Eine Politik, die normalerweise früher oder später zum Kriege führen mußte, weil Krieg notwendiges Element dieser normalen Gleichgewichtspolitik (Gleichgewicht der Mächte) ist. Und deren Weg in den Krieg in der konkreten Lage geradezu vorgezeichnet war, weil die Blöcke NATO und Warschauer Pakt die Flexibilität des weltpolitischen Systems zerstört hatten.

Die Probleme einer solchen Welt zeigten sich in vielen Symptomen: Berlin-Krisen und -Ultimaten, Gipfelkonferenzen ohne Eklat – aber auch ohne substantiellen Erfolg (Camp David 1959) – oder mit Eklat (Paris 1960), U-2-Spionageflugzeugzwischenfall und schließlich Kuba-Krise.

Dies alles wurde begleitet von wachsenden Nuklearrüstungen in West und Ost[65], die die Furcht vor einem alles zerstörenden Nuklearkrieg immer wieder neu schürten. Dabei entwickelten sich diese Rüstungen so, daß die in der politischen Situation unvermeidlichen Gefahren eines (Nuklear-)Krieges noch durch die neue Militärtechnologie weiter gesteigert wurden. Thomas C. Schelling, einer der amerikanischen Begründer der Rüstungssteuerungsschule, beschrieb dies in jenen Jahren so:

»Die Prämisse, die meinem Standpunkt zugrunde liegt, ist, daß der Stand der gegenwärtigen Militärtechnik ein entscheidender Faktor für die Wahrscheinlichkeit eines Krieges ist. Wir und die Russen sitzen in der Falle unserer Militärtechnik. Für die äußerst besorgniserregende strategische Lage ist allein die Entwicklung der Waffen in den letzten 15, besonders in den letzten 7 oder 8 Jahren verantwortlich. Sie hat den Vorteil dessen, der im Falle eines Krieges den ersten Schlag führt, vergrößert. Sie hat die Zeit, die für die entsetzlichsten Entscheidungen zur Verfügung steht, unmenschlich zusammengepreßt. Aufgrund dieser Entwicklung haben wir den Glauben daran verloren, daß irgendwelche anderen Umstände einen Krieg beenden oder in seinen Ausmaßen begrenzen könnten als der bloße Verschleiß der Waffen. Keine Seite kann mit genügender Sicherheit vorhersagen, welche Waffen ihr Gegner hat oder in Zukunft haben wird. Auf diese und andere Art und Weise hat die Entwicklung der Militärtechnik Kriegstendenzen, die der politische Konflikt zwischen uns und unseren Gegnern impliziert, vergrößert.«[66]

---

65 In den 50er und 60er Jahren war die Führung des Westens in der nuklearen Aufrüstung so evident, daß nur diese Reihenfolge die Realität beschreibt.

66 Strategie der Abrüstung, S. 189/90.

Die Politik in Ost und West reagierte auf diese Situation hilflos. Einerseits nötigte die weitverbreitete Furcht der Menschen in Ost und West zu immer neuen Bekundungen des Friedens- und Abrüstungswillens. Denn die Bevölkerung hatte sich damals an die Absurdität eines Lebens und Arbeitens unter der Todes- und Zerstörungsdrohung durch wachsende Kernwaffenarsenale noch nicht gewöhnt. Das Russell-Einstein-Manifest vom 9.7.1955 forderte z.B.:

»Angesichts der Tatsache, daß in jedem künftigen Weltkrieg mit Sicherheit Kernwaffen eingesetzt werden und daß diese Waffen die fortdauernde Existenz der Menschheit gefährden, fordern wir die Regierungen der Welt auf, zu erkennen und öffentlich zu erklären, daß ihre Ziele nicht durch einen Weltkrieg gefördert werden können. Wir fordern sie daher weiter auf, für die Regelung aller zwischen ihnen strittigen Fragen friedliche Mittel zu finden.«[67]

»Verhandlungen« über eine allgemeine, vollständige und kontrollierte Abrüstung waren daher aus innen- und weltpolitischen Gründen für beide Supermächte so zwingend, wie heute Verhandlungen über Mittelstreckensysteme und strategische Waffen. Beide Seiten legten schließlich detaillierte Pläne für eine vollständige Abrüstung vor.[68] Über eine Präambel für einen Vertrag über vollständige Abrüstung haben sich die USA und die Sowjetunion sogar geeinigt. Sie lautete:

»Die Staaten der Welt – ...
4. erkennen die Gefahr, die für die Menschheit das Wettrüsten, insbesondere in Anbetracht der Entwicklung der Kern-, der Raketenwaffen und anderer Typen moderner Massenvernichtungswaffen bildet; 5. sind überzeugt, daß der Krieg nicht mehr als Mittel zur Lösung internationaler Streitfragen dienen kann und auf immer aus dem Leben der menschlichen Gesellschaft ausgeschaltet werden muß; 6. sind fest entschlossen, die gegenwärtigen und kommenden Generationen von Kriegskatastrophen und von den Gefahren des Wettrüstens zu erlösen; 7. sind überzeugt, daß die Abrüstung allgemein und vollständig unter strenger und wirksamer internationaler Kontrolle erfolgen muß und daß diese Abrüstung von der Einführung verläßlicher Verfahren für die friedliche Lösung von Streitfragen und effektiven Maßnahmen für die Aufrechterhaltung des Friedens im Einklang mit den Prinzipien der UNO-Charta begleitet sein muß; 8. sind überzeugt, daß die

67 Die Unterzeichner waren:
Max Born, Percy W. Bridgman, Albert Einstein, Leopold Infeld, Frédéric Joliot-Curie, Herman J. Muller, Linus Pauling, Cecil F. Powell, Joseph Rotblat, Bertrand Russell, Hideki Yukawa.
68 Vgl. hierzu die Darstellung von E. Menzel, Vereinigung Deutscher Wissenschaftler: Die amerikanischen und sowjetischen Vorschläge für eine allgemeine und vollständige Abrüstung und die Atomsperrverträge bis 1967, Göttingen 1967, S. 9 ff.
Beide Abrüstungsvorschläge beschreiben eine Reihe von Stufen, in denen die nationalen Rüstungen herabgesetzt und die Macht der zentralen Weltorganisation gesteigert werden soll. Diese Stufen ähneln einander im großen und ganzen, Differenzen finden sich in Details. Denn die Vorschläge sind jeweils so konstruiert, daß sie (vom Standpunkt von 1962 aus) die militärische Position der *eigenen* Seite etwas verbessern – vgl. im einzelnen dazu Kriegsfolgen u. Kriegsverhütung, S. 432f. (H. Afheldt 1970b).

allgemeine und vollständige Abrüstung unter strenger internationaler Kontrolle ein verläß-licher und realer Weg ist, der zur Erfüllung des jahrhundertealten Traums der Menschheit – zur Sicherung des ewigen und unverletzlichen Friedens auf Erden – führt; 9. wünschen, auf immer Schluß zu machen mit der schweren Bürde, die der Menschheit auferlegt wird durch die Ablenkung von Menschen und Material für die Schaffung von Mitteln zur Vernichtung von Menschen und zur Zerstörung materieller und kultureller Werte; 10. sind bestrebt, alle Ressourcen für die Sicherung des weiteren wirtschaftlichen und sozialen Fortschritts in allen Ländern der Welt und für die Gewährleistung dessen einzusetzen, daß die Ressourcen der Nationen dem materiellen, kulturellen und geistigen Fortschritt des Menschen gewidmet werden; 11. sind überzeugt, daß die durch die allgemeine und vollständige Abrüstung freigewordenen Ressourcen es den auf diese Weise abgerüsteten Staaten ermöglichen werden, in größerem Maße zur wirtschaftlichen und kulturellen Entwicklung aller Länder und Völker der Welt und zur stärkeren Zusammen-arbeit zwischen ihnen beizutragen; ...«[69]

Doch zur selben Zeit wuchsen die nuklearen Waffenarsenale beider Seiten ungestört weiter. Die offizielle Begründung der Rüstung der einen Seite war dabei meist die Rüstung der anderen.

So tauchte Mitte der 50er Jahre die »Bomberlücke« auf. Die Vereinigten Staaten »fürchteten« eine sowjetische Überlegenheit in Interkontinentalbom-bern. Robert Neild beschreibt das Ergebnis der Bomberlücke so:

»Das Ergebnis der Bomberlücke war, daß die Vereinigten Staaten 1 800 B 47- und 850 B 52-Langstreckenbomber erhielten. Später fand man endlich heraus, daß die Sowjet-union nur 120 Bison-Jet-Langstreckenbomber und 70 Bear-Turboprop-Bomber besessen hatte.«[70]

Der Sputnik-Schock, das Auftauchen des ersten (sowjetischen) Satelliten 1957, bewirkte eine alarmistische Stimmung im Westen, die der im Jahre 1980 durchaus vergleichbar ist: Man befürchtete russische Überlegenheit, den bevor-stehenden Bau oder gar die Existenz großer Zahlen sowjetischer nuklearer Interkontinentalraketen, gegen die es keine Abwehr gab. In guter alter russischer Säbelrasseltradition schürte Chruschtschow diese Stimmung noch durch (völlig unbegründete) Behauptungen wie: »Wir werden Interkontinentalraketen backen wie die Brötchen« und – erstes Auftauchen von Raketenabwehr in der Rüstungs-spirale –: »Die Sowjetunion besitzt Raketen, die eine Fliege im Fluge abschießen können.«

Die erste »Raketenlücke« war geboren.[71] Nachrüstung der USA in Interkon-

69 Vom 17.4.1962, zit. nach Archiv der Gegenwart 1962, S. 9825.
70 Robert Neild 1981, S. 24.
71 Diese Raketenlücke war der Hauptwahlkampfschlager Präsident Kennedys im Wahlkampf 1960.
– Übrigens tauchten auch die Behauptungen über angebliche immense russische Zivilschutzanstrengun-gen damals (wie heute) auf. Hauptquelle in beiden Fällen ist überdies derselbe Autor, Leon Gouré.

tinentalraketen schien das Gebot der Stunde, um den Frieden zu erhalten und um aus einer »Position des Gleichgewichts« verhandeln zu können. [72]
Wie falsch diese Behauptungen waren, ergibt die nachfolgende Tabelle [73]:

The Missile Gap – die »Raketenlücke« [74]

	Vereinigte Staaten	Sowjet-union	Balance (+ = Überlegenheit der USA − = Überlegenheit der UdSSR)		
A. Vorhergesagte Raketenlücke					
1960	30	100	USA − 70		
1961	70	500	USA − 430		
1962	130	1 000	USA − 870		
1963	130	1 500	USA − 1 370		
1964	130	2 000	USA − 1 870		
B. Die wirklichen Zahlen					
1960	18	4	(35)	USA + 14	(− 17)
1961	63	20	(50)	USA + 43	(+ 13)
1962	294	75		USA + 219	
1963	424	100		USA + 324	
1964	834	200		USA + 634	

Unberücksichtigt in dieser Tabelle ist die überwältigende Überlegenheit der Vereinigten Staaten in Interkontinentalbombern, die bis heute andauert.

Schon damals stießen alle Rüstungsbegrenzungsvorschläge auf ein Problem, dessen Wiederkehr man ebenfalls heute feiern kann: das Kontrollproblem. Denn Beobachtungssatelliten gab es noch nicht. Und die von den USA für jeden einzelnen Rüstungsbegrenzungsschritt geforderten »Kontrollen am Ort« erschienen der Sowjetunion als Spionage. Was man sicher nicht nur auf die Furcht vor einem Eindringen in ihr damals noch viel geschlosseneres System zurückführen kann, sondern auch darauf, daß die Sowjetunion ja auf manchen Gebieten – z.B. bei Interkontinentalraketen und Nuklearbombern – fast gar nichts zu kontrollieren hatte, jede Kontrolle den sowjetischen Bluff also aufgedeckt hätte.

---

72 Vgl. dazu den Bericht über die Pugwash-Konferenz in Moskau 1960, unten Kap. 3.1.2.
73 Robert Neild, 1981, S. 25.
74 Über die sowjetischen Zahlen herrscht noch heute Streit. Bei sonst guter Übereinstimmung differieren so die Zahlen von Neild für die sowjetischen Raketen 1960/61 von denen des International Institute for Strategic Studies, London, aus dem Jahre 1969. Die Zahlen des IISS (Military Balance 1969/70) sind deshalb in Klammern danebengesetzt.

In dieser fast ausweglos erscheinenden Situation von Politik, Sicherheitspolitik und Militärstrategie (als Mittel zum politischen Zweck) entwickelte sich in den Vereinigten Staaten eine breite Diskussion, die weit über den Rahmen der klassischen Sicherheitspolitiker (Außenpolitiker und Militär) hinausgriff. Sicherheitspolitische Seminare entstanden an Universitäten.[75] Zahlreiche Seminare über diese Probleme fanden vor allem an der Ostküste (Harvard University, Massachusetts Institute of Technology) statt.[76] Das Hudson-Institut Herman Kahns entstand, die von der Luftwaffe gegründete RAND-Corporation in Santa Monica, Kalifornien, arbeitete über Sicherheitsprobleme auf einer so breiten freien Basis, wie sie selbst in unabhängigen Instituten sonst kaum gegeben ist. Physiker, vor allem Kernphysiker, wie Edward Teller und Leo Szilard[77], in Erkenntnis ihrer Mitverantwortung für die Folgen der von ihnen mitgeschaffenen Waffen, bildeten eine wichtige Fraktion in dieser Diskussion. Ihre Organisation, die Federation of American Scientists, mit ihrem »Bulletin of the Atomic Scientists« führte die Debatte immer wieder auf diese neuen Probleme.

Daß »arms control« – wie sich diese Schule bald nannte – letztlich von mehr oder weniger freiwilliger Kooperation des Gegners abhing, war evident. »Kooperative Rüstungssteuerung« übersetzte Graf Baudissin deshalb diesen Ausdruck später sehr treffend. Aber wie soll man kooperieren, wenn ein sachliches Gespräch nicht stattfindet? Denn Kontakte – selbst auf wissenschaftlicher Ebene – zwischen West und Ost, das gab es damals, einige Jahre nach Stalins Tod, nicht.

So war es eine für die Rüstungssteuerungsdiskussion bis heute bahnbrechende Tat, als es 1957 dem amerikanischen Eisenbahn-Industriellen Cyrus Eaton gelang, zu einer Konferenz in Pugwash, Kanada, erstmals Physiker aus West und Ost zusammenzubringen. Physiker, die von ihrer gemeinsamen naturwissenschaftlichen Basis aus vorsichtig versuchten, sich auch politischen Problemen, vor allem den Problemen der in West und Ost von diesen Physikern gebauten »Bombe« zu nähern.[78]

Aus der Vielzahl aller dieser Ansätze jener Jahre seien zwei herausgegriffen, die an der Entwicklung von Theorie und Praxis der »arms control« (Rüstungssteuerung) hervorragenden Anteil haben: Da ist einmal das von 23 Autoren im

75 Zum Beispiel an der Harvard University, beim Historiker Professor Henry Kissinger.
76 S. hierüber Wiesner 1962, S. 27.
77 Leo Szilard beschrieb die Problematik von damals in »Die Stimme der Delphine«, einem »Science-fiction-Roman«. Er versuchte in diesem Roman Ost und West zum Verständnis der Position der Gegenseite zu bewegen. Er bediente sich dazu des Tricks, in seinem Science-fiction-Roman die Interessen umzudrehen, den Vereinigten Staaten die (damaligen) sowjetischen, der Sowjetunion die (damaligen) amerikanischen Interessen zu unterlegen.
78 Über die Pugwash-Bewegung gibt der Sonderdruck aus der DGFK-Information 1/81 einen guten Überblick. Vgl. dazu auch die Veröffentlichungen von J. Rotblat zur Geschichte der Pugwash-Bewegung.

Jahre 1960 geschriebene grundlegende Buch »Arms Control – Disarmament and National Security«.[79] Nach der Vorveröffentlichung eines Teiles der Kapitel in der Sondernummer »Arms Control« im »Daedalus«, der Zeitschrift der American Academy of Arts and Sciences, auch als »Daedalus-Band« in Erinnerung. Da ist zum anderen die Arbeit der Pugwash-Gruppe, die in jener Zeit vielleicht den Gipfel ihrer Bedeutung erreichte.

Wichtig war vor allem die Pugwash-Konferenz in Moskau im Dezember 1960, bei der auf amerikanischer Seite Persönlichkeiten auftraten, die einerseits als Mitbegründer der Arms-Control-Schule auch im Daedalus-Band zu finden sind, die andererseits aber als Berater des soeben gewählten Präsidenten Kennedy (und einiger seiner Nachfolger) figurieren sollten.[80] Probleme, Denkvorstellungen und Erwartungen des Rüstungssteuerungsansatzes können wohl nur verstanden werden, wenn man sich diese Überlegungen so vergegenwärtigt, wie sie damals vorgetragen wurden. Im folgenden Abschnitt wird deshalb die Arms-Control-Theorie durch Auszüge aus dem »Daedalus-Band« beschrieben. Anschließend folgt ein (bisher unveröffentlichter) Originalbericht von der Pugwash-Konferenz in Moskau 1960, der einen der ersten Versuche beschreibt, Rüstungskontrolldenken in den West-Ost-Dialog einzuführen.

3.1.1 Rüstungssteuerung 1960 – die Theorie

1962 gab Uwe Nerlich im Auftrag der Deutschen Gesellschaft für Auswärtige Politik eine deutsche erweiterte Ausgabe des amerikanischen »Daedalus-Bandes« heraus.[81] Nerlich beschrieb seine Ziele und Erwartungen:

»In dieser Situation mag die deutsche Ausgabe des ›DAEDALUS‹ in dreifacher Hinsicht als ein verheißungsvoller Anfang erscheinen. Sie bedeutet – diese Erwartung steht hinter der Herausgabe des Bandes – eine Zäsur in der öffentlichen Diskussion der internationalen Sicherheitsprobleme in der Bundesrepublik. Sie ist der Ausgangspunkt eines weitgesteckten Forschungs- und Konsultationsprogramms, das – vom Forschungsinstitut der Deutschen Gesellschaft für Auswärtige Politik durchgeführt – zum Ziele hat, in deutschen und internationalen Expertengruppen Lösungen der europäischen Sicherheitsprobleme zu erarbeiten...

Zielsetzung dieses Programms ist, in der Bundesrepublik eine *kritische Rezeption der in den Vereinigten Staaten entwickelten Theorien der internationalen* Politik anzubahnen und neue Ansätze sowohl zur Klärung prinzipieller Fragen der internationalen Politik als

---

79 Deutsche Übers.: Strategie der Abrüstung, 1962.
80 Hier ist vor allem J. Wiesner zu nennen, der als Berater Kennedys ernannt war, und W. Rostow, der später Berater von Kennedy und Johnson wurde. W. Rostow ist Bruder von Eugene Rostow, dem ersten Leiter der US-Arms Control and Disarmament Agency unter Präsident Reagan.
81 Strategie der Abrüstung, 28 Problemanalysen. Deutsche erweiterte Ausgabe, hg. von Uwe Nerlich, Bertelsmann 1962.

auch zur empirischen Erforschung der für die Probleme der Kriegsverhinderung wichtigen Faktoren zu schaffen.«[82]

Wie der »Daedalus-Band« zustande gekommen ist, beschreibt der amerikanische Herausgeber, Donald Brennan.[83] Unter den Namen, die in dieser Beschreibung auftauchen, finden sich spätere Außen- und Verteidigungsminister, Präsidentenberater und Leiter wichtiger Ressorts.[84]

Die weitgesteckten Thesen der Verfasser dieses Bandes versuchte Wilhelm Cornides in einem Nachwort zur deutschen Ausgabe zusammenzufassen. Diese Zusammenfassung vermittelt ein Gefühl für die Optik, in der jene Anregungen damals in Deutschland rezipiert wurden.

Cornides schrieb:

»Die Thesen, die dem vorliegenden Band seine innere Geschlossenheit verleihen... gehen von der Konzeption eines ›stabilen Systems gegenseitiger Abschreckung‹ aus. Die grundlegende Prämisse ist, daß die Vereinigten Staaten und die Sowjetunion ›auf einer Basis politischer Feindschaft‹ ein dauerhaftes gemeinsames Interesse an einer solcherart stabilisierten Rüstungslage etabliert haben, weil die technischen Gegebenheiten der interkontinentalen thermonuklearballistischen Waffensysteme keine andere Wahl lassen: ›Stabile Abschreckungssysteme... versuchen das Wettrüsten dadurch abzufangen, daß ein System geschaffen wird, innerhalb dessen ein Überraschungsangriff der einen Seite den Gegenschlag der anderen Seite nicht verhindern kann und dadurch abgeschreckt wird...‹

Diese *vorausgesetzte* Gemeinsamkeit des Interesses an der Verhinderung eines dritten Weltkrieges ermöglicht, wenigstens theoretisch, ein Studium des ›Marktes‹ der Rüstungen, so als ob sie nicht dem kriegerischen Zweck dienten, den Gegner niederzuwerfen, ihn ›wehrlos zu machen‹, wie es in der klassischen Formulierung von Clausewitz heißt, sondern dem friedlichen Zweck der *Kriegsverhinderung*. Die beiden Hauptmächte treten nach dieser Theorie zwar als Konkurrenten auf, die sich ideologisch bekämpfen, aber nicht als absolute Gegner, von denen einer den anderen mit Gewalt zur Erfüllung seines Willens zwingen will. Es wird deshalb angenommen, daß sie trotz aller Gegensätze gemeinsam das Ziel verfolgen, durch informelle oder vertraglich festgelegte Absprachen und ›stabilisierende Informationen‹ eine Rationalisierung und schließlich die Herabsetzung der Rüstungen zu erreichen.«[85]

Das Unbehagen, das vor allem in den Beiträgen der Engländer Philip Noel-Baker und Alastair Buchan, der Franzosen Raymond Aron und Jules Moch und Theo Sommers deutlich wird, führte Cornides auf die ganz unterschiedlichen geschichtlichen Erfahrungen der Europäer und Amerikaner zurück:

82 Strategie der Abrüstung, S. 5/6 (Hervorh. v. Verf.).
83 Strategie der Abrüstung, S. 23–25.
84 Z.B. Henry Kissinger, Harold Brown (Verteidigungsminister der Carter-Regierung), Paul Nitze (Mitglied der SALT-Delegation, heute US-Verhandlungsleiter bei den Gesprächen über Mittelstreckenraketen in Genf), Fred C. Iklé (zeitweise Leiter der Arms Control and Disarmament Agency, heute stellvertr. US-Verteidigungsminister), Jerome B. Wiesner (Präsidentenberater von J.F. Kennedy) u.a.
85 W. Cornides 1962, S. 463–474.

»Die Unbekümmertheit, mit der in dem vorliegenden Band die für die großen Industrie- und Handelsunternehmen entwickelten Methoden der Unternehmensforschung an politischen und strategischen Problemen erprobt werden, von denen das Geschick der westlichen Welt, und vielleicht der Menschheit, abhängt, entspringt dem tief verwurzelten Vertrauen, daß man mit gutem Willen und praktischem Sinn alles in der Welt machen kann. Es hat seine geschichtlichen Ursachen in dem Lebensgefühl der amerikanischen Pionierzeit und in der bis vor kurzem nicht ernsthaft bedrohten ›Insellage‹ der Vereinigten Staaten.«

Cornides schließt mit der Frage, wie die neue Politik ihr Ziel erreichen will, die revolutionäre Sowjetunion in eine stabile Weltordnung einzubinden:

»Nun müßte gezeigt werden, welche... Eigenarten des bolschewistischen Herrschaftssystems durch die Stabilisierung der Rüstungen verändert werden sollen und welche Folgen sich daraus für die Weltpolitik in der Konstellation des ›Duopols‹ der beiden Hauptmächte ergeben würden. Dann könnte man mit vollem Recht von einer westlichen Strategie der Kriegsverhinderung sprechen. Der vorliegende Band weist in diese Richtung, sein Verdienst wird nicht geschmälert, wenn man feststellt, daß er auf entscheidende Fragen noch keine Antwort bietet.

Läßt sich die Dynamik totalitärer Herrschaftssysteme durch die Stabilisierung des Rüstungsgleichgewichtes abfangen und in der physischen und geistigen Verfettung des Massenkonsums ersticken? Verstärkt nicht gerade das Rüstungsgleichgewicht der Hauptmächte die Wirksamkeit jener Methoden des ›revolutionären Krieges‹, auf die in der Einleitung hingewiesen wurde, und liegt darin nicht ein neuer Anreiz zur Expansion mit indirekten Methoden? Diese Fragen zeigen, wie immer man sie beantworten mag, daß jedenfalls eine nur als Rüstungspolitik konzipierte Strategie der Kriegsverhinderung der Welt nicht die stabile Ordnung geben kann, die den Namen Friede verdient.«

In der Rückschau wird man sagen können, daß *eine* Hoffnung des Herausgebers sich erfüllt hat: Der Band half, eine Veränderung der öffentlichen Diskussion internationaler Sicherheitsprobleme in der Bundesrepublik durchzusetzen. Denn teils unter dem Eindruck dieses Bandes, aber auch durch in Deutschland geschriebene Bücher wie die von Helmut Schmidt aus den 60er Jahren[86], ist die amerikanische Rüstungskontrollschule in der Bundesrepublik zur Kenntnis genommen und schließlich als Grundlage unserer Sicherheitspolitik akzeptiert worden.[87]

Fragwürdiger ist dagegen, ob auch der Wunsch voll in Erfüllung ging, daß diese amerikanische Theorie eine »*kritische* Rezeption« erfahren möge. Gerade in den Reihen der Jünger der Arms-Control-Schule zeigte sich nämlich bald die Tendenz, sich *un*kritisch als »wissende« Jünger amerikanischer Vorstellungen von Rüstungskontrolle zu verstehen und auch die jeweiligen politischen Wunschvorstellungen und Irrtümer von jenseits des großen Teichs zu überneh-

---

86 Helmut Schmidt 1965 und 1969.
87 Der erste Versuch, dieses Denken hier bekanntzumachen, waren wohl die Aufsätze von C.F. v. Weizsäcker, »Mit der Bombe leben«, in ›Die Zeit‹, Mai 1958.

men.[88] Diese Entwicklung war nicht ohne Gefahren, denn der deutsch-amerikanische Kontakt, der sich mit der Vermittlung dieses Rüstungskontrolldenkens zwischen relativ kleinen abgegrenzten Gruppen in beiden Ländern entwickelte[89], führte zu einer Einengung des Denk- und Informationsumfanges. Deutsche Teilnehmer der Diskussion berichteten in Deutschland die ihnen in Amerika in diesen Kreisen begegnenden Meinungen als »die amerikanische Auffassung« – was meist nicht ganz falsch war. Aber auch die amerikanischen Teilnehmer gaben die von ihren deutschen »Arms-Control-Freunden« gehörten Auffassungen als »die deutsche Meinung« in den USA weiter – was sich nicht nur im Falle des Vietnam-Krieges als ganz falsch herausstellen sollte, sondern auch mit zur NATO-Krise der 80er Jahre beitrug.[90] Die Kritik an Einengungen von Rüstungskontrolle, an ihrer Handhabung – oder auch bald an ihrer Nichtbeachtung, konnte diesen sich langsam abschließenden Kreis schließlich nicht mehr erreichen.[91] Ein Phänomen, dessen Struktur I. Janis in seinem Buch »Victims of Group Think« blendend beschreibt.[92]

Nicht viel besser erging es der Sicherheits- und Ostpolitik de Gaulles. Seine Abschreckungs- und Détente-Politik wurde als abweichend von der wahren

88 Das zeigte sich besonders deutlich, wenn die amerikanischen Wünsche wechselten. So bei der »MLF«, der multilateralen Atomstreitmacht, für die die Fanfaren in Deutschland noch geblasen wurden, als die Torpedos zu ihrer politischen Versenkung in den USA schon abgeschossen waren.

89 Diese Gruppen bezeichneten sich meist als »arms-control-community«.

90 A. Lewis berichtet in der International Herald Tribune vom 24.11.1981 unter der Überschrift »Seeing western strategy as naiv to the point of absurdity« über Briefe von Field Marshal Lord Carver und Michael Howard, »einem führenden strategischen Denker Englands«. Howards Kritik insbesondere ist:

»Nur übergenaue Pedanten glauben, daß nukleare Abschreckung nicht länger glaubwürdig ist, wenn sie nicht auf jedem Streitkräfteniveau balanciert wird ... DIE USA HABEN DER ANSICHT EINER SEHR KLEINEN GRUPPE EUROPÄISCHER ›SPEZIALISTEN‹ ÜBER DIE BEDROHUNG DURCH DIE SS-20 ÜBERTRIEBENE BEACHTUNG GESCHENKT. So wie sie (Anfang der 60er Jahre) in die Sackgasse der MLF (Multilaterale Nuklearstreitkraft) gerieten, indem sie europäische Auffassungen mißverstanden.«

(Klammerzufügungen u. Hervorhebungen v. Verf.)

Ein weiteres Beispiel dafür, wie im Rahmen eng zusammenarbeitender »atlantischer« Gruppen Lösungen entwickelt werden, die in der politischen Realität in Europa auf heftigsten Widerstand stoßen, bildet die Neutronenwaffe.

Die wohl schlimmste Auswirkung hatte dieser Informationskurzschluß wohl im Vietnam-Krieg. Fast ausnahmslos haben die befragten deutschen Partner den amerikanischen Freunden anscheinend bestätigt, was diese jedenfalls im Anfang auch hören wollten: Der amerikanische Sieg in Vietnam ist für uns Test und Beweis amerikanischer Zuverlässigkeit – und daher auch für Europa eminent wichtig. (So Kissinger in einem Gespräch Ende der 60er Jahre.) Man hatte die falschen Leute gefragt, wie sich herausstellte, als die Fortführung des Vietnam-Krieges amerikanische und europäische Interessen gleichermaßen schädigte und eine das NATO-Bündnis bis heute belastende Ablehnung amerikanischer Politik in Europa auslöste.

91 Genannt seien z.B. die Arbeiten von Dieter Senghaas oder die Kriegsfolgen-Studie (Kriegsfolgen und Kriegsverhütung, Hg. C.F. v. Weizsäcker) 1970.

92 Janis 1972.

Lehre angesehen, als falsches Handeln, das sich auf die Dauer der (eigenen) richtigeren Erkenntnis schon anpassen werde (Bereithalten eines »leeren« Stuhls für Frankreich in zahlreichen Gremien der NATO).

Doch was in dieser Rückschau am meisten betroffen macht, das ist, wie *politisch* der Rüstungskontrollansatz einst gewesen, wie klar die Erkenntnis, daß *politische* und militärische Stabilität zusammenkommen müssen, um den Krieg zu verhüten; wie deutlich Rüstungs*begrenzungen* – auf minimum deterrence z.B. – und *Abrüstung* ihren Platz somit in einem *politischen Gesamtkonzept* fanden.

Was ist davon in einer Zeit geblieben, in der die amtliche und halbamtliche Diskussion sich verengte auf »militärisches Gleichgewicht«, SS-20, Nachrüsten (trotz ca. 9 000 amerikanischen gegenüber etwa 7 000 sowjetischen strategischen Kernwaffen), Abschreckung durch Vorbereitung des Sieges im Nuklearkrieg, Schließen von Abschreckungs- und Verteidigungslücken durch Neutronenwaffen oder andere taktische Schlachtfeldwaffen? Wo sind z.B. Strategien geblieben, die Rüstungsbegrenzung und Rüstungskontrolle der strategischen Waffen möglich machen?[93] Wo rüstungskontrollfähige Konzepte für andere Niveaus der militärischen Konfrontation? Und bei Entscheidungen über neue Waffensysteme ist von Krisenstabilisierung nicht einmal mehr die Rede.

Frappierend ist andererseits aber auch, welche missionarisch-antikommunistische Hoffnung ein Teil der Begründer des Rüstungssteuerungskonzepts mit dem Konzept verbunden hat. Hoffnungen, die in der pragmatischen Entspannungspolitik der Ära Kissinger-Nixon-Brandt vergessen und vergangen schienen, und deren Verschwinden erst die Erfolge der Entspannungspolitik erlaubte.

Aber vielleicht macht diese Rückschau es verständlicher, daß gerade das Ausbleiben *dieses* Erfolges, das Ausbleiben einer grundlegenden Veränderung der sowjetischen Gesellschaft durch die Rüstungskontrollpolitik, von manchen früheren Anhängern dieses Konzepts ebenso als Zeichen des Scheiterns der Rüstungskontrollpolitik angesehen wird, wie das endlose Weiterdrehen der Rüstungsspirale von anderen.

Versuche, die immer komplizierteren Kontrollprobleme für moderne Waffensysteme dazu zu benutzen, Rüstungssteuerung von Inspektionssystemen im Land des Gegners abhängig zu machen, »die der Sowjetunion keine andere Wahl lassen, als Wettrüsten zu akzeptieren oder ihr System zu ändern« (so ein amerikanischer Teilnehmer der IISS-Konferenz in Williamsburg im September 1981), haben also ebenso Tradition, wie die Furcht der Sowjetunion vor einem solchen Effekt von Rüstungsinspektionen.

---

93 Bei Amtsantritt von Eugene V. Rostow als Leiter der US Arms Control and Disarmament Agency wurde klar, daß die US-Administration kein Rüstungskontrollkonzept hatte. Vgl. die Anhörung Rostows vor dem Außenpolitischen Ausschuß des US-Senats am 22.6.1981.

3.1.2 Rüstungssteuerung: Die ersten praktischen Erfahrungen im Ost-West-Dialog. Bericht über die Pugwash-Konferenz, Moskau 1960, von E. Heimendahl

Eckart Heimendahl[94], einer der beiden westdeutschen Teilnehmer, berichtete über diese Konferenz im »8. Rundbrief der Vereinigung Deutscher Wissenschaftler«[95]:

>»1. Es war die erste Pugwash-Konferenz, die im Osten stattfand. ... Die amerikanische Delegation besuchte die Konferenz nach vorangegangener Beratung und Abstimmung mit Präsident Kennedy...
>
>Durch den unausgesprochen offiziösen Charakter der amerikanischen Gruppe war bei allen individuellen Meinungsverschiedenheiten eine generelle Einmütigkeit wirksam, die mit der systembedingten Geschlossenheit der Russen – die ihrerseits einen sehr viel differenzierteren Diskussionsspielraum zuließ, als in früheren Konferenzen – volles Gleichgewicht hielt...
>
>2. Das Jahr 1961 wird von beiden Seiten als erhoffter ›Turning-Point‹ angesehen, um das bisherige unkontrollierte, ständig gefährlicher werdende Wettrüsten zu beenden. Maßgebend dafür ist die gegenwärtige technische Situation ebenso sehr wie die weltpolitische. Die gemeinsame aktuelle Sorge vor dem eng befristeten ›atomaren Waffen-Chaos‹ ist wohl der stärkste Antrieb zur Verständigung neben den ständigen Drohungen einer Überraschungsattacke und dem Ausbruch eines ungewollten Zufallskrieges.

>Die amerikanische Position
>
>...
>
>In einem Referat über die ›Current Attitudes on Disarmament in America‹ (Doty) wurde die prekäre Situation der jetzigen Sicherheitsmaßnahmen durch gigantische Rüstungen besprochen. Obwohl zur Zeit rund 100 Milliarden Dollars in der Welt ausgegeben werden, um durch Waffen Sicherheit zu erkaufen, und ein solcher Preis zwar nicht zu hoch bezahlt sei, wenn damit Sicherheit gewonnen wird, sei es eine tragische Tatsache, daß dies nicht der Fall sei. Daß vielmehr mit jedem Jahr des Rüstungswettlaufs alle Länder weniger und nicht mehr Sicherheit fänden...
>
>...Unter den diversen amerikanischen Ansichten zum Abrüstungs- und Sicherheitsproblem zeigen sich zwei extreme Auffassungen: auf der einen Seite sind diejenigen, die in erster Linie an unmittelbaren, begrenzten Schritten interessiert sind, die eindeutig die Weltsicherheit fördern und die nicht mit dem Risiko verbunden sind, die gegenwärtige militärische Balance aufzulösen. Ihnen

---

94 Eckart Heimendahl war zu jener Zeit Sekretär der Vereinigung Deutscher Wissenschaftler, einer der Federation of American Scientists nachgebildeten Vereinigung.

95 Vereinigung Deutscher Wissenschaftler, Rundbrief Nr. 8, Febr. 1961 (unveröffentl.). Dort im englischen Originaltext wiedergegebene Zitate wurden vom Verfasser übersetzt.

stehen auf der anderen Seite jene gegenüber, die auf eine weitreichende Abrü-
stung drängen, ohne sich viel darum zu kümmern, wie die Welt aussieht, in der
diese stattfinden soll. Einerseits findet man diejenigen, ›die einen sicheren
Fortschritt ohne Risiko verlangen oder akzeptable Waffenkontrollmaßnahmen‹.
Andererseits halten einige die gegenwärtige Situation für ›so prekär, daß kein
Risiko zu groß ist, um die gegenwärtige Bedrohung einzuschränken‹.

...Neu erscheint die Füllung früherer sehr allgemein gehaltener Genfer Vor-
schläge mit durchdachten Plänen, die nicht mehr nur den eigenen Vorteil
suchen, sondern die beiderseitigen Standpunkte so berücksichtigen wollen, daß
sie ›gegenseitige Verständigung und Vertrauen fördern‹, wie es dem Geiste der
Pugwash-Konferenzen entspricht. Die bisherigen, auf den Abrüstungskonferen-
zen diskutierten Waffenkontrollverfahren seien aus vielerlei Gründen nicht
akzeptabel gewesen. Vor allem sei ziemlich klar, ›daß bis vor kurzem keine Seite
aufrichtig versucht hat, ein Abrüstungsübereinkommen oder eine Waffenbe-
grenzung zu erreichen‹. Auch sei ›keiner der Teilnehmer genügend vorbereitet
gewesen, um mit Vertrauen verhandeln zu können, sowohl aus mangelnden
technischen Kenntnissen, als auch aus Mangel an jedweder nationalen Position
für die Verhandlungsgegenstände‹. (Wiesner)

›Comprehensive Arms-Limitation Systems‹

Dieser Begriff ist der Titel der von Wiesner der Konferenz vorgelegten
Abrüstungskonzeption, Ergebnis jahrelanger Untersuchungen von Experten-
teams und der Auswertungen von Konferenzergebnissen und Vorschlägen. Das
größtenteils schon in ›Daedalus‹[96] veröffentlichte Papier kann als Grundlage für
ein ›komplettes Abrüstungsprogramm‹ aufgefaßt werden und stand im Zentrum
des Moskauer Konferenzgesprächs. Der Titel ›Waffen-Begrenzung‹ sei geeigne-
ter als ›Abrüstung‹, ›unter dem viele Amerikaner alles oder nichts verstehen‹...

Ein umfassendes – die gesamte Problematik behandelndes – System wird als
leichter zu verhandeln angesehen, als eine Reihe unzusammenhängender be-
grenzter Einzelmaßnahmen.

Sehr offen wird das größte Hindernis für bisherige Übereinkommen an den
Anfang gestellt, nämlich die Alternative der Angst beider Weltmächte: Die
Sowjets fürchten amerikanische Spionage durch Inspektion, ohne daß eine
Abrüstung stattfindet, die Amerikaner befürchten geheime Waffenlager und
-teste bei einer ungenügend kontrollierten Abrüstung, und, ohne perfektes
Inspektionssystem – einen erfolgreichen sowjetischen Überraschungsangriff auf
die westlichen Militärstreitkräfte. Der Plan versucht daher, beide Sicherheitsan-
sprüche zu kombinieren:

...Die substantielle Bedeutung des neuen amerikanischen Plans liegt in der
direkten Kombination von Abschreckungs- und Abrüstungssystem. Die bisheri-

---

96 Deutsch: Strategie der Abrüstung, vgl. dazu oben Kap. 3.1.1.

ge Abschreckungspraxis zeigte keinen Weg zur Abrüstung, sondern förderte nur das Wettrüsten. Jetzt wird ein solches Deterrence-System gesucht, das ausschließlich dazu dienen soll, eine Abrüstung in Gang zu setzen.

Das Konzept der ›stable‹ oder ›mutual deterrence‹

Die ›mutual deterrence‹ beruht... auf der technischen Möglichkeit, unverletzliche Raketenbasen einzurichten – teils durch bewegliche Basen von Minuteman- und Polaris-Raketen (U-Boote u.a.), teils durch unterirdisch gesicherte Basen. Dadurch ist die totale Gefahr einer Überraschungsattacke gebannt, da man die Vergeltungsmacht noch (mehr oder weniger vollständig) einsetzen kann, wenn der erste Schlag stattgefunden hat. Wenn beide Seiten ein System unzerstörbarer Basen entwickelt haben, fällt die Notwendigkeit fort, eine ›counter force capability‹ zur Verfügung haben zu müssen. *In einer solchen Situation wird ein Angriff durch die Gewißheit einer verwüstenden Antwort abgeschreckt. Kann man einen Raketenangriff insofern abwarten, ohne sofort zurückschlagen zu müssen, so ist damit auch die große Sorge vor einem Zufallskrieg wesentlich behoben.*

Das System ist auf einer ›niederen Ebene‹ gemeint. Es soll den Abbau der großen Vorräte nuklearer Vergeltungswaffen ermöglichen und den Rüstungswettlauf stoppen. Es ist von mehreren Voraussetzungen abhängig:

1. daß beide Seiten sich durch Inspektion von ihrer Kapazität überzeugen können und die Summe der nötigen Basen und Raketen Schritt für Schritt bis auf ein zu vereinbarendes Minimum herabgesetzt wird...

2. hängt es technisch davon ab, daß kein Raketenabwehrsystem entwickelt wird. Die Unsicherheit einer ›stabilen‹ Absicherung beruht in der Ungewißheit eines technischen Durchbruchs. Gerade weil für die nächsten Jahre keine revolutionierenden neuartigen Techniken erwartet werden, die die gesamten bisherigen Waffensysteme in Frage stellen, ist der jetzige Zeitpunkt zu einem Übereinkommen günstig, hat also keine lange Frist.

Da die gegenseitige Waffenkontrolle, den jeweils vereinbarten Stand einzuhalten, mit der Einrichtung des Systems verbunden sein soll, ist das Problem geheimer Waffenlager wesentlich kleiner. Denn nur solch große Lager wären bedrohlich, die das Gleichgewicht ernstlich stören könnten, und diese sind sehr viel eher zu entdecken. Gewisse kleine geheime Vorräte könnten daher das Kräfteverhältnis nicht verschieben. Um nämlich eine Raketenbasis mit einiger Sicherheit zu zerstören, würden rund 10 gut gezielte Raketentreffer nötig sein, sofern man von festen Untergrundbasen ausgeht.

...Nimmt man z.B. an, daß in einer zukünftigen Phase beide Seiten 100 Interkontinentalraketen besitzen würden, und eine Seite plante einen Angriff mit allen 100, dann hätte der Angreifer die Aussicht, 10 Raketenbasen zu zerstören, aber der Verteidiger hätte noch 90, um den Schlag zu erwidern.

Der Plan sieht vor, mit einer substantiellen Abschreckungsmacht von 250 bis 500 Raketen zu beginnen, ›und sobald Erfahrung mit diesem System gewonnen ist und gegenseitiges Vertrauen erreicht ist, die Abschreckungsmacht auf einen sehr kleinen Umfang zu reduzieren oder sogar vollständig aufzuheben‹.

Das System, gekoppelt an bestimmte Abrüstungsvereinbarungen und ein Waffenkontrollsystem im Sinne früherer Vorschläge, soll ermöglichen, daß ohne Anspruch auf Perfektion ein möglichst hoher Grad an Effektivität gewonnen wird. Es widerspricht insofern einer totalen Abrüstung der nuklearen Waffen, als eine geringe Zahl zu behalten erlaubt sein soll, dafür aber wird er als ein realistischerer Plan beurteilt, der – wenn er sich durchführen läßt – zur vollständigen Abrüstung führen soll...

Die ›mutual deterrence‹ ist also nicht mit einem Abrüstungsplan zu verwechseln. Sie soll, wie es hieß, den ›Sicherheitsschirm‹ bilden, unter dem man dann zu einer stufenweisen Abrüstung gelangen will.

...Von ›stable deterrence‹ zu ›disarmament‹

Ein Abschnitt im Papier Wiesner ist überschrieben: Phasen der Entwicklung eines Systems stabiler Abschreckung und Abrüstung. Hier wird die Überführung des Abschreckungssystems zur Abrüstung in einem Phasenplan erklärt, so daß beides untrennbar voneinander ist. Der Zweck des ganzen Planes wäre erst erfüllt, wenn alle Waffen bis auf diejenigen reduziert sind, die für internationale Polizeiaktionen benötigt werden. Das kann wiederum nur erreicht werden, wenn eine adäquate internationale Sicherheitsstreitmacht aufgebaut ist, die durch ein adäquates Rechtssystem kontrolliert und eingesetzt wird. Oder, falls die internationalen Spannungen drastisch reduziert werden können, bevor Abrüstung dieses niedrige Niveau erreicht...

›Mutual deterrence – mutual confidence‹ (wechselseitige Abschreckung – wechselseitiges Vertrauen)

›Keine Abrüstung ohne Sicherheit – keine Sicherheit ohne Abrüstung.‹ Dieser von einem amerikanischen Konferenzteilnehmer formulierte Satz zeigt den Zirkel des Problems, in den man eintreten muß. Die bisherige amerikanische Politik, so wurde gesagt, basierte darauf, daß die Abschreckungsstrategie funktioniert und, falls sie nicht funktionieren sollte, so stark zu sein, daß man im Kriegsfall Sieger bleibt. ›Sieg und Überlegenheit‹, so heißt es nun, ›ist unvereinbar mit dem Versprechen von Waffenbegrenzungs-Übereinkommen‹. Alle Pläne aber, die zur Abrüstung führen sollen, sind abhängig von der Spannung zwischen Vertrauen und Mißtrauen, Begriffe, die immer wieder die Grundnenner der Diskussionen bildeten. In den amerikanischen Vorschlägen wurde daher den politischen Faktoren, die mit den militärischen Abrüstungsplänen zusammenlaufen müssen, ein breiter Raum gegeben. So wird ein Abkommen über den Atomwaffen-Versuchsstopp weniger als Anfang einer Abrüstungsphase angesehen, als vielmehr als ›confidence-building measure‹, vertrauensbildende Maßnahme...

Die sowjetrussische Einstellung zur Abrüstungspolitik und zu den amerikanischen Vorschlägen

Die sowjetrussischen Wissenschaftler gingen von Chruschtschows Forderung nach einer allgemeinen und vollständigen Abrüstung aus und betonten, daß Chruschtschow kurz vor der Konferenz in einem Interview mit der ›Prawda‹ ausführlich zum Problem der Kontrollen Stellung genommen hat. Der politische Wert dieses Interviews liegt darin, daß er erklärte, er sei mit jedem westlichen Vorschlag zur Inspektion und Waffenkontrolle einverstanden – sofern der Westen einer kompletten Abrüstung zustimme. Die sowjetische Haltung zu den Kontrollen aufgrund der Vorschläge vom 20.9.1960 wurde durch Talensky ausführlich beschrieben:

›Die Kontrollorganisationen erhalten das Recht, ihre Inspektoren auf dem Territorium der Staaten einzusetzen, die inspiziert werden sollen. ...Diese Inspektoren erhalten das Recht zu sofortigem und freiem Zugang zu jedem Ort in jeder Region, wo Abrüstungsmaßnahmen, die zu kontrollieren sind, stattfinden.‹...

Kernpunkt der Auffassung der sowjetischen Teilnehmer war daher das Verhältnis von Kontroll- und Abrüstungsplänen. Man möchte die Inspektion als Abrüstungskontrolle verstehen, und der bekannte Verdacht, daß die Amerikaner ein ›Intelligence system‹ (Spionagesystem) aufbauen möchten, wurde mehrfach ausgesprochen. Während zum Teil hitziger ›Diagrammdispute‹ gelang es andererseits, Mißverständnisse zu klären. Hatte man angenommen, daß die Russen das Kontrollproblem so verstanden, daß sie die abgerüsteten Waffen deklarieren wollen und einer Kontrolle zur Verfügung stellen oder sie einer Behörde abliefern und die Inspektionen soweit zuzulassen, als es sich um faktische Abrüstungsvorgänge handele, so betonten die Russen demgegenüber, daß sie zu jeder mit der Abrüstung gleichzeitig vor sich gehenden Inspektion bereit seien, aber die Amerikaner würden Wert darauf legen, erst alles zu inspizieren und dann erst abzurüsten. Den Amerikanern ging es darum klarzumachen, daß eben auch die nicht deklarierten Waffen kontrolliert werden müßten.

Die Russen warfen dem Wiesner-Plan vor, daß er nicht konkret sei, und sie vermißten bestimmte Zeitfristen. Man möchte möglichst einen Abrüstungsplan für 4–6 Jahre haben, wobei andererseits eine Vorbereitungszeit von 4 Jahren oder etwas kürzer angenommen wird, um die Inspektionsteams und -methoden vorzubereiten.

Der Plan einer ›mutual deterrence‹ kompliziert verständlicherweise die Möglichkeit zur Verständigung sehr. Während die Amerikaner den Aufbau dieses ›Systems‹ als Übergangsphase zur Abrüstung betrachten, erscheint es den Russen als eine weitere Verlängerung des Wettrüstens. Das Argument, daß es sich um ein Deterrence-System auf niederer Ebene handele, überzeugt sie nicht.

Hier ist tatsächlich die kritischste Stelle eines zukünftigen Übereinkommens. Haben die Sowjets zur Zeit eine ausreichende Kapazität an interkontinentalen

Raketen, so diskutieren sie von ihrem Waffenstand her und sehen keinen Grund, die Abrüstung weiter hinauszuzögern. Den Amerikanern aber ist daran gelegen, in den nächsten 3–4 Jahren ihr Polaris- und Minuteman-Programm voll zu entwickeln, um eine stabile Abschreckungsmacht zu errichten.
...Daß ein Gleichstand Vorbedingung für eine Einigung ist, scheint nur zu verständlich, ebenso andererseits, daß die Russen jetzt noch bestehende Vorteile ausnutzen möchten. [97] *Immerhin muß man akzeptieren, daß der amerikanische Plan, der eine Aufrüstung in speziellen Waffen (den einigen hundert verbunkerten Interkontinentalraketen, auf denen dieser Plan basiert – d. Verf.) einschließt, für sie eine Zumutung darstellt.«*

1983 bleibt anzumerken:

Zwar scheiterten diese amerikanischen Vorschläge zur Rüstungsbegrenzung und Abrüstung vollständig. 10 000 Nuklearsprengköpfe auf beiden Seiten und nicht einige Hundert sind heute Realität. Doch der Grund dafür war nicht etwa, daß dieser Versuch, durch wechselseitige Minimalabschreckung Kriseninstabilität zu bannen, den Rüstungswettlauf abzustoppen und die Konfrontation der Supermächte in friedliche Bahnen zu lenken, ein Hirngespinst akademischer Strategen ohne Rückhalt in der Rüstungsrealität gewesen wäre. Denn der Aufbau einer solchen Minimalabschreckung, auch finite deterrence genannt, war zur Zeit dieser 6. Pugwash-Konferenz Ende 1960 das Ziel der amerikanischen Marine, die ihn gegen den Widerstand der US-Luftwaffe durchzusetzen suchte:

»Seit 1957 hatten die Führer der Marine eine intelligente Strategie entwickelt, um die Flexibilität und Unverwundbarkeit von Polaris-Raketen zu nutzen. Im Juli 1958 hatte Admiral Burke die Grundelemente dieses Konzepts dargestellt, welches als ›finite deterrence‹ bekannt wurde. Ein all-out war, schrieb er, ›ist als Instrument der nationalen Politik obsolet‹. Solange die Vereinigten Staaten in der Lage gewesen sind, die Sowjetunion mit einem Angriff zu entwaffnen, war es sinnvoll, eine Streitkraft zu behalten, die groß genug war, um dieses Ziel zu erreichen. Aber eine sowjetische ICBM-Streitkraft, die ›sich an Orten befindet, die wir höchstens vermuten können, würde die ... Entwaffnungsaufgabe unmöglich machen und damit sinnlos‹. Gleichzeitig würde sie die amerikanischen landgestützten Streitkräfte verwundbar machen.
Auf diese Weise würde sie (die Sowjetunion) zu einem Überraschungsangriff eingeladen und, zur Kompensation dieses Mangels an Überlebensfähigkeit, ein endloses Wachstum der amerikanischen landgestützten Streitkräfte begünstigt. Landgestützte Streitkräfte könnten zwar durch Silos geschützt werden und

---

97 Dies war bekanntlich die damals im Westen herrschende (falsche) Meinung, der die Russen offensichtlich nicht widersprochen haben. Vgl. über die realen Verhältnisse oben Kapitel 3.1, Tabelle S. 53.

könnten verteidigt werden, aber das würde zu erheblichen Kosten führen und würde die Sowjetunion dazu bringen, ihre nukleare Feuerkraft zu erhöhen, um eine Option des ›Festungsknackens‹ zu erhalten. Eine bessere Alternative, argumentierte Burke, würde sein, die nuklearen Streitkräfte gegen einen Überraschungsangriff durch Beweglichkeit und Verstecken zu sichern. Dieses würde den Antrieb für einen Rüstungswettlauf beseitigen, da ›Raketenzahlen alleine dem Gegner nichts bringen, wenn er den Ort des Zieles nicht kennt‹.

Am wichtigsten aber ist, daß eine sichere Nuklearstreitkraft den Vereinigten Staaten ›Zeit in Krisen‹ verschaffen würde, indem ›der dauernde Druck, als erster anzugreifen, um zu vermeiden, entwaffnet zu werden‹, beseitigt würde. Die Vereinigten Staaten könnten wählen, selektiv und Schritt für Schritt auf einen Angriff zu reagieren und ›politischen Druck auszuüben, um nationale Ziele zu erreichen, statt mit einfacher Rache zu reagieren‹. Diese Strategie würde nur eine kleine Streitkraft benötigen, deren Größe sich nur danach richtete, ›was notwendig wäre für Abschreckung alleine (d.h., für eine Fähigkeit, die wichtigsten städtischen Gebiete zu zerstören), nicht jedoch durch die Bedürfnisse des falschen Zieles, einen Krieg zu ›gewinnen‹. Wenn eines Tages solche Streitkraft aufgestellt sein würde, würde ein stabiles ›thermonukleares Patt‹ erreicht, in welchem keine Seite unter dem Druck stünde, ihre nuklearen Arsenale auszuweiten, und der Wettkampf zwischen beiden Seiten würde auf begrenztere und beherrschbarere Gebiete beschränkt.« [98]

Zwar hätte eine positive sowjetische Reaktion, wie sie die amerikanischen Pugwash-Teilnehmer in Moskau erhofften, die Chancen der amerikanischen Marine, ihr Konzept durchzusetzen, vielleicht erhöht. Doch schon 1961 wies McNamara das Marinekonzept der »finite deterrence« zurück, weil

1. das Konzept nicht die Möglichkeit gab, durch Angriffe auf die sowjetischen Nuklearstreitkräfte den Schaden der Vereinigten Staaten zu begrenzen,

2. ein solches Konzept begrenzter Abschreckung nicht hinreichend sowjetische Angriffe auf amerikanische Verbündete abschrecken würde.

Beide Probleme, damage limiting und »extended deterrence«, sind 1983 so kontrovers wie 1961.

3.2 Die ungeschriebenen Gesetze der Rüstungssteuerungspolitik [99]

3.2.1 Die Logik der Rüstungssteuerungspolitik

Untersucht man die soeben beschriebenen Ansätze auf ihre Grundstruktur hin, so läßt sich die Logik der Rüstungssteuerungspolitik wie folgt beschreiben:

Die Rüstungssteuerungsschule nutzte die beiden Gefahren der Nachkriegs-

---

98 D. A. Rosenberg 1983, S. 56f.
99 Christian Potyka in seiner Beschreibung der Sprachlosigkeit in der Nachrüstungsdiskussion

konstellation – Bipolarität und Atombombe – als Basis für eine *neue* Kriegsverhütungspolitik. Sie nutzte so gerade die Schwächen der vorgegebenen Realität zur Entwicklung einer neuen Stärke.

Kern dieser neuen Kriegsverhütungspolitik wurde die Fähigkeit jeder Supermacht, den Gegner auch dann noch zu vernichten, wenn dieser mit einem Kernwaffenangriff das eigene Land zerstört hatte. Mittel hierzu waren »unverwundbare Zweitschlagkapazitäten«, auf U-Booten oder in Bunkern geschützte strategische Kernwaffen. Weil sie unverwundbar waren, war es sinnlos, sie anzugreifen. Nicht die gewonnene nukleare Schlacht war von jetzt an Mittel der Militärpolitik. Bedrohung der Zivilbevölkerung über die Köpfe des Militärapparates hinweg sollte vielmehr jeden Krieg sinnlos machen und so verhüten. »Wer zuerst schießt, stirbt als zweiter«, lautete der Slogan.

Stabile Abschreckung wird hiernach also nicht durch gleiche militärische Fähigkeiten charakterisiert, sondern durch ihr Gegenteil: *gleiche Unfähigkeit,* militärische Mittel zum politischen Zweck nutzen zu können.

Weil es keinerlei Vorteil brachte, praktisch unverwundbare Raketen anzugreifen, konnte auch niemand in einer *Krise* einen Vorteil darin sehen, als erster einen solchen (sinnlosen) Angriff auszulösen, statt abzuwarten. Damit aber war *die* Kriegsursache ausgeschaltet, die im Zeitalter der Atombombe die gefährlichste, weil wahrscheinlichste Ursache ist: Die Gefahr eines Krieges, der wegen der hohen Risiken jedes Atomkrieges politisch von niemandem gewollt ist. Der aber in einer Krise deshalb plötzlich unvermeidlich wird, weil Abwarten Niederlage und Zerstörung bedeutet – und daher noch gefährlicher aussieht als Angreifen (Prämie des ersten Schlages).

War es unmöglich, Krieg als Mittel zur Entscheidung zwischen den beiden Großmächten zu verwenden, und wirkte Kriegsverhütung am Militärapparat vorbei, dann mußte sich der Akzent der Auseinandersetzung auf andere als militärische Mittel verlegen. Damit wurde das Interesse an *militärischer Übermacht* reduziert. Wettrüsten wurde weniger sinnvoll und Rüstungsbegrenzung so überhaupt erst möglich.

Kam es für die Abschreckung atomarer Angriffe nur darauf an, den Angreifer nach seinem Angriff durch einen atomaren Vergeltungsschlag (Zweitschlag) als »lebensfähige Industriegesellschaft« ausschalten zu können, dann wurde es sinnlos, mehr als eine unverwundbare Vergeltungskapazität von einigen hundert Interkontinentalraketen aufzustellen. Denn schon mit zweihundert Megaton-

(Süddeutsche Zeitung vom 23./24. Mai 1981), die Grundlage für die erfundene Diskussion am runden Tisch wurde (»Statt einer Einleitung« zu diesem Buch), sprach von den »ungeschriebenen Gesetzen von Friedensforschung und Rüstungskontrolle«, in denen gegen die »Kategorien und Vorgaben der NATO-Strategie« argumentiert werde.

nenwaffen, gegen die Städte des Gegners eingesetzt, ließe sich die amerikanische Gesellschaft ebenso zerstören wie die russische.

Damit aber war eine weitere Voraussetzung für die Beendigung des Wettrüstens erfüllt. Denn, wie die Geschichte lehrt, haben Abrüstungsverhandlungen nur dort zum Erfolg geführt, wo *mehr* Rüstung *keinen* militärischen oder politischen Wert hatte.

Weil eine solche Kriegsverhütungspolitik durch stabile Abschreckung militärische Mittel nutzt, hat sie unvermeidlich äußere Ähnlichkeit mit der alten Devise: »Si vis pacem para bellum!« (Wenn du den Frieden willst, bereite den Krieg vor!) Sie ist auch stets in der Gefahr, in dieses Jahrtausende alte Denken zurückzufallen, wenn der Blick sich auf »militärisches Gleichgewicht« verengt und so den entscheidenden Unterschied übersieht.

Dabei scheint die Unterscheidung gar nicht so schwierig: Krieg, falls erforderlich, bis zum militärischen Siege führen zu können, ist die Grundlage der Friedenssicherung durch »para bellum«, die Vorbereitung eines Krieges. Hier bleibt Krieg also letztes rationales Mittel der Politik, bleibt »ultima ratio«.

Krieg für beide Seiten *unführbar* zu machen, ihn jedenfalls als *rationales* Mittel der Politik auszuschalten, ist dagegen das Grundprinzip der »stabilen Abschreckung«, der Wurzel von Rüstungskontrolle.

Aber diese für stabile Abschreckung geforderte Sicherheit vor dem frei gewählten Angriff, vor der ungewollten Eskalation in die Krise und gegen Wettrüsten setzte voraus, daß *beide* Seiten unverwundbare Interkontinentalraketen bauten. Solange russische Raketen noch verwundbar waren, waren die USA nicht sicher, daß die Sowjetunion in einer Krise warten würde. Und solange die USA dessen nicht sicher waren, waren sie fast gezwungen, als erste in der Krise zu strategischen Kernwaffen zu greifen.

So war es nur logisch, daß die Amerikaner (offensichtlich mit Billigung des neu gewählten Präsidenten Kennedy) auf der Pugwash-Konferenz in Moskau im Jahre 1960 die Sowjetunion aufforderten, amerikanische Aufrüstung zu akzeptieren und dem amerikanischen Beispiel zu folgen und ebenfalls verbunkerte, unverwundbare Interkontinentalraketen zu bauen. [100]

Damit aber wird der Unterschied zwischen Kriegsverhütung durch Kriegsvorbereitung und Kriegsverhütung durch stabile Abschreckung auch so formulierbar:

Kriegsverhütung durch stabile Abschreckung und Rüstungskontrolle fordert eine Rüstung, die dem kategorischen Imperativ folgt: Rüste so, daß die Maxime deiner Rüstung zum Prinzip einer allgemeinen, auch von deinem Gegner nachvollziehbaren Rüstungspolitik werden kann und dennoch (oder

---

100 Vgl. oben Kapitel 3.1.2, das Konzept der ›stable‹ oder ›mutual deterrence‹.

gerade deswegen) der Krieg als rationales Mittel der Politik ausgeschaltet
bleibt und Wettrüsten vermieden werden kann.

Rüsten um ein »militärisches Gleichgewicht« schlechthin oder gar zur Vorberei-
tung führbarer, gewinnbarer Kriege – und sei es auch nur, um den Gegner vom
Kriege abzuschrecken (si vis pacem para bellum) – folgt diesem kategorischen
Imperativ offensichtlich nicht.

3.2.2 Ambivalenz und Dehnbarkeit des politischen Konsensus
Rüstungssteuerungspolitik

So deutlich sich im vorigen Kapitel der Kern des neuen Denkens über Sicherheitspolitik in der Theorie herausschälen ließ, der politischen Praxis mit ihrem
Zwang zu Kompromissen in innenpolitischen und außenpolitischen Interessen-
konflikten blieb ein weites Interpretationsfeld. Unterschiedliche Akzente konnten gesetzt werden, ohne sofort offensichtlich den Rahmen von Rüstungssteuerungspolitik zu zerbrechen. Unterschiedliche Akzente standen – wie wir sahen [101] – auch schon an der Wiege der Rüstungssteuerungspolitik. Doch damals
bestand jedenfalls in den Hauptpunkten noch weitgehende Einigkeit:
Keinerlei Streit herrschte z.B. darüber, daß

»das primäre Ziel von Rüstungssteuerungspolitik sein muß, den Anreiz für einen ›vom
Zaun gebrochenen Angriff‹ (deliberate attack) zu nehmen. Vorbedingung dafür ist, daß
beide Seiten sich bemühen, unverwundbare Vergeltungsstreitkräfte zu entwickeln.« [102]

Ebensowenig Zweifel bestanden auch darüber, daß der Stabilisierung von Krisen
gegen militärische Zugzwänge eine (gleich)gewichtige Rolle zukommt. [103]
Kissinger beschrieb dies so:

»Die Stabilität wird vergrößert, wenn der Verteidiger sich nicht so verwundbar fühlt, daß
er gezwungen wird, seine Vergeltungsstreitkräfte auf die erste unsichere Warnung hin
abzuschießen.
Es folgt daraus, daß beide Opponenten einseitige Maßnahmen treffen können, die
geeignet sind, die Verwundbarkeit herabzusetzen und dadurch die Stabilität erhöhen. Es
ist aber notwendig zu sehen, daß einseitige Maßnahmen – was immer auch ihre Absicht
sein mag – vom Gegner als bedrohlich interpretiert werden können. *Folglich ist immer
dann, wenn eine Wahl existiert, vorzuziehen, die Maßnahme zu treffen, deren defensiver
Charakter leicht erkannt werden kann.* So wird z.B. die Unverwundbarkeit von Vergel-

101 Vgl. oben 3.1.1 und 3.1.2.
102 Kissinger 1960, S. 218 (Hervorh. v. Verf.).
103 Der Stabilisierung von Krisen, der Verhütung eines Krieges, den eigentlich niemand will also,
gaben manche in den Anfangszeiten der Rüstungssteuerungsschule sogar die Priorität. So z.B. Schelling,
oben Zitat S. 50. Andere legten das erste Gewicht auf die Verhütung des »deliberate attack«. Doch
wurde überall Krisenstabilisierung mit einer hohen Priorität versehen.

tungsstreitkräften zweifellos dadurch erhöht, daß man die Zahl der Raketen vervielfacht und sie weit verteilt. Selbst wenn jede einzelne Rakete sehr verwundbar ist, braucht nun ein Angreifer eine viel größere Streitkraft, um einen Angriffserfolg zu erzielen. Dieses Faktum, zusammen mit der Schwierigkeit, einen größeren Angriff richtig zu koordinieren, erschwert seine Kalkulationen und vergrößert so die Abschreckung. In gleichem Maße aber, wie die verteidigende Vergeltungsstreitkraft wächst, wird sie nicht nur unverwundbarer, sondern ebenso bedrohlicher. Die Antwort der anderen Seite darauf könnte ein präemptiver Angriff sein. Oder wahrscheinlicher das Ingangsetzen einer Rüstungsspirale. Was auch immer das Ergebnis ist: Die Instabilität wird erhöht.«[104]

Wenig Streit bestand auch darüber, daß diese Prinzipien der Krisenstabilisierung auch auf andere Konfliktformen als den strategischen Krieg erstreckt werden sollten.[105] Weder zwischen den Theoretikern der Rüstungskontrollschule, noch zwischen den Regierungen der Supermächte, denen diese Theoretiker meist angehörten, bestand schließlich irgendein Streit darüber, daß die Verbreitung von Kernwaffen an *andere Länder* verhindert werden müsse.

Wohl nur wenige haben schließlich auch in dem Konzept der Rüstungssteuerung mehr als eine Methode gesehen, »Zeit zu kaufen«, Zeit zu gewinnen, bis andere Methoden, neue Strukturen entwickelt werden können, die mit nichtmilitärischen Mitteln zunächst die militärische Friedenssicherung ergänzen und letztlich ablösen können. C.F. von Weizsäcker formulierte dieses Ziel damals in seinem Aufsatz »Mit der Bombe leben« so:

»Wenn die Hoffnung auf eine große Abrüstung illusorisch ist, so bleibt die Frage, ob eine Rüstungsbeschränkung möglich ist. Rüstungsbeschränkung kann einen direkten und einen indirekten Nutzen haben. *Direkt* kann sie gewisse akute Teilgefahren vermindern oder ausschalten. *Indirekt* kann sie für umfassendere Lösungen das Klima vorbereiten und in ihnen spezielle Sicherungen ermöglichen. *Soviel ich sehen kann, ist dieser indirekte Nutzen der wichtigere...*«[106]

Noch im Jahre 1974 hielten es die NATO-Außenminister für nötig, zu erklären:

»Sie (die NATO-Außenminister) sind der Auffassung, daß das sie einigende Band (die NATO) erhalten bleiben muß, bis die Umstände die Einführung einer allgemeinen, vollständigen und kontrollierten Abrüstung erlauben, die allein echte Sicherheit für alle bringen könnte.«[107]

Was zwar nicht beweist, daß die NATO-Außenminister an dieses Ziel 1974 noch glaubten, wohl aber, welche Erwartungen man in weiten Teilen der Bevölkerung vermutete. Erwartungen, die man teils mehr, teils weniger glaubend, selbst geweckt hatte. Und selbst noch in der gemeinsamen Erklärung von

---

104 Kissinger 1960, S. 215/216 (Hervorh. v. Verf.).
105 Vgl. z.B. Kissinger 1960, S. 237ff.
106 C.F. v. Weizsäcker 1958, S. 6 (S. 47 in Weizsäcker 1981 – Hervorh. v. Verf.).
107 NATO-Deklaration von Ottawa vom 19.6.1974, zitiert nach Bulletin, Presse- und Informationsamt der Bundesregierung Nr. 74 v. 21.6.1974.

Bundeskanzler Helmut Schmidt und Generalsekretär Leonid Breschnew vom 6. Mai 1978 findet sich der Satz:

»Angesichts der zerstörerischen Kraft der vorhandenen und weiter zunehmenden Vorräte an Waffen aller Art sind konkrete Maßnahmen erforderlich, um das Wettrüsten einzudämmen. Dies ist nach Überzeugung beider Seiten ein Problem von erstrangiger Dringlichkeit und Wichtigkeit. Seine Bewältigung mit dem Ziel der *allgemeinen und vollständigen Abrüstung* unter wirksamer internationaler Kontrolle liegt im politischen und wirtschaftlichen Interesse aller Staaten... Vor allem aber im Interesse ihrer Sicherheit...«[108]

Von Anfang an war allerdings das Ziel, Rüstung zu begrenzen oder gar zu reduzieren (Stabilität gegen Wettrüsten), nicht unumstritten. Für manche Vertreter des Rüstungssteuerungskonzepts lag in Rüstungs*minderung* einer der wesentlichen Gründe für ihre Zustimmung zu dem Konzept. Denn sie meinten, nur so lasse sich realistisch das eigentliche Ziel der Abrüstung ansteuern. Andere hielten eine solche Begrenzungsmöglichkeit nur als »Option« für wichtig. Wieder anderen diente das verbale Bekenntnis zur Abrüstung vor allem dazu, die Akzeptanz des Konzepts der Rüstungssteuerung zu sichern – weil sie fürchteten, sonst durch Forderungen aus der eigenen Bevölkerung zu einseitiger Abrüstung gezwungen zu werden.[109] Noch andere mögen angesichts der amerikanischen wirtschaftlichen Überlegenheit Rüstungsbegrenzungen für das Aufgeben von möglichen Trümpfen und damit eigentlich für einen Fehler gehalten, dem Rüstungssteuerungskonzept aber trotzdem zugestimmt haben, weil sie einen Erfolg des Versuchs, Rüstung zu begrenzen, ohnehin für ausgeschlossen hielten.

Wenig Streit bestand andererseits zunächst darüber, daß die Zurückdrängung der politischen Rolle militärischer Mittel grundsätzlich zu begrüßen sei. Das ist auch kein Wunder, betrachtet man die Realität von 1960: Militärische Mittel *anzuwenden* konnte eigentlich nur der Sowjetunion Vorteile bringen (Berlin!), die angesichts ihrer wirtschaftlichen Schwäche sonst wenig andere Machtmittel besaß.

Das änderte sich erst, als der Status quo der Welt nicht mehr ganz den amerikanischen Interessen zu entsprechen begann. Dies wurde deutlich im Vietnam-Konflikt, in dem die Vereinigten Staaten den größten militärischen Einsatz, den eine Supermacht nach dem Zweiten Weltkrieg tätigte, zur Verfolgung ihrer politischen Ziele wagten. Das Scheitern ihrer Vietnam-Intervention schob dann das Interesse an der politischen Nutzung militärischer Mittel wieder in den Hintergrund, bis es sich mit der Ölkrise, der russischen Afghanistan-Intervention und der Geisel-Krise in Teheran rapide verstärkte. Und so konnte man in der Strategic Review – der Zeitschrift des angesehenen United States

---

108 Bulletin, Presse- und Informationsamt der Bundesregierung Nr. 47 v. 12.5.1978 (Hervorh. v. Verf.).

109 Solche Formulierungen finden sich z.B. bei Kissinger 1960, S. 213.

Strategic Institute, Washington, geschrieben vom militärischen Herausgeber dieser Review – im Sommer 1980 lesen:

»Militärische Macht ist das Instrument der Außenpolitik. Sie ist nicht dasselbe, wie eine defensive Position, die dazu bestimmt ist, einen Angriff abzuschrecken oder zu verhindern, durch einen Gegner überrannt zu werden. Die fehlende Dimension in einer reinen Verteidigungsposition ist die Fähigkeit, auf das Verhalten anderer Nationen einzuwirken und Alliierte in fernen Teilen der Welt zu unterstützen: die Fähigkeit, militärische Macht in politische zu projizieren ... Ohne die hinreichenden militärischen Kräfte, die notwendig sind, eine Außenpolitk mit Zwang durchzusetzen, kann keine effektive Außenpolitik bestehen.«[110]

Doch das hat mit dem beschriebenen Versuch, die Anwendung militärischer Mittel zum politischen Zweck durch Rüstungssteuerung und Abschreckung *auszuschließen,* sich wechselseitig zum Gebrauch militärischer Mittel *unfähig* zu machen, nichts mehr gemein. Mit solchen Zielsetzungen landet man vielmehr beim traditionellen Gebrauch militärischer Macht des vornuklearen Zeitalters. Kriegsdrohung und Krieg werden wieder Mittel der Politik und, der Atomkrieg im Hintergrund, deren stärkstes. Damit aber steht man vor der Frage: Hat sich die Rüstungssteuerung zur Kriegsverhütung in der Politik überhaupt durchsetzen können?

3.3 Rüstungssteuerungspolitik in der Politik der Bundesrepublik

Schon am 13.12.1966 sagte der damalige Bundeskanzler Kiesinger in seiner Regierungserklärung:

»Die deutsche Regierung tritt für eine konsequente und wirksame Friedenspolitik ein, durch die politische Spannungen beseitigt und das Wettrüsten eingedämmt werden. Wir werden an Vorschlägen zur Rüstungskontrolle, Rüstungsminderung und Abrüstung mitarbeiten.«[111]

Unverändert sind seitdem die erklärten Ziele der Sicherheitspolitik jeder Bundesregierung:

Kriegsverhütung – nicht Krieg,

Rüstungsbegrenzung – nicht Wettrüsten,

Ausgleich mit friedlichen Mitteln – nicht politische Nutzung militärischer Macht,

Sicherung des Friedens durch militärische Abschreckung,

Rüstungsbegrenzungsverhandlungen, Aufbau vertrauensbildender Maßnahmen, Entspannungspolitik und wirtschaftliche Kooperation.

---

110 Metcalf 1980, S. 9.
111 Zitiert nach Weißbuch zur Verteidigungspolitik 1969, S. 21.

Abrüstung erscheint als Fernziel. Im »Non-Proliferation-Vertrag« hat sich die Bundesrepublik auf dieses Ziel auch vertraglich festgelegt. [112] Dementsprechend formuliert das bis jetzt letzte Weißbuch 1983:

»2. Die Sicherheitspolitik der Bundesregierung ist auf die Erhaltung des Friedens in Freiheit und Unabhängigkeit gerichtet. Sie ist Friedenspolitik. Bundeskanzler Helmut Kohl leitete in seiner Regierungserklärung vor dem Deutschen Bundestag am 4. Mai 1983 seine Ausführungen zur Außen- und Sicherheitspolitik mit den Sätzen ein: ›Deutsche Außenpolitik heißt vor allem Bewahrung der Freiheit und Festigung des Friedens in Europa und in der Welt. Für uns ist aktive Friedenspolitik eine politische Notwendigkeit und eine sittliche Pflicht.‹

Ziel dieser Friedenspolitik ist es,
einen bewaffneten Konflikt zu verhüten,
gleiche Sicherheit für alle europäischen Länder auf möglichst niedrigem Rüstungsstand durch nachprüfbare Rüstungsbegrenzung und Abrüstung zu erreichen,
die Zusammenarbeit mit den Staaten des Ostens zum gemeinsamen Vorteil zu entwikkeln, wo immer solche Zusammenarbeit möglich ist...

6. Wir schützen unsere Lebensordnung vor Bedrohung von außen durch die gemeinsame Politik der aktiven Friedenssicherung in der Nordatlantischen Allianz. Diese Politik beruht auf der Fähigkeit und dem Willen zur Verteidigung. Sie schließt die Bereitschaft zu Dialog und Zusammenarbeit mit dem Osten ein. Rüstungskontrolle ist integraler Bestandteil dieser Politik, die auf gesichertes Gleichgewicht bei möglichst niedrigem Rüstungsstand zielt.« [113]

Die erklärten Ziele der Sicherheitspolitik der Regierungen der Bundesrepublik Deutschland entstammen somit seit 1966 eindeutig dem Zielkatalog von Rüstungssteuerungspolitik. Doch erklärte Ziele einer Politik und deren reale Ergebnisse müssen nicht identisch sein. Die deklarierten Ziele müssen nicht einmal mit dem übereinstimmen, was aus konkreten politischen Situationen heraus im Einzelfall angestrebt und entschieden wird.

Dies wird deutlich, wenn man die Entwicklung der Sicherheitspolitik in den letzten 20 Jahren in der Realität betrachtet.

---

112 Art. VI des Vertrags über die Nichtweiterverbreitung von Kernwaffen vom 1.7.1968.
113 Weißbuch 1983, Ziffer 2 u. 6.

3.4 1960–1980, 20 Jahre Rüstungssteuerungspolitik

3.4.1 Erfolge und Mißerfolge

Sicher konnte man nicht annehmen, daß eine so neue Politik sich in wenigen Jahren in West und Ost durchsetzen würde [114], eine Politik, bei der nicht mehr wie seit tausenden von Jahren eigene militärische Überlegenheit Sicherheit geben sollte, sondern stabile Abschreckung, gleiche Unfähigkeit beider Seiten also, militärische Mittel zum politischen Zweck zu nutzen.

Auf der anderen Seite drohte die Zeit, die man für die neue Weltsicherheitspolitik aus politischen Gründen (Bipolarität) und waffentechnischen (unverwundbare Raketen) hatte, davonzulaufen, drohte die Gefahr, daß die technischen und sozialen Entwicklungen in entwickelten und unterentwickelten Ländern auf den Krieg zutrieben, den man vermeiden wollte.

In diesem doppelten Licht sind die Erfolge zu spiegeln, die die Rüstungssteuerungspolitik im ersten Jahrzehnt zeigte [115]:

3.4.1.1 Die ersten 10 Jahre –
Rüstungssteuerungspolitik in den 60er Jahren

Anfang der 60er Jahre konnte man die ersten Maßnahmen beobachten, die der Theorie der Kriegsverhütung durch Rüstungssteuerung entsprechen. Die landgestützten Raketen beider Seiten wurden verbunkert – und damit zunächst unverwundbar. Teile des Abschreckungspotentials wurden auf See verlegt – und damit ebenfalls weitgehend unverwundbar.

Schon Ende 1959 hatte man sich auf eine relativ unbedeutende Regelung verständigt: Am 23. Juni 1961 trat das »Antarktis-Abkommen« (vom 1. Dezember 1959) in Kraft, das die Anlage von Militärstützpunkten, Manövern oder Kernwaffenversuchen südlich des 60. Breitengrades verbietet.

1963 vereinbarten die Vereinigten Staaten und die Sowjetunion eine direkte Verbindung zwischen beiden Regierungen, die helfen sollte, in Krisenzeiten Mißverständnisse zu vermeiden (»Abkommen der USA und der UdSSR über Schaffung einer direkten Verbindung zwischen Washington und Moskau zur Verhinderung eines irrtümlichen Kriegsausbruchs« – »heißer Draht«). [116]

---

114 So der Optimismus der westlichen Pugwash-Teilnehmer 1960, vgl. oben Kapitel 3.1.2.

115 Die Behauptung, sie habe 20 Jahre den Frieden gesichert, ist zwar ebenfalls nicht falsifizierbar. Sie ist aber auch nicht beweisbar und wird von zwei entgegengesetzten Seiten angegriffen. Sie wird von denen bezweifelt, die meinen, trotz Rüstung sei es noch nicht zum Kriege gekommen und von denen, die meinen, nicht Rüstungskontrollpolitik, sondern Politik militärischer Stärke habe den Frieden erhalten, Rüstungskontrollpolitik habe diese Stärke und damit den Frieden vor allem im letzten Jahrzehnt zunehmend gefährdet.

116 SIPRI-Jahrbuch 1980, S. 469. (US-Soviet-Memorandum of Understanding Regarding the Establishment of Direct Communication's Link v. 20. Juni 1963.)

Am 5. August 1963 unterzeichneten die Vereinigten Staaten, Großbritannien und die Sowjetunion das »Moskauer Abkommen über ein Verbot (oberirdischer[117]) Kernwaffenversuche« (Teststopp-Vertrag). Der Vertrag trat am 10. Oktober 1963 in Kraft.[118] Er beendete die nukleare Verseuchung der Erdatmosphäre und erschwerte neuen Mächten den Zutritt zum »Club der Atommächte«. Die Weiterentwicklung der Kernwaffenarsenale der Supermächte dagegen beeinträchtigte er nicht. So repräsentiert dieser Vertrag sehr deutlich das Duopol-Interesse der beiden Supermächte.

Am 27. Januar 1967 wurde das »Abkommen über die friedliche Nutzung des Weltraums« unterzeichnet. Es trat am 10. Oktober 1967 in Kraft. Dieser Vertrag verbietet, im Weltraum Kernwaffen oder andere Waffen zur Massenvernichtung zu stationieren, sowie alle Waffentests und militärische Manöver auf Himmelskörpern.[119]

Am 1. Juli 1968 unterzeichneten die Vereinigten Staaten, die Sowjetunion und Großbritannien den »Vertrag über die Nichtweiterverbreitung von Kernwaffen« (Non-Proliferation Treaty). Dieser Vertrag trat am 5. März 1970 in Kraft.[120] Er war nach dem Teststopp-Vertrag der zweite und der wichtigste Versuch, das Auftreten neuer Kernwaffenmächte zu erschweren und so die Sonderstellung der Supermächte zu sichern.[121]

Etwa zur selben Zeit wechselte die NATO-Strategie für Europa von massiver nuklearer Verteidigung zur »flexible response«[122], einer Strategie, die im Verteidigungsweißbuch 1969 so beschrieben wird:

»Die Strategie der angemessenen Reaktion ist frei von militärischem Automatismus und beläßt der politischen Führung die Möglichkeit, die von ihr als notwendig erachteten Maßnahmen zu ergreifen und die damit verbundenen Risiken unter Kontrolle zu halten. Diese Strategie trägt dem begrenzten Krieg als der wahrscheinlicheren Form einer bewaffneten Auseinandersetzung in besonderer Weise Rechnung, ohne die massive Vergeltung im Falle eines allgemeinen Krieges in Frage zu stellen.«[123]

Die Formulierung zeigt vor allem das Bemühen, dem Rüstungsziel »Stabilität gegen ungewollte Eskalation« näher zu kommen, als dies bei der alten Strategie massiver nuklearer Verteidigung und massiver Vergeltung möglich gewesen war.[124]

---

117 Unterirdische Kernwaffenversuche bis 150 kt Sprengkraft blieben erlaubt.

118 Vgl. SIPRI-Jahrbuch 1980, S. 444. Die Bundesrepublik unterzeichnete diesen Vertrag am 1. Dezember 1964 (SIPRI-Jahrbuch 1980, S. 452).

119 Die Bundesrepublik ist diesem Vertrag am 10. Februar 1971 beigetreten. SIPRI-Jahrbuch 1980, S. 444.

120 Die Bundesrepublik unterzeichnete diesen Vertrag am 2. Mai 1975 (SIPRI-Jahrbuch 1980, S. 452).

121 Vgl. dazu auch Wolfgang Graf Vitzthum 1981, S. 609f.

122 Offiziell wurde diese Entwicklung mit der Unterzeichnung des Dokuments MC 14/3 am 16.1.1968 abgeschlossen.

123 Verteidigungsweißbuch 1969, S. 17.

124 Vgl. dazu z.B. Richardson 1981, S. 41ff.

Wieweit Rüstungssteuerungspolitik in diesem Jahrzehnt von 1960 bis 1970 den Wettlauf gegen die Zeit gewann oder verlor – darüber dürfte 1970 kaum Einigkeit zu erzielen gewesen sein.

Die Auffassung der Bundesregierung (Brandt–Scheel) in jenen Tagen beschrieb das Weißbuch 1970 so[125]:

»Ansätze zur Rüstungskontrolle

10. Der Übergang von der Konfrontation zur Kooperation kann schwerlich gelingen, *wenn nicht das Wettrüsten gebremst und am Ende ein Abbau der Rüstungsarsenale erreicht wird.* Die Bundesregierung hat daran ein vorrangiges Interesse.

Im Jahre 1969 beliefen sich die Wehrausgaben in aller Welt auf rund 200 Milliarden US-Dollar. ...Weiteres Wettrüsten verspricht niemandem dauernden Sicherheitsgewinn. Die militärischen Anstrengungen verschlingen Mittel, Energien und Talente, welche die Völker für produktivere, zukunftsträchtigere Zwecke brauchen. Je wirksamer die neuen Waffen werden, desto ungeheuerlicher wären die Zerstörungen, die für den Fall zu gewärtigen sind, daß die Abschreckung versagte. Vorläufig steht freilich eine weltweite Totalabrüstung noch in weiter Ferne; dazu ist der Interessengegensatz zwischen den rivalisierenden großen und kleinen Mächten noch zu wenig abgeschliffen, das gegenseitige Vertrauen noch zu gering ausgebildet. *Dringlicher, realistischer und nützlicher sind Vorhaben der Rüstungsbegrenzung und Rüstungskontrolle, die den Wettlauf der Waffen, wo er schon nicht beendet werden kann, verlangsamen und vereinbarten Regeln unterwerfen ...*

11. Die Bundesregierung setzt alles daran, das Prinzip der Rüstungskontrolle zu verwirklichen. Sie bejaht deren vierfache Zielsetzung: die Gefahr eines Krieges zu vermindern, vor allem die Gefahr eines Kernwaffenkrieges; den Schaden zu begrenzen, falls dennoch ein Krieg ausbricht; die baldige Beendigung des Konfliktes in diesem Falle zu erleichtern oder zu ermöglichen; *Umfang, Kosten und Lasten des Wettrüstens zu verringern...*«

Ende der 60er Jahre entstand in der Forschungsstelle der Vereinigung Deutscher Wissenschaftler in Hamburg eine Studie[126], deren vorläufige Bilanz der Rüstungssteuerungspolitik und ihrer Aussichten für die 70er Jahre lautete:

»*Die Stabilität auf der Ebene der strategischen Kernwaffen* ist für die Supermächte USA und Sowjetunion zwar das wichtigste Element ihrer Sicherheitspolitik, doch nicht der einzige Gesichtspunkt, den beide Mächte beachten müssen.

Es herrscht kaum Streit darüber, daß auf dieser höchsten Ebene heute noch eine gewisse Stabilität herrscht. Dabei verstehen wir unter Stabilität – vereinfacht – eine Lage, in der keine Seite daran interessiert ist, zuerst anzugreifen. Diese Stabilität wird heute durch wechselseitige ›assured destruction‹ Positionen erzielt. Hierunter versteht man eine Situation, in der jede Seite die Gegenseite auch dann noch mit einem zweiten Schlag als lebensfähige Industriegesellschaft vernichten kann, wenn sie selbst vom Gegner durch einen ersten Schlag vernichtet worden ist. So bildet sich eine Identifikation des originären Machtinteresses der konkurrierenden Supermächte mit dem Interesse an der Nichtanwendung der strategischen Vernichtungswaffen. Durch diese Identifikation ließe sich der Krieg

---

125 Weißbuch 1970, S. 9/10 (Hervorh. v. Verf.).
126 C.F. v. Weizsäcker (Hrsg.) 1970.

auf dieser Ebene theoretisch auch in der Zukunft durch eine ›richtige‹ Militärpolitik mit hoher Wahrscheinlichkeit verhindern, wenn ausschließlich diese Ebene in das Kalkül zu ziehen wäre und sofern die wechselseitige ›assured destruction position‹ gehalten werden könnte.«[127]

»Die *Einführung von ABM-Systemen* und... MIRV (Raketen mit *mehreren* unabhängig voneinander Ziele angreifenden Sprengköpfen) stellt die bisherige ›Stabilität auf der Ebene der strategischen Kernwaffen‹ für die Zukunft jedoch in Frage.«[128]

»Auf der *Ebene der konventionellen Kampfmittel*... ist diese Stabilität schon heute nicht mehr gegeben. Hier differieren Machtinteresse und Selbsterhaltung der Großmächte, weil ein konventioneller Krieg von den Großmächten trotz der Existenz strategischer Kernwaffen nicht als grundsätzlich existenzgefährdend angesehen wird und zumindest in einigen Regionen der Welt als Instrument zur Machterhaltung und Machterweiterung ›zur Verfügung steht‹. Korea und Vietnam sind Beispiele. Problematisch sind insbesondere solche Zonen, in denen der eine der Protagonisten konventionell überlegen ist...

Versuche, diesem Dilemma dadurch zu entkommen, daß man auch auf der konventionellen Ebene mit west-europäischen konventionellen Kräften ein Gleichgewicht herstellt, sind nicht erfolgreich gewesen. Sie scheiterten nicht zuletzt daran, daß die Interessen der Europäer gar nicht darauf gerichtet waren, die Auseinandersetzung zwischen den Großmächten auf eine Ebene zu bringen, auf der diese Mächte den Krieg noch als ein mögliches Mittel der Politik ansehen könnten.

Die Versuche, die Stabilität der atomaren Ebene auf die konventionelle Ebene zu erstrecken, verliefen ebenfalls nicht befriedigend. Als ein Mittel hierzu wurden von manchen taktische Kernwaffen angesehen, die begrenzt eingesetzt das ›Eskalations-Scharnier‹ darstellen sollen. Aber ist dies wirklich ein taugliches Verfahren?«[129]

»Jede Annahme und jede Vorbereitung hoher Eskalationswahrscheinlichkeiten bis hinauf zur gegenseitigen Vernichtung der Supermächte mindert gerade wegen der Größe des Übels die Glaubhaftigkeit der Drohung mit dem Einsatz auch nur der ersten Waffe.

Jede niedrige Annahme von Eskalationswahrscheinlichkeiten und insbesondere jede Vorbereitung auf feste Eskalationsgrenzen mindert die Drohung für die ›freigestellten Bereiche‹ und läßt so den Krieg zu begrenzten Zwecken wieder als brauchbares Mittel in Erwägung treten.

Begrenzt man die Eskalationsdrohung auf den Einsatz von Kernwaffen im Kampfraum, droht man für eine Vielzahl von Fällen gar mit einem ›Nichtübel‹. Dieses Herausstellen von Kriegsbildern mit ›*begrenzten nuklearen Einsätzen*‹ *ist vom europäischen Gesichtspunkt aus wohl die gefährlichste Strategie.* Andererseits ist es die einzige Strategie, die wirklich das Interesse der Supermächte befriedigt, zwischen Selbstvernichtung und Kapitulation ihre Interessen mit den vorhandenen militärischen Potentialen durchsetzen zu können.

Die ›Strategie der flexible response‹ ist eine ›Mystifikation‹ dieser Struktur.[130] Eine

---

127 H. Afheldt 1970a, S. 56/57.
128 H. Afheldt 1970a, S. 67.
129 H. Afheldt 1970a, S. 57.
130 12 Jahre später setzte sich die Sicht langsam durch. Vgl. z.B.»NATO Myths« v. Lawrence Freedman in Foreign Policy 1981/82, S. 48f. Dabei kritisiert Freedman ebensowenig wie wir 1969/70 die Tatsache, daß ein Mythos benutzt wurde. Er stellt aber fest, daß die Zeit, in der dieser Mythos funktionierte, abgelaufen ist.

solche Mystifikation zum für Freund und Feind ›unkalkulierbaren Risiko‹ ist auch das einzige sichtbare Mittel, um, jedenfalls für eine gewisse Zeit, eine gewisse Absicherung gegen alle denkbaren gewaltsamen Veränderungen des Status quo zu suchen. Sie erfüllt somit eine wichtige Funktion.

Eine Analyse, die zukünftige Entwicklungen einbezieht, kann aber nicht unterlassen, auf den prekären Charakter der ›Sicherheit durch Ungewißheit‹ hinzuweisen. Hinzuweisen wäre insbesondere aber auch darauf, daß ein für beide Seiten unkalkulierbares Risiko als ›Verteidigungsstrategie‹ nicht *einmal eine Notlösung ist, sollte die unverläßliche Abschreckungswirkung eines Tages versagen.*«[131]

Dieter Senghaas, einer der schärfsten Kritiker des Rüstungssteuerungsansatzes Anfang der 70er Jahre, zog ein negatives Fazit:

»Das Bezeichnende in der ersten Hälfte der sechziger Jahre ist nun nicht die Ablehnung dieser Rüstungskontrollkonzeption von seiten der Sowjetunion, sondern die Nichtbeachtung dieser Konzeption in den USA selbst. Eine Erläuterung dieses Tatbestands erleichtert es, einen von mehreren möglichen Einblicken in die Dynamik von Rüstungspolitik zu gewinnen. Nach Untersuchungen einer der *arms control*-Schulen, die mit dem Namen Jerome Wiesner verbunden ist, hätte ein Arsenal von ungefähr 200 gehärteten, unverwundbaren Offensiv-Interkontinentalraketen ausgereicht, eine sogenannte *minimale Abschreckungspolitik* zu verfolgen. Doch im Zeichen der Raketenhysterie (›missile gap‹) forderten Militärkreise weit über das Zehnfache dieser Zahl.

Der durch die innenpolitische Kräftekonstellation schließlich erreichte Kompromiß belief sich auf mehr als das Achtfache einer solchen minimalen Abschreckungsstreitmacht (nämlich 1054 landgestützte ICBMs und 656 seegestützte SLBMs). Das von Anfang an bekannte Ergebnis dieser massiven nuklearstrategischen *Aufrüstung* war eine *Übertötungskapazität,* die weder von den damaligen nuklearstrategischen Rüstungsprogrammen der Sowjetunion induziert wurde, noch den postulierten Erfordernissen unverwundbarer Vergeltungspotentiale entsprach, wie sie in verschiedenen *arms control*-Modellen formuliert worden sind.«[132]

Und er kam zu dem Schluß:

»Die der Kennedy-Administration und insbesondere McNamara oft sehr nahestehenden Rüstungskontrolltheoretiker sind mit ihren Programmen im großen und ganzen nicht gescheitert, weil ein irgendwie gearteter Aktions-Reaktions-Teufelskreis zwischen den Rüstungsprogrammen der USA und der Sowjetunion eine Stabilisierung des nuklearstrategischen Bereichs unmöglich gemacht hat, sondern aufgrund inneramerikanischer autonomer rüstungspolitischer Entwicklungsprozesse. Die Rüstungskontrollmodelle, die bei aller Variation, die zwischen ihnen bestand, ein Ziel hatten: nämlich die *Stabilisierung des internationalen Rüstungswettlaufs auf der Grundlage von unverwundbaren Nuklearpotentialen,* sind in dem Land begraben worden, in dem sie geboren wurden. Unterstellt man einmal, sie seien ernsthaft verfolgt worden, so wurden sie von Anfang an durch die Dynamik amerikanischer Rüstungspolitik überrundet.«[133]

131 H. Afheldt 1970a, S. 65/66 (Hervorh. v. 1983).
132 Senghaas 1972, S. 44ff.
133 S. 47 a.a.O.

Die Aussichten für Rüstungsbegrenzungsabkommen beurteilte die »kritische Friedensforschung«, wie sie genannt wurde, düster:

»Während die diplomatischen Delegationen über einen Gegenstand sich in ›mühsamer‹ Kleinarbeit über viele Jahre hin unterhalten, ist vielfach dieser Gegenstand zu Beginn von Verhandlungen militärtechnologisch schon veraltet bzw. wird er während der langwierigen Verhandlungen durch neue rüstungstechnologische Entwicklung überlagert. Diese Erscheinung konnte in den noch relativ kurzen Verhandlungen über das SALT-I-Abkommen nach 1969 beobachtet werden, und vergleichbare Erscheinungen sind hinsichtlich der potentiellen Gegenstände eines SALT-II-Abkommens prognostizierbar.«[134]

Preisfrage 1983:
    Wer sah die Chancen für die Rüstungssteuerungspolitik der 70er Jahre am treffendsten voraus?
    – Das Weißbuch der Bundesregierung 1970?
    – Der vorsichtige Skeptizismus der Studie »Kriegsfolgen und Kriegsverhütung«?
    – Die absolut »kritischen« Friedensforscher?

3.4.1.2 Rüstungssteuerungspolitik in den 70er Jahren

Die Vollversammlung der Vereinten Nationen empfahl am 7. Dezember 1970 die Ratifizierung des »Vertrages über das Verbot der Stationierung von Kernwaffen und anderen Massenvernichtungswaffen im Meeresbett, auf dem Meeresboden und dessen Untergrund« (Meeresbodenvertrag). Dieser Vertrag sieht vor, daß sich die Vertragsstaaten verpflichten, außerhalb einer 12-Meilen-Zone keine Kernwaffen oder andere Waffen zur Massenvernichtung auf dem Meeresboden zu installieren.[135]

Am 26.5.1972 wurden die »SALT-I-Verträge« geschlossen: Der »Vertrag über die Begrenzung von Anti-Raketen-Systemen« (ABM-Treaty) und das »Interimsabkommen über die Begrenzung strategischer Offensivwaffen« (Begrenzung der Zahl der Träger, nicht der Zahl der Nuklearsprengköpfe).

Dem SALT-I-Vertrag folgte am 22.6.1973 der »Vertrag zwischen den Vereinigten Staaten und der Sowjetunion zur Verhinderung eines Atomkrieges«.[136]

Die Beurteilung dieses Vertrages war und ist kontrovers. Einerseits muß ein Vertrag begrüßt werden, der die Wahrscheinlichkeit eines Atomkrieges zwischen den Supermächten herabzusetzen verspricht. Andererseits knüpften sich gerade an diesen Vertrag in Europa Bedenken, die Supermächte beabsichtigten, einen

---

134 Senghaas/Rittberger/Luber (1973), MBFR: Aufrüstung durch Rüstungskontrolle? S. 62/63.
135 SIPRI-Jahrbuch 1980, S. 446.
136 US-Soviet-Agreement on the Prevention of Nuclear War v. 22.6.1973. Vgl. SIPRI-Jahrbuch 1980, S. 474.

eventuell ausbrechenden Krieg als konventionellen Krieg in Europa auszu-kämpfen. [137]

Am 10. April 1972 unterzeichnet, trat am 26. März 1975 die »Konvention über das Verbot der Entwicklung, Herstellung und Lagerung bakteriologischer (biologischer) und toxischer Waffen sowie über die Vernichtung solcher Waffen« in Kraft. Diese Konvention verbietet die Entwicklung, Produktion, Lagerung oder den Erwerb von mikrobiologischen Wirkungsmitteln oder anderen biologischen Giften, wie immer ihr Ursprung oder ihre Produktionsmethode sein mag, soweit sie nicht für zivile Zwecke wie Prophylaxe oder Impfungen benötigt werden. Sie verbietet außerdem Waffen oder andere Transportmittel, die dazu bestimmt sind, solche Mittel für feindliche Zwecke in einem bewaffneten Konflikt zu verwenden. [138]

Fraglich ist, ob die »Konferenz von Helsinki über Sicherheit und Zusammen-arbeit in Europa« (KSZE) zu den Erfolgen der Politik der Kriegsverhütung durch Rüstungssteuerung und Kooperation gerechnet werden kann. [139]

Richtig ist sicher, daß diese Konferenz mit ihren Zielen, die Kooperation in Europa über die Ost-West-Grenze hinweg zu verbessern, einen Schritt in Rich-tung Friedenssicherung durch kooperative Politik bedeutete.

Die *Bundesregierung* beurteilte im Weißbuch 1975/76 Wert und Erfolgsaus-sichten dieser Konferenz vorsichtig positiv:

»KSZE

135. Die internationalen Entspannungsbemühungen haben zum Abschluß der KSZE in Helsinki geführt. Die Bundesrepublik Deutschland hatte zu dieser positiven Entwicklung in Europa maßgeblich beigetragen durch
– den Vertrag mit der Union der Sozialistischen Sowjetrepubliken vom 12. August 1970,
– den Vertrag mit der Volksrepublik Polen über die Grundlagen der Normalisierung der gegenseitigen Beziehungen vom 7. Dezember 1970,
– den Vertrag über die Grundlagen der Beziehungen zwischen der Bundesrepublik Deutschland und der DDR vom 21. Dezember 1972,
– den Vertrag über die gegenseitigen Beziehungen zwischen der Bundesrepublik Deutschland und der CSSR vom 11. Dezember 1973 . . .
137. Die in der Schlußakte enthaltenen militärischen Aspekte sollen das Vertrauen der

---

137 Daß diese Befürchtungen in der Vorgeschichte des Vertrages gute Gründe hatten, daß insbeson-dere die Sowjetunion sehr deutlich »Kondominiumsziele« verfolgte, beschreibt Kissinger in seinen Memoiren drastisch. Auf die Frage der USA z.B., ob in einem Kriege die NATO nach dem vorgesehe-nen Abkommen Kernwaffen einsetzen dürfte, gab die Sowjetunion am 7.9.1972 die Antwort: »Die in Aussicht genommene Vereinbarung schloß die Verwendung von Kernwaffen in einem Krieg nicht aus, an dem die NATO und der Warschauer Pakt beteiligt waren. Ihre Verwendung würde jedoch auf das Gebiet der Verbündeten beschränkt bleiben. Der Einsatz gegen das Territorium der Vereinigten Staaten und der Sowjetunion wäre jedoch untersagt.« Kissinger 1979/82, Bd. 2, S. 330f.
138 SIPRI-Jahrbuch 1980, S. 446 und Archiv der Gegenwart 1972, S. 16955.
139 Vgl. SIPRI-Jahrbuch 1980, S. 474. Schlußakte v. 1.8.1975 in Europa Archiv 20/1975, S. D 539.

Teilnehmerstaaten zueinander stärken. Sie haben überwiegend politischen Charakter. Ihr Wert wird sich in der Zukunft erweisen müssen. Die Bundesregierung hält die vertrauensbildenden Maßnahmen für politisch bedeutsam.

Sie hat das deutlich gemacht, indem sie als erste der an der KSZE teilnehmenden Regierungen die üblichen Herbstmanöver entsprechend der KSZE-Schlußakte ankündigte. Sie hat außerdem alle Teilnehmer an der KSZE eingeladen, Beobachter zu dem Manöver ›CERTAIN TREK‹ in Bayern zu entsenden...

141. Die KSZE-Beschlüsse sollen helfen, die Grundlage für ein friedliches Nebeneinanderleben und für eine intensivere Zusammenarbeit zwischen Staaten unterschiedlicher politischer und gesellschaftlicher Systeme zu schaffen. Sie sind ein Rahmen, der nun ausgefüllt werden muß.«

Angesichts der wenig erfolgreichen Nachfolge-Konferenzen[140] aber ist es äußerst zweifelhaft, ob die KSZE-Konferenzen den gesteckten Zielen wirklich gedient haben.[141] Die unübersehbare Tendenz, die Konferenz als Zweck an sich zu betrachten und es als Erfolg anzusehen, wenn jedenfalls ein Abschlußdokument zustandekommt – wie inhaltsleer oder unrealistisch es auch sein möge –, kann darüber nicht hinwegtäuschen.[142]

Das Erfolgskonto von Rüstungskontrolle schließt ab mit einer Reihe von kleineren Abkommen, wie dem »Abkommen zur Verringerung der Gefahr eines Kernwaffenkrieges und über Verbesserung der direkten Fernmeldeverbindung« vom 30. September 1971, dem »Abkommen über die Verhinderung von Zusammenstößen auf Hoher See« vom 25. Mai 1972, und insbesondere der »12 Punkte Grundsatzerklärung von Moskau« vom 29. Mai 1972.

Diese Erklärung besagt u. a.:

»Die USA und die UdSSR... werden von dem gemeinsamen Schluß ausgehen, daß es im Nuklearzeitalter keine andere Alternative gibt, als die gegenseitigen Beziehungen auf der Grundlage einer friedlichen Koexistenz zu führen... Sie werden daher ihr Äußerstes tun, um militärische Konfrontationen zu vermeiden und den Ausbruch eines Nuklearkrieges zu verhindern... Die Voraussetzungen für die Erhaltung und Stärkung friedlicher Beziehungen zwischen den USA und der UdSSR sind die Anerkennung der Sicherheitsinteressen der Vertragspartner auf der Basis des Grundsatzes der Gleichberechtigung und des Verzichts auf Anwendung oder Androhung von Gewalt.«[143]

1977 in Genf unterzeichnet und am 13. Oktober 1978 in Kraft getreten ist schließlich die Konvention über das Verbot militärischer oder anderer feindseliger Verwendung von Umweltveränderungstechniken. Diese Konvention verbie-

140 Belgrad 1977/78 – vgl. dazu Europa Archiv 1977, S. D157ff., und Europa Archiv 1978, S. D246ff. – und Madrid 1981–1983.
141 Zur KSZE-Konferenz in Belgrad 1977 sagt das Weißbuch 1979 (Ziff. 94): »Das Ergebnis ... entspricht zwar nicht den Erwartungen der Bundesregierung, hält aber den Weg für Fortschritte offen.«
142 Treffend schreibt die Süddeutsche Zeitung zum Abschlußprotokoll der Madrider Folgekonferenz: »Geist von Helsinki in der Intensivstation.« Süddeutsche Zeitung v. 8.9.1983.
143 Archiv der Gegenwart 1972, S. 17127.

tet die militärische oder sonstige feindliche Nutzung von Umweltveränderungstechniken, die weitgestreckte, langdauernde oder schwere Effekte zur Zerstörung oder zur Schädigung von Mitgliedstaaten haben. [144]
Doch damit ist die Liste der Erfolge, Teil- und zweifelhaften Erfolge leider zu Ende.
Als wichtigster Erfolg der Rüstungssteuerungspolitik der 70er Jahre wird der SALT-I-Vertrag angesehen. Doch die Frage, inwieweit dieser Vertrag wirklich unter die Erfolge von Rüstungssteuerungspolitik gerechnet werden kann, oder inwieweit er – vor allem angesichts der davonlaufenden Zeit – eher ein späteres Scheitern andeutete, war von Anfang an streitig. Die Bundesregierung vertrat 1972 die Auffassung:

»...Das erste Abkommen zwischen den USA und der Sowjetunion über die Begrenzung der strategischen Waffen (SALT I) vom Mai 1972 bestätigt die nuklearstrategische Ebenbürtigkeit der beiden Weltmächte...
Diese Vereinbarungen fixierten den Status quo und öffneten zugleich den Weg für weitere Verhandlungen.
Die beiden Weltmächte haben alsdann Grundprinzipien der Verhandlungen für die strategischen Rüstungen vereinbart. In die zweite Verhandlungsrunde (SALT II) sind neben quantitativen auch qualitative Kriterien einbezogen. Das Ergebnis dieser Runde könnte die technischen Entwicklungen bereits in den Ansätzen beeinflussen. Darin liegt die Hoffnung, die Entwicklung der Rüstungsausgaben zu bremsen, das nukleare Gleichgewicht auf lange Sicht zu erhalten und damit den Frieden zu festigen.« [145]

Negativ war das *Urteil der kritischen Friedensforschung*:

»Die Rüstungskontrollpolitik im herkömmlichen Sinn gleicht bisher bestenfalls einer Palleativstrategie. Im Fall des jüngsten Abkommens, der *SALT-Agreements* vom Frühjahr 1972, kann man wie an früheren Beispielen im einzelnen nachweisen, *daß sie an der autonomen Wahrscheinlichkeit rüstungspolitischer Trends nichts ändert*, wenn sie nicht sogar einen Hebel zur weiteren *qualitativen* Aufrüstung darstellt.
Rüstungskontrollpolitik *könnte* eine von mehreren Direktstrategien zur Lösung von Rüstungs- und Sicherheitsproblemen sein, wenn sie eine eigene Dynamik innerhalb einer Politik bewußt angestrebter Friedensförderung gewinnt. *Dies wäre gegenwärtig nur möglich, wenn mit ihrer Hilfe in die entscheidenden Dimensionen von Rüstungsdynamik, insbesondere in Forschungs- und Entwicklungsprogramme, massiv eingegriffen würde; d. h., wenn die qualitative Dimension des gegenwärtigen Rüstungswettlaufs einer ernsthaften Kontrolle unterworfen würde...*
Angesichts einer allmählich wachsenden Rüstungskritik haben *Rüstungskontrollabkommen* von der herkömmlichen Art zwei wesentliche Funktionen. Zum einen ermöglichen sie den Fortgang gegebener Rüstungspolitik und insbesondere die qualitative Weiterentwicklung der Waffentechnologie; zum anderen haben sie eine symbolische Funktion, indem sie dazu beitragen, eine den Zeitumständen entsprechende Legitimationsbasis für

---

144 SIPRI-Jahrbuch 1980, S. 447.
145 Weißbuch 1973/74, S. 42.

die überkommene Sicherheitspolitik, die zur Aufrüstung führt, zu mobilisieren. Wenn diese These korrekt ist, dann wäre Rüstungskontrollpolitik und damit auch Teile der Entspannungspolitik nicht so sehr ein Übergangsstadium aus dem Kalten Krieg in eine weltweite oder europäische Friedensordnung, sondern ein Instrument zur Absicherung herkömmlicher Sicherheitspolitik und der ihr zugeordneten Rüstungsapparate... Veränderungen wären dann äußerst enge Grenzen gesetzt.«[146]

Mir schien damals diese Betrachtung zu negativ. Ich sah ein wesentliches positives politisches Resultat der SALT-I-Vereinbarung im Verbot der Raketenabwehr[147]:

> »Der wechselseitige Verzicht auf die Möglichkeit, ABM-Systeme in einem relevanten Maße auszubauen, ist der wechselseitige (vorläufige) Verzicht auf die Option, militärisch den Gegner in eine Mattsituation zu zwingen oder ihm gar die totale Niederlage (bei für die eigene Seite erträglichen Verlusten) zu bereiten.«[148]

Wer sich vorstellt, er könne sich durch Raketenverteidigung gegen Vergeltungsangriffe des Gegners schützen, stellt sich Sieg im Atomkrieg vor. Es kann kaum ein Zweifel daran bestehen, daß die Opposition gegen das ABM-Verbot des SALT-I-Vertrages in West und Ost *auch* auf noch nicht aufgegebenen Siegeshoffnungen beruhte – und auch heute noch beruht.[149]

Besonders wichtig für kooperative Rüstungssteuerung schien mir auch die Bestätigung des Stabilitätszieles durch beide Supermächte im SALT-Vertrag[150]:

»Das SALT-Abkommen zeigt, daß die Sowjetunion und die Vereinigten Staaten dieselbe *Auffassung von strategischer Stabilität* haben. Die gegenteilige Auffassung, nach der die Sowjetunion die Abschreckungsrationalität der Schule stabiler Abschreckung nicht teile, ist damit für den heutigen Zeitpunkt falsifiziert. Letztere Auffassung wurde im westlichen Lager besonders gerne dann vertreten, wenn eine Rüstungsmaßnahme gefordert wurde, die mit der eigenen Stabilitäts-Rationalität unvereinbar war. Ein besonderes typisches

146 Senghaas 1974, S. 52/53.
147 Die Auswirkungen des SALT-I-Vertrages habe ich im Jahre 1972 mit einem einfachen mathematischen Modell untersucht.
Vgl. dazu H. Afheldt (1972) in: Eine andere Verteidigung? Hrsg. v. d. Vereinigung Deutscher Wissenschaftler. Die Studie wurde in der »Wehrkunde« 1972 vorabgedruckt.
148 H. Afheldt 1972, S. 632 (Hervorh. von 1972).
149 Molander, Abrüstungsspezialist zu jener Zeit und heute Vorsitzender der amerikanischen Friedensbewegung »Ground Zero«, im Stern v. 15.4.1982, S. 308: »Einen Monat später lernte ich die ersten Vertreter einer kleinen, aber nicht einflußlosen Gruppe von Leuten kennen, die Salt aus einem einfachen Grunde erbittert bekämpften: Die Gespräche könnten Amerika daran hindern, eine Erstschlagskapazität gegen die Sowjetunion zu entwickeln.«
150 In seinem Vortrag vor der IISS-Konferenz von Williamsburg im September 1981 bezeichnete auch H. Kissinger diesen Punkt als besonders wichtig.

Beispiel für solche Maßnahme bildete die Forderung nach unbegrenztem Aufbau von ABM-Systemen...
SALT signalisiert daher eher den ersten – vorläufigen – Sieg dieses Stabilitätsdenkens in Ost und West über vornukleares militärisches Denken.«

Und zu den Aussichten einer auf SALT I aufbauenden Rüstungssteuerungspolitik meinte ich:

»*Bestand und Dauer des durch SALT I ausgesprochenen Verzichts* sind abhängig von:
1. der Dauer der Interessenlage;
2. dem Nichtauftauchen konträrer technischer Möglichkeiten, die selbst bei Andauer der Interessenlage nicht unter Kontrolle gebracht werden können...
Da jede neue technische Entwicklung eine solche militärische Option mit sich bringen kann, ist SALT I nur ›nicht vorläufig‹, wenn die in SALT I ausgesprochene Grundentscheidung in immer neuen Abkommen und gemeinsamen Maßnahmen ergänzt und bestätigt wird. Nur wenn also das propagierte Zeitalter der Kooperation Realität wird, wenn auf SALT I SALT II, III usw. folgen, ist SALT I ›nicht vorläufig‹.« [151]

Doch zu übertriebenem Optimismus war kein Anlaß. Weiteres Wettrüsten schien wahrscheinlicher als dauerhafte Rüstungsbegrenzung. Unübersehbar war nämlich:

»Einige neue Rüstungsmaßnahmen lassen sich sogar unmittelbar aus den Konsequenzen des Abkommens begründen.«

Der Grund dafür war:

»Die im Rahmen von SALT I erlaubten qualitativen ›Verbesserungen‹ der Raketenpotentiale der USA und der Sowjetunion durch:
1. steigende Zahl von MIRV auf jeder Rakete
2. Verbesserung der Treffgenauigkeit
machen das sowjetische langestützte Potential ›verwundbar‹. Der im Rahmen von SALT I erlaubte qualitative Ausbau der sowjetischen landgestützten Raketenpotentiale führt zur Unbrauchbarkeit der US Landpotentiale als Zweitschlagswaffe.« [152]

Der ABM-Verzicht und die nach SALT I erlaubte qualitative Aufrüstung der Angriffspotentiale sind heute, 1983, von höchster Aktualität:

Die vorhersehbare Entwicklung von großen Zahlen von MIRV hoher Treffergenauigkeit auf beiden Seiten ist der Grund für amerikanische Alarmrufe über ein »Fenster der Verwundbarkeit« – und ist ebenso Grund wachsender Verwundbarkeit des sowjetischen, überwiegend landgestützten Raketenpotentials. [153]

151 H. Afheldt 1972, S. 632–634. (Hervorh. v. 1983)
152 H. Afheldt 1972, S. 628/629. Eine Reihe von Rüstungsprogrammen, wie die Entwicklung von neuen Sprengköpfen für die Interkontinentalraketen und neuen U-Boote und U-Boot-Raketen, wurde gleichzeitig mit SALT I verabschiedet und war für Teile der amerikanischen Administration Voraussetzung für die Zustimmung zu SALT I. Vgl. Leitenberg 1974.
153 Vgl. dazu unten Kapitel 5.1.

Der Verzicht auf ABM, dieser wesentliche Stabilisierungsbeitrag von SALT I, wird durch verlockend erscheinende Entwicklungschancen für Raketenabwehr in Frage gestellt.[154] Aber schon mit der Aussicht auf mögliche Erfolge solcher Raketenabwehr wird der Stabilitätskonsens von SALT I ausgehöhlt, weil Sieg im Atomkrieg jedenfalls wieder denkbar erscheint.

Betrachtet man die Geschichte der SALT-Verhandlungen[155] und die diese Verhandlungen bestimmenden Grundprobleme, ist es daher keineswegs verwunderlich, daß auf SALT I noch nach mehr als 10 Jahren kein neuer Vertrag gefolgt ist, der die Errungenschaften von SALT I festigte und ausbaute.

Denn zwar wurde SALT II nach siebenjährigen Verhandlungen von beiden Seiten unterschrieben – und von Carter und Breschnew im Sommer 1979 mit einem Kuß besiegelt. Aber der amerikanische Senat ratifizierte den Vertrag nie – obgleich Carter, um den Senat zur Annahme zu bewegen, ihm schon Aufrüstungsmaßnahmen zugeleitet hatte, die von dem Ziel »Rüstungsbegrenzung« in SALT II nicht mehr viel übriggelassen hätten.[156] Mit dem Amtsantritt von Präsident Reagan ist die Hoffnung, daß dieser SALT-II-Vertrag jemals ratifiziert werden würde, endgültig gestorben.

Zur gleichen Zeit liefen die jahrelangen »MBFR«-Verhandlungen in Wien, die Verhandlungen über einen wechselseitigen ausgeglichenen Truppenabbau in Europa also. Sie wurden bis heute nicht zu einem Erfolg geführt. Man verbiß sich in die Diskussion der »Daten«, weil die westlichen Schätzungen der Truppen-Friedensstärken des Warschauer Paktes im »Reduzierungsraum« um 80000–150000 Mann über den östlichen Angaben lagen. So irrelevant »Friedensstärken« für die Sicherheit sind – denn mit »Friedensstärken« führt man ja definitionsgemäß nicht Krieg, so viel relevanter Verstärkungsmöglichkeiten und reale Verstärkungen im Krisenfalle militärisch sind[157] – Sieg im Datenstreit scheint auf beiden Seiten etwas so Erstrebenswertes wie der Frieden selbst geworden zu sein.

154 Vgl. dazu die Fernsehrede Präsident Reagans an das amerikanische Volk v. 23.3.1983 in: Archiv der Gegenwart 1983, S. 26477, und das Statement von Secretary of Defense C. Weinberger vor der Writers' Association, Wireless Bulletin from Washington v. 12.4.1983.

155 Seit 1981 START-Verhandlungen (»Strategic Arms Reductions Talks«).

156 Dazu gehörten z.B. 200 neue Interkontinentalraketen MX, die in 4600 Bunkern versteckt werden sollten, die Entwicklung der Trident-II-Rakete und der Erwerb von Trident-U-Booten sowie ein umfassendes Programm zur Einführung Tausender von Cruise Missiles für die amerikanischen Bomber. Vgl. Department of Defense 1981, S. 127f.

157 Beispiel: Auf der NATO-Herbsttagung 1982 der Verteidigungsminister billigten die Minister einen Plan für eine rasche Verstärkung der US-Streitkräfte im Krisenfalle. Es ist vorgesehen, im Krisenfall die US-Kampftruppen binnen 10 Tagen um 6 Divisionen mit rd. 150000 Mann auf 10 Divisionen zu verstärken (Süddeutsche Zeitung v. 3.12.1982). Zu Recht haben deshalb Graf Baudissin und Rosenkranz seit Jahren darauf hingewiesen, daß bei der Strategie der NATO (flexible response) und Abschreckung durch – wie Rosenkranz sagte – kalkulierbar untragbares Risiko Spielraum für die Reduktion von Streitkräften da ist, der zur Entwicklung kooperativer Strukturen und von vertrauens-

Der Preis dafür, Verhandlungen ohne ernsthaften Willen zu führen, sie schnell abzuschließen, ist hoch. Denn es waren insbesondere die MBFR-Verhandlungen, die auch diejenigen mißtrauisch machten, die bereit gewesen wären, eine Kombination aus Nachrüstung und Abrüstungsverhandlungen mitzutragen, wenn sie sich von diesen Verhandlungen einen Erfolg versprochen hätten. Und in der Tat: Wenn man sich über ein so relativ einfach überschaubares Gebiet wie das der konventionellen Streitkräfte in Europa, in mehr als 10 Jahren Vorverhandlungen und Verhandlungen kein Stück weit hat vorwärts bewegen können – wie konnte unter solchen Aspekten im Ernst geglaubt werden, daß das komplizierte Problem der Mittelstreckenraketen in absehbarer Zeit in Verhandlungen zu irgendeiner Lösung geführt werden würde? Zumal *diese* Verhandlungen auch noch eng mit den SALT-Verhandlungen, über strategische Waffensysteme, zusammenhängen, die sich zu einem Musterbeispiel für die Pleite von Rüstungsbegrenzungsverhandlungen entwickelt hatten.

3.4.2 Rüstungssteuerungspolitik und die Konflikte in der Welt außerhalb der direkten Konfrontation der Supermächte

Wurde das Versprechen gehalten, die Dominanz zweier Mächte über alle anderen sei – wie sehr sie auch den Gleichheitsanspruch anderer Mächte beeinträchtigen möge – dennoch im Interesse aller Staaten, weil so dem Frieden im atomaren Zeitalter am besten gedient sei?[158]

Die Antwort hängt sicher vom Standpunkt des Betrachters ab. Kleinere Nationen dürften die Ergebnisse skeptischer betrachten als die Supermächte, die mit dem Allgemeininteresse am Frieden ihre Vorherrschaft legitimieren konnten. Die Sicht der amerikanischen Regierung (Carter) aus dem Jahre 1980 zeigt sich in den folgenden Sätzen des damaligen Verteidigungsministers H. Brown:

> »Wie stark wir bewaffnet sein müssen, um die amerikanische Außenpolitik zu stützen und die amerikanische Sicherheit zu garantieren, ist ein nicht leicht zu lösendes Problem... Sicherlich ist die internationale Situation und die Frage, wie ernst sie ist, einer der Bestimmungsfaktoren. Wenn wir annehmen, daß die Zukunft voraussichtlich eine friedliche und in normalen Bahnen ablaufende Welt ist, können die Anforderungen, die wir an unsere Verteidigungsressourcen stellen, gering sein. Wenn andererseits unsere Erwartung

---

bildenden Maßnahmen genutzt werden sollte. Gerade vertrauensbildende Maßnahmen wären z.B. geeignet, die Angst vor Verstärkungen im Spannungsfalle zu reduzieren – und damit für die militärische Sicherheit sehr viel mehr zu tun als Streit oder Einigkeit über Friedensstärken je zu tun vermöchte.

Vgl. z.B. Rosenkranz, Erhard; Jütte, Rüdiger: Abschreckung kontra Sicherheit? 1974. Und Baudissin: Nie wieder Sieg! 1982, S. 221.

158 Diese in den 50er und 60er Jahren weit verbreitete Auffassung wird z.B. von C.F. v. Weizsäcker (1958) in dem bekannten Aufsatz »Mit der Bombe leben« zitiert. Dieselbe Auffassung bildete auch die Grundlage der Kritik von Georg Picht an der französischen Atomrüstung. Vgl. G. Picht in: G. Picht u.a. 1965, S. 9ff.

ist, daß die Sowjetunion versucht, sich stärker durchzusetzen und gleichzeitig *die allgemeine internationale Unordnung zunimmt*, müssen unsere Anforderungen notwendigerweise größer sein...

Nach meiner Auffassung ist unsere Zeit nicht relativ stabil, und es ist noch weniger wahrscheinlich, daß sie es in Zukunft sein wird.« [159]

Und, an anderer Stelle:

»Sicherlich, die Unabhängigkeit und territoriale Integrität der Vereinigten Staaten ist eine notwendige Bedingung unserer Sicherheit. *Aber sie ist nicht länger, wenn sie es jemals war, eine hinreichende Bedingung. Eine Reihe von Entwicklungen haben unsere nationalen Interessen und Verwicklungen weit über die Grenzen der Vereinigten Staaten hinaus getragen...*

...Unsere ökonomische Wohlfahrt und Sicherheit hängt von einem expandierenden Welthandel, Freiheit der Handelslinien zur See und in der Luft und zunehmend von friedlicher und ungehinderter Nutzung des Weltraumes ab.« [160]

Es stimmt: *Mehr* Konflikte mit der Möglichkeit der Eskalation zum Gebrauch militärischer Mittel fordern in einer bipolaren Weltsicherheitsstruktur notwendigerweise *mehr* militärische Mittel der Supermächte. Nur: Sollte nicht die Einordnung der anderen Mächte in das bipolare Weltkonzept die Gesamtheit der Weltkonflikte *begrenzen,* einen Beitrag zum Weltfrieden – und nicht nur zur Verhinderung des großen Krieges leisten? (Ratio des Non-Proliferation-Vertrages.) Und nun stellt die Supermacht USA fest, daß trotz der überragenden Rolle der USA und der Sowjetunion die Konflikte und Verwicklungen *zugenommen* haben.

Wie viele dieser Konflikte (z. B. Vietnam, Persien und Afghanistan) sind nicht gerade dadurch entstanden, daß die Supermächte mit allen Mitteln versucht haben, eine Nation »zur Erhaltung des Gleichgewichts« in ihrem Lager zu halten, sind also direkte Folgen der bipolaren Weltkonfrontation? Ist es sicher, daß mehr Hilfe für die Dritte Welt nicht einen Teil dieser Probleme hätte beseitigen können? Hätten sich nicht manche Konflikte, die uns heute bedrohen, entschärfen lassen, wenn man nicht auf beiden Seiten der Konfrontation – in NATO und Warschauer Pakt – allein von 1964 bis 1980 mehr als 7000 Milliarden Dollar zur Aufrechterhaltung des »militärischen Gleichgewichts« verbraucht hätte? [161]

War nicht Begrenzung des Wettrüstens, Gleichgewicht auf einem *niedrigen*

159 Department of Defense, Harold Brown, Fiscal Year 1981, S. 62–64 (Hervorh. v. Verf.).
160 S. 26 a.a.O.
161 Genaue Summenangaben sind schwierig (vgl. zu den Problemen der Schätzung insbesondere der sowjetischen Aufwendungen unten Kapitel 4.1). Die Abschätzung des Textes der Ausgaben von 1964 bis 1968 in Dollar von 1981 in Kapitel 4.1 stützt sich auf Angaben des ehemaligen US-Verteidigungsministers H. Brown in seinem Statement zum Etat vom Januar 1980 (Department of Defense 1981). Vgl. unten S. 99 und die im Text dort wiedergegebene Figur, über deren Jahresangaben hier summiert wurde.

Niveau, das zweite Hauptversprechen der »allein realistischen« Gleichgewichtspolitik[162] – und ist es sogar noch heute? So, wenn z. B. versprochen wird, mit Hilfe des NATO-Doppelbeschlusses werde es gelingen, zu Abrüstung und Rüstungsbegrenzung zu kommen?[163] Lassen wir offen, wie realistisch die Behauptung je war, die neue Politik der Kriegsverhütung könne die Rüstungsaufwendungen begrenzen und gar herabsetzen, und die ersparten Mittel könnten jedenfalls teilweise in Entwicklungshilfe fließen. Festzustellen ist:

Ende der 70er Jahre zeigt sich ein besorgniserregendes Anwachsen der Konflikte in der Welt. Die bipolare Gleichgewichtsordnung hat es also nicht vermocht, die Konfliktgefahren außerhalb des direkten Wettstreits der Supermächte herabzusetzen. Sie hat vielmehr durch die Versuche beider Vormächte, das jeweils eigene Lager zu konsolidieren oder gar zu erweitern, neue Konflikte in gefährlichen Krisengebieten geschaffen (Beispiele: Vietnam, ČSSR, Afghanistan, Polen, Lateinamerikanische Länder).[164] Sie hat darüber hinaus durch einen ungeheuren Verbrauch von Weltressourcen für die Aufrechterhaltung des »militärischen Gleichgewichts« zwischen beiden Mächten dazu beigetragen, die bestehenden Konflikte noch zu verschärfen.[165]

Auch der Versuch, die Zahl der Atommächte zu begrenzen, war nur wenig erfolgreich. Kernwaffen besitzen heute außer den USA und der Sowjetunion: England, Frankreich, China, Indien. Es wird angenommen, daß außerdem Israel und Südafrika über einige Kernwaffen verfügen. Es wird ferner angenommen, daß Brasilien und Pakistan bald folgen werden.

Dabei würde eine brasilianische Kernwaffenrüstung dann wohl auch das Ende

---

162 Helmut Schmidt 1969, S. 87.
163 So z. B. noch M. Kriele 1981:
»Die Geschichte liefert uns manches weitere Anschauungsmaterial für Krisen und Kriegsausbrüche, die durch militärisches und politisch-psychologisches Ungleichgewicht verursacht waren. Aus dieser Tatsache ergibt sich die politische Forderung nach Ost-West-Verhandlungen zur Rüstungsbegrenzung auf der Grundlage eines ausgewogenen Gleichgewichts mit dem Ziel, das Gleichgewicht schrittweise auf immer niedrigere Stufen abzusenken. Hierin liegt die einzige Chance, die Menschheit von dem Abgrund eines atomaren Infernos allmählich wegzuführen.«
164 Ähnlich auch die Begründung Reagans für seine von ihm selbst als einmalig bezeichneten strategischen Aufrüstungsmaßnahmen. Le Figaro v. 3.10.1981.
165 Das wurde besonders Anfang der 80er Jahre deutlich, als der enorme Zinsanstieg in den USA Dollarkurs und Zinsen in allen Welthandelsländern hochtrieb und so die Weltwirtschaft nachhaltig störte. Dollarkurs und Zinsanstieg in den USA aber sind direkte Folgen der ungeheuren Rüstungsaufwendungen (Rüstungsetat 1984 187,5 Milliarden Dollar, vgl. Süddeutsche Zeitung v. 15.9.1983), die durch ein US-Haushaltsdefizit bisher nie erreichter Höhe (1983 veranschlagt 189 Milliarden Dollar) finanziert werden. (Vgl. hierfür Frankfurter Allgemeine Zeitung v. 9.3.1983.)

des »Vertrages von Tlatelolko« vom 14. Februar 1967 bedeuten, der Südamerika zu einer kernwaffenfreien Zone machen sollte.[166] Es ist unstreitig, daß zu dieser Entwicklung drei Dinge beigetragen haben:

1. Die weltweite selbständige Verbreitung des Wissens um die Herstellung von Kernwaffen.

2. Die widersprüchliche Politik der Supermächte, die einerseits den Non-Proliferation-Vertrag gegen (noch-)Nicht-Kernwaffenmächte durchsetzten, indem sie diesen Verzicht als ersten Schritt zu einer allgemeinen nuklearen Abrüstung deklarierten. Die sich selbst der Logik dieser Deklaration folgend verpflichteten,»in gutem Glauben Verhandlungen über effektive Maßnahmen zur Beendigung des nuklearen Rüstungswettlaufs, zu nuklearer Abrüstung und mit dem Ziel eines Vertrages über die allgemeine und vollständige Abrüstung unter strikter und effektiver internationaler Kontrolle« zu führen (Artikel 6 des NPT).[167] Die dann aber von Inkrafttreten des Vertrages 1970 bis 1980 die Zahl ihrer interkontinental verwendbaren Nuklearsprengköpfe von 4 000[168] auf 10 154[169] (USA) bzw. von 1 856 auf 7 078 (Sowjetunion)[170] erhöhten.

3. Die Politik der Staaten, die meinten, durch Bau und Export von Kernreaktoren zur Stromerzeugung ihre »waffentechnische Abstinenz« kompensieren zu müssen. Ein Vorwurf, der vor allem gegen die Bundesrepublik erhoben wird.

Daß das weitgehende Scheitern der Nicht-Weiterverbreitungs-Politik heute als »Randfehler« erscheint, darf nicht darüber hinwegtäuschen, daß hiermit ein *wesentliches* Ziel der bipolaren Kriegsverhütungspolitik verfehlt wurde. Daß dieses Ziel nicht mehr als so wesentlich angesehen wird, zeigt nur den Wandel des Denkens. Für die Schöpfer der »realistischen nuklearen Abschreckungsdoktrin« war die Begrenzung auf zwei Kernwaffenmächte zentrale Voraussetzung für die Durchführung des Konzepts.[171] Daß im Interesse des Weltfriedens alle anderen Staaten die »Deklassierung« als Nicht-Atommächte hinnehmen mußten, wurde an drastischen Szenarios demonstriert. Zwei dieser Szenarios seien aus der Vergessenheit hervorgeholt:

1. Ein (erfundenes) französisches Computerprogramm wurde gefragt, welchen Ort auf der Welt die »Force de frappe« mit ihren U-Boot-Raketen angreifen müsse, um den größten Schaden in der Sowjetunion und den gering-

---

166 SIPRI-Jahrbuch 1980, S. 444. Brasilien hat diesen Vertrag unterzeichnet, S. 449 a.a.O.
167 Vertrag über die Nichtweiterverbreitung von Kernwaffen vom 1.7.1968.
168 Collins 1980, S. 460.
169 SIPRI 1980, S. XXVIII.
170 SIPRI 1980, S. XXVII (Zahlen für 1980 beziehen sich auf September 1980).
171 Vgl. z.B. C.F. v. Weizsäcker 1958:»Daß nationale Atomrüstungen ›n-ter‹ Länder die Instabilität der Weltlage erhöhen, wurde von niemandem bestritten. ...Niemand konnte und wollte aber bestreiten, daß auch kleinere Atomwaffen im eigenen Besitz und zumal aus eigener Produktion die Unvernunft nationaler Politik auf unvorhersehbare Weise anstacheln können.« In C.F. v. Weizsäcker 1981, S. 66.

sten Schaden in Frankreich auszulösen. Antwort des Computers: »New York.«

2. Ähnlich wurde argumentiert: Wenn China eines Tages eigene Kernwaffen habe, könne es einen Atomkrieg zwischen der Sowjetunion und den USA auslösen und selbst als lachender Dritter die Weltherrschaft antreten. Es brauche nämlich nur einen Kernwaffenangriff auf eine der Supermächte mit Fernraketen zu führen. Gehe China genügend geschickt vor, meine die angegriffene Supermacht, sie sei von der gegnerischen Supermacht angegriffen worden und werde gegen diese einen Vergeltungsschlag führen...

Halten wir fest:

Das Problem, die Weiterverbreitung von Kernwaffen zu verhindern, ist nicht gelöst worden. Lediglich eine Verlangsamung dieses Prozesses wird man der Politik des bipolaren Gleichgewichts zugute halten können. Aber auch diese Verlangsamung nähert sich ihrem Ende.[172]

Je mehr die neuen nuklearen Aufrüstungsprogramme der beiden Supermächte ihre Selbstverpflichtung zur nuklearen Abrüstung als leere Versprechungen enthüllen, wird der Nichtweiterverbreitungsvertrag an Kraft verlieren und die Verbreitung von Kernwaffen sich beschleunigen.

Ebenso wird die Tendenz, Kernwaffen eine deutliche *Verteidigungsrolle* zuzuweisen, zur Verbreitung von Kernwaffen beitragen. Denn einmal ist »more bang for a buck« – d. h. mehr Zerstörungseffekte je Dollar/Investition pro Waffe – ein Argument, das amerikanischen Generälen einstmals sehr einleuchtete und noch heute (Neutronenwaffe) manchem NATO-General oder französischem Militär attraktiv erscheint. Warum dann nicht einem Saudi-Offizier, einem Iraner, Iraker oder Libyer?

Zum anderen: Will man Kernwaffen zur *Verteidigung* auf dem Schlachtfeld verwenden, muß man sie dort verfügbar halten, wo man sie braucht. Nun ist es zwar sehr unwahrscheinlich, daß ein Staat oder gar eine Terroristengruppe eine amerikanische Interkontinentalrakete »klaut« oder ein U-Boot oder einen strategischen Fernbomber entführt. Aber daß eine für das Schlachtfeld bestimmte nukleare Artilleriegranate, eine Luftabwehrrakete, eine Atommine oder eine atomare Bombe eines Jagdbombers verschwindet, das ist schon sehr viel weniger unwahrscheinlich. Schließlich ist eine ganze – konventionelle – Rakete aus der Bundesrepublik per Luftfracht nach Moskau geschickt worden.[173]

---

172 Mit einer Vergrößerung der Gefahr der Proliferation rechnet auch der (damalige) Leiter der amerikanischen Arms Control and Disarmament Agency, Rostow: »Das Risiko der Weiterverbreitung von Kernwaffen ist in den letzten Jahren sehr viel schlimmer geworden.« Intern. Herald Tribune 15./16. August 1981, S.2 (in einem Bericht über die Absicht der amerikanischen Regierung, Nahost zu einer kernwaffenfreien Zone zu machen).

173 Vgl. dazu SPIEGEL Nr. 45/1968, S. 27/28.

Auch hat ein Pilot der sowjetischen Luftwaffe 1976 eine nagelneue Mig 25 aus der Sowjetunion nach Japan geflogen, weil die CIA dem ersten Piloten, der ihr eine solche Maschine überbringt, (angeblich) eine Million Dollar und die amerikanische Staatsbürgerschaft versprochen hatte.[174]

US-Verteidigungsminister Brown stellte dazu fest:

»...Unsere Schlachtfeldwaffen (theater nuclear weapons) müssen (auch) den Sicherheitsanforderungen gegen Sabotage und terroristische Gefahren genügen. Die Verletzlichkeit der Sprengköpfe gegen zufällige Detonation oder Benutzung durch Terroristen (terrorist exploitation) muß drastisch herabgesetzt werden (must be minimized).«[175]

3.4.3 1980 – Die Krise der Rüstungssteuerungspolitik

Schon im Dezember 1977 sagte der damalige Direktor des Internationalen Instituts für Strategische Studien in London, Christoph Bertram:

»...Wir stehen heute, nach Jahren erheblicher politischer Bemühungen, im Grunde genommen am Ende unserer Weisheit mit dem einst so vielversprechenden Instrument der Rüstungskontrolle. Das ist nur teilweise das Resultat mangelnden politischen Willens. Es ist in erster Linie das Resultat der Untauglichkeit des Instrumentes selbst.

...In jedem Fall aber wird Rüstungskontrolle vorerst kaum der beste Vermittler politischer Entspannung sein, und sie wird die Sicherheitspolitik der Bundesrepublik nur geringfügig erleichtern – wie übrigens in den vergangenen zwei Jahrzehnten nicht anders.

Was bleibt, ist der vertraute Rahmen amerikanischen Schutzes und sowjetischer militärischer Bedrohung.«[176]

Was sich seit der Mitte der 70er Jahre als Krise abzeichnete, endete zur Jahreswende 1979/80 in einem offenen Konkurs: Der Einmarsch der Sowjetunion in Afghanistan demonstrierte spektakulär: Der Versuch, militärische Mittel in dem weltweiten Wettstreit der Systeme zu neutralisieren, sie als politische Mittel auszuschalten, war wieder einmal erfolglos gewesen. Die Sowjetunion hatte militärische Mittel eingesetzt, um ihre Interessen in einem Gebiet zu sichern, das zwar am Rande ihres Territoriums lag – aber nicht in dem Herrschaftsbereich, der ihr als Status quo zuerkannt war. Kurz, sie hatte militärische Mittel eingesetzt, um den Status quo zu ihren Gunsten zu verändern. Lassen wir alle Spekulationen beiseite, ob dies der erste Schritt einer langsamen militärischen Welteroberung sein soll oder nicht, es war Verwendung militärischer Mittel zur *Veränderung* des Status quo.

Das aber sollte doch ausgeschlossen sein, wenn man die Regeln der »einzig

---

174 Süddeutsche Zeitung v. 12.5.1981, S.5.
175 Department of Defense, Annual Report Fiscal Year 1981, S. 146.
176 Abgedruckt in Frankfurter Allgemeine Zeitung v. 5.12.1977.

realistischen Friedenspolitik«, der Politik von Rüstungskontrolle und militärischem Gleichgewicht, nur genau befolgt?

Zwar hatte es schon früher solche Weltmachtversuche gegeben, »corriger la fortune« mit militärischen Mitteln zu spielen, indem man zuerst eine Regierung mit subversiven Mitteln einsetzte, und sie dann militärisch unterstützte, wenn sie in Schwierigkeiten kam. Oder, noch krasser (wie im Afghanistan-Fall), sie sogleich um Hilfe rufen ließ. Und es ist unbestreitbar, daß die Sowjetunion dieses Rezept geradezu »mit konstanter Bosheit« anwandte: Ungarn 1956 (Kadar), ČSSR 1968 (Husak).

Aber auch die USA haben sich alles andere als gescheut, diese Methode zu verwenden, um sich ein legitimistisches Mäntelchen für ihre Großmachtpolitik zu erschleichen. Der – von der Zeitdauer her gesehen – wohl erfolgreichste Versuch dieser Art war der Sturz Mossadeghs im Iran im Jahre 1953 und die Wiederinthronisierung des Schah Reza Pahlevi.[177] Mehr oder weniger offene Interventionen der USA gab es auch im Libanon (1958) und in der Dominikanischen Republik (1965).[178]

Der folgenreichste Versuch dieser Art war aber die Hintertreibung der Genfer Indochina-Vereinbarungen aus dem Jahre 1956 durch die USA und die Regierung Ngo Dinh Diem.[179] Ein Unternehmen, das in dem amerikanischen Vietnam- und Kambodscha-Krieg endete. Einem Krieg, der Indochina verwüstete, Kambodscha in eine noch heute nicht beendete Katastrophe stürzte, die USA selbst schwer erschütterte.

Zwar hat die Sowjetunion diesen blutigsten Krieg, der nach Ende des Zweiten Weltkriegs von einer der beiden Supermächte gefochten wurde, nicht zum Anlaß genommen, zu erklären, die Entspannung sei unteilbar und daher nunmehr beendet. Aber auf amerikanischer Seite waren alle Energien auf die möglichst siegreiche Beendigung des Vietnam-Krieges konzentriert und sehr wenig Kapazität freigeblieben, den sich langsam von der technischen Seite her freischwimmenden strategischen Rüstungswettlauf wieder in den Griff zu bekommen.

Die Invasion der ČSSR durch die Truppen des Warschauer Paktes im August 1968 war ein weiterer schwerer Schlag gegen die Politik kooperativer Rüstungssteuerung.

Zwar blieb trotz der Aufwendungen für den Vietnam-Krieg das »strategische Gleichgewicht« bis Anfang der 70er Jahre relativ ungestört. Auch begannen trotz des Vietnam-Krieges und der sowjetischen ČSSR-Intervention die MBFR-Vorgespräche, wurden die SALT-I-Verhandlungen fortgesetzt und der SALT-I-Vertrag sogar bis zum Abschluß verhandelt.

---

177 Vgl. Archiv d. Gegenwart 1953, S. 4129 A ff.
178 Archiv d. Gegenwart 1958, S. 7182 ff. u. 1965, S. 11875 ff.
179 Eine plastische Schilderung gibt Peter Scholl-Latour 1980, S. 88 ff. Vgl. auch Ngo-Anh, Cuong 1981.

Doch hatten Vietnam-Krieg und ČSSR-Intervention, die mit dem Teststopp-Vertrag 1963 hoffnungsvoll begonnene bipolare Rüstungsbegrenzung und Rüstungskooperation nachhaltig gestört. [180] Denn als sich schließlich das Ende des Vietnam-Krieges abzeichnete, da waren Rüstung und Technologie der Politik davongelaufen. Schon Mitte der 60er Jahre besaßen die USA weit mehr Interkontinentalraketen als sie für eine reine Abschreckungsstrategie brauchten, und ab 1964 nahm auch das sowjetische strategische Potential immer schneller zu.

Vor allem aber hatte die (amerikanische) Einführung von zielgenauen einzeln lenkbaren Mehrfachsprengköpfen für Interkontinentalraketen (MIRV) Ende der 60er Jahre die Grundlage der Strategie der stabilen Abschreckung, die Unverwundbarkeit der strategischen Waffensysteme beider Seiten, bereits in Frage gestellt. Wie stark dieser »technische Fortschritt« Rüstungskontroll- und Stabilitätspolitik gefährdet, sollte sich nur allzubald bei den Salt-II-Verhandlungen zeigen.

So stahlen die Supermacht-Interventionen in Vietnam und der ČSSR die Zeit, die durch kooperative Rüstungssteuerung eingekauft werden sollte, um entscheidende Fortschritte in der Politik der Friedenssicherung zwischen den Großmächten auszuhandeln.

Aber was ist dann das Besondere an der Afghanistan-Intervention der UdSSR 1979/80?

Das, was in der Politik und der öffentlichen Meinung im Westen die sowjetische Intervention in Afghanistan so stark zu einem Indikator für den Konkurs der Friedenspolitik durch gesteuertes militärisches Gleichgewicht (Kriegsverhütungspolitik) machte, ist sicher einmal, daß diese Intervention außerhalb des Kreises von Staaten erfolgte, die bis dahin sowjetische Truppen auf ihrem Territorium hatten – die Verschiebung des Status quo also. Doch kann dieser Umstand alleine nicht hinreichen. Denn bis Ende der 50er Jahre waren auch in Vietnam keine amerikanischen Truppen stationiert. Und bis 1968 gab es keine sowjetischen Truppen auf dem Territorium der ČSSR. [181] Verschiebung des Status quo mit militärischen Mitteln ist also keine Neuinvention des Jahres 1979 – und nicht einmal eine sowjetische Erfindung. Der Unterschied der Afghanistan-Invasion zu den anderen Interventionen muß also woanders liegen:

Er liegt im Zeitpunkt.

Die amerikanische Vietnam-Intervention fand am *Anfang* der bipolaren

180 Bei der Invasion der ČSSR durch die Sowjetunion im August 1968 ist dieser Zusammenhang bis ins Detail nachweisbar. Es war zwischen den USA und der Sowjetunion bereits fest vereinbart, daß an einem »Mittwoch im August 1968« in Moskau und Washington gleichzeitig identische Ankündigungen eines Besuchs von Präsident Johnson in Moskau zum Start der SALT-I-Verhandlungen herausgehen sollten. Die sowjetische Intervention zerstörte diese Chance. So der damalige US-Außenminister Dean Rusk 1981.

181 Bei der ČSSR wurde der Sowjetunion allerdings »mildernd« angerechnet, daß die ČSSR Mitglied des Warschauer Paktes ist.

Kriegsverhütungspolitik statt, ihre ersten Wurzeln gehen sogar auf die Zeit *vor* der Formulierung der »Kriegsverhütungsdoktrin«, nämlich 1955/56, zurück.

Die sowjetische Afghanistan-Intervention dagegen kam *nach* 20 Jahren Gleichgewichts- und Rüstungsbegrenzungspolitik. Ob sie das Ende dieser Politik bezeichnet, ist offen. Doch zeigt sie unzweifelhaft:

Die Politik der »gesteuerten Rüstung« (arms control) in der bipolaren Welt hat selbst nach 20 Jahren ihr Ziel nicht erreicht, die Supermächte in ein Geflecht von Interessen an Rüstungsbegrenzung, Abrüstung und Kooperation einzubinden, das den Einsatz militärischer Mittel zur Veränderung des Status quo ausschließt.

Warum ist der vorausgesagte und angesteuerte Erfolg der »einzig realistischen Friedenspolitik« (Kriegsverhütungspolitik) nicht eingetreten?

Man komme hier nicht mit der Antwort: »Das liegt an der aggressiven Sowjetunion und ihrer Ideologie« und nicht am Kriegsverhütungskonzept. Ausschließlich friedliche, nicht expansive Absichten haben diejenigen, die die Politik bipolarer Friedenssicherung mit den Mitteln gesteuerter militärischer Rüstungen (arms control) vertraten, der Sowjetunion nie unterstellt. Ausschließlich friedliche Absichten der Sowjetunion anzunehmen, war vielmehr die Position derjenigen, die einseitige Abrüstung des Westens forderten. Eben diesen Anhängern einseitiger Abrüstung gegenüber bezeichneten sich die »Rüstungskontrollanhänger«, die militärische Mittel in die Kriegsverhütungspolitik »einmischen« wollten, ja deshalb als Realisten, *weil* sie von der Möglichkeit militärisch aggressiver Absichten der Sowjetunion ausgingen. Das Rüstungssteuerungsprogramm, das oben vorgestellt worden ist[182], sollte gerade dazu dienen, auch eine potentiell aggressive Supermacht in ein Weltfriedensgeflecht zu zwingen.

Sind die Mißerfolge der Kriegsverhütungspolitik wie das Scheitern von Salt II und die Afghanistan-Invasion vielleicht nur »Betriebsunfälle« auf dem vorgezeichneten Wege zum gesicherten Weltfrieden durch bipolares, gesteuertes Gleichgewicht? Darf man deshalb Geduld fordern, bis die eingeleiteten politischen und gleichgewichtsmilitärischen Schritte sich realisieren und auswirken (NATO-Nachrüstungsbeschluß, MBFR-Verhandlungen, SALT II bzw. START usw.)? Oder ist Rüstungssteuerungspolitik endgültig gescheitert?

Will man mehr wissen, als *daß* Rüstungssteuerungspolitik zwischen zwei Supermächten bis jetzt gescheitert ist, will man vor allem wissen, ob sie gescheitert ist, weil sie an ihren eigenen Widersprüchen hängenbleiben mußte oder weil sie in verbalen Bekundungen steckenblieb, ohne jemals wirklich die

---

182 Vgl. oben Kap. 3.1.1.

Sicherheitspolitik bestimmt zu haben, kann man die Antwort nur durch eine Analyse der tatsächlichen Entscheidungen auf dem Gebiete der Rüstungs- und Rüstungskontrollpolitik finden.

Eine solche Analyse muß die Entscheidungen auf den einzelnen Ebenen der militärischen Konfrontation: konventionelle Waffen zu Lande und zur See, strategische, eurostrategische und taktische Kernwaffen, ebenso umfassen, wie Entscheidungen über die Gesamtaufwendungen für militärische Zwecke und ihre Gründe.

III. Rüstung und Rüstungssteuerungspolitik Anfang der 80er Jahre – Situation, Probleme und Tendenzen

4. Wettrüsten zwischen Ost und West

4.1 Wer rüstet mehr? Die Rüstungsaufwendungen von NATO und Warschauer Pakt

John M. Collins schreibt in seinem umfassenden Buch »US-Soviet Military Balance« zu dem Problem des Vergleichs der Rüstungsaufwendungen:

>»Die Durchführbarkeit der Aufgabe, die sowjetischen Verteidigungsausgaben mit den amerikanischen akkurat zu vergleichen, ist äußerst fragwürdig, nicht geachtet ihrer Wünschbarkeit.«

Es ist nicht einmal ganz klar, wieweit das amerikanische Verteidigungsbudget, welches jedes Jahr in Details vorgelegt wird, die Realität richtig wiedergibt. Collins:

>»Einige sehen es als exaktes ehrliches Dokument, andere bezeichnen es als statistische Lüge.«[183]

Die sowjetischen Kosten zu kalkulieren ist natürlich noch sehr viel schwieriger. Insbesondere deshalb, weil das sowjetische Budget nur einen nicht aufgegliederten Posten enthält. Ende der 70er Jahre betrug dieser Posten 16 Milliarden Rubel.[184]

Doch will man diese Rubelkosten mit den amerikanischen Aufwendungen in Dollar vergleichen, muß man Rubel in Dollar umrechnen. Das aber ist ein schwieriges Geschäft. Zwar gibt es einen offiziellen Handelskurs, der 1980 etwa bei 1,35 Dollar per Rubel lag. Aber dieser Kurs ist weitgehend eine Fiktion. Er sagt insbesondere nichts über die Kaufkraft aus, die die Militäraufwendungen in dem einen oder anderen Land aufsaugen. Er sagt also nichts darüber aus, was das einzelne Land an Aufwendungen für seine Verteidigung real aufzuwenden, zu opfern bereit ist.

Man hat deshalb versucht, die russischen Rüstungsaufwendungen in Dollar auszurechnen. Diese Dollarberechnungen sollen angeben, wie teuer es sein würde, die russische Rüstung in den Vereinigten Staaten herzustellen und zu kaufen. Da auch die Vereinigten Staaten ihre eigenen Rüstungsgüter im eigenen

---

183 Collins, S. 82.
184 Collins, S. 82.

Land herstellen und kaufen, kann man argumentieren, es ergäbe sich so eine brauchbare Vergleichsbasis.

Collins beurteilt diesen Ansatz so: »Solche Berechnungen ergeben rohe Vergleichszahlen für die Budget*trends,* nicht mehr.«[185] Collins faßt zusammen:

»Das Ausmaß, in dem Fehler oder Kostenbewertungsfaktoren das sowjetische Verteidigungsbudget übertreiben oder untertreiben, ist eine offene unentschiedene Debatte. In Dollar ausgedrückte Preise übertreiben wahrscheinlich die Sowjetausgaben. In Rubel ausgedrückte basieren auf fehlerhaften Begründungen.«[186]

Aber selbst für Trendschätzungen sind diese Zahlen nur mit äußerster Vorsicht zu genießen. 1983 sah sich die CIA gezwungen, ihre eigenen Schätzungen des Wachstumstrends der sowjetischen Rüstungsaufwendungen von 3 bis 4% p.a. auf nicht mehr als 2% zu korrigieren.[187]

Mit allen Vorbehalten[188] betrachten wir deshalb die Rüstungsaufwendungen von NATO und Warschauer Pakt in der folgenden Tabelle, herausgegeben vom ehemaligen US-Verteidigungsminister Brown in seinem Statement vom Januar 1980.[189]

Erste Feststellung:
1964 lagen selbst nach dieser Berechnungsweise die Aufwendungen der NATO zweimal so hoch wie die des Warschauer Paktes. Erst 1980 hatte der Warschauer Pakt *fast* aufgeschlossen. Frage: Wer rüstet, in »Dollar-Rüstungsaufwendungen« gezählt, *vor* – wer rüstet *nach?*

Zweite Feststellung:
Legt man diese Schätzungen für die Zeit von 1964 bis 1980 zugrunde, so ergeben sich folgende Gesamtaufwendungen:

NATO (ohne Ausgaben für Vietnam und ohne französische Aufwendungen)[190]: rund 4000 Milliarden Dollar (1981) $= 4 \times 10^{12}$ Dollar.

Warschauer Pakt: ca. 3200 Milliarden Dollar (1981) $= 3,2 \times 10^{12}$ Dollar.

Insgesamt also hat die NATO (ohne Frankreich) selbst nach dieser Rechnungsmethode im Berichtsraum 800 Milliarden Dollar mehr ausgegeben als der

---

185 Collins, S. 82.
186 Collins, S. 83. André Brigot und Dominique David (1980) bezeichnen diese Berechnungen u.E. zu Recht als Fälschungen (S. 56 ff.).
187 Vgl. International Herald Tribune, 4.3.1983, S.2.
188 Vgl. dazu auch die Vorbehalte, die SIPRI solchen Schätzungen der Rüstungsaufwendungen entgegenbringt. SIPRI-Yearbook 1980, S.11 ff.
189 Aus: Department of Defense, Fiscal Year 1981, S. 109.
190 Die Aufwendungen Frankreichs betragen z.B. 1982: 123×10^9 FF $= 21 \times 10^9$ \$, mit Pensionen rund 25×10^9 \$.

	NATO	Warschauer Pakt
Bruttosozialprodukt		
(in Milliarden $ [10^9 $])	3,773	1,638
Bevölkerung	564,0	371,3
Mannschaftsstärke in Millionen		
(Soldaten)	4,85	5,2

Vergleich der Rüstungsaufwendungen von NATO und Warschauer Pakt
Aufwendungen in Milliarden $ (Wert 1981)

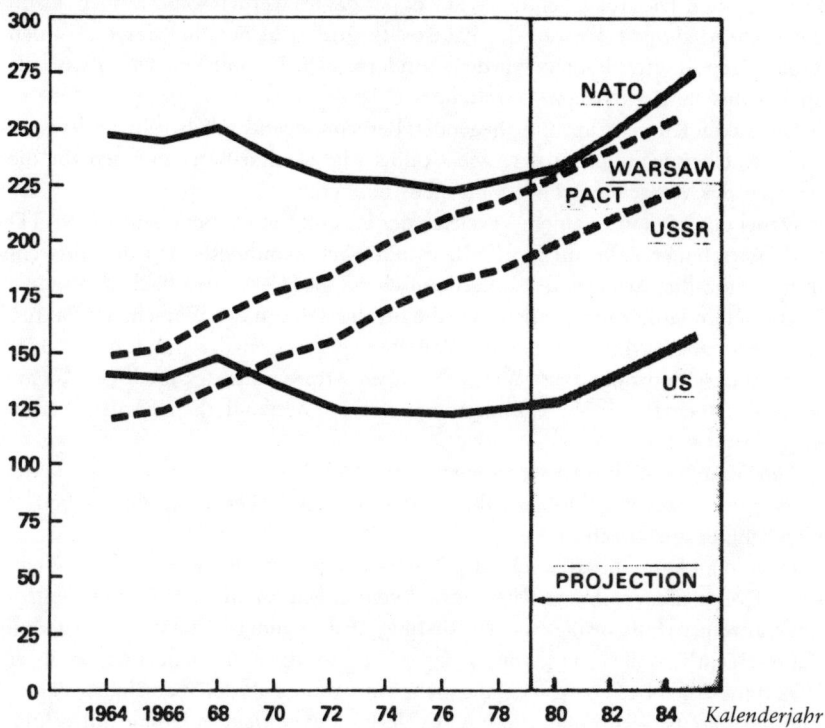

Anmerkungen:

1. Die Kostenangaben für die Vereinigten Staaten enthalten nicht die Pensionen und die zusätzlichen Aufwendungen für Süd-Ostasien (Vietnam!).

2. Die Vorhersagen für die Zeit nach 1979 gehen von einer jährlichen real 3% Zunahme der Ausgaben sowohl für die USA wie für die NATO aus.

3. Die französischen Aufwendungen sind in den NATO-Aufwendungen nicht enthalten.

Warschauer Pakt. 800 Milliarden Dollar, das sind fast vierzigmal der Verteidigungsetat der Bundesrepublik von 1979.[191]

Frage: Gibt es Ansatzpunkte dafür, *wieweit* die hier gewählte Berechnungsmethode für die Rüstungsaufwendungen des Warschauer Paktes die östlichen Aufwendungen übertreibt? Dazu muß man sich einmal näher ansehen, was man eigentlich tut, wenn solche »Dollaraufwendungs-Berechnungen« für NATO und Warschauer Pakt einander gegenübergestellt werden:

»Die sowjetischen Kosten sind danach berechnet, was es die Vereinigten Staaten kosten würde, diese sowjetischen Streitkräfte in den Vereinigten Staaten zu produzieren und zu bemannen und zu unterhalten, so wie die Sowjets es tun.«[192]

Das bedeutet: Die Ausgaben des Warschauer Paktes werden so berechnet, als ob die *Wehrpflichtigen-Armeen* der Paktstreitkräfte nicht nur ihr Material in den Vereinigten Staaten kaufen würden, sondern auch bezahlt würden, als ob sie amerikanische *Berufssoldaten* wären.

Die diesen Kurven zugrunde liegenden Berechnungen sind also ein eindeutiger Fall der Übertreibung, zu der, wie Collins sagt, Dollar-Berechnungen für die Armeen des Warschauer Paktes meistens tendieren.

Dabei müßte man zu einem Vergleich der Rüstungsaufwendungen von NATO und Warschauer Pakt auf Dollar-Basis natürlich zumindest auch die Aufwendungen für die Armeen der amerikanischen NATO-Partner nach demselben Verfahren in Dollar umrechnen, wie die für die Armeen des Warschauer Paktes. Das heißt aber: Man müßte für jeden Wehrpflichtigen der Bundeswehr oder einer anderen europäischen Wehrpflichtigen-Armee statt des niedrigen Wehrsolds das mehrfach höhere Einkommen eines amerikanischen Berufssoldaten ansetzen usw.

Täte man dies, die Aufwendungen der NATO zeigten sich noch sehr viel stärker denen des Warschauer Paktes überlegen, als die getrickste Kurve oben[193] noch immer ausweisen mußte.

Doch man kann dieses Spiel mit »Dollar-Armeen« noch weiter treiben: Wenn so in Dollar umgerechnete Rüstungsaufwendungen potentieller Gegner Bedrohung anzeigen, falls sie die eigenen Rüstungsanstrengungen übersteigen, was soll dann eigentlich die Sowjetunion sagen? Denn die hat nicht nur an ihrer Westflanke die NATO-Armeen, die mehr aufwandten als der Warschauer Pakt – und das bereits, wenn man die NATO-Verbündeten *nicht* in Dollar aufrechnet und Frankreich ganz wegläßt. Der Sowjetunion steht darüber hinaus an ihrer Ostgrenze die größte Armee der Welt gegenüber, die chinesische Volksarmee, die sie auch zu ihren potentiellen Gegnern zählen muß. Und nun rechne man die

191 21,6 Milliarden Dollar, Preise von 1978, SIPRI-Jahrbuch 1980, S.20.
192 A Dollar Cost Comparison of Soviet and US Defense Activities, 1968–1978, National Foreign Assessment Center, S.2.
193 S. 199

reguläre chinesische Volksarmee mit 4,75 Millionen Mann wie amerikanische Berufssoldaten bezahlt, rechne die Volksmilizen von 12 Millionen Mann vielleicht auch noch in Dollar bezahlt dazu...
Doch hier machen wir Schluß mit diesem irreführenden Zahlenspiel mit Dollar-Armeen. Die öffentliche Verwendung von auf solcher Basis gewonnenen Zahlen zum Beleg dafür, daß die Sowjetunion der NATO weit überlegene Rüstungsaufwendungen tätigt, die nicht durch legitime Verteidigungsinteressen begründet sind, fällt nicht mehr in den Bereich von Wissenschaft, sondern in den der politischen Kriminalgroteske. [194]

Auch die Frage, wie groß der *Prozentsatz des Bruttosozialprodukts* ist, den die Sowjetunion für Rüstungen aufwendet und wie sich dieser Prozentsatz zu westlichen Aufwendungen verhält, ist streitig und schwer zu entscheiden.

Das liegt einmal daran, daß der Begriff Sozialprodukt in sozialistischen Volkswirtschaften nicht verwendet wird, zum anderen an der Unverläßlichkeit der Daten. Wie groß hier Irrtümer sein können, welche Marge zur Beurteilung überbleibt, zeigt Collins:

»Offizielle USA-Studien bis 1975 unterstellten, daß die Sowjetunion für ihre Verteidigung konstant 6,8 % ihres wachsenden Sozialprodukts bereitstellte... Überprüfte neue CIA-Berechnungen, auf besseren Meßdaten beruhend, zeigen nun, daß der Minimalanteil doppelt so hoch ist, 11–12 % des BSP von 1968 bis 1978...«[195]

Die Revision dieser Berechnungen fällt in die beginnende Zeit des Alarmismus. Dennoch dürften die Berechnungen in der revidierten Form richtiger sein. Denn Aufwendungen von 6,8 % des Sozialprodukts hätten den Anteil der US-Rüstungsaufwendungen am Sozialprodukt (zwischen 7,4 % 1971 und 4,9 % 1980) nicht entscheidend übertroffen. Der Unterschied im Lebensstandard der Bevölkerungen der USA und der Sowjetunion einerseits bei angeblich ungefähr gleichem Rüstungs*anteil* an so unterschiedlichen Sozialprodukten und etwa gleich hohen Rüstungs*aufwendungen* andererseits wäre nicht zu erklären gewesen.

Fragt man nach dem *relativen* Anteil der Rüstungskosten in der Sowjetunion und den Vereinigten Staaten, kann man sich deshalb statistische Feinheiten ersparen. Es ergibt sich der nicht überraschende Sachverhalt: Die Sowjetunion wendet wesentlich höhere *Anteile* ihres Sozialprodukts für die Verteidigung auf als der Westen.

Nur: Die Bedrohung des Westens richtet sich nicht nach dem *Anteil* der

194 Für eine «Bedrohungsberechnung« sind diese Zahlen von ihren Verfassern zunächst auch gar nicht als geeignet angesehen worden:
»Wie andere Input-Zahlen sind Dollar-Berechnungen wahrscheinlich instruktiver als generelle Indikatoren des Wechsels in den militärischen Kapazitäten der Streitkräfte im Laufe der Zeit, denn als Indikatoren für die vergleichbaren Fähigkeiten der Streitkräfte (der USA und der Sowjetunion).«
A Dollar Cost Comparison..., S. 2.
195 Collins, S. 84.

sowjetischen Rüstung am Sozialprodukt, sondern danach, was der Warschauer Pakt insgesamt bereitgestellt hat. Der Anteil am Sozialprodukt spiegelt allenfalls wider, welcher Wert auf militärische Mittel gelegt wird.

Warum ein Land Wert auf militärische Mittel legt, ob zur Verteidigung oder zum Angriff, das läßt sich aber aus dem Rüstungsanteil am Sozialprodukt nicht ablesen. Israels Anteil der Rüstungsaufwendungen am Sozialprodukt z.B. liegt noch höher als der der Sowjetunion.[196]

Müssen selbst offizielle amerikanische Quellen trotz aller »Klimmzüge« feststellen, daß die Rüstungsaufwendungen der NATO selbst dann über denen des Warschauer Paktes liegen, wenn man die französischen Rüstungsaufwendungen wegläßt, ist es kein Wunder, daß neutrale Beobachter noch eindeutiger überlegene Rüstungsaufwendungen der NATO feststellen.

So kommt das Stockholmer Peace Research Institute in seinem Jahrbuch 1980 zu Zahlen, von denen es meint, sie seien die Konsequenz

»›gleichverteilten Unglaubens‹ sowohl gegenüber den niedrigeren, geringen offiziellen sowjetischen Angaben als auch gegenüber den hohen CIA-Dollar-Schätzungen...«[197]

Verteilung der Militärausgaben in der Welt 1971–1980[198]

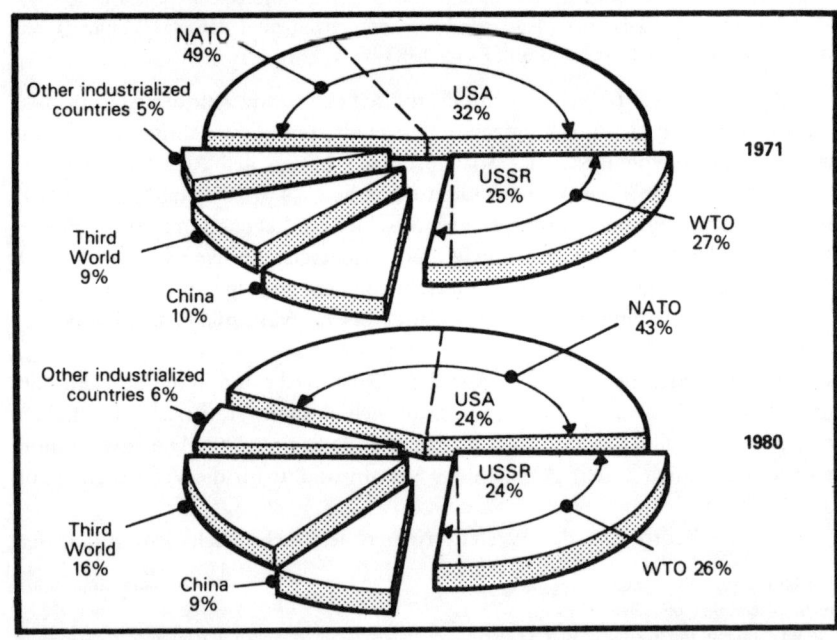

196 Er betrug im Maximum 1976 27,1% und 1978 noch 18%. SIPRI-Yearbook 1980, Tabelle 1A4, S.30.

197 SIPRI-Yearbook 1980, deutsche (gekürzte) Ausgabe »Rüstungsjahrbuch '80/81«, S. 43.

198 Aus »Rüstungsjahrbuch« '81/82, S.9.

Nach SIPRI ergibt sich:

Militärausgaben der Welt, in konstanten Preisen
Angaben in Mio. US-$ zu Preisen und Wechselkursen von 1978[199]

	1950	1955	1960	1965	1970	1975	1976	1977	1978	1979
USA	39475	98252	100001	107192	130872	110229	104261	108540	108357	110145
NATO ohne USA	27885	44328	50386	60891	63094	74699	76669	78183	80438	81728
Total NATO	67360	142580	150387	168083	193966	184928	180930	186723	188795	191873
UdSSR	[37700]	[51200]	[48000]	[65900]	[92500]	[99800]	[101300]	[102700]	[104200]	[105700]
WP ohne SU	–	–	3388	5423	8263	10530	11138	11756	12006	12256
Total WP	[40700]	[54200]	[51388]	[71323]	[100763]	[110330]	[112438]	[114456]	[116206]	[117956]
Welt total	133710	226390	236245	297265	380510	418945	422860	433719	439953	446158

Fazit:
Die These von ungeheuren russischen Rüstungsaufwendungen stimmt.
Aber die Rüstungsaufwendungen der NATO sind noch größer. Die weit
überlegenen *Rüstungsaufwendungen des Warschauer Paktes, die durch unse-*
re Zeitungen geistern, sind deshalb ein Schreckgespenst. Zwar kann *man mit*
einigen Tricks berechnen, daß die Aufwendungen der Sowjetunion in den
70er Jahren höher lagen als die der USA.[200] *Doch wie man auch rechnet, die*
Gesamtaufwendungen des Warschauer Paktes lagen immer *unter denen der*
NATO. Und das schon vor den geplanten außerordentlichen Steigerungen der
Rüstungsaufwendungen durch die Reagan-Administration. Die Behauptung
in Ziffer 7 des Weißbuches der Bundesregierung 1983, die Sowjetunion habe
»seit Mitte der 60er Jahre Rüstungsanstrengungen unternommen, die ohne
Beispiel sind«, ist deshalb falsch. Das Beispiel für solche absurd erscheinen-
den Rüstungsaufwendungen im Frieden hat die NATO selbst gegeben.

4.2 Die weltweite Flottenrüstung

Ein Element der wachsenden Beunruhigung im Westen über die sowjetische
militärische Macht ist die seit Anfang der 60er Jahre stetig wachsende sowjetische Flottenstärke. Die Entwicklung der maritimen Macht der USA und der
Sowjetunion in den letzten 20 Jahren ist mehrfach umfassend dargestellt worden.[201] Die folgenden Graphiken geben einen groben Überblick[202]:

199 Zit. nach »Rüstungsjahrbuch« '80/81, S. 52.
200 Vorausgesetzt, man berechnet die Rote Armee nach amerikanischen Preisen (oben S. 97 ff.).
201 Vgl. hierzu z. B. Collins 1980, S. 239 ff., mit den dort wiedergegebenen Quellenangaben.
   Detaillierte jährliche Darstellungen finden sich insbesondere in Jane's Fighting Ships. Vgl. auch: Breyer/
   Wetterhahn 1983; Lutz/Pott/Schwarz (in Vorbereitung); Schulze-Torge 1976–81.
202 Abdruck aus Collins 1980, S. 499.

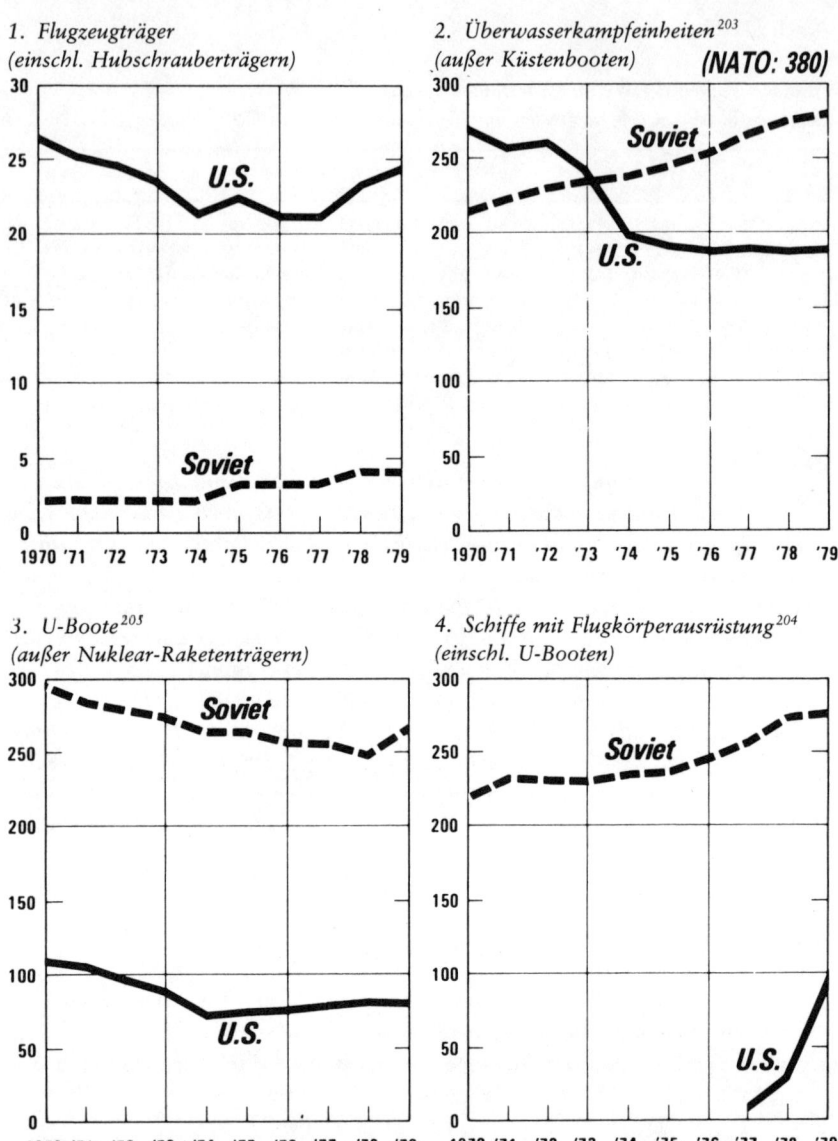

1. Flugzeugträger
(einschl. Hubschrauberträgern)

2. Überwasserkampfeinheiten[203]
(außer Küstenbooten) **(NATO: 380)**

3. U-Boote[205]
(außer Nuklear-Raketenträgern)

4. Schiffe mit Flugkörperausrüstung[204]
(einschl. U-Booten)

203 Nach Military Balance 1980/81 summieren sich die Flotten der NATO-Partner auf 188 Einheiten. Davon: GB 70, Frankreich 48, Kanada 73, BRD 23.

204 U-Boote mit Flugkörpern werden somit sowohl in der 3. wie auch in der 4. Graphik gezählt. Die Kategorie, in der die sowjetische zahlenmäßige Überlegenheit deutlich ist, erscheint so zweimal.

205 Nach Military Balance 1980/81 summieren sich die U-Boot-Flotten der NATO-Partner auf 90 Einheiten (GB 27, BRD 24, Frankreich 21).

104

Was folgt aus den Darstellungen der Entwicklung der maritimen Rüstung der beiden Supermächte?

1. Die sowjetische Flotte hat in den letzten 20 Jahren in fast allen Kategorien Jahr für Jahr an Macht gewonnen. [206] Man kann sogar die These aufstellen, daß erst in den letzten 20 Jahren überhaupt eine sowjetische Hochsee-Flotte entstanden ist.

2. Die NATO hat im gleichen Zeitraum ihre Flottenrüstung ebenfalls weitergetrieben. [207]

3. Unzweifelhaft ist, daß von Gleichgewicht, gleichen militärischen Fähigkeiten also, nicht die Rede sein kann. Denn die sowjetische Flotte hat nicht entfernt die gleichen militärischen Fähigkeiten wie die amerikanische. Sie ist ihr auf den Weltmeeren in jeder Beziehung unterlegen. [208]

Das zeigt schon die totale Überlegenheit der USA an nuklearen Flugzeugträgern, ohne die weiträumige Operationen auf den Weltmeeren kaum denkbar sind. Das zeigt sich aber vor allem, wenn man Fakten einbezieht, die in alarmierenden Datenvergleichen ausgeblendet bleiben.

Seemacht entsteht nicht aus Schiffen alleine, sondern aus der Kombination von Schiffen und Stützpunkten, insbesondere aus Schiffen und gesicherten Seezonen, in denen die eigene Seemacht vom Gegner nicht angetastet werden kann. Eine Erfahrung, die das kaiserliche Deutschland im Ersten Weltkrieg machte, als seine teure »Risiko-Hochsee-Flotte« bis zu ihrer Auslieferung an England 1919 fast sinn- und tatenlos in den deutschen Seehäfen festlag. [209]

Kurz: Seemacht entsteht aus geostrategischer Lage plus Flottenstärke – und nicht aus Flotten alleine.

Betrachtet man diese geostrategische Lage aber, so zeigt sich, daß die USA, zusammen mit der NATO, den Nordatlantik von Kuba bis Island und von Island bis Gibraltar beherrschen.

Die östliche Pazifikküste ist die Küste Amerikas, die Westküste die Japans, Chinas und der Philippinen. Der kleine russische Zugang wird von Japan aus kontrolliert.

Damit sind Nordatlantik und Nordpazifik fast als »mare nostrum« der USA und ihrer Verbündeten anzusprechen.

Im Südatlantik und Südpazifik sind beide Großmächte absolut schwächer.

206 Die Zahl der Angriffs-U-Boote ist eine Zeitlang leicht zurückgegangen.
207 A. Brigot u. Dom. David 1980, S. 60, weisen darauf hin, daß die USA von 1965 bis 1979 über 122 Schiffe von mehr als 3 000 Tonnen neu in Dienst gestellt haben, die Sowjetunion aber nur 57.
208 So auch General Altenburg auf der Tagung der VDW im Oktober 1981. Vgl. Deutsches Allg. Sonntagsblatt Nr. 45 v. 8.11.1981, S.4 in der Darstellung v. Günter Geschke.
209 Zu den wenigen Taten gehörte die unbeabsichtigte Skagerrak-Schlacht, eine Schlacht, die der deutschen Flotte endgültig die Lehre erteilte, daß es in der geostrategischen Lage Deutschlands für sie keine militärische oder politisch sinnvolle Verwendung gab.

Aber das relative Gewicht der USA und ihrer Verbündeten (Südafrika, Australien, südamerikanische Staaten) ist auch hier erdrückend.

Lediglich im Indischen Ozean kann man von einer für beide Seiten gleich ungünstigen Verteilung von Küsten und Stützpunkten sprechen. Man mag sogar der Sowjetunion einen kleinen Vorteil zusprechen, weil die traditionelle Haltung Indiens der Sowjetunion gegenüber nicht unfreundlich ist. Nur: Wie soll sie diese Zone erreichen, wenn der Suezkanal in ägyptischer Hand ist, die Seewege um Afrika für die sowjetische Mittelmeerflotte durch das vom Westen beherrschte westliche Mittelmeer und die Meerenge von Gibraltar führen? Wenn die russischen Nordatlantik- und Pazifikflotten durch die »maria nostra« der USA, Nordatlantik und Nordpazifik, fahren müßten?

Flaschenhälse schnüren die Flotte der Sowjetunion ein.[210]

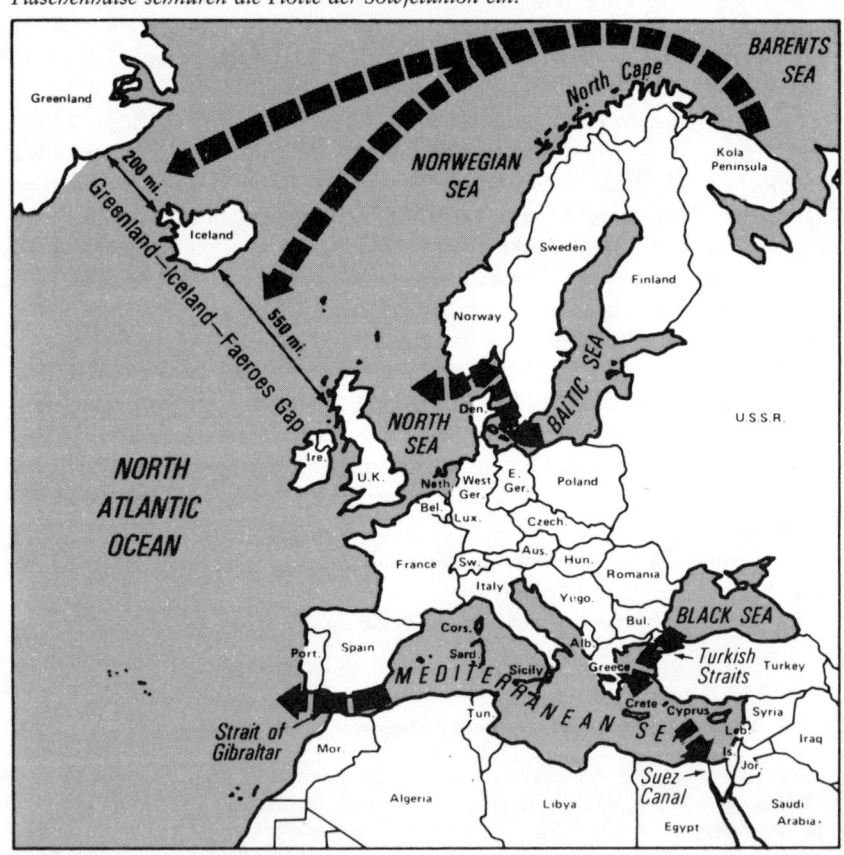

210 Nach Collins, US-Soviet Military Balance, S. 243.

Beschränkt man sich auf Europa, so ist das Mittelmeer weitgehend in der Hand der Sechsten Flotte der USA und ihrer Verbündeten (Spanien, Frankreich, Italien, Griechenland, Türkei, Ägypten und Israel). Das schließt zwar Operationen der sowjetischen Mittelmeerflotte im Frieden nicht aus. Doch von gleichen militärischen Fähigkeiten, militärischem Gleichgewicht, dem sonst so oft zitierten Ziel westlicher Rüstungspolitik, ist für die Sowjetunion nicht die Rede.

Noch hoffnungsloser ist die Lage der sowjetischen Flotte in der Nordsee. Und so bleibt ihr nur ein Trost: Die Seestreitkräfte des Warschauer Paktes beherrschen die Ostsee. Und dies, obgleich sie die Gegenküste (Schweden) nicht beherrschen und trotz der deutschen und dänischen Seestreitkräfte in der westlichen Ostsee.

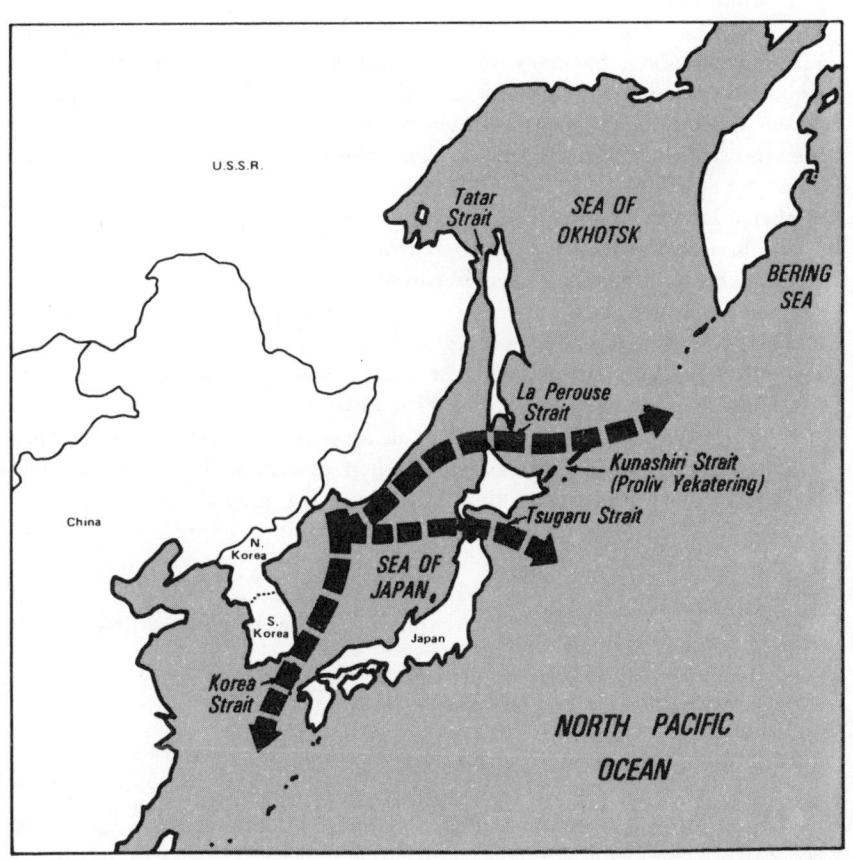

Aber schon bei den Ostseeausgängen ist Schluß mit dieser Herrschaft. Sund und Belte sind in NATO-Hand und der Nord-Ostsee-Kanal ebenfalls. Die Ostsee beherrschte aber auch Kaiser Wilhelms Hochseeflotte. Und es half ihr nichts – obgleich ihre Lage noch wesentlich besser war als die des Warschauer Paktes heute. Denn sie beherrschte jedenfalls den Nord-Ostsee-Kanal, und Sund und Belte waren in der Hand von neutralen Staaten.

Die die weltweite Flottenrüstung Anfang der 80er Jahre determinierenden Fakten sind somit:

1. Der Aufbau einer neuen sowjetischen militärischen Macht, der Seemacht.

2. Die nach wie vor große, fast totale Überlegenheit der USA und ihrer Verbündeten zur See.

»Die Sowjetunion... hat erst vor kurzer Zeit begonnen, aus ihrem kontinentalen Kokon auszubrechen. Ihre Flotte ist noch wie ein Störfaktor (Spoiler) gebaut, dessen Akzent darauf liegt, anderen die Seewege zu stören, weniger selbst Seewege sicherzustellen«, so beschreibt Collins treffend die derzeitige Situation.[211]

Aber was ist die Konsequenz aus diesen Fakten?

In amerikanischen Augen ist die Entwicklung einer sowjetischen Seemacht von Null bis zum Stand von heute bedrohlich. Denn

1. wer sagt, daß diese Entwicklung nicht von Unterlegenheit zu Gleichstand und dann zu Überlegenheit weitergetrieben werden wird – so wie auch die sowjetische nuklearstrategische Macht von fast Null (1960) bis zum Gleichstand mit einer Überlegenheit in Raketenzahlen anwuchs?[212]

2. Selbst wenn die Sowjetunion *nicht* die Absicht haben sollte, bis zu gleichen militärischen Fähigkeiten aufzurüsten: Schon das erstmalige Auftreten einer hochseefähigen sowjetischen Flotte, einer Flotte, die jedenfalls im Frieden politisch nutzbare militärische Demonstrationen durchführen kann[213], verändert die politische Landschaft, verändert also den Status quo. Und so begründet Präsident Reagan den Ausbau der US-Flotte auch gerade *nicht* mit dem Ziel, das Gleichgewicht zu erhalten, sondern mit der Notwendigkeit amerikanischer *Überlegenheit* zur See.[214]

211 Collins, S. 239.
212 Vgl. dazu unten Kap. 5.1.1.
213 Beispiel: Die gemeinsamen sowjetisch-libyschen Flottenmanöver vom Dezember 1981.
214 Amerikanische *Überlegenheit* zur See wird als lebensnotwendig betrachtet. Präsident Reagan: »Überlegenheit zur See ist für uns lebensnotwendig. Wir müssen in Krisenzeiten der Gefahr widerstehen können und mit Hilfe der Beherrschung zur Luft, auf dem Wasser und in den Unterwasserzonen uns den Zugang zu allen Weltmeeren sichern.« Die Welt v. 30.12.1982.
Über den Ausbau einer amerikanischen Flotte vgl. im übrigen Caspar W. Weinberger in: Department of Defense, Fiscal Year 1983, S. II–12 ff.

Gleichgewicht, gleiche militärische Fähigkeiten für die Sowjetunion und für die Vereinigten Staaten auch zur See und Erhaltung des *Status quo* sind somit *unvereinbare* Ziele. Der Satz: Die NATO benötigt Seemacht zur Sicherheit ihrer Verbindungen, die Sowjetunion als Landmacht braucht eigentlich für ihre Interessen kaum eine Flotte, beschreibt genau diesen Blick vom Status quo aus. [215] Ohne daß dem, der diesen Satz ausspricht, oft auch nur in den Blick kommen dürfte, daß er hier das sonst proklamierte Ziel »Gleichgewicht = gleiche militärische Fähigkeiten« wegen des Interesses der NATO am Status quo, an Flottenüberlegenheit also, beiseite schiebt.

In *sowjetischen Augen* sieht die sowjetische Flottenrüstung ganz anders aus. Hier handelt es sich eindeutig um Nachrüstung. Um einen der klarsten Fälle von Nachrüstung in der Geschichte des Ost-West-Wettrüstens nach dem Zweiten Weltkrieg überhaupt. [216]

Gleiche militärische Fähigkeiten auch auf See sind in sowjetischen Augen außerdem Voraussetzung für wirkliche *politische Gleichheit* der beiden Supermächte. Gleichheit war aber nicht nur die Grundlage von SALT I, Gleichheit war im Vertrag vom 29.5.1972 zwischen den USA und der UdSSR ausdrücklich zu einem der beiden Grundprinzipien der beiderseitigen Beziehungen erklärt worden. Gleichheit auch bei den Flotten, die erst Gleichrangigkeit der beiden Supermächte zu Realität werden ließe, war der Sowjetunion in dieser ihrer Interpretation somit von den Vereinigten Staaten zugestanden. Die heftige amerikanische Reaktion auf die sowjetische »Flottenrüstung zum Gleichgewicht« kann von dieser Position aus nur als Zeichen verstanden werden, daß die USA der Sowjetunion die Gleichrangigkeit wieder bestreiten wollen. Wechselseitig anerkannte Gleichheit beider Supermächte ist aber die Denkvoraussetzung für Rüstungsbegrenzungen durch Vereinbarungen.

Andererseits: Mag die Sowjetunion noch so sehr auf die ihr nach ihrer Meinung zugestandene Gleichheit pochen – Seemächte, zu deren *Status quo* die absolute Seeherrschaft gehört, reagieren nun einmal feindlich, wenn eine neue Seemacht auftaucht. Daß diese Seemacht behauptet, nicht *mehr* zu wollen als Gleichheit, ändert daran nichts. Will eine neue Seemacht *weltweite* Gleichheit, d.h. weltweite gleiche militärische Fähigkeiten, erreichen, muß sie weltweit die bestehenden Machtverhältnisse – den Status quo also – ändern. Das fordert eine Unzahl von lokalen und regionalen Machtverschiebungen. Ist es nicht eine Utopie anzunehmen, ein solcher Versuch könnte friedlich zum Erfolg führen?

---

215 Diese allgemeine Auffassung beschreibt Collins (S. 239) recht zurückhaltend, wenn er sagt: »Seemacht ist für die Vereinigten Staaten eine Notwendigkeit. Für die Sowjetunion sind die maritimen Bedürfnisse im großen und ganzen zwar wichtig, aber weniger zwingend.« Sehr viel drastischer Weißbuch 1979, Ziff. 139 u. Weißbuch 1983, Ziff. 186.

216 Ein anderer klarer Fall ist die sowjetische Rüstung mit strategischen Nuklearwaffen Mitte der 60er Jahre. Vgl. dazu unten Kap. 5.1.1.

Im Bau befindliche bzw. zum Bau bewilligte Schiffe[217]

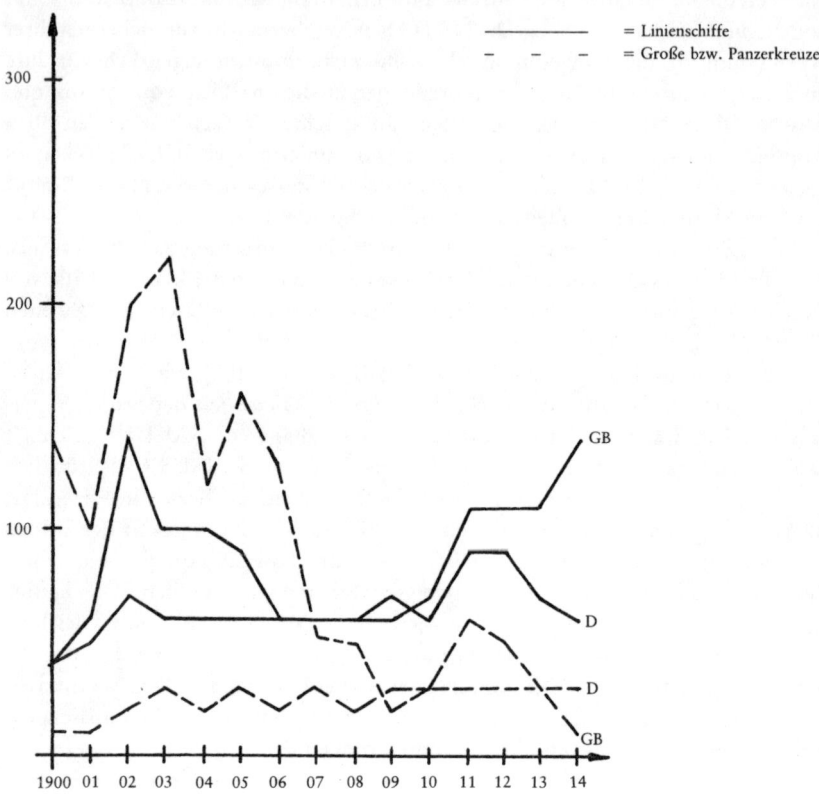

Die Geschichte kennt bereits einen tragischen Ausgang eines solchen Versuchs: die deutsche Flottenrüstung vor dem Ersten Weltkrieg.

Dabei zeigt die folgende Darstellung der Bauprogramme von 1900 bis 1914 einerseits, daß die britischen Bauprogramme fast stets über den deutschen lagen, so daß das Kaiserreich mit mehr oder weniger gutem Glauben die These vertreten konnte, Gleichrangigkeit mit der britischen Flotte werde nicht angestrebt. Doch zeigt andererseits der Zeitraum des verschärften Wettrüstens von 1906 bis 1910 eine Annäherung der Zahl im Bau befindlicher bzw. zum Bau bewilligter Schiffe auf beiden Seiten. So daß die britischen Alarmrufe aus jener Zeit ebenso mit Fakten belegt werden konnten wie die offizielle deutsche These, man strebe Gleichrangigkeit mit Großbritannien überhaupt nicht an.

217 Zusammengestellt von Mir A. Ferdowsi. Quelle: Taschenbuch der Deutschen Kriegsflotte, München, 1900–1914.

Marinebudget 1900–1913/14 (in Mill. Mark) [218]

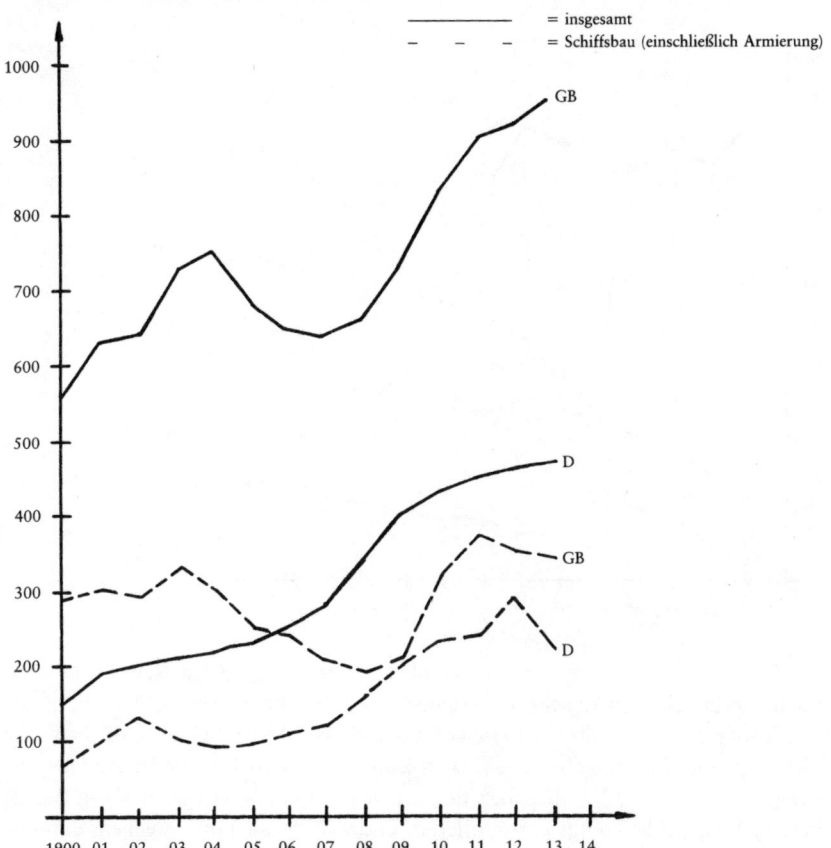

Betrachtet man die Marine-Budgets beider Mächte, so liegt das britische erheblich über dem deutschen. Doch läßt sich dies leicht aus den überseeischen Tätigkeiten Großbritanniens in seinem enormen Kolonialreich erklären. Betrachtet man die Aufwendungen für Schiffbau insgesamt, so hat hier das Kaiserreich in den Jahren 1908 bis 1909 die britischen Aufwendungen fast erreicht. Da die britischen Schiffbauaufwendungen von 1904 bis 1908 konstant gesunken waren, ist die Furcht Großbritanniens, vom Kaiserreich überholt zu werden, ebenfalls nicht ohne belegbaren Hintergrund.

218 Zusammengestellt von Mir A. Ferdowsi. Quelle: Taschenbuch der Deutschen Kriegsflotte, München, 1900–1914.

Flottenstärke (Bestand und Ersatzbauten)[219]

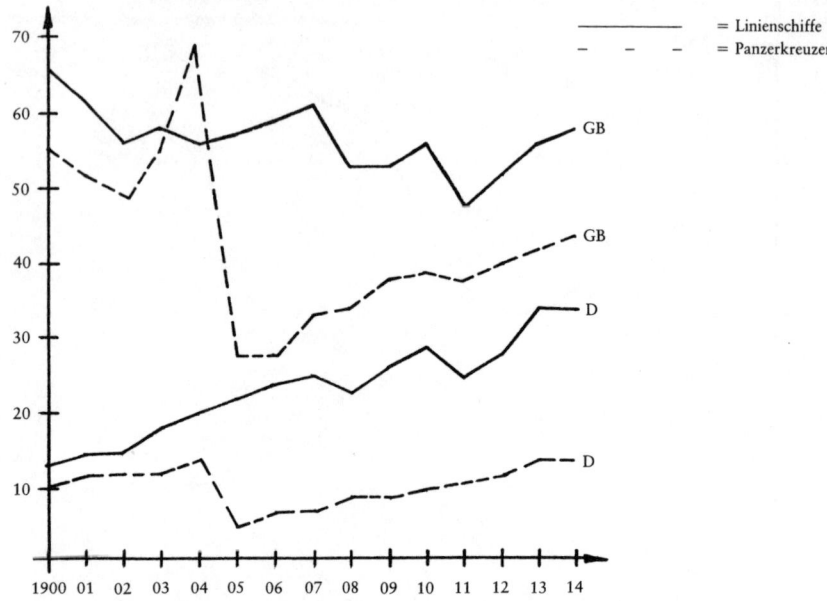

Auch die Betrachtung der entscheidenden Schiffszahlen (Linienschiffe) kann je nach Ausgangspunkt zu sehr unterschiedlichen Resultaten führen. Man kann als Engländer die von 1900 bis 1911 von etwa 65 auf 48 Einheiten (natürlich sehr viel größerer Kampfkraft) gesunkenen Linienschiffzahlen Großbritanniens mit denen von 13 auf 25 gestiegenen deutschen (ebenfalls gestiegener Kampfkraft) vergleichen, beide Trends extrapolieren, und von der Gefahr sprechen, daß das Kaiserreich Großbritannien vom ersten Platz verdrängen könnte. Man kann als Deutscher auf den nach wie vor vorhandenen enormen Abstand blicken und die britischen Befürchtungen in das Reich der Fabel verweisen oder als Kriegshetze ansehen.

Die britische Überlegenheit wird noch drastischer, wenn man die japanischen und russischen (verbündeten) Flotten zur britischen addiert.[220] Doch die britische Sicht dieses Flottenwettrüstens war eben anders. Der britische Staatsmann Lord Balfour beschrieb sie damals so:

»Die größte Militärmacht und die zweitgrößte Seemacht in der Welt [das deutsche Kaiserreich] verstärkt sowohl ihre Armee wie ihre Flotte. Sie vermehrt ihre strategischen

219 Zusammengestellt von Mir A. Ferdowsi. Quelle: Taschenbuch der Deutschen Kriegsflotte, München, 1900–1914.

220 Die im Ersten Weltkrieg ebenfalls verbündete französische Flotte neutralisierte die österreichisch-ungarische Flotte im Mittelmeer.

112

Eisenbahnen... Eine gewaltige Waffe ist geschmiedet worden. Jedes Jahr fügt etwas zu ihrer Macht und Wirksamkeit hinzu; sie ist ebenso furchterregend für Angriffszwecke wie für Verteidigungszwecke. Aber zu welchem Zweck sie ursprünglich entwickelt worden ist und in welchem Fall sie schließlich benutzt werden wird, das kann, wenn überhaupt, nur durch sehr viel weiterreichende Überlegungen entschieden werden...
Ich komme hier auf den schwierigsten und unangenehmsten Teil meines Versuchs. Lassen Sie mich damit beginnen zu sagen, daß ein normaler Engländer – mich eingeschlossen – nicht glaubt, daß die große Masse des deutschen Volkes einen Angriff auf seinen Nachbarn wünscht, oder daß die deutsche Regierung dieses beabsichtigt. Ein Krieg, in dem die bewaffnete Menschheit von halb Europa teilnehmen würde, kann nicht Ziel eines freien Wunsches sein, weder für Nationen noch für Staatsmänner. Die Gefahr liegt woanders. Sie liegt in der gleichzeitigen Existenz dieses wunderbaren Kriegführungsinstrumentes, welches die deutsche Armee und die deutsche Flotte darstellen, mit der beharrlichen... Empfehlung einer Politik, welche unmöglich mit dem Frieden in der Welt oder den Rechten anderer Nationen vereinbar scheint.«[221]

Dabei hatte Deutschland durch Flottenbauprogramme – wie es meinte – auch noch eindeutig klargemacht, daß es der britischen Flotte *nicht* den ersten Rang streitig machen wollte. Die deutschen Flottenbauprogramme waren langfristig und wurden im Reichstag diskutiert – welch Unterschied zu der undurchsichtigen Flottenpolitik der Sowjetunion heute!

In England sah man aber vor allem die Veränderung des Status quo, die der schnelle Aufstieg des Kaiserreichs aus dem Nichts von 1870 und die deutsche Flottenpolitik schon bewirkt hatten. Eine Veränderung, die sich noch zu beschleunigen drohte:

»In jedem Fall jedoch... macht die schnell fortschreitende Industrialisierung Deutschlands es äußerst wahrscheinlich, daß Deutschland in einigen Generationen in Wohlfahrt und nationaler Energie alle anderen, rein europäischen Nationen überholt haben wird – wie es sie bereits in der Bevölkerungszahl weit überholt hat. Wenn dieser Tag kommen wird, wird es schwer für das Vereinigte Königreich alleine, mit Deutschland im Bau von Kriegsschiffen ebenso wie in anderen Manifestationen nationaler Handlungsfähigkeit Schritt zu halten.«[222]

Kein Wunder, daß unter solchen Umständen die deutsche Flottenrüstungspolitik ihr Ziel verfehlen mußte, England durch (Flotten-)Rüstungswettlauf an den Verhandlungstisch zu zwingen und durch Flottenvereinbarungen ins deutsche Lager zu ziehen.[223]

221 Balfour, zitiert nach A. Hurd und H. Castle 1913, S. XIII. (Arthur James Earl of Balfour – seit 1880, fast 50 Jahre, einer der führenden Politiker der Konservativen Partei Großbritanniens, 1902 bis 1905 Premierminister und vom Mai 1915 bis Dezember 1916 Marineminister. Vgl. Encyclopaedia Britannica 1967, Bd. 3, S. 1 ff.)
222 Hurd and Castle 1913, S. 286.
223 J. Steinberg nennt wegen dieses Ziels Tirpitz deshalb den ersten modernen Strategen, der Rüstungswettlauf als politischen Hebel benutzt. Steinberg 1965, S. 20. (Daß dieser Ansatz gescheitert war, war spätestens 1911 mit der gescheiterten Haldane-Mission deutlich.)

1914 trat England in den Krieg gegen Deutschland ein. Die deutsche »Risiko-
flotte« hatte diesen Kriegseintritt nicht verhindert, sondern wahrscheinlich sogar
provoziert.[224]
In der historischen Rückschau scheint jedenfalls der Erste Weltkrieg ohne die
deutsche Flottenpolitik kaum denkbar. Ohne diese Flottenpolitik wäre der
Niedergang des Reiches in der europäischen Katastrophe des Ersten Weltkrieges
somit vielleicht vermieden worden.

Vielleicht – doch mit diesem Vielleicht kommt man in gefährliche Nähe eines
historischen Irrtums:
Diese Flottenpolitik war weder Zufall noch militaristische Verblendung. Sie
war das militärische Mittel des Kaiserreichs, gegenüber der Weltmacht Großbritannien *politische Gleichheit* dadurch zu erzwingen, daß es sich gegen Großbritannien machtpolitisch einsetzbare militärische Fähigkeiten zur See schaffte.[225]
Es war der Versuch, dieses *politische* Ziel mit dem Mittel des Flottenbaus zu
sichern, der das Kaiserreich die Existenz kostete – und Europa die Weltherrschaft.

Nur die Geschichte kann zeigen, ob die russische Wiederholung dieses Versuchs, weltpolitische Gleichheit mit der heute stärksten Weltmacht, den Vereinigten Staaten, zu erringen, für beide Seiten ein besseres Ende nimmt – oder ob
wieder die gleiche unheilvolle Konstellation die Handelnden wie in einer antiken
Tragödie dem Untergang zutreibt. Denn wie sollen andererseits kooperative
Rüstungssteuerung, Rüstungsbegrenzungsvereinbarungen oder gar Abrüstungs-
verträge zwischen den beiden Weltmächten *ohne* wechselseitiges Zugeständnis
echter Gleichheit möglich sein?

*So enttarnt sich eine Ursache des Scheiterns der Rüstungssteuerungspolitik
der 70er Jahre: der Widerspruch zwischen der Vorbedingung für Rüstungssteuerung einerseits, nämlich der Anerkennung der Gleichrangigkeit für beide
Weltmächte, und den Interessen der NATO-Länder am Status quo weltweiter
Überlegenheit andererseits.*

224 Das politische Ziel des Flottenbaus, England durch die Flotte vom Krieg gegen Deutschland
abzuschrecken, wurde schon in der Begründung zur zweiten Flottenvorlage vom Juni 1900 formuliert:
»Unter den gegebenen Umständen gibt es nur ein Mittel, um Deutschlands Handel und Kolonien zu
schützen: *Deutschland muß eine Flotte von solcher Stärke haben, daß selbst für die größte Flotte ein
Krieg mit ihm ein solches Risiko in sich schließen würde, daß ihre eigene Überlegenheit gefährdet wäre.*
Für diesen Zweck ist es nicht absolut notwendig, daß die deutsche Flotte ebenso groß ist wie die der
größten Seemacht, weil in der Regel eine große Seemacht nicht in der Lage sein wird, ihre ganze Kraft
gegen uns zu konzentrieren. Aber selbst, wenn es ihr gelingen sollte, uns mit überlegenen Kräften
entgegenzutreten, würde der Feind durch seine Überwindung des Widerstandes der deutschen Flotte so
erheblich geschwächt werden, daß dann trotz des etwa errungenen Sieges die eigene Machtstellung
zunächst nicht mehr durch eine ausreichende Flotte gesichert wäre.« (Hubatsch 1955, S. 72f.
Hervorh. v. Verf.)
225 Besonders deutlich Jonathan Steinberg 1965, S.24.

Wieder einmal zeigt sich so die Konfrontation zweier Machtblöcke von ihrer gefährlichen, kaum einer langfristigen Stabilisierung zugänglichen Seite.

4.3 Wachsende konventionelle Überlegenheit der Landstreitkräfte des Warschauer Paktes in Europa?

Daß der Warschauer Pakt der NATO in Europa konventionell überlegen ist, falls sämtliche Armeen des Warschauer Paktes gemeinsam und entschlossen zum Angriff antreten, wird kaum bezweifelt. [226]

Wie sich die konventionelle Überlegenheit des Warschauer Paktes im Falle eines Krieges auswirken könnte, ist in vielen Studien untersucht worden. [227] Die meisten dieser Arbeiten kommen zu dem Resultat:

Eine Abwehr eines konventionellen Großangriffs des Warschauer Paktes ist – falls alle Paktstaaten entschlossen mitwirken – mit den konventionellen Mitteln der NATO alleine, heute wie vor zehn Jahren, nicht verläßlich möglich. [228]

Doch die konventionellen Mittel *alleine,* die heute in Europa von beiden

226 Diese Überlegenheit (im für die NATO schlimmsten Fall) durch Schauerzahlen noch zu übertreiben, die von Zeit zu Zeit in die westliche Presse gegeben werden, ist m.E. unverantwortlich. Das eklatanteste Beispiel hierfür ist wohl die Darstellung der sowjetischen Macht durch die amerikanische Regierung vom November 1981, die dann auch sofort von einer entsprechenden sowjetischen Darstellung der NATO-Streitkräfte gekontert wurde:
1. Die sowjetische Rüstung, Pentagon-Papier zur sowjetischen Rüstung.
2. Von wo die Gefahr für den Frieden ausgeht, Moskau.
Objektiver schon alleine durch Gegenüberstellung der Streitkräfte *beider* Seiten der von der NATO herausgegebene »Kräftevergleich NATO und Warschauer Pakt« 1982.
Die Schauerzahlen zu widerlegen ist hier nicht nötig. Denn inzwischen ist eine Reihe von Veröffentlichungen erschienen, die diese Aufgabe übernommen haben, z.B. Dieter S. Lutz 1979 und 1981, Christian Krause 1981.
227 Robert Close, Europe sans défense – Europa ohne Verteidigung. / John Hackett, The Third World War. / Jochen Löser, Weder rot noch tot. / Eckart Afheldt (in: Praxis der defensiven Verteidigung – im Erscheinen) und Fritz Birnstiel (unveröffentl. Manuskript, Max-Planck-Institut Starnberg).
228 Auch Studien, die der zahlenmäßigen Überlegenheit der Warschauer-Pakt-Streitkräfte eine qualitative Überlegenheit der Waffensysteme der NATO gegenüberstehen sehen, kommen letztlich zu dem Resultat, daß die Verteidigungsfähigkeit der NATO nicht verläßlich gegeben ist. B.R. Posen und S. Evera meinen z.B.:
»Obgleich die NATO-Streitkräfte die angreifenden Streitkräfte des Warschauer Paktes nicht entscheidend zerschlagen könnten, könnten sie wahrscheinlich einen schnellen Sieg der Sowjetunion verhindern und den Krieg so in einen langen Abnützungskrieg verwandeln. Kurz: Die NATO-Streitkräfte können einen Sieg nicht mit der Verläßlichkeit versprechen, die die NATO-Führung verlangen müßte – doch sie haben eine höhere Chance zu siegen als zu verlieren.« International Security Sommer 1983, S.3f. (S.15).
Als Beispiel für qualitative Überlegenheit der NATO-Streitkräfte nennen Posen und Evera u.a. die siebenfache Waffentransportkapazität der NATO-Luftstreitkräfte über Entfernungen von 200 Meilen gegenüber der Kapazität der Warschauer-Pakt-Streitkräfte und die höhere Qualität der Antitankwaffen der NATO. (S. 16/17 a.a.O.) Demgegenüber meint Karber in »Sowjetische Macht und westliche Verhandlungspolitik im Wandel militärischer Kräfteverhältnisse«, S. 49f., die Warschauer-Pakt-Staaten holten in der Qualität die NATO-Bewaffnung ein oder überträfen sie sogar.

Seiten einander gegenübergestellt werden, bestimmen weder Wahrscheinlichkeit noch Ausgang eines Krieges. In der Bewertung der Schwierigkeit einer objektiven Analyse *aller* Faktoren zusammen, kann man sich der Beurteilung des Internationalen Instituts für Strategische Studien in London anschließen, das zu dieser Frage schreibt[229]:

»Der Zahlenvergleich hat sich in den letzten 20 Jahren langsam aber stetig zugunsten des Ostens verschoben. Zur selben Zeit hat der Westen weitgehend den technologischen Vorteil verloren, der der NATO erlaubte anzunehmen, Qualität könnte Zahlen des Gegners ersetzen. Hieraus kann man nicht zwingend folgern, daß die NATO in einem Kriege eine Niederlage erleben würde. Man kann aber schließen, daß der Trend gefährlich genug ist, um dringend Abhilfe zu fordern.

Der Versuch, ›Balance‹ zwischen NATO und Warschauer Pakt auf den Vergleich von Truppenstärken, Kampfeinheiten oder militärischer Ausrüstung zu gründen, enthält ein großes Element von Subjektivität...

Einmal hat der Warschauer Pakt auf einigen Gebieten Überlegenheit und die NATO auf anderen, und es gibt keinen zufriedenstellenden Weg, diese asymmetrischen Vorteile miteinander zu vergleichen. Eine Überlegenheit in Panzern kann aufgehoben werden durch die Kombination vieler verschiedener Anti-Panzer-Systeme. Zum zweiten ist es nicht möglich, qualitative Faktoren wie Ausbildung, Moral, Führerschaft, taktische Initiative, Gelände- und geographische Vorteile in Zahlen auszudrücken. Doch alle diese Elemente sind im Krieg entscheidend wichtig. Zum dritten gibt es keinerlei Übereinstimmung darüber, in welcher Art und in welchem Umfang Feindseligkeiten ausbrechen könnten. Solch eine Bestimmung aber würde entscheidenden Einfluß auf die Zusammensetzung der eingesetzten Streitkräfte, auf Materialreserven, Verstärkungen und manche andere Dinge haben. Die (in der Military-Balance des IISS abgedruckten) Tabellen versuchen, zwischen verfügbaren Streitkräften und solchen, die in längeren Zeiträumen verfügbar gemacht werden könnten, zu unterscheiden. Die Tabellen können kein Urteil über die Verläßlichkeit der Streitkräfte oder den politischen Willen und Zusammenhalt der beiden Allianzen geben.«

Die politisch-militärische Konsequenz dieses Sachverhalts ist nach Ansicht des IISS:

»Über allem bleibt die Balance so, daß eine militärische Aggression zu einem äußerst riskanten Unternehmen wird. Obgleich taktische Umgruppierungen einen lokalen Vorteil in Zahlen erlauben würden, der hinreichen könnte, einen Angreifer glauben zu lassen, daß er einen taktischen Erfolg erzielen könnte, bliebe für beide Seiten die Gesamtstärke unzureichend, einen Sieg zu garantieren. Die Konsequenzen für einen Angreifer würden unvorhersehbar sein und die Risiken, vor allem durch das Risiko nuklearer Eskalation, unkalkulierbar.«

Aber das war seit 20 Jahren so. Und so muß man fragen: Wieso änderte sich denn die Qualität der militärisch-politischen Konfrontation, worauf gründen sich denn die Befürchtungen vor der wachsenden militärischen Überlegenheit der Sowjetunion? Hat die Sowjetunion vielleicht jetzt die Mittel, das Risiko der nuklearen Eskalation auszuschalten?

229 Military Balance 1981/82, S. 123.

5. Die strategische Ebene – Gleichgewicht, Überlegenheit oder Stabilität?

»Wenn die Begriffe nicht richtig sind, so stimmen die Worte nicht, stimmen die Worte nicht, so kommen die Werke nicht zustande; kommen die Werke nicht zustande, so gedeihen Moral und Kunst nicht; gedeihen Moral und Kunst nicht, so trifft die Justiz nicht; trifft die Justiz nicht, so weiß die Nation nicht, wohin Hand und Fuß setzen. Also dulde man nicht, daß in den Worten etwas in Unordnung sei. Das ist es, worauf alles ankommt.« Konfuzius. [230]

Ob man Stabilität, Gleichgewicht oder Überlegenheit einer Seite auf der strategischen Ebene feststellt – das hängt weitgehend davon ab, was man zeigen will. Dieser zynische Satz enthält zwei Wahrheiten. Die erste ist: Strategische Stabilität, vor allem aber strategisches Gleichgewicht, strategische Überlegenheit oder strategische Unterlegenheit sind Aussagen, mit denen sich militärische Potentiale in Politik umsetzen lassen – also politische Mittel.

Mit allgemein anerkannter strategischer *Überlegenheit* lassen sich zweifelnde Bündnispartner oder Neutrale in Krisenzeiten beeindrucken und »bei der Stange halten«. Ein Gegner kann sich von sehr starker strategischer Überlegenheit so beeindrucken lassen, daß er nachgibt – oder aber die Flucht nach vorn antritt.

Strategische *Stabilität,* gleiche *Unfähigkeit* also, die strategischen Waffen politisch zweckmäßig zu benutzen, von beiden Seiten so empfunden und als unabänderlicher Zustand akzeptiert, ist dagegen die Basis für eine Politik, die Wettrüsten begrenzt, Kooperation an die Stelle von Konfrontation setzt. Kurz: ist die Basis für »Entspannungspolitik« und Rüstungssteuerungspolitik.

Unterlegenheit der eigenen Seite kann politisch dazu genutzt werden, die eigene Bevölkerung zu erhöhter Rüstungsanstrengung – z.B. auf Kosten von Sozialleistungen – zu führen. Sei es, um von tatsächlicher Unterlegenheit zu »Gleichgewicht«, sei es, um von »Gleichgewicht« zu Überlegenheit aufzusteigen. Umgekehrt könnte ein Gegner Unterlegenheit des Westens zu Erpressungen nutzen.

Daß unterschiedliche politische Ziele dazu führen können, daß zur selben Zeit alle drei Zustände gleichzeitig als – angeblich – bestehend proklamiert werden, zeigten die letzten Amtsjahre des US-Präsidenten Carter:

Während das »Committee on the Present Danger« von der schnell wachsenden *Überlegenheit der Sowjetunion* (auch auf der strategischen Ebene) sprach [231], beteuerte gleichzeitig Carters Verteidigungsminister Brown in seinem

---

230 Dieser Satz von Konfuzius wurde von Karl Kraus begeistert aufgegriffen und in der »Fackel« verwendet. Vgl. Jens Malte Fischer 1980, S. 284 f.

231 Sein prominentestes Mitglied Paul Nitze ist heute US-Verhandlungsleiter bei den Genfer Verhandlungen über Mittelstreckensysteme.

Statement vor dem Kongreß, die Vereinigten Staaten seien nach wie vor die *stärkste Militärmacht* und gedächten es auch zu bleiben.[232] Und die Bundesregierung erklärte, es sei notwendig, durch erhöhte Rüstungsanstrengungen das *Gleichgewicht* zu halten.[233] Daß ein und dieselbe Lage gleichzeitig ohne höhnischen Widerspruch der Fachleute als Überlegenheit, Gleichgewicht oder Unterlegenheit interpretiert werden kann, liegt an der *zweiten* Wahrheit: Gleichgewicht ist ein Bild.[234] Ob man so ein Bild als gegeben ansieht, hängt zum einen davon ab, welche Aufgaben man den eigenen strategischen Waffen stellt, und richtet sich zum anderen nach den eigenen Annahmen, welche Aufgaben der Gegner seinen strategischen Waffen gegeben hat. Vor allem kommt es darauf an, ob man nach gleichen militärischen Fähigkeiten fragt – oder ob man mit »Gleichgewicht« eigentlich Stabilität, gleiche militärische *Unfähigkeit* zur sinnvollen Nutzung der Potentiale meint.[235] Es hängt ferner davon ab, welche technisch-militärischen Fähigkeiten man einzelnen Waffensystemen des Gegners oder der eigenen Seite für eine bestimmte Aufgabenstellung (z.B. Zerstörung verbunkerter Interkontinentalraketen) zumißt. Eine Rechnung, die letztlich nur ein Krieg verifizieren oder falsifizieren könnte. Allein die Fehlerbreite dieser letzten Rechnung (vom besten Fall für die eigene Seite bis zum besten Fall für den Feind, dem schlechtesten für die eigene Seite also) kann alle Resultate auf den Kopf stellen.

Rechnungen und Thesen über Gleichgewicht sind daher politisch fast frei verwendbar.

Wie könnte man bei dieser Sachlage zu sinnvollen Aussagen kommen?

Im folgenden soll versucht werden, dadurch Licht auf die Realität zu werfen, daß nacheinander die verschiedenen Rollen, die Kernwaffen im politisch-militärischen Feld spielen können, betrachtet und die für diese Rollen nötigen Eigenschaften und Quantitäten der Kernwaffenarsenale ermittelt werden. So wird sich vielleicht Aufschluß darüber ergeben:

1. Aus welchen politischen Absichten heraus man zu Recht Stabilität, Überlegenheit, Gleichgewicht oder Unterlegenheit konstatieren kann.

2. Aus welchen politischen Absichten heraus man eine Verbesserung der Situation fordern kann. Sei es eine Verbesserung durch Mehr-Rüsten, durch Selbstbeschränkung oder Verhandlungen.

232 »We must decide now whether we intend to remain the strongest nation in the world...« Brown, Department of Defense 1981, S. 14.
233 Weißbuch 1979, vgl. Ziff. 136: »Ein Gesamtvergleich der nuklearen Potentiale von Ost und West ergibt, daß die Abschreckung angesichts der konzeptionellen und strukturellen Koppelung der zentral-nuklearstrategischen Kräfte der USA mit den nuklearen Kräften in Europa bei dem ungefähren Gesamtgleichgewicht heute gewährleistet ist...«
234 Vgl. zur freien Verfügbarkeit solcher Bilder oben Kap. 2.1.
235 Wie die Bundesregierung zu definieren scheint. Vgl. Aspekte der Friedenspolitik S. 24.

5.1 Besteht auf der strategischen Ebene Stabilität?

5.1.1 Das optische Gleichgewicht

Daß das »optische Gleichgewicht« der strategischen Streitkräfte eine politische Funktion hat, ist – in offiziellen Erklärungen – wohl erstmals vom damaligen US-Verteidigungsminister Schlesinger in seinem Statement vor dem Senat ausgesprochen worden:

»Ein... wesentliches Erfordernis der Abschreckung ist, zu erreichen, daß *Freund und Feind* das Verhältnis zur Sowjetunion in bezug auf strategische Angriffswaffen als Parität *auffassen*... Solch eine Parität ist auch wichtig aus *symbolischen* Gründen. Vor allem, weil die strategischen Offensivstreitkräfte heute von manchen – wie bedauerlich auch immer das sein mag – als wichtiger *Indikator* für den *Status und das Ansehen einer Großmacht* angesehen werden.«[236]

Grundsätzlich wird man dieser Feststellung kaum widersprechen können. Man muß aber sehen, daß damit die Gefahr entsteht, daß Rüstung »überdeterminiert« wird.[237] Überdeterminiert dadurch, daß neben einem Gleichgewicht in »echten« militärischen Wirkungsfaktoren (Optionen) auch noch zusätzlich ein »Gleichgewicht« in den Zahlenverhältnissen gefordert wird. Denn Qualität und Quantität der Waffen zusammen entscheiden über die militärischen Fähigkeiten. Stützt sich die auf dieser Basis ermittelte Gleichheit der militärischen Fähigkeiten bei einer Seite auf überlegene Qualität bei zahlenmäßiger Unterlegenheit, muß ein zusätzliches Gleichgewicht in der *Anzahl* (Quantität) der Waffen automatisch zu militärischer Überlegenheit führen.

Bestand nun 1980 ein solches »optisches Gleichgewicht«?[238] Und wie haben sich die optischen Zahlenverhältnisse entwickelt (Trend)? Die Antwort heißt leider wieder:

Das hängt davon ab, was man zeigen will. Dabei mag »was man zeigen will« sowohl mit politischer Nebenbedeutung verstanden werden als »was man beweisen möchte«. Es mag auch sehr einfach verstanden werden als: Welchen Parameter man untersucht, die Zahl der Träger, Zahl der Sprengköpfe oder Megatonnen Zerstörungspotential.

---

236 Department of Defense 1976/77, S. II/7, ähnlich auch S. I/14 (Hervorh. v. Verf.).

237 Vgl. »Der überdeterminierte Gleichgewichtsbegriff«, in H. Afheldt, Verteidigung und Frieden, S. 156 ff.

238 Das Jahr 1980 wird hier und im folgenden als Stichjahr angesetzt, weil 1980 (teilweise) aufgrund der Behauptung, die Rüstung der SU sei der des Westens auf allen Gebieten weit überlegen, die amerikanische Administration Carter der Regierung Reagan Platz machen mußte. Auch der NATO-Doppelbeschluß vom Dezember 1979 basierte auf der Einschätzung des Kräfteverhältnisses 1979/1980.

119

Erste Zählweise: Die Zahl der Träger

Eine weit verbreitete Methode, die strategischen Kapazitäten der Vereinigten Staaten und der Sowjetunion zu vergleichen, ist ein Vergleich der Zahl der Träger (launcher).

Dabei ist das Wort launcher (Träger) auch wieder ein etwas willkürliches Maß. Es umfaßt

1. alle ICBMs (Interkontinentalraketen an Land),
2. alle SLBMs (Interkontinentalraketen auf U-Booten),
3. alle interkontinentalen Langstreckenbomber.

Anders als bei U-Booten zählt man also bei Bombern nicht die Zahl der Bomben oder Cruise Missiles (Raketen) an Bord als »launcher«, sondern die Zahl der »Fahrzeuge«. Doch so entsteht eine willkürliche und damit für die wirklichen Kräfteverhältnisse eher mißleitende Kategorie.[239]

Die Entwicklung der Zahl der landgestützten Raketen, der U-Boot-Raketen, der Bomber und ihrer Summe, der launcher, ist in den folgenden Figuren (Seite 121 ff.) A) (ICBM), B) (SLCM), C) (Bomber) und D) (»launcher«) für 1960 bis 1980 dargestellt.

Zwar ist das Maß »launcher« (Träger) ein willkürlicher Maßstab für das strategische Gesamtpotential, aber zugleich ein relativ leicht anwendbarer. Denn diese Zahl der Träger ist einmal ziemlich verläßlich mit Satelliten überprüfbar (verifizierbar) – vorausgesetzt, man kennt die Zahl der Raketen, die auf den einzelnen U-Booten stationiert sind. Zum anderen ist dieser Maßstab der Bevölkerung leicht zu vermitteln. Und eben nach einem so politisch verwendbaren »optischen Maßstab« für »Gleichgewicht« wird hier ja zunächst gefragt.

Aber schon dieser relativ einfache Maßstab läßt sehr unterschiedliche Interpretationen über die Entwicklung des »strategischen Gleichgewichts« zu.

Man kann sagen, es gab weder 1970 noch 1980 ein wesentliches Zahlenungleichgewicht. 1970 waren die Vereinigten Staaten, 1980 die Sowjetunion zahlenmäßig leicht überlegen. Doch weder 1970 noch 1980 gab es eine bedeutende Überlegenheit irgendeiner Seite.

Wer fürchtet, die Sowjetunion könne die strategische Zahlenbalance zu ihren Gunsten verändern, kann aber auch sagen:

Von 1970 bis 1980 hat sich das Verhältnis der launcher von 1,1 : 1 zugunsten der Vereinigten Staaten (1970: etwa 2100 launcher der USA zu etwa 1900 launcher der Sowjetunion) zu einem Verhältnis von 1,26 : 1 zugunsten der

---

239 Würde man auch bei Bombern die »launcher« wie bei U-Booten zählen, müßte man die sehr viel höhere Zahl der von diesen Bombern transportierten Bomben und Cruise Missiles ansetzen. Damit käme man dann aber bei »launchers« auf Zahlen und Zahlenverhältnisse zwischen beiden Mächten, die näher bei den unten betrachteten Sprengköpfen (Fig. E) liegen als bei der Kategorie »launcher«. So zeigt sich die Kategorie »launcher« als sehr wenig aussagekräftig.

Figur A
ICBM – landgestützte Interkontinentalraketen[240]

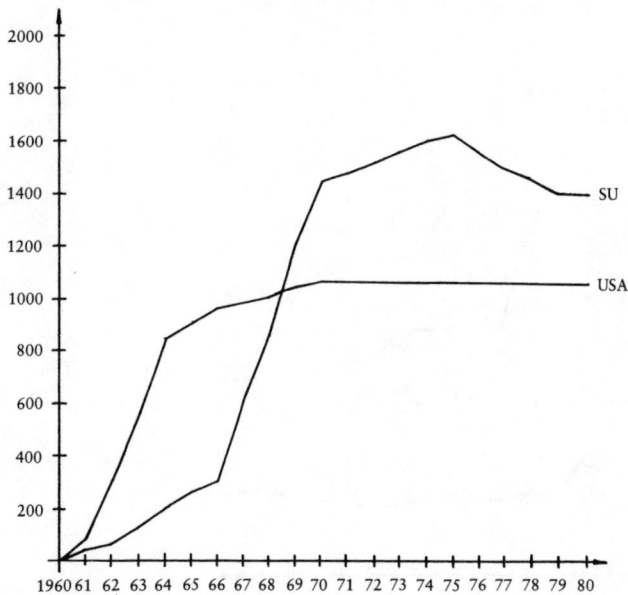

Figur B
Raketen auf U-Booten[241]

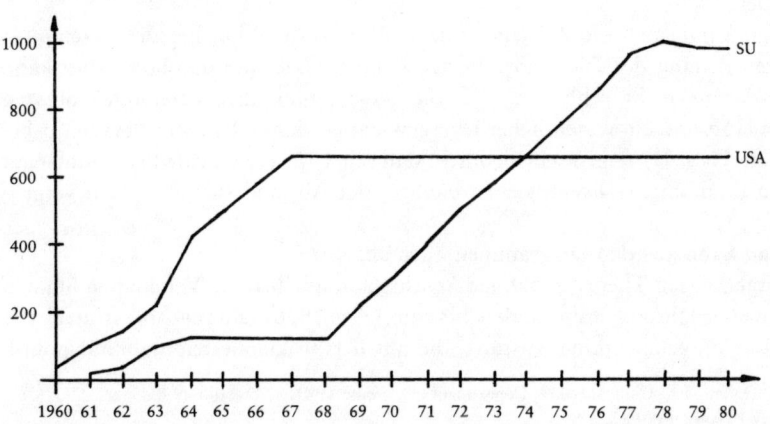

240 Zahlen bis 1964: R. Neild, S. 25, Military Balance 1969/70, S.55. (Für 1960 differieren die Quellen. Neild: 4, Mil. Bal.: 35.)
1966–70: Department of Defense 1981, S. 75.
1970–79: Collins, S. 442 ff.
1980: SIPRI-Yearbook 1980, S. XLII ff.
  241 Quellen wie Figur A.

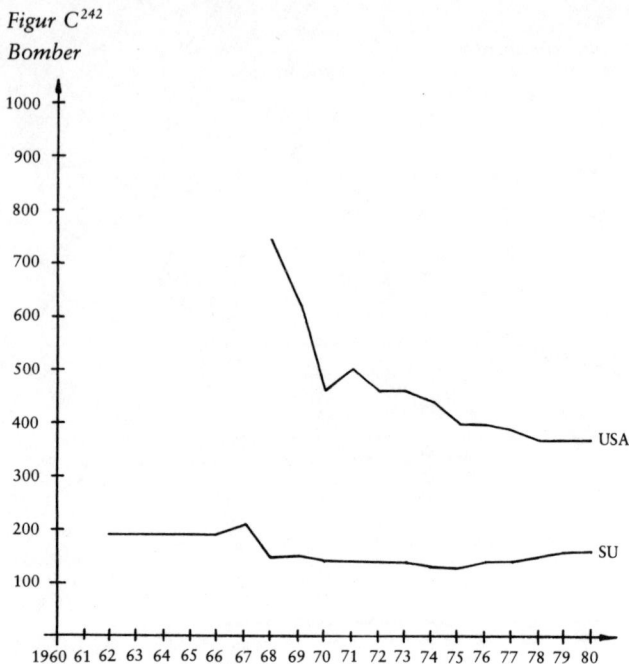

Figur C[242]
Bomber

Sowjetunion (1980: 2 048 launcher der USA zu 2 582 der Sowjetunion) verschoben.[243]

Man kann auch die Aussage stützen: Die Sowjetunion hat die Vereinigten Staaten Anfang der 70er Jahre in der Zahl der launcher überholt. Man kann aber daraus nicht schließen, daß die Sowjetunion den Vereinigten Staaten davonläuft und ein wesentliches Übergewicht gewinnt. Denn die Kurven (insbesondere Figur D) zeigen sehr deutlich, daß seit 1975 etwa beide Programme auf einem bestimmten Niveau stehen bleiben, der Abstand sich also nicht vergrößert.

Man kann aus den Diagrammen auch ablesen:

Entgegen den Theorien stabiler Abschreckung haben die Vereinigten Staaten in den 60er Jahren – insbesondere bis zum Jahre 1966 – eine enorme strategische Rüstung aufgebaut. Eine Rüstung, die mit der proklamierten Stabilitätspolitik

242 Daten nach: Collins, S. 454, Department of Defense 1981, S. 75, Military Balance 72/73, S. 67, Military Balance 1980/81, S. 91.

(Collins zählt »Backfire-Bomber« mit, die nach SALT II *nicht* als Interkontinental-Bomber gezählt werden.)

243 Die Angaben der Military Balance 1980/81 des IISS London stimmen nicht immer mit den Angaben von Collins und den Statements des jeweiligen Secretary of Defense überein, auf denen die Graphiken überwiegend beruhen. Die Unterschiede sind aber nicht sehr relevant. Dort wo sie relevant sind (z.B. Figur C) habe ich auf den Grund des Unterschieds hingewiesen.

Figur D[244]
Launcher = Bomber + U-Boot-Raketen + ICBM

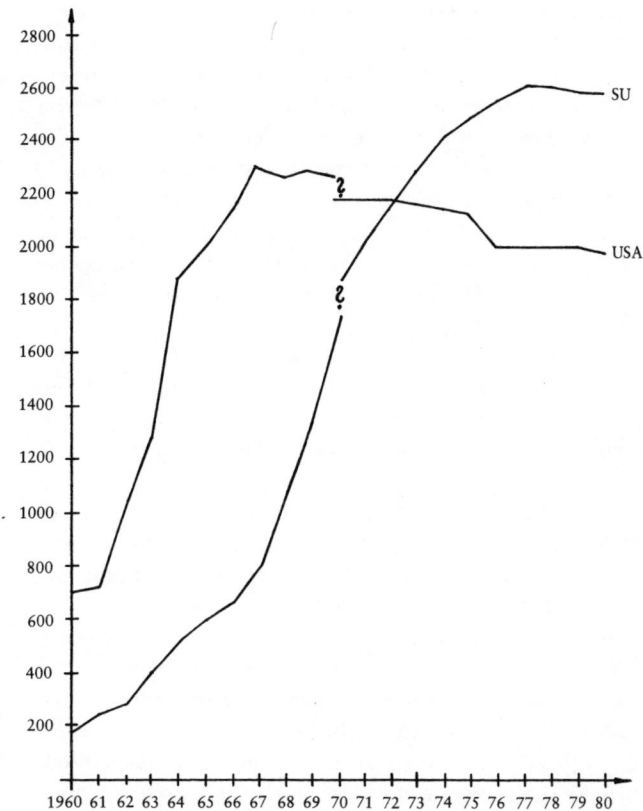

unvereinbar war.[245] Jedermann hätte vorhersehen können, daß die Sowjetunion versuchen mußte, diese Rüstung nachzuholen.[246]

Man kann schließlich sogar auch interpretieren: Die amerikanischen Zahlen von landgestützten und seegestützten Raketen

244 Daten 1970–1980: Military Balance 1980/81, S. 90, u. Collins, S. 459. Daten 1960–1970: Military Balance 1972/73, S. 67, Military Balance 1969/70, S. 55.

245 Darauf, daß die Rüstungsprogramme und Zielplanungen der USA schon in den 60er Jahren nicht mit der proklamierten Stabilitätspolitik in Übereinstimmung standen, weist Senghaas seit mehr als 10 Jahren hin. Vgl. oben Kap. 3.4.1 u. Senghaas 1983.

246 So Michael Howard 1981, S. 7, wo er Brodie zitiert, der sagt: »Wo das Committee on the Present Danger in einer seiner Broschüren von einem ›brutalen Moment massiver sowjetischer strategischer Aufrüstung spricht – einer Aufrüstung ohne Vorbild in der Geschichte‹, spricht es von etwas, was niemand, der die amerikanische Aufrüstung in den 60er Jahren studiert hat, als unvorhersehbar bezeichnen konnte.« (Brodie 1978, S. 74 f.)

sind seit 1970 kaum verändert. Die sowjetischen Gesamtzahlen haben sich zwar von ca. 1900 (1970) auf 2582 (1980) erhöht. Besonders gewichtig erscheint aber: Die Zahl der landgestützten Raketen der Sowjetunion ist von 1513 im Jahre 1970 auf 1398 im Jahre 1980 zurückgegangen; die der seegestützten hat sich von 304 auf 1028 etwa verdreifacht. Das aber bedeutet: Der Akzent der sowjetischen Rüstung (wenn man so zählt wie hier![247]) hat sich von landgestützten Raketensystemen, die für einen Erstschlag besonders geeignet sind – und zunehmend nur für diesen – auf seegestützte Zweitschlagsysteme verlagert.[248]

Die Stabilität auf der strategischen Ebene ist somit durch diese sowjetische Rüstung gewachsen. So mag man folgern, diese sowjetische Planung zeige eine Annäherung an die Ideale der »Mutual-Assured-Deterrence«-Strategie, der Strategie der wechselseitigen stabilen Abschreckung – bewege sich also gerade *nicht* in Richtung eines »Sieg-im-Atomkrieg«-Denkens.

Man mag diese Daten aber auch für einen nicht hinreichend beweiskräftigen Indikator halten. Einen Indikator zudem für ein nicht wichtiges Kriterium (Stabilität!). Aber mit diesem Streit ist man schon bei einer Interpretation der »optischen Daten« aufgrund bestimmter strategischer Auffassungen.

Zweite Betrachtungsweise des optischen Gleichgewichts:
Man zählt die *Sprengköpfe,* die Zahl der strategischen Kernwaffen selbst.

Die militärische – und u. U. auch die politische – »Nutzbarkeit« eines strategischen Potentials ist mehr von der Zahl der vorhandenen Waffen als von der Zahl der Instrumente abhängig, die man braucht, um diese Waffen ins Ziel zu tragen (launcher). Damit aber ist man beim Maß »Zahl der Sprengköpfe, Zahl der Waffen (Bomben eingeschlossen)«. Läßt man das Verifikationsproblem weg und nimmt man an, daß die veröffentlichten Statistiken die Zahl dieser Waffen ungefähr richtig wiedergeben, so kann man auch annehmen, daß ein interessierter Beobachter sich diese Zahlenwerte noch relativ leicht verschaffen kann. Zumindest militärische Führungen dürften nicht nur wissen, wie viele Raketen und Bomben jede Seite hat, sondern auch, wie viele Sprengköpfe und nukleare Bomben jede Seite ungefähr zu einem Angriff einsetzen kann.[249]

Die folgende Figur E zeigt, wie diese Zahl der Sprengköpfe seit 1966 zugenommen hat:

---

247 Gegen diese Zählweise bestehen natürlich auch begründete Bedenken: So zählt sie nicht die Verbesserung der Qualität der verbleibenden sowjetischen landgestützten Raketen. Sie zählt aber andererseits auch nicht die Verbesserung von Treffergenauigkeit der amerikanischen land- *und* seegestützten Raketen.

248 Eben dies fordern die Reaganschen »START«-Vorschläge vom Mai 1982.

249 Die Frage, wie viele davon ankommen, ist eine andere, viel kompliziertere Frage. Diese Frage reicht weit in das Gebiet der Strategie und der technischen Qualität der Waffen hinein. Zum optischen Gleichgewicht ist sie deshalb nicht mehr zu zählen.

Figur E[250]
Sprengköpfe (Warheads)

Erste Interpretation: Die Überlegenheit der Vereinigten Staaten gegenüber der Sowjetunion auf der strategischen Ebene ist, wenn man den *»optischen Parameter«* der *Zahl der Sprengköpfe* zugrunde legt, von 1960 bis 1980 groß.

Zweite Interpretation: Die Überlegenheit der Vereinigten Staaten Anfang der 60er Jahre von einigen tausend Sprengköpfen zu einigen 10 oder höchstens 100 der Sowjetunion hatte mit Stabilität oder Gleichgewicht auf der strategischen Ebene nichts zu tun, war eindeutige amerikanische Überlegenheit. Bis zum Jahre 1970 konnte die Sowjetunion bis zu einer Unterlegenheit von nur noch etwa 2 : 1 zugunsten der Vereinigten Staaten aufholen. Von 1970 bis 1975 blieb die Sowjetunion auf einem fast konstanten Niveau (zwischen 2000 und 2500 Sprengköpfen). Die Vereinigten Staaten aber vergrößerten ihr Arsenal von 1970 bis 1975 von 4000 auf 8500. Ihre Überlegenheit hatte sich somit in fünf Jahren wieder fast verdoppelt. Das heißt, gerade zur Zeit der SALT-I-Verträge und der

250 Quelle: 1970–1980 SIPRI-Yearbook 1980, S. XLIII, 1966–1970: Department of Defense 1981, S. 75.

beginnenden SALT-II-Verhandlungen rüsteten die Vereinigten Staaten ihre strategischen Streitkräfte außerordentlich schnell auf, so daß sie 1975 wieder 3,4mal so viele Sprengköpfe besaßen wie die Sowjetunion. Die dann einsetzende sowjetische »Nachrüstung« führte dazu, daß der amerikanische Vorsprung sich wieder reduzierte. 1980 besaßen die USA etwa 1,5mal so viele Sprengköpfe wie die Sowjetunion.

Man kann den letzteren Vorgang aber auch so interpretieren: Von $2,2:1$ im Jahre 1970 hat die amerikanische Überlegenheit auf etwa $1,3-1,5:1$ abgenommen. Die Sowjetunion ist also dabei, die Führung der Vereinigten Staaten in der Zahl der Sprengköpfe einzuholen und die USA in diesem optischen Parameter vielleicht gar zu überholen.

An der Grenze von optischen Bewertungen strategischer Potentiale zu militärischen steht schließlich der *Maßstab:*

Zerstörungskraft der nuklearen Waffen beider Seiten.

Gemessen wird diese Zerstörungskraft meist in Megatonnen.[251] Auch über die Relevanz dieses Maßes kann man sehr streiten. Manche Vergleiche der strategischen Streitkräfte verzichten darauf, dieses Maß überhaupt aufzuführen.[252] Der Grund dafür dürfte sein, daß die Größe der insgesamt ins Ziel gebrachten Zerstörungsenergie eigentlich nur im Zusammenhang mit anderen Parametern eine Aussage möglich macht. Betrachtet man z.B. Counter-force-Kapazitäten (also Zerstörungskapazitäten gegen militärische Ziele, z.B. Interkontinentalraketen), beeinflußt die nukleare Zerstörungskraft nur im Zusammenhang mit der Treffergenauigkeit und der Zahl der Sprengköpfe das Ergebnis eines derartigen Angriffs. Bei der Verwendung gegen »values« – also bei der Drohung mit der Zerstörung der Städte oder anderer Werte – entscheidet Zerstörungskapazität nur im Zusammenhang mit der Zahl der Sprengköpfe und der Verteilung der Bevölkerung und »values« über das Land. Wir werden deshalb diesem Parameter »Megatonnage-Zerstörungskapazität« weiter unten wieder begegnen.[253] Beschränkt man sich mangels verläßlicher Angaben über die langfristige Entwicklung dieses Potentials auf die Zahlen für September 1980, die das SIPRI-Jahrbuch 1980 liefert[254], so findet man:

Die Sowjetunion führt mit 4497 Megatonnen Zerstörungskapazität vor den Vereinigten Staaten mit 3288 Megatonnen.

Das bedeutet, sie führt in der Zerstörungskapazität etwa im selben Verhältnis $1,4:1$, in dem die USA in der Zahl der Sprengköpfe überlegen sind.

---

251 1 Megatonne bedeutet: Äquivalent der Zerstörungskraft von 1 Million Tonnen Trinitrotoluol-Sprengstoff.

252 Weder in den langfristigen Vergleichen im Statement of Secretary of Defense Brown 1981, noch in der ausführlichen »US Soviet Military Balance« von John M. Collins wird dieses Maß im Gesamtvergleich auch nur erwähnt.

253 Unten Kap. 5.1.2.

254 SIPRI-Yearbook 1980, S. XXVII–XXVIII.

Sucht man aus diesem Weg durch die Facetten des optischen Gleichgewichts einen *Trend* abzuleiten, wird man letztlich nicht umhin können, festzustellen, daß – abgesehen von der »Nachrüstung bei der Zahl der Sprengköpfe« – in allen anderen optischen Indikatoren Sowjetunion und Vereinigte Staaten sich auf ein Plateau begeben haben, das sie über längere Jahre beibehielten. Selbstverständlich beweis dies nicht, daß die Sowjetunion ihre Nachrüstung nicht doch bis zu einer Überrüstung fortgesetzt hätte. Eben dies sollte der SALT-II-Vertrag verhüten. Wäre der SALT-II-Vertrag ratifiziert worden, hätten sich die optischen Daten für den Vergleich der strategischen Arsenale der Vereinigten Staaten und der Sowjetunion im folgenden Jahrzehnt gleichgewichtig weiterentwickelt, wie die nachfolgende Abbildung zeigt:

Streitkräfte beider Seiten bei Ausschöpfung der nach SALT II erlaubten Möglichkeiten [255]

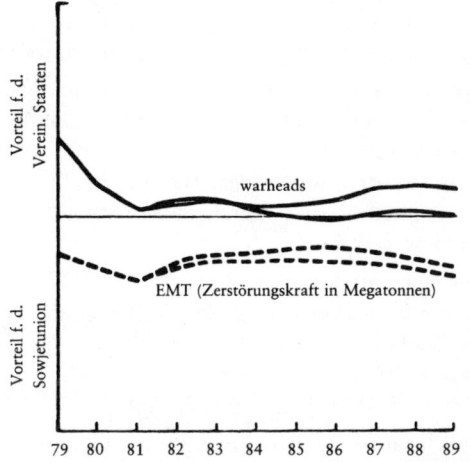

Der Vorsprung der Vereinigten Staaten in Waffen (warheads) wäre etwa auf dem Niveau des Jahres 1980 stehengeblieben, der Vorsprung der Sowjetunion in der Zerstörungskapazität desgleichen. Mit der Ratifizierung von SALT II durch die USA wäre somit das optische *»Gleichgewicht«* etwa so festgeschrieben worden, wie es sich Anfang der 80er Jahre darstellte.

255 Department of Defense 1981, S. 125. Die Aufspaltung der Kurven folgt aus der Unsicherheit darüber, ob die Sowjetunion auf ihre neuen Raketen ein oder zehn Sprengköpfe setzt. In dieser Graphik bezeichnen die durchgezogenen Linien das Verhältnis der Sprengköpfe, die die Vereinigten Staaten besitzen, zu den Sprengköpfen der Sowjetunion. Die punktierten Linien bezeichnen das Verhältnis der Explosionsenergie aller vorhandenen strategischen Kernwaffen der USA zu dem der vorhandenen sowjetischen. Ist dieses Verhältnis 1:1, dann schneidet die Kurve in der Abbildung die ausgezogene Mittellinie. Ist das Verhältnis größer als 1, also günstiger für die Vereinigten Staaten, liegt die Kurve in der oberen Hälfte der Abbildung. Ist das Verhältnis kleiner als 1, also für die Sowjetunion günstiger, bleibt die Kurve in der unteren Abbildungshälfte.

127

Doch welche Schlüsse man aus dieser Aussage für die Sicherheitspolitik der 80er Jahre zieht, das hängt davon ab, wie man die Voraussetzungen für Sicherheitspolitik sieht und definiert.

1. Wer *Rüstungssteuerung zu einem optischen Gleichgewicht* anstrebt, mußte mit dem optischen Bild der strategischen Arsenale beider Seiten sehr zufrieden sein. Denn »gleicher« hätten diese Arsenale (über alle optischen Qualitäten summiert) kaum sein können. Auch von dritten, nicht nuklearen Mächten aus konnte daher *nicht* der gefürchtete Eindruck entstehen, eine der beiden Seiten sei überlegen.

2. Betrachtet man die Rolle, die strategische Nuklearwaffen zur *Abschreckung* eines vom Zaun gebrochenen *strategischen* Angriffs spielen, wird man aus dem optischen Gleichgewicht folgern:
Die Vereinigten Staaten haben ein strategisches Nuklearpotential, das einen solchen Angriff der Sowjetunion mit großer Sicherheit abschreckt. Andererseits aber ist das Potential der Sowjetunion so gewachsen, daß auch die Sowjetunion einen Angriff der USA ähnlich sicher abschrecken kann wie im Jahre 1970 und sicherer als 1975. Ungleich sicherer schließlich als Anfang der 60er Jahre, als man eine solche sowjetische Abschreckungsfähigkeit in Zweifel ziehen konnte. So betrachtet kann man deshalb auch formulieren:
Zwar zeigen die Jahre 1960–80 gesteigertes Wettrüsten. Die Abschreckung vor einem vom Zaun gebrochenen Angriff aber ist durch dieses Wettrüsten (bisher) nicht gefährdet worden, sondern gewachsen.

3. SALT II hätte diese Situation festgeschrieben.
Bei SALT II von *Rüstungsbegrenzung* zu sprechen, wäre allerdings eher Hohn als Euphemismus gewesen. Denn die Zahl der Sprengköpfe hätte sich auch unter dem Regime von SALT II von rund 6000 Sprengköpfen 1970 (USA und Sowjetunion zusammen) auf mehr als 25000 im Jahre 1990 erhöht.[256]

4. Dies war aber auch die einzige alarmierende Folgerung, die man aus dem optischen Bild der strategischen Arsenale ziehen mußte, wenn man von den Zielen: Verhinderung des vom Zaun gebrochenen strategischen Angriffs und Verhinderung des Wettrüstens ausging. Andere Gründe für Alarmrufe gab es nicht. Weder für den Westen, noch für den Osten. Es gab kein »Fenster der Verwundbarkeit« (zeitweise Überlegenheit der Sowjetunion um die Mitte der 80er Jahre). Die optischen Daten signalisieren auch keineswegs, daß bei Fortsetzung der festgestellten Trends sich die Position der USA verschlechtern müsse.

---

256 25000 dürfte die Untergrenze darstellen. Denn die voraussichtliche Zahl für die Vereinigten Staaten allein wird für das Jahr 1985 auf rund 11500 geschätzt (SIPRI 1980, S. XXIX). Für dieses Jahr aber wird der Sowjetunion ein 1:1 Verhältnis an Sprengköpfen zugerechnet (vgl. Figur oben). Und beide Rechnungen berücksichtigen noch nicht vollständig die geplante Ausrüstung der amerikanischen Bomber mit Cruise Missiles. Schätzungen für die warheads auf diesen Cruise Missiles gehen in die Tausende.

Und es gab ebensowenig eine Tendenz zur Verschiebung zuungunsten der Sowjetunion. [257]

5. Betrachtet man dagegen die Rolle, die das »sichtbare strategische Potential« für die Abschreckung *anderer* Angriffe als den eines Angriffs auf die Vereinigten Staaten spielt – z.b. für die Abschreckung eines sowjetischen konventionellen oder nuklearen Angriffs in Europa –, muß man etwas anders fragen:

Inwieweit kann das amerikanische strategische Potential neben der Aufgabe der Abschreckung eines strategischen Angriffs der Sowjetunion auf die Vereinigten Staaten auch diese Aufgabe der Abschreckung *anderer* als strategischer Angriffe *zusätzlich* übernehmen? Aber auch wenn man hierfür insbesondere für die europäische Sicherheit *»freie Verfügbarkeit strategischer Nuklearwaffen«* (außerhalb eines Zahlengleichgewichts zur Sowjetunion auf der strategischen Ebene) für notwendig hält, konnte man sich 1980 beruhigen.

Denn:

1970 betrug der »Überschuß« der USA an strategischen Nuklearwaffen (Sprengköpfen) ungefähr	4 000	(USA)
	− 1 900	(Sowjetunion)
	= 2 100	Waffen
1980 aber ungefähr	9 200	(USA)
	− 6 000	(Sowjetunion)
	= 3 200	

Das heißt: Die Vereinigten Staaten besaßen am 1.1.1980 rund 1 000 »überschüssige« strategische Kernwaffen *mehr* als 1970. [258]

Bei dieser Datenlage kann man sehr wohl argumentieren:

Wenn 1970 die NATO-Strategie der flexible response in Europa durch die Drohung mit der Eskalation zum strategischen Krieg dadurch glaubhaft gemacht werden konnte, daß der NATO ein Gegengewicht gegen das sowjetische Mittelstreckenpotential aus den überschüssigen strategischen Nuklearstreitkräf-

---

257 An diesen Feststellungen ändert sich auch dann nichts, wenn man die Potentiale Frankreichs, Englands und Chinas in den Vergleich mit hineinzieht.
Nach The Military Balance 1980/81, S. 21 u. 25, und dem SIPRI-Jahrbuch 1980, S. 179 ergeben sich für England und Frankreich folgende Daten:

	Frankreich	Großbritannien	Summe
Erstes optisches Bild »launcher«	131	112	243
Zweites optisches Bild »warheads«	131	160	291
Drittes optisches Bild »Megatonnen«	115,7	134,4	250

Die Angaben über die *chinesischen* Nuklearstreitkräfte sind sehr unsicher. Das IISS London schätzt in der Military Balance 1981/82, S. 73:
4 oder mehr Interkontinentalraketen mit 1–10 Megatonnen Sprengköpfen, 65–85 Mittelstreckenraketen mit 1–3 Megatonnen, 50–60 (1 800 km Reichweite) mit 15 kt und 90 Nuklearbomber.
258 Zahlen nach SIPRI-Yearbook 1980, S. XLIII.

ten der Vereinigten Staaten zur Verfügung gestellt wurde[259], dann mußte diese Drohung 1980 erst recht recht glaubhaft sein. Und eben diese Behauptung, die NATO-Strategie der flexible response sei glaubhaft und bleibe auch nach SALT I glaubhaft, war offizielle Standardbehauptung der frühen 70er Jahre:

»Die NATO-Strategie, die im Notfall auch den Einsatz strategischer Waffen zur Verteidigung vorsieht, wird von dem Ausgang der Verhandlungen nicht in Frage gestellt«,

schrieb Christoph Bertram, damals Mitglied des Planungsstabs des Auswärtigen Amtes und später Direktor des Internationalen Instituts für Strategische Studien in London, zu den Aussichten von SALT I im Jahre 1969.[260]

Doch diese Feststellung ist nicht unstreitig.

Die Gegenposition wird so formuliert: Auf der strategischen Ebene herrscht heute ein »Gleichgewicht«. Damit können strategische Waffen nicht mehr als »Gegengewicht« gegen Mittelstreckenwaffen gezählt werden.

Im Grunde genommen ist diese Behauptung nicht substantiiert. Bilder von Gleichgewicht und Gegengewicht werden in fast willkürlicher Weise aneinandergereiht.

Dies ändert sich erst, wenn man der willfährigen Floskel von »Gleichgewicht« einen bestimmten Sinn gibt. Man kann nämlich mit guten Gründen argumentieren: Wie immer man auch »Gleichgewicht« definiert, es wäre irrational und unverantwortlich für jeden amerikanischen Präsidenten oder russischen Generalsekretär, auf strategische Waffen in irgendeinem Kontext zurückzugreifen, solange beide Seiten letztlich über *unzerstörbare Zweitschlagskapazitäten* verfügen. Oder mit den Worten Helmut Schmidts:

»Durch SALT neutralisieren sich die strategischen Nuklearpotentiale der USA und der Sowjetunion.«[261]

Stimmt das, dann allerdings beruht die NATO-Strategie der flexible response auf einem Trugschluß, und das nicht erst seit 1980, sondern spätestens seit 1970. Dieses, für die Sicherheitsdiskussion Anfang der 80er Jahre grundlegende, Problem muß bei der Betrachtung der eurostrategischen Ebene detailliert analysiert werden.[262]

6. Wer schließlich eindeutige amerikanische *Überlegenheit* in allen Meßdaten strategischer Arsenale für die Grundvoraussetzung jeder Friedenssicherung hält,

---

259 Die Zahl der Sprengköpfe der derart assignierten U-Boote beträgt im Jahre 1980 vermutlich 400 (Military Balance 1980/81, S. 119). Die Frage, inwieweit diese U-Boote tatsächlich assigniert sind, ist allerdings etwas strittig.

260 Bertram 1969, S. 723/724.

261 So Helmut Schmidt in seiner Rede vor dem International Institute for Strategic Studies in London v. 28.10.1977, die in der Nachrüstungsdebatte eine so wesentliche Rolle spielte.

262 Unten Kapitel 6 (Kernwaffen in Europa).

weil er z.B. glaubt, nur eine amerikanische Option des Sieges im Atomkrieg erhalte den Frieden, wer insbesondere eine solche sichtbare strategische Überlegenheit der USA als Voraussetzung für die NATO-Strategie der flexible response in Europa sieht, der mußte vor der Entwicklung des optischen Eindrucks der strategischen Arsenale beider Seiten allerdings erschrecken. Denn eine solche Überlegenheit der Vereinigten Staaten bestand nur noch in der Zahl der Sprengköpfe – in den beiden anderen Parametern launcher und Zerstörungsenergie waren die Vereinigten Staaten sogar (leicht) unterlegen.

Wer sichtbare strategische *Überlegenheit* der USA über die Sowjetunion für notwendig hielt, mußte deshalb zunächst einmal die Festschreibung des optischen Gleichgewichts durch den SALT-II-Vertrag zu Fall bringen. Denn nur so war der Weg für die Vereinigten Staaten offen, zu eindeutiger strategischer Überlegenheit zu rüsten.

Betrachtet man im Lichte dieser Erkenntnisse die Diskussion der letzten Jahre um strategische Unter- bzw. Überlegenheit, muß man feststellen: Kaum in einer sicherheitspolitischen Diskussion der Nachkriegszeit sind die Argumente öfter und willkürlicher »geschönt« worden. Erleichtert wurde dies durch die Willkürlichkeit, mit der der Begriff »militärisches Gleichgewicht« als Grundlage der Friedenssicherung verwendet werden kann.

Nur so erklärt sich auch das Phänomen, daß diesseits und jenseits des Atlantik ein und derselbe Sachverhalt unter entgegengesetzten Kategorien präsentiert werden konnte. Ein Phänomen, das sich bis in die jüngste Zeit wiederholt:

In Amerika, wo die Mehrheit der Bevölkerung wünscht, daß die USA die stärkste Macht der Welt sind, wird das neue Rüstungsprogramm als Weg bezeichnet, die amerikanische Überlegenheit zu erhalten oder wieder herzustellen, von der Regierung Carter in ihrem letzten Amtsjahr ebenso, wie von der Regierung Reagan. [263] Deutsche Bundeskanzler dagegen, die neue Rüstung in der deutschen Bevölkerung nur durchsetzen können, wenn sie vor Überlegenheit der Sowjetunion warnen, bezeichnen dasselbe Programm als »Nachrüstung« zur Wiederherstellung des Gleichgewichts – und lassen sich von den USA bestätigen, daß nicht Überlegenheit, sondern *Gleichgewicht auch* amerikanisches Ziel sei.

Nichts stimmt – und alles stimmt gleichzeitig. Ein so beliebig interpretierbarer Begriff wie »militärisches Gleichgewicht« ist eben politisch beliebig verwertbar, ohne daß objektiv »falsche« oder »richtige« Positionen unverwechselbar markiert werden. Das ist zwar für manche politische Position sehr praktisch,

---

263 Die USA müssen entscheiden, ob sie die *stärkste Macht* der Welt bleiben wollen, sagte US-Verteidigungsminister Brown in seinem letzten Statement zum Fiscal Year Budget 1981, S.14. Vgl. zu den Programmen Reagans z.B. Le Figaro vom 17.8.1981. Interessanterweise ist der Begriff »Überlegenheit« in nur einen Tag späteren Meldungen aus Washington wieder durch das Wort »Gleichgewicht« ersetzt worden. Auch die Deutsche Welle sprach in ihren Kurzwellensendungen nur einen Tag lang von dem amerikanischen Ziel der Überlegenheit, ehe sie sich der allgemeinen Sprachregelung wieder anpaßte.

erleichtert die außenpolitische und innenpolitische Verwendung von Rüstung. Aber kooperative Rüstungssteuerungspolitik verlangt Klarheit, verlangt Deutlichkeit von Rüstung und strategischen Positionen. Verlangt vor allem, Gleichrangigkeit des Gegners wirklich zu akzeptieren. Denn keine Partei wird Unterlegenheit in Rüstungssteuerungsverhandlungen mit dem Gegner auch noch feierlich ratifizieren.

So zeichnen sich einige Ursachen des Scheiterns der Rüstungssteuerungspolitik schon hier ab:
1. Die Rüstungsdaten zeigen, daß optisches Gleichgewicht die Rüstungspolitik der Supermächte in den letzten 20 Jahren wesentlich mitbestimmt hat. Friedenssicherung durch minimale Abschreckungspotentiale (minimum deterrence) ist dagegen nie wirklich angestrebt worden. Weder von den USA [264] *noch von der Sowjetunion. Das offen sichtbare Scheitern von Rüstungsbegrenzungen für strategische Waffen demonstriert deshalb nicht das Scheitern einer Politik, die auf Minimalabschreckung abzielt.*
Es demonstriert vielmehr das Scheitern einer Politik, die vorzeigbare strategische Arsenale als Machtmittel in der politischen Konfrontation mit dem Gegner zu nutzen sucht. Einer Politik also, die wie eh und je militärische Mittel zum politischen Zweck einsetzt.
2. Das Rüstungsziel Gleichgewicht ist für kooperative Rüstungssteuerung ungeeignet. Denn einmal kann jede Seite Gleichgewicht fast beliebig zu ihren Gunsten interpretieren, zum anderen hat selbst echtes quantitatives und qualitatives Gleichgewicht auf der strategischen Ebene mit Friedenserhaltung kaum etwas zu tun. [265]
3. Wer meint, auch die Sicherheit der europäischen NATO-Partner letztlich auf Abschreckung durch die strategischen Kernwaffen der USA gründen zu können oder zu müssen, muß sichtbare Überlegenheit der USA anstreben. Überlegenheitsstreben und Rüstungskontrollvereinbarungen schließen sich aber aus.

5.1.2 Stabilität durch wechselseitige gesicherte Abschreckung (mutual assured deterrence – MAD)?

Das Desaster einer Rüstungssteuerungspolitik, bei der die Rüstungsprogramme mit dem Streben nach »Gleichgewicht« begründet worden sind, kann deshalb nicht überraschen. Insbesondere die Forderung nach optischem Gleichgewicht beruht auf der Annahme, *mehr* demonstrierbare nukleare Macht – mehr vor allem als der Konkurrent – lasse sich in politischen Gewinn ausmünzen. Streben

---

264 Die Geschichte des Scheiterns dieses Ansatzes Ende der 50er Jahre beschreibt D. A. Rosenberg 1983, S. 3 f.
265 Vgl. Kap. 2.1 bis 2.3, insbes. S. 42. Ähnlich jetzt Fritz Birnstiel 1983.

nach optischem Gleichgewicht ist somit von Grund auf unvereinbar mit dem Rüstungssteuerungsziel »strategische Stabilität durch wechselseitige Abschreckung«, das die Sicherheitspolitik der Großmächte den Erfordernissen des Atomzeitalters anpassen sollte. Denn diese geforderte Stabilität setzt gerade voraus, daß mehr Waffen *keinen* Gewinn versprechen und auch nicht als Gewinn angesehen werden. [266] Bietet »Stabilität« als Rüstungsziel einen Ausweg? Und wie steht es mit dieser Stabilität in der Realität?

Nach der Theorie der stabilen Abschreckung ist für Stabilität notwendig und hinreichend, daß jede Seite nach einem vorangegangenen umfassenden Nuklearangriff mit einem zerstörenden Vergeltungsschlag antworten kann (secondstrike capability).

Diese Position der »mutual assured deterrence«, der wechselseitigen gesicherten Abschreckung [267], ist die Grundlage dafür, durch Rüstungssteuerung zu erreichen, daß beide Seiten gleichermaßen *un*fähig werden, die strategischen Arsenale sinnvoll zu nutzen (strategische Stabilität). Sie ist damit gleichzeitig Voraussetzung dafür, daß beide Kontrahenten ohne Selbstgefährdung auf Wettrüsten verzichten können. Wir fanden, daß diese Stabilität die einzige bisher bekannte Position ist, die in einer bipolaren Welt das frühere Mittel der Friedenssicherung, die Überlegenheit der Statuts-quo-Mächte, ersetzen kann. [268]

Ist diese wechselseitige gesicherte Abschreckung durch »Zweitschlagsfähigkeit« heute noch vorhanden? Ist sie für die nähere Zukunft gesichert oder ist sie bedroht?

Die so gestellte Frage bezeichnet den ersten Schritt vom »optischen Gleichgewicht« zu einer militärisch-politischen *Bewertung* der strategischen Rüstungen. Gleichzeitig ist sie vom Standpunkt der Strategie der Kriegsverhütung durch stabile Abschreckung die Kernfrage.

Rüstungszustände auf ihre militärisch-politische Bedeutung hin zu untersuchen, erfordert natürlich einen ganz anderen intellektuellen Aufwand als die Addition von Raketenzahlen zu »optischen Gleichgewichten«.

Ende der 60er Jahre, zur Blütezeit der Lehre von stabiler Abschreckung durch

266 Oben Kapitel 3.1.
267 Dieser Zustand wird sehr oft als mutual assured destruction (ebenfalls MAD) bezeichnet. Die hier von Michael Howard übernommene Bezeichnung mutual assured deterrence gibt aber den Kern der politischen Funktion dieser militärischen Position besser wieder. Während andererseits richtig ist, daß mutual assured destruction das wirklich bezeichnet, was geschieht, wenn dieses Ziel nicht erreicht ist. Dennoch scheint uns die Bezeichnung einer militärischen Position durch die Kategorie dessen, was angestrebt wird, sinnvoller als die Beschreibung durch die Folgen ihres Versagens. Vgl. hierzu Howard 1981, S. 5.
268 Czempiel hat Betonung des negativen (Abwehr-)Aspektes von Macht und die Ausschließung des positiven (Aufzwingen) als Voraussetzung von Rüstungssteuerung gesehen und dargestellt. Dieser Gegensatz negative-positive Komponente der Macht widerspiegelt den Gegensatz: gleiche militärische Fähigkeiten gegen gleiche militärische Unfähigkeiten. Vgl. Czempiel 1981.

wechselseitige Zweitschlagskapazitäten also, entwickelten wir in der Forschungsstelle der Vereinigung Deutscher Wissenschaftler ein mathematisches Modell.[269] Dieses Modell erlaubt es, Abschreckungsstrukturen und Abschreckungsschwächen zu demonstrieren, die ohne mathematisches Modell kaum zu erfassen sind.

Die Fragen, die wir mit diesem Modell zu beantworten suchten, sind heute wieder modern. Sie lauteten:

Wie wird die Stabilität auf der strategischen Ebene verändert durch:

1. Einführung von MIRV, Mehrfachsprengköpfen auf einer Rakete,
2. zunehmende Treffergenauigkeit der Sprengköpfe,
3. Raketenabwehrsysteme in wachsender Zahl und wachsender Verläßlichkeit?

Um die Frage beantworten zu können, wie solche Rüstungsmaßnahmen auf die »Stabilität der strategischen Ebene« einwirken, muß man zunächst klar definieren, was mit dieser Aussage »Stabilität« gemeint ist. Wir definierten mit den Worten des ehemaligen Verteidigungsministers McNamara:

»Als stabile Abschreckung auf der strategischen Ebene bezeichnet man eine Konstellation zwischen zwei Mächten, bei der jede Macht die andere mit Vernichtung bedrohen kann und keine der beiden Mächte das Vernichtungspotential der Gegenseite auszuschalten vermag.

Das entscheidende Kriterium der Stabilität dieser Abschreckung ist die Fähigkeit, dem Gegner unakzeptablen Schaden auch dann noch zufügen zu können, wenn der Gegner seinerseits einen umfassenden Kernwaffenangriff auf die eigenen strategischen Streitkräfte geführt hat.«[270]

Fragt man für eine konkrete Rüstungssituation, ob ein Staat – z.B. die Vereinigten Staaten – in der Lage ist,

»…dem Gegner unakzeptablen Schaden auch dann noch zufügen zu können, wenn der Gegner seinerseits einen umfassenden Kernwaffenangriff auf die eigenen strategischen Streitkräfte der USA geführt hat«,

kann man drei sehr verschiedene Antworten bekommen. Jede dieser drei Antworten bezeichnet eine spezifische, von den anderen beiden Antworten äußerst unterschiedliche strategische Lage dieses Staates (z.B. der USA) gegenüber dem Gegner.

---

269 H. Afheldt und Philipp Sonntag, 1970c, S. 303ff.
Das Modell ist auch in der Sowjetunion zur Analyse des SALT-Prozesses benutzt worden. Teils in der englischen Übersetzung, teils in einer eigenen russischen.
270 Zitiert nach Department of Defense 1969, Statement McNamara zum Budget 1968 II, Strategic Forces. Im Statement zum Budget 1969, S. 50 wird die »notwendige Industriezerstörung« mit 50 % angenommen.

1. Antwort:

Der Staat X (z. B. die USA) ist in der Lage, dem Gegner Y (z. B. der Sowjetunion) auch noch *nach* einem nuklearen Großangriff von Y auf die eigenen strategischen Streitkräfte von X unakzeptablen Schaden zuzufügen. Diese Antwort bezeichnet die

Grundposition I:
Gesicherte *Zweitschlags*kapazität von X gegenüber Y.

2. Antwort:

Der Staat X ist zwar in der Lage, dem Staat Y unakzeptablen Schaden zuzufügen, wenn er (X) als *erster – vor* einem Angriff von Y auf die strategischen Streitkräfte von X also – angreift. *Nach* einem Angriff von Y kann X das aber nicht mehr. Konsequenz:

Grundposition II:
X kann seinem Gegner Y *nur* mit einem *Erstschlag* unakzeptablen Schaden zufügen.

3. Antwort:

Der Staat X ist *überhaupt* nicht in der Lage, Y unakzeptablen Schaden zuzufügen. Sei es z. B. weil X über zu wenig strategische Waffen verfügt, sei es, weil Y eine gut funktionierende Abwehr gegen die strategischen Waffen von X aufgebaut hat. Konsequenz:

Grundposition III:
X kann Y *keinen* unakzeptablen Schaden zufügen.

Da nun in der bipolaren Konfrontation jede der beiden Mächte USA (X) und Sowjetunion (Y) sich theoretisch in jeder der drei Grundpositionen befinden könnte, ergeben sich für die strategische Balance zwischen ihnen acht Varianten (siehe Tabelle Seite 136).

Diese acht Varianten einer strategischen Konfrontation sind es wert, genau betrachtet zu werden. Denn hier steht die strategische Ebene Modell für die gesamte militärische Position einer Macht in der Konfrontation mit einer zweiten Macht. Und ein großer Teil der derzeitigen Verwirrung um »Gleichgewicht« oder »Überlegenheit«, um Krisenstabilität und Kriseninstabilität, rührt daher, daß die sehr unterschiedlichen Positionen dieser acht Fälle nicht auseinandergehalten werden. Sei es, daß man die Unterschiede nicht bemerkt, sei es, daß man sie aus politisch-propagandistischen Gründen absichtlich verwischt.

Wie diese acht strategischen Varianten politisch bewertet werden, hängt von den Zielen der Politik ab, in deren Dienst die militärstrategischen Mittel gestellt werden.

Va- riante	Bezeichnung der Variante	Grundposition von X	Y
1	*Stabile Abschreckung* durch wechselseitige Zweitschlagskapazitäten (assured deterrence durch assured destruction)	X in I,	Y in I
2	Beide Gegner haben eine *Erstschlags-Entwaffnungskapazität*. Beiden fehlt daher die Fähigkeit zum zweiten Schlag (*Instabilität*, Zwang, den Gegner durch einen ersten Schlag zu entwaffnen).	X in II,	Y in II
3	Beide Seiten sind *unfähig*, den Gegner zu zerstören (Stabilität durch wechselseitige *Unverwundbarkeit*, eine andere Form des Patt).	X in III,	Y in III
4	*Unvollständige Überlegenheit* von X. X hat eine *Zwei*schlagskapazität, aber Y ist nur fähig, den Gegner mit einem *ersten* Schlag zu zerstören (Instabilität, Druck auf X, Y mit einem ersten Schlag zu entwaffnen).	X in I,	Y in II
5	Unvollständige Überlegenheit von Y (wie 4, zyklisch vertauscht).	X in II,	Y in I
6	*Vollständige Überlegenheit von X.* X hat eine Zweitschlagskapazität, Y ist nicht in der Lage, X zu zerstören, nicht mit einem ersten, und erst recht nicht mit einem zweiten Schlag.	X in I,	Y in III
7	Vollständige Überlegenheit von Y (wie 6, zyklisch vertauscht).	X in III,	Y in I
8	*Unbestimmtheit* der Situation auf der strategischen Ebene.	?	?

Erstes politisches Ziel: Stabilität gegen den frei entschiedenen Eroberungskrieg (Krieg vom Typ 1939)

Wieder und wieder wird die These vertreten: Nur durch ein militärisches Gleichgewicht auf allen Ebenen könne die Sowjetunion von einem solchen Eroberungskrieg abgeschreckt werden. Doch wie untauglich *militärisches Gleichgewicht* als *Kriterium* für Friedenspolitik ist, läßt sich am Beispiel dieser acht strategischen Varianten leicht demonstrieren. Denn es gibt drei Varianten, in denen die Position jeder Seite der anderen *gleich* ist, sie also beide *gleiche* militärische Fähigkeiten haben, die aber keineswegs alle zur Kriegsverhütung beitragen. Betrachten wir zur Prüfung dieser Behauptung die folgenden drei Varianten näher:

Variante 1: Stabile Abschreckung.
Der Angriff ist sinnlos, weil beiden Seiten gleichermaßen die Vergeltung (fast) sicher droht.

Variante 2: *Beide* Gegner können *gleichermaßen* mit einem ersten Schlag ihren Gegner *entwaffnen.* Wer auch immer zuerst schießt, gewinnt.

Variante 3:   *Beide* Seiten sind *unfähig,* den Gegner zu zerstören, der Angriff ist für beide Seiten unmöglich.

Variante 2, der Fall also, in dem der gewinnt, der angreift, wer auch immer von beiden das ist, ist eindeutig ein Fall *gleicher militärischer Fähigkeiten,* ist also militärisches Gleichgewicht. Doch hat dieses Gleichgewicht der Angriffsfähigkeiten nichts mit Friedenssicherung zu tun. Herrscht diese Form gleicher militärischer Fähigkeiten, so sind die militärischen Mittel nicht Mittel von Friedenspolitik, sondern entweder von Eroberungspolitik auf beiden Seiten – oder ein Zwangskäfig. Ein Käfig, der beide Gegner hoffnungslos in Kriegsgefahr gefangen hält, sie bei rationalem Verhalten sogar zum Angriff zwingen kann, auch wenn sie eigentlich Krieg nicht wollen.[271]

Ganz anders in den anderen beiden Varianten von Gleichgewicht. Denn die wechselseitige strategische Situation der beiden Mächte X und Y ist friedenssichernd, wenn sie der Variante 1 oder der Variante 3 entspricht. Diese beiden Varianten unterscheiden sich nur darin, worauf diese friedenssichernde Wirkung der Rüstung beruht:

In der Variante 1 beruht sie auf der *sicheren Abschreckung* beider vor einem Angriff auf den Gegner (stabile Abschreckung). In der Variante 3 dagegen auf der wechselseitigen *Unmöglichkeit,* einen Angriff (mit zerstörerischen Folgen) *durchzuführen.*

Worauf letztere wechselseitige Unmöglichkeit zu einem »erfolgversprechenden« Angriff ihrerseits beruht:

– ob auf *Überlegenheit der Verteidigung* – oder

– auf *Abrüstung der Angriffswaffen* und Angriffsverbände

ist zwar für das Resultat »Unmöglichkeit erfolgversprechender Angriffe« prinzipiell gleichgültig.

Doch wird sich sehr schnell zeigen, daß diese prinzipielle Gleichwertigkeit beider Wege nur in der Theorie gilt. Denn man findet alsbald, daß für die *strategische* Ebene Überlegenheit der *Verteidigung durch Raketenabwehr* nur die Fata Morgana einer friedenssichernden stabilen Lösung ist. Andererseits folgt daraus keineswegs, daß Überlegenheit der Verteidigung gegenüber dem Angriff auf *anderen* Ebenen als der strategischen *kein* geeignetes Stabilitätsmittel ist. Im Gegenteil zeigt eine Analyse der Situation in Europa, daß hier in der Überlegenheit der Verteidigung über den Angriff vielmehr die einzige Stabilisierungschance liegt.[272]

271 Das erfundene Beispiel einer Aufrüstung Israels und Saudi-Arabiens fällt in diese Kategorie. Oben Kap. 2.3.

272 Vgl. dazu H. Afheldt, Defensive Verteidigung, 1983, S. 43 f.

So findet man: Zwar korreliert Gleichgewicht in zwei Varianten (Variante 1 und 3) mit friedensstärkenden militärischen Strukturen. Aber in einer Variante (Variante 2) ist Gleichgewicht mit Eroberungskriegsoptionen und Eskalationszwängen verbunden. Damit wird deutlich, warum wir sowohl bei historischen Betrachtungen[273], als auch bei Einzelfallanalysen immer wieder feststellen mußten[274]:

Die Aussage »militärisches Gleichgewicht« (im Sinne von gleichen militärischen Fähigkeiten) sagt überhaupt nichts darüber aus, ob es sich im konkreten Fall um friedenserhaltende oder kriegsfördernde Strukturen handelt.

Zweites politisches Ziel: Stabilität in der Krise
(Stabilität gegen den Krieg, den niemand will – Typ 1914)

Stabilität in der Krise herrscht dann, wenn es für *keine Seite* einen Vorteil darstellt, anzugreifen statt zu warten. Dabei darf Angriff weder einen Vorteil bieten, wenn der potentielle Angreifer die Chance des Angriffs mit seiner Vorkriegssituation vergleicht. Noch darf Angriff einen Vorteil ergeben, wenn er sich fragt: Sicher stehe ich nach meinem Angriff schlechter da als im Frieden. Aber stehe ich vielleicht *noch* schlechter da, wenn ich abwarte und dann angegriffen werde?

Stellt man dieses Kriterium auf, so findet man in den acht Varianten der strategischen Lage

3 Gruppen von Krisen*stabilität:*	Variante 1, Variante 3, Variante 6, 7.
3 Gruppen von *In*stabilität:	Variante 2, Variante 4, 5 und – mit Einschränkung – Variante 8.

Die Fälle von Krisenstabilität

Die Varianten 1 (stabile Abschreckung) und 3 (totale Verteidigung, Unverwundbarkeit) wurden bereits besprochen. In beiden Varianten sieht man unschwer, daß mit einer solchen Sicherung des Friedens gegen Eroberungsabsichten Krisen*stabilität* notwendig verbunden ist.

Bleibt die Variante 6, 7: *Die vollständige Überlegenheit* einer Seite. Ist ein Land, z. B. die USA, derart überlegen, daß die Sowjetunion nicht mit einem ersten Schlag ihr Ziel erreichen kann – noch weniger mit einem zweiten –, und kann die Sowjetunion auch die Katastrophe jedes nuklearen »Schlagabtauschs« nicht dadurch merklich mindern, daß sie selbst zu einem Präventivangriff schreitet, dann herrscht von den Vereinigten Staaten und ihren Verbündeten aus gesehen ebenfalls *Krisenstabilität.*

---

273 Vgl. Kapitel 2.1.1.
274 Vgl. Kapitel 2.1.2.4.

Hat die Sowjetunion in einer solchen vollständigen Unterlegenheit nicht einmal mehr die Chance, durch einen Präventivangriff den für sie (nicht aber für die Vereinigten Staaten!) katastrophalen Ausgang eines Atomkrieges zu verbessern, dann könnten die Vereinigten Staaten in jeder Krise die Sowjetunion zum Rückzug in der Streitfrage zwingen. Von der Sowjetunion aus betrachtet wäre dies aber »politische Nutzung« der militärischen Mittel der USA, wäre atomare Erpressung. Eine Erpressung, die, wenn sie sich auf die militärische Position der vollständigen Überlegenheit stützt, bis zur Forderung der Kapitulation gehen könnte. *Krisenstabile vollständige Überlegenheit einer Seite ist deshalb »Sieg mit atomaren Waffen«.* Ist im besten Fall Sieg durch Kapitulation des Gegners. Ist im schlechtesten Falle *Sieg im Atomkrieg,* wenn der Gegner dennoch den Angriff versucht – sei es, weil er sich irrt, sei es, weil er irrational »lieber tot als weiß« sagt.

Mit Gleichgewicht – was immer das auch bedeuten mag – hat diese Position natürlich ebensowenig zu tun wie mit Stabilität, *gleicher Unfähigkeit* zur politischen Nutzung der eigenen militärischen Mittel. Wenn zunehmend Formulierungen auftauchen, nach denen mit dem Ausbau dieser oder jener neuen militärischen Option der NATO die Sowjetunion in der Krise keine Chance mehr habe, durch Angriff ihre Position zu verbessern, können solche Behauptungen deshalb stimmen. Dann nämlich, wenn der empfohlene Ausbau der Rüstung nicht zu Gleichgewicht oder Stabilität führen soll, sondern das Ziel hat, vollständige Überlegenheit der USA über die Sowjetunion zu erreichen.[275]

Doch vollständige Überlegenheit ist leider keine Position, die die unterlegene Weltmacht akzeptieren kann. Sei diese unterlegene Weltmacht die Sowjetunion, seien es die Vereinigten Staaten. Das Ziel ›vollständige Überlegenheit‹ ist deshalb nicht verhandlungsfähig. Keine Rüstungsbegrenzungsverhandlung der Welt kann diese Position in einen Vertrag gießen.[276] Eine solche Zielsetzung ist deshalb mit kooperativer Rüstungssteuerungspolitik unvereinbar.

Wer *dieses* Ziel anstrebt, kann es also nur durch *Wettrüsten* erreichen. Das mathematische Modell der Kriegsfolgenstudie zeigte, welche – vielleicht unerwarteten – schweren Gefahren für den Weltfrieden beim Wettrüsten um diese vollständige Überlegenheit entstehen.[277] Eine dieser Gefahren auf einem solchen Aufrüstungsweg ist Krisen*instabilität.*

Denn:

Kriseninstabilität findet man nicht nur in der Variante 2 (wechselseitige Erstschlagsentwaffnungsfähigkeit), sondern auch in den Varianten 4 und 5, den Varianten also, in denen eine der beiden Seiten *unvollständig* überlegen ist. Wer

275 Dies ist expressis verbis der Fall bei Gray, vgl. dazu unten Kap. 5.2.1.
276 Die einzige Ausnahme ist: Festlegung der Überlegenheit nach einem gewonnenen Krieg, z.B. im Versailler Frieden von 1919.
277 Afheldt/Sonntag 1970c, S. 380–384.

aber von Unterlegenheit oder »Gleichgewicht« zur vollständigen Überlegenheit rüsten will, muß lange Phasen (noch) unvollständiger Überlegenheit durchschreiten. Unvollständige Überlegenheit jedoch ist wegen der damit verbundenen Kriseninstabilität kein Vorteil für den Überlegenen, sondern eine teuer erkaufte Gefahr.

Denn die Variante unvollständiger Überlegenheit ist ja gerade dadurch gekennzeichnet, daß der Gegner dann und nur dann den Verlust seiner Zweitschlags-Vergeltungskapazität fürchten muß, wenn er in einer Krise abwartet – nicht aber, wenn er nach vorne ausbricht, also seinerseits angreift.

Genau diese unvollständige Überlegenheit ist aber auch die Falle, die auf den Optionensammler lauert. Auf den nämlich, der nach allen Möglichkeiten Ausschau hält, mit denen der Gegner den vom Zaun gebrochenen Krieg (Typ 1939) vielleicht gewinnen könnte. Und der, wenn er *alle* solche Optionen, auch die unwahrscheinlichsten, schließlich verbaut hat, sich in dieser Falle der eigenen unvollständigen Überlegenheit wiederfindet: Einer Situation nämlich, in der dem Gegner in einer Krise als einzige »rationale« Option nur noch der Präventivangriff bleibt.

Mit den Worten eines amerikanischen Falken, eines Skeptikers der Rüstungskontrolle, des ehemaligen Direktors der Arms Control and Disarmament Agency, Eugene V. Rostow:

»Meine Erfahrung ist, sie (die Russen) sind hart. Aber sie sind nicht verrückt. Und sie sehen, daß sie keine Chance haben, einen Atomkrieg zu gewinnen. Der einzige Weg, auf dem sie einen Krieg beginnen könnten, ist, wenn sie in eine Ecke gedrängt werden. Wenn sie das Gefühl haben, daß sie (ihre Interkontinentalraketen) sofort gebrauchen müssen, weil sie sie anderenfalls verlören, weil wir sie (die Russen) in eine Situation gedrängt haben, in der sie fürchten, wir könnten zum Erstschlagsangriff greifen. Dasselbe gilt für uns.«[278]

Anders ausgedrückt: Wer dem Gegner den Eroberungskrieg (Typ 1939) unmöglich machen will (was nötig ist), muß aufpassen, daß er nicht so viele Optionen sammelt, daß er schließlich in eigener unvollständiger Überlegenheit dasteht. Denn mit dieser Position würde er Kriseninstabilität produzieren, den Krieg vom Typ 1914 also wieder wahrscheinlich machen – und damit den einzigen heute denkbaren Krieg.

Werfen wir noch einen Blick auf Variante 8, die Unbestimmbarkeit der militärischen Situation. Zwar mag Unsicherheit über die wechselseitige Lage auf beiden Seiten zur Vorsicht mahnen und so einen dämpfenden Einfluß auf die Eskalation der Krise ausüben.[279] Doch eine verläßliche Stabilität läßt sich auf

---

278 Eugene V. Rostow 1982.
Ähnlich auch Steinbruner 1981/82, S. 16 ff.
279 Dieser Effekt wurde auch Abschreckung durch unkalkulierbares Risiko genannt.

Unbestimmtheit nicht gründen. Denn mit objektiver Unbestimmtheit der Situation ist subjektiver Fehlkalkulation Raum gegeben, Krieg aus Fehlkalkulation somit möglich.

Daraus folgt:

Will man *sowohl* den *Eroberungskrieg (Typ 1939) als auch* den Krieg, den niemand wirklich will *(Typ 1914) gleichermaßen und für beide Seiten gleichzeitig verhindern,* bleiben somit nur drei Möglichkeiten:

1. *Stabile Abschreckung* durch wechselseitige Zweitschlags-Vergeltungskapazitäten (mutual assured deterrence – wechselseitige gleiche Unfähigkeit zur Nutzung militärischer Mittel also) (Variante 1).

2. Vollständige Überlegenheit der *Verteidigung* über den *Angriff* auf beiden Seiten (Variante 3).

3. *Für eine Seite,* und zwar für den *Überlegenen,* leistet vollständige Überlegenheit über den Gegner (Variante 6, 7 des Modells) zwar dasselbe. Doch diese Alternative, vollständige Überlegenheit, ist zwangsläufig mit Wettrüsten verbunden. Gleichgewicht ist in diesem Zusammenhang nur eine Propagandafloskel. Wird vollständige Überlegenheit angestrebt, ist Rüstungsbegrenzung deshalb wiederum zum Scheitern verurteilt.

Wer Krieg vom Typ 1939 ebenso wie Krieg vom Typ 1914 verhindern und gleichzeitig durch kooperative Rüstungssteuerung das Wettrüsten beenden will, kann daher nur die ersten beiden Alternativen anstreben: Entweder die stabile Abschreckung oder die Überlegenheit der Verteidigung.

Wurden bis hier die theoretisch möglichen Variationen strategischer Balance zwischen zwei Supermächten einander gegenübergestellt, muß man jetzt fragen:

Bestand zwischen den USA und der Sowjetunion 1980/81 friedenserhaltende Stabilität auf der strategischen Ebene durch wechselseitige gesicherte Abschreckung (Variante 1)?

Die Antwort ist einfach und eindeutig: ja.

Fragt man weiter, ob die in der betrachteten »optischen Entwicklung« reflektierte Tendenz der Weiterentwicklung der strategischen Potentiale auf beiden Seiten diese »Assured-deterrence-Position« (durch assured destruction) in den 80er Jahren gefährden würde, ist die Antwort wieder eindeutig: nein.

US-Secretary of Defense Brown im Januar 1980: »Das, was bekannt geworden ist als ›assured-destruction‹, ist der Grundstein nuklearer Abschreckung, und wir werden eine solche Kapazität auch zukünftig haben.«[280]

Man braucht zur Bestätigung dieser These des ehemaligen amerikanischen Verteidigungsministers für die nächsten Jahre keine komplizierten Modelle.

280 Department of Defense 1981, S. 65.

Allein die Zahl der nicht durch einen first strike strategischer Waffen auszuschaltenden U-Boot-Raketen betrug am 1. Januar 1980 bei den Vereinigten Staaten 656 und bei der Sowjetunion 989. Diese Raketen der Vereinigten Staaten trugen 5120 Sprengköpfe, die der Sowjetunion nur ein Viertel, 1309.[281]

Zahl der Raketen, Sprengköpfe und Reichweite der Raketen auf U-Booten nehmen nach den bekanntgewordenen Planungen auf beiden Seiten weiter zu. Selbst wenn man unterstellt, daß nur ein Fünftel bis ein Drittel der U-Boote in »Schußposition« kommt[282], dürfte deshalb für absehbare Zeit die »Assured-destruction«-Kapazität beider Seiten, die für die »mutual assured deterrence« notwendig ist, tatsächlich nicht gefährdet sein – auch nicht im »schlimmsten Fall«, den sich irgendein östlicher oder westlicher Generalstab ausrechnen mag. Denn mit nur 200 Waffen im Megatonnen-Bereich können sowohl die Sowjetunion, als auch die USA so zerstört werden, daß sie aus dem Kreis der lebensfähigen Industriegesellschaften ausscheiden.[283]

Doch auf die Dauer läßt sich Frieden nicht auf die Abschreckung durch U-Boot-Raketen gründen. Schon deshalb nicht, weil die Fortschritte in der U-Boot-Abwehr unübersehbar sind. Führend sind wieder die Vereinigten Staaten. Darüber hinaus begünstigt die exzellente seestrategische Lage der USA und ihrer Verbündeten den Westen. Die Sowjetunion dagegen ist durch ihre miserable seestrategische Lage benachteiligt. Die sowjetischen Atom-U-Boote können nur durch wenige relativ enge Meeresstellen aus den Häfen in ihre Einsatzgebiete gelangen. Bei der Passage dieser begrenzten Gebiete sind die sowjetischen U-Boote zudem gegen Unterwasserexplosionen von Nuklearraketen der Vereinigten Staaten verletzlich.[284]

Selbst wenn die Verletzlichkeit der U-Boot-gestützten Raketen nicht weiter zunimmt – die Einführung von *Raketenabwehrsystemen* zur Verteidigung der Zivilbevölkerung würde diese klar »stabile« Situation sofort in Frage stellen. Deshalb gibt es für Raketenverteidigung der Zivilbevölkerung in diesem Konzept »stabiler Abschreckung«, dem Rüstungssteuerungskonzept der Abschreckung also, keine Begründung. – Oder?

Wieder einmal zeigt sich die grundlegende Schwäche dieses Systems der stabilen Abschreckung durch Rüstungssteuerung:

Weil das System mit militärischen Mitteln arbeitet, die traditionellerweise auf »Krieggewinnen« hin entwickelt werden, weil es aber nicht »Krieggewinnen«,

---

281 Collins, S. 451.

282 Für die sowjetischen U-Boote dürfte die Annahme ein Fünftel etwa zutreffen, die Vereinigten Staaten aber, die um 50 % ihrer U-Boote permanent auf See halten können, dürften mehr als ein Drittel einsetzen.

283 Afheldt/Sonntag 1970c, S. 309.

284 Joel S. Wit 1981.

sondern »Kriegverhindern« zum Ziel hat, muß es stets *seine* »artfremde« Zielsetzung gegenüber jeder neuen Möglichkeit der Militärtechnologie durchsetzen.

Wie hart das ist, hart bis zur Unmöglichkeit, zeigt das Beispiel Raketenabwehr:

Raketenverteidigung von Städten ist in einem Konzept, das den Frieden durch wechselseitige Vergeltungs- und Vernichtungsdrohung sichern will (assured destruction), ebenso systemwidrig wie die Planung eines Angriffs auf gegnerische Raketen (Counter-force-Strategie) oder wie U-Boot-Abwehr. Aber U-Boot-Abwehr läßt sich mit der Notwendigkeit begründen, den Nachschub im Falle eines langandauernden konventionellen Krieges in Europa über den Atlantik zu sichern. Auch wenn zur gleichen Zeit, in der diese Begründung vom amerikanischen Verteidigungsministerium gegeben wird, das deutsche Verteidigungsministerium aus deutschen Interessen zu Recht betont, ein solcher, langandauernder konventioneller Krieg in Europa müsse undenkbar bleiben.[285]

Raketenabwehr findet ebenfalls ein systemimmanentes Schlupfloch: die Verteidigung der eigenen landgestützten Interkontinentalraketen (Beispiel: Sentinel-System 1970). Denn daß die Sicherung der Überlebensfähigkeit der eigenen Interkontinentalraketen für die Zweitschlagskapazität nötig ist, das ist logisch – und so steht Raketenabwehr »zur Verteidigung der neuen und alten landgestützten Interkontinentalraketen der USA« heute auch wieder auf der Liste der Optionen für die zweite Hälfte der 80er Jahre.[286]

Doch geht man aus theoretischen Glasperlenspielen heraus in die soziale und politische Realität, läuten mit der Einführung der »Option Verteidigung von Raketen und Befehlszentralen« schon die Totenglocken der »stabilen Abschreckung«. Denn (frei nach Egon Bahr): »Wäre es nicht die höchste Perversion menschlichen Denkens, Atomraketen zu verteidigen, die eigene Bevölkerung aber dem Atomtod zu überlassen?«[287] Und von dieser Überzeugung bis zur Installierung von Raketenabwehrsystemen, die Städte verteidigen können, ist es dann nur noch ein kleiner Schritt.

Was aber macht denn diese menschenfreundliche Raketenabwehr so gefährlich?

285 Vgl. H. Afheldt 1976, S. 124 u. 159, mit Hinweis auf den Report des damaligen Verteidigungsministers Schlesinger 1976/77, S. III – 24 einerseits und Weißbuch 1975/76 der Bundesregierung, Ziff. 156, andererseits, das erklärt, die NATO müsse verhindern, daß es zu einem länger andauernden Kampf auf dem Territorium der Bundesrepublik kommt.

286 So wurden z.B. in der Debatte um die Dislozierung der MX-Raketen seit 1979 immer wieder Pläne zum Schutz der MX durch Raketenabwehr vorgelegt, um die Unverwundbarkeit (d.h. Zweitschlagsfähigkeit) der neuen Raketen zu sichern. Vgl. dazu René Herrmann 1983, S. 39 ff.

287 Ein Argument, das in kaum einer Stellungnahme für die Raketenabwehr Anfang der 70er Jahre fehlte. Und das vor allem die sowjetischen Vertreter mit voller Überzeugung jahrelang hinausposaunten.

Wieder einmal sind die Verteidiger der »neuen« Theorien der strategischen Stabilität in der für den Rüstungssteuerungsansatz typischen Zwickmühle: Es ist leicht, mit Kategorien aus der Zeit, in der militärische Stärke und nur militärische Stärke den Sieg garantierte, zu argumentieren. Denn dieses Denken ist bekannt, tausende Jahre alt, fest verwurzelt. Zu sagen: »Die Sowjetunion hat 300 SS-20-Raketen – also brauchen wir mindestens ebenso viele«, das kommt an, das überzeugt. Zu zeigen, daß Pershing II und Cruise Missiles, als in Europa an Land stationierte verwundbare Systeme Kriseninstabilität fördern – wer versteht das schon! Bei Raketenabwehr, bei der Verteidigung eigener Menschen gegen den Angriff des Gegners, ist die Klemme noch schlimmer. Versuchen wir es trotzdem:

Schon die bloße Vorstellung, der Gegner könne eine Raketenabwehr für seine Städte entwickeln – zusammen mit den dann stets bereitstehenden, meist später sich als falsch herausstellenden Meldungen, der Gegner *habe* bereits eine Raketenabwehr, es bestehe also eine »Raketenabwehrlücke«, hat dem Konzept der stabilen Abschreckung Ende der 60er Jahre den vielleicht entscheidenden Schlag versetzt[288]:

Denn um diese Abwehr durchbrechen und die Städte des Gegners *doch* mit Vergeltung bedrohen zu können, braucht man *mehr* Raketen als ohne Raketenabwehr. Sehr viel mehr Raketen vorsichtshalber, denn man muß ja mit dem schlimmsten Fall rechnen, einer sehr gut weiter entwickelten Raketenabwehr des Gegners. Und je genauer die gegnerischen Raketen treffen, um so mehr eigene Raketen kann man zudem ja bereits durch den ersten Schlag des Gegners verloren haben. *Mehr* Raketen zu besitzen wird *besser* – Wettrüsten macht scheinbar wieder sicherer. Rüstungskontrolle ist am Ende.

Gleichzeitig bietet sich aber auch ein anderer Ausweg an: Man könnte ja auch, statt mehr Raketen zu bauen, auf jede der vorhandenen Raketen »decoys« setzen. Decoys sind Attrappen, die die Angriffsrakete ausstößt, um so die gegnerische Raketenabwehr abzulenken und zu verwirren. Die Abwehrrakete weiß dann nicht mehr, was sie angreifen soll – und je mehr decoys, desto geringer die Wahrscheinlichkeit, daß die Abwehrrakete zufällig den richtigen Sprengkopf zerstört und nicht eine Attrappe. Aber Attrappen und Sprengkopf fliegen nur im luftleeren Raum gleich schnell. Kommen sie in die Lufthülle, bleiben die leichteren Attrappen zurück. Der echte Sprengkopf fliegt immer weiter voraus. Die Abwehrrakete kann ihn nun von den Attrappen unterscheiden, angreifen und vernichten. Es sei denn, man macht die Attrappen genauso groß und genauso schwer wie den Sprengkopf.

Aber wenn man schon sehr viele Attrappen von gleicher Größe und gleichem Gewicht wie der echte Sprengkopf mit auf die Reise schicken muß, warum dann

---

288 Bei der ABM-Debatte Anfang der 70er Jahre spielte das später als Luftabwehrsystem erkannte »Galosh«-System um Moskau herum diese Rolle des »Lückenbeweises«. Vgl. auch Leitenberg 1974.

nicht gleich viele *echte* Sprengköpfe? Warum sich darauf verlassen, daß der Gegner nicht durch Zufall doch den richtigen Sprengkopf angreift und zerstört und nur noch Attrappen in seine Stadt einschlagen? Damit ist der Mehrfachsprengkopf der Rakete geboren (MRV), den die Polaris A 3 aus jenen Jahren noch heute trägt. Doch aus dem Mehrfachsprengkopf wird dann schnell die Rakete mit MIRV, mehreren, unabhängig in verschiedene Ziele lenkbaren Sprengköpfen. Und mit MIRV gewinnt der, der als erster angreift, wiederum einen entscheidenden Vorteil. Denn mit zehn einzelnen Köpfen *einer* Rakete *fünf* Raketen des Gegners mit ihren 50 Sprengköpfen in deren Silos *anzugreifen* und zu zerstören, ist die eine Alternative. Abzuwarten, bis einem der Gegner mit *einer* Rakete und ihren zehn Sprengköpfen fünf Raketen (mit 50 Köpfen!) zerstört, das ist die andere. Doch so führt die »sparsamere Lösung«, nicht viele Raketen zu bauen, sondern »nur« viele, einzeln lenkbare Köpfe auf eine Rakete zu setzen, noch sicherer zum Wettrüsten. Diesmal aber nicht nur in Wettrüsten, um die Abschreckung durch Zweitschlagskapazitäten zu sichern, sondern in etwas ganz anderes: in Counter-force-Wettrüsten, Wettrüsten »zur Verhinderung des Sieges des Gegners im Atomkrieg«.[289] Denn mit MIRV entstehen Befürchtungen wie:

Warten die USA in einer Krise einen Angriff der Sowjetunion auf die amerikanischen Raketenstellungen ab, dann besteht die Gefahr, daß die Sowjetunion mit verhältnismäßig wenig Raketen (mit ihren vielen MIRV) fast alle amerikanischen Raketen am Boden zerstört. Dies kann die Sowjetunion desto sicherer, je mehr und je treffsicherere Sprengköpfe (MIRV) sie auf ihren Raketen hat. Je weniger Raketen die Sowjetunion für diesen Vernichtungsschlag aufgrund der Vielzahl der Sprengköpfe und der wachsenden Treffergenauigkeit braucht, desto größer ist die Zahl der Raketen, die der Sowjetunion nach ihrem Angriff noch zur Verfügung stehen. Bleibt der Sowjetunion aber eine große Zahl von Raketen mit vielen Sprengköpfen, kann die Sowjetunion jeden amerikanischen Vergeltungsangriff für diesen sowjetischen Erstschlag ihrerseits mit einer Vergeltungsdrohung abschrecken.

So könnte die Sowjetunion durch eine geschickte Nutzung der Prämie für den ersten Schlag und einer (nachfolgenden) Situation stabiler Abschreckung die nuklear-strategische Schlacht für sich entscheiden.[290]

Eugene V. Rostow, der erste Direktor der US Arms Control and Disarmament Agency unter Präsident Reagan, beschrieb anläßlich der Debatte um die Aufstel-

---

289 Deshalb bezeichnet Henry Kissinger heute den Bau von MIRV auch als den größten rüstungskontrollpolitischen Fehler seiner Amtszeit. Vgl. dazu Kissinger 1983.

290 Verteidigungsminister Brown (Department of Defense 1981) setzte sich auf S. 85/86 mit einer solchen theoretischen Möglichkeit auseinander und stellte fest, daß sie bei Extrapolation der absehbaren Programme beider Seiten und Abschluß von SALT II weder heute besteht noch in den 80er Jahren entstehen würde.

lung neuer amerikanischer *landgestützter* Interkontinentalraketen diese verfahrene Situation mit den Worten:

»Sie [die Sowjets] tun Dinge, die ebenso destabilisierend sind wie irgend etwas, was wir machen. Sie taten es zuerst, mit ihren massiven SS 18, die sogar 10 Sprengköpfe tragen, und die so eine Bedrohung unserer landgestützten strategischen Raketen darstellen. Das *ist ein Schritt in die falsche Richtung – und es hilft nicht, wenn wir auch in die falsche Richtung gehen.*«[291]

Hätte man die im letzten Satz Rostows ausgedrückte Wahrheit beachtet, hätte man nicht nur auf der strategischen Ebene manchen Fehler vermieden. (Beispiel: Nachrüstung mit *landstationierten* Mittelstreckensystemen.)

Doch die reale Politik war in Ost und West anders. Hier hat der eben beschriebene Mechanismus zur Anschaffung immer neuer strategischer Waffen auf beiden Seiten geführt, die zur Abschreckung des Gegners angeblich erforderlich waren. Mindestens 25 000 interkontinental verwendbare Sprengköpfe auf beiden Seiten sind so Ende dieses Jahrzehnts als Ergebnis der laufenden »Verbesserungen« der strategischen Arsenale durch immer mehr MIRV und immer höhere Treffergenauigkeiten zu erwarten. Und zu alledem zeigt sich in den Rüstungsprogrammen immer deutlicher das Interesse an Raketenabwehr. Die Konsequenz:

Seit einigen Jahren wird Atomkrieg wieder als Mittel der Politik diskutiert – und sei es auch nur, um mit der Drohung »Sieg im Atomkrieg« den Gegner beeinflussen oder auch nur abschrecken zu können. Mehr Kernwaffen zur Verfügung zu haben als der Gegner, bringt diesen Zielen näher. Mehr Rüsten wird somit politisch nützlich. Damit zeigt sich ein weiterer Grund, der schon alleine Rüstungsbegrenzungspolitik unmöglich macht.

291 Eugene V. Rostow 1982.
Etwas später a.a.O. bezeichnet Rostow die Begrenzung des amerikanischen Programms, MX-Raketen (die ebenfalls 10 Sprengköpfe tragen!) aufzustellen, deshalb konsequent als begrüßenswerten Anfang vom Ende des amerikanischen (Carterschen) Programms, mit schweren landgestützten Systemen »nachzurüsten«. Hier zeigt sich eine gewisse Sensibilität der Regierung Reagan gegenüber Instabilitäten, die der Regierung Carter oft fehlte. Andererseits: Zwar zielen die auf den Empfehlungen der Scowcroft Commission beruhenden amerikanischen Rüstungskontrollvorschläge vom Oktober 1983 auf eine Reduzierung der Zahl der Raketenköpfe auf einer Rakete, um diesen (von den USA eingeführten) Fehler der Mehrfachsprengköpfe langsam wieder zurückzuschrauben. (Vgl. z.B. Die Welt v. 5.10.1983.) Doch diese – positive – Tendenz zur Stabilisierung wird gleichzeitig dadurch gekontert, daß die Vereinigten Staaten 100 neue MX-Raketen mit je 10 Sprengköpfen in verwundbaren Silos aufstellen wollen. (Vgl. New York Times, zitiert n. International Herald Tribune v. 10.10.1983, S. 6.)

5.2 Sieg im Atomkrieg?

5.2.1 Was heißt Sieg im Atomkrieg? – Die Theorie

Sieg im Atomkrieg, das klingt so absurd, daß man schon genau fragen muß, was denn als Sieg im Atomkrieg angesehen werden könnte, welche Ziele erreicht werden müßten und welche Waffensysteme und welche Einsatzformen dazu erforderlich wären.

Kennt man die Antworten auf diese Fragen, kann man die realen militärischen Planungen beider Seiten heute mit den beiden Zielen »stabile Abschreckung« und »Sieg im Atomkrieg« vergleichen. Dieser Vergleich zeigt dann, wo wir heute stehen und morgen stehen werden, macht so zumindest den Trend deutlich.

Wie kann man sich also Sieg im Atomkrieg vorstellen?

»Nuklearstrategie, ein Plädoyer (the case) für eine Siegtheorie«, heißt ein Aufsatz, den Colin S. Gray, damals Mitglied von Herman Kahns Hudson-Institut, im Sommer 1979 veröffentlichte. [292]

Gray beschreibt die Diskussion (1979) über strategische Waffen und strategische Optionen in den Vereinigten Staaten. Er sieht – vereinfacht – zwei einander gegenüberstehende Schulen:

1. Die Schule »Abschreckung durch Bestrafung«. Diese Schule ist nach Gray die Erbschaft der »Assured Destruction Theorie« der Jahre 65–70, der Schule der stabilen Abschreckung durch mutual assured deterrence also. (S. 58 ff.)

Dem steht gegenüber:

2. Die Schule »Abschreckung durch die Vorbereitung einer militärisch effektiven Kriegführung«. (S. 61 ff.)

Gray sieht die erste Schule in schnellem Rückgang, die zweite (1979) im Vormarsch. [293]

Das Pentagon sieht Gray 1979 erst auf halbem Wege:

»Für die US-Regierung würde es eine regelrechte Revolution der Doktrinen bedeuten, eine vollständige Kriegführungsdoktrin einzuführen. Eine solche (neue) Doktrin würde die Gültigkeit der Stabilitätstheorien leugnen, die die US-Verteidigungs- und Rüstungssteuerungspolitik seit Mitte der 60er Jahre geleitet hat.« (S. 78)

Vom europäischen Standpunkt muß man hinzufügen: also auch die gesamte Sicherheitspolitik aller Bundesregierungen seit der Mitte der 60er Jahre.

Gray:

---

292 Gray 1979, S. 54 ff.
293 Diese Vermutung Grays hat sich nach dem Amtsantritt Reagans sichtbar bestätigt. Vgl. dazu die Analyse der Carterschen und Reaganschen Rüstungsprogramme von Yves Boyer 1982, S. 51 ff. (56, 57, 60).

»Das Kriegführungsthema, das jetzt (1979) begrenzte, doch bedeutende Unterstützung in Washington findet, erfaßt nicht mehr als die Hälfte des notwendigen Wechsels im Denken.« (S. 81)

Und:

»Wiewohl es manchem auch unwahrscheinlich erscheinen mag, die Diskussion beginnt sich in Richtung auf eine nicht unplausible Theorie eines Sieges für den Westen hin zu bewegen.« (S. 69)

Die auch in den USA Ende der 70er Jahre immer verworrenere und erbittertere Debatte über Sicherheitspolitik analysiert Gray treffend so[294]:

»Viel von der ernsten und manchmal sogar bitteren Debatte über SALT, die MX-Rakete, Cruise Missiles usw. ist fast ausschließlich symptomatisch für die Meinungsverschiedenheit über die Grundstrategie. In der Tat, soweit die Aufmerksamkeit auf die Grundstrategie gerichtet wird, erscheinen die grundlegenden (wenn auch nicht detaillierten) Lösungen zu den anderen Problemen ganz logisch. Als eine etwas unfreundliche Feststellung will dieser Autor behaupten, daß eine ›defense community‹, die nicht wirklich entschieden hat, wozu ihre strategische Position dienen soll, keinerlei Fähigkeit hat, sich in Verhandlungen über strategische Rüstungssteuerung einzulassen oder Urteile über die Nützlichkeit bestimmter Waffensysteme abzugeben.« (S. 54)

Dieser Diskussion stellt Gray seine eigene Grundthese gegenüber:

»Der Leser sollte gewarnt sein: Dieser Autor glaubt, daß es einen Raum für Strategie gibt – das bedeutet für die sinnvolle, politischen Zielen dienende Anwendung militärischer Mittel im thermonuklearen Krieg.« (S. 55)

Seine Kritik an der 1979 – d. h. zur Amtszeit von Carters Verteidigungsminister Brown[295] – noch teilweise wirksamen Schule der »stabilen Abschreckung« stützt sich auf folgende Hauptargumente:

1. »Selbst wenn Politiker als Amateurstrategen glauben sollten, daß alleine der Gedanke an Atomkrieg jeden abschreckt, sollten sie auf Fachleute hören, die ihnen sagen, daß sie sich darauf nicht verlassen können.« (S. 55/56)

Denn:

»So unwahrscheinlich es auch aus der Perspektive amerikanischer politischer Kultur aussehen mag, in der Sowjetunion könnte ein Führer oder eine Gruppe kollegialer Führer zur Macht kommen, die Nuklearkrieg als ein Instrument betrachten könnten…« (S. 56)

2. »Es sollte nicht vergessen werden, daß eine wichtige Rolle strategischer Analyse ist, eine strategische Doktrin zu begründen, welche eine ordnungsgemäße Durchführung von Verteidigungsprogrammen und eine Wahl zwischen solchen Programmen möglich macht…« (S. 56)

---

294 Die Parallele zur »Taubstummen-Debatte in der Bundesrepublik« (Kapitel 1. oben) ist deutlich.
295 Harold Brown war einer der frühen Rüstungssteuerungsexperten. (Vgl. dazu oben Kap. 3.1.1, insbes. S. 56 u. Anm. 84.)

3.»– und am wichtigsten von allem: Es ist manchmal leicht zu vergessen, daß
ein allgemeiner Nuklearkrieg (central nuclear war) wirklich stattfinden kann…
Wenn man sich nicht auf den Standpunkt stellen will, daß nukleare Abschrekkung ein Bluff ist, dann kann die ›defense community‹ nicht der Notwendigkeit
ausweichen, nukleare Anwendungsoptionen zu entwickeln, die ein vernünftiger
politischer Führer – wie zögernd auch immer – anwenden könnte, ohne von
ihrer Anwendung selbst abgeschreckt zu sein.« (S. 57)

4.»Die orthodoxe Mutual-assured-destruction-Abschreckung (Theorie der
stabilen Abschreckung) läßt völlig die Selbstabschreckung durch die Gefährdung
der amerikanischen Gesellschaft außer acht… Sie sichert Selbstabschreckung
und verweigert uns die Freiheit zu strategisch-nuklearen Einsätzen, die eine
Voraussetzung der NATO-Strategie der flexible response ist.« (S. 70).

5. fragt Gray:
»Wie kann ein Land wie die Vereinigten Staaten, das Verpflichtungen über-
nommen hat, militärische Macht über große Distanzen zu erstrecken, um
frontwärts stehende Alliierte zu unterstützen, irgendeinen bemerkenswerten
Vorteil (any noteworthy attractions) in der wechselseitigen Geiseltheorie der
Abschreckung gesehen haben?

Vor allem die Vereinigten Staaten brauchen eine glaubwürdige strategische Streitkräftepla-
nung, eng verbunden mit einer Theorie durchführbarer Anwendung dieser Waffen. Die
katastrophale Vergeltungsthese, ob sie nun einem sehr selektiven Nuklearschlag folgt oder
nicht, ist eine Idee, die kaum übertroffen werden könnte, wenn man versuchen wollte, die
Relevanz amerikanischer strategischer Waffen für die Weltpolitik zu minimieren.«
(S. 70)

6.»Für die Zeit bis zur Mitte der 60er Jahre kann man wahrscheinlich ohne
großen Fehler sagen, daß die Qualität amerikanischen strategischen Denkens
über den zentralen Krieg und seine Durchführung eine Frage von relativ geringer
Bedeutung war:

Die Niederlage für die Sowjetunion war durch das schiere Ausmaß der amerikanischen
strategischen Überlegenheit praktisch vorgegeben… Aber als Anfang und Mitte der 70er
Jahre die Kapazitäten beider Seiten ein ungefähres Gleichgewicht erreichten, kam ein
Zeitpunkt, in dem die Qualität strategischen Denkens, so wie sie sich in realen Plänen
niederschlug, leicht den Unterschied zwischen Sieg und Niederlage oder Erholung und
Nicht-Erholung nach dem Krieg machen konnte.« (S. 71)

7. Krieg ohne Siegesziel ist unpolitisch, ist eine unrealistische Zielsetzung:
»Sehr wenig Länder können einen langen, verlorenen (oder dauernd unentschiedenen)
Krieg wagen und mit wenig innerem Schaden daraus hervorgehen. …Die Öffentlichkeit in
den Vereinigten Staaten würde es verstanden… und sicherlich gebilligt haben, wenn das
US-Marine-Korps Hanoi (intakt oder in Trümmern, das ist gleichgültig) 1965 oder 1966
erobert hätte und Ho Tschi Minh (oder einen Nachfolger – welchen auch immer)

gezwungen hätte, einen Friedensvertrag zu unterzeichnen. Das würde Sieg gewesen sein. Die amerikanischen akademischen Theoretiker von ›begrenzten‹ und unbegrenzten Kriegen in den späten 50er und frühen 60er Jahren haben schlicht nicht ihr eigenes Land verstanden. Die meisten Amerikaner glauben[296], daß, wenn Kriege nicht wert sind, im klassischen Sinne gewonnen zu werden, sie auch nicht wert sind, gefochten zu werden.« (S. 71, Anm. 42)

8. »Der grundlegende Fehler unseres ›Pantheons falscher strategischer Werte‹ ist das Stabilitätskonzept« (S. 82):

»Es ist notwendig für die westlichen strategischen Denker, die zunehmende Spannung zu bewältigen, die zwischen den (wahrscheinlichen) Erfordernissen einer hochkarätigen Abschreckung und den noch Autorität genießenden und blockierenden Vorstellungen über Krisen- und Rüstungswettlauf-Instabilitäten besteht und die die amerikanische ›defense community‹ von Programmen weggeführt hat, die der sowjetischen Realität entsprechen. Eine falsche Wahlvorstellung hat die Struktur unseres Denkens verformt. Die historischen Daten des Rüstungswettlaufs seit der Mitte der 60er Jahre zeigen, daß die Wahl nicht war zwischen amerikanischer Zurückhaltung auf der einen Seite, die der Sowjetunion es erleichtern sollte, eine Assured-destruction-Kapazität zu erreichen, …und auf der anderen Seite Abwesenheit amerikanischer Zurückhaltung, welche dazu führen würde, sowjetische Gegenprogramme zu stimulieren… In Wirklichkeit war zu wählen zwischen amerikanischer Zurückhaltung einerseits, die es den Sowjets erleichterte, eine nicht unwahrscheinliche Kriegsgewinnungskapazität zu erreichen, und Abwesenheit amerikanischer Zurückhaltung andererseits, die den sowjetischen Verteidigungsplanern ihr Leben sehr erschwert haben würde.« (S. 86)

9. Krisenstabilität stellt Gray nicht als Wert in Frage, er behauptet nur, daß eine (nach seinen Vorstellungen) *richtig* entwickelte Kriegführungsstrategie der USA nicht zu Krisen*in*stabilität führen würde:

»…Eine amerikanische kriegführungsorientierte strategische Haltung sollte, wenn sie richtig konstruiert ist, nicht zur Kriseninstabilität beitragen. Die Tatsache, daß die Vereinigten Staaten eine theoretische First-strike-Zerstörungsfähigkeit gegenüber großen Teilen der sowjetischen strategischen Streitkräfte haben, sollte (auf sowjetischer Seite) nicht zu ›benutze die Streitkräfte oder verliere sie‹-Denken beitragen. Denn der zentrale Zweck der amerikanischen strategischen Pläne würde sein, *jede* sowjetische Siegstrategie unmöglich zu machen. Warum sollte die Sowjetunion interessiert sein, einen Krieg zu beginnen, den zu gewinnen sie wenig, wenn überhaupt, Hoffnung haben könnte…« (S. 87)

Mit dieser Kritik kommt Gray zu der These, es sei notwendig, eine Theorie für den Nuklearkrieg zu entwickeln. Denn:

»1. Die fast ausschließliche Befangenheit mit den Fragen nuklearer Drohungen – im Gegensatz zu Nuklearschlägen – hat einen grundlegenden Mangel an

---

296 Nicht ganz ohne Bezug hierzu ist die Feststellung, daß 73 % aller Amerikaner die USA als stärkste Militärmacht der Welt sehen wollen (Le Monde, 5. Juni 1981, nach Time-Magazin).

Ernsthaftigkeit bei der Frage, wie ein Nuklearkrieg wirklich geführt werden soll, erleichtert. Dies koppelt zurück zu verarmten (verengten) Abschreckungspositionen und Doktrinen.

2. Obgleich Friede sein Beruf sein mag, könnte das strategische Luftwaffenkommando (SAC) der Vereinigten Staaten eines Tages entdecken, daß Krieg sein Geschäft ist. Und es würde für unsere Zukunft besser sein, wenn in diesem Falle das strategische Luftwaffenkommando durch eine Theorie geführt würde, die ihm zeigt, wie es den Krieg zu einem erträglichen Resultat führen kann.«[297]

3. Schlesingers »strategische flexible und begrenzte Optionen« waren, so meint Gray, oberflächlich gesehen eine bemerkenswerte Verbesserung der amerikanischen Abschreckungspolitik. Doch: zu was sollen Vorstellungen über selektive Einsätze dienen, wenn es kein Konzept für die Führung und günstige Beendigung des Krieges gibt? *Nur mit einer kräftigen Überlegenheit der Vereinigten Staaten, etwa wie 1957 oder 1962, haben Überlegungen über strategische Flexibilität Sinn:*

»Strategische nukleare Optionen, selbst wenn sie sehr weitgehend nach militärischen Gesichtspunkten gegen militärische Ziele gerichtet werden, haben Sinn und haben einen vollen Abschreckungswert dann und nur dann, wenn die Sowjetunion hinter ihnen die amerikanische Fähigkeit und den amerikanischen Willen sieht, einen Krieg bis zur sowjetischen politischen Niederlage durchzufechten.« (S. 65)

4. Die Theorie, der Sowjetunion die Erholungsfähigkeit nach einem Nuklearkrieg durch gezielte Zerstörung der sowjetischen Überlebensvoraussetzungen zu nehmen, durchkreuzt zwar den sowjetischen Plan, die Erholung der Sowjetunion nach einem Nuklearkrieg möglichst sicherzustellen. Sie bietet aber für amerikanische Planungen auch keinen Ausweg.

Denn diese Theorie leidet an der Möglichkeit der Sowjetunion zu Gegenaktionen: Was, wenn die Sowjetunion ihrerseits Amerika zum Agrarstaat zurückbombt – und selbst »Westeuropa unter weitgehend unzerstörten Bedingungen als Wiederaufbaubasis benutzen kann«. (S. 67)

Eine »Siegoption«, die mit der Aufstellung von Mittelstreckenraketen durch die NATO in Mitteleuropa allerdings entfiele, da die Sowjetunion diese Raketen (und damit Mitteleuropa) zerstören müßte. – Ein Grund mehr für manche amerikanischen Planer, auf der Landstationierung von Mittelstreckenraketen zu bestehen?

5. Ziel für die »Sieg-im-Atomkrieg-Strategie« müsse vielmehr der Sowjet*staat* sein:

»Die Sowjetunion, gleich dem zaristischen Rußland, weiß, daß sie einen enormen Grad von Zerstörung (Verluste an Menschenleben, Industrie, fruchtbarem Ackerland und selbst

---

297 S. 63. Colin S. Gray spielt mit diesen Sätzen auf das Wappen des SAC an, in dem steht »Peace is our profession« (Frieden ist unser Beruf).

an Territorium) absorbieren kann, sich wieder erholen und durchhalten kann bis zum Endsieg – vorausgesetzt, die notwendigen Trümpfe des Staates bleiben intakt. Diese prinzipiellen Werte sind: Die politische Kontrollstruktur der hochzentralisierten KPdSU und der Regierungsbürokratie; die Kommunikationsmittel vom Zentrum zu den Regionen; die Instrumente zentraler Machtausübung (der KGB und die Streitkräfte) und die Reputation des Sowjetstaates in den Augen seiner Bürger. Die Zerstörung von ökonomischen Zielen sollte in intelligenten amerikanischen Kriegsplänen einen Platz haben, aber nur bis zu dem Grade, zu dem solch eine Zerstörung das Funktionieren des Sowjetstaates beeinträchtigen würde.« (S. 67 f.)

Und:

»Eine Theorie eines Sieges über die Sowjetunion kann nur teilweise militärischen Charakter haben – der wichtigere Teil ist der politische Teil. Die Vereinigten Staaten und ihre Alliierten sollten wahrscheinlich nicht darauf abzielen, die Sowjetunion als ein einheitliches Ganzes militärisch zu besiegen. Stattdessen sollten sie ihr solch eine Niederlage zufügen wie notwendig ist, die enttäuschten Alliierten im Warschauer Pakt und ethnische Minderheitsgruppen innerhalb der Sowjetunion zu überzeugen, daß sie jetzt ihre eigenen Werte in sehr aktiver politischer Weise sicherstellen können.« (S. 80)

6. Voraussetzung für ein solches Siegkonzept ist nach Gray *Überlegenheit:*

»Wenn es wahr oder zumindest wahrscheinlich ist, daß ein großer (zentraler) Kernwaffenkrieg gewonnen oder verloren werden kann, dann folgt daraus, daß das Konzept strategischer *Überlegenheit* in den Bevölkerungen im Westen wieder belebt werden muß. Überlegenheit hat eine Reihe von Bedeutungen, reichend von der Fähigkeit, einen denkbaren Gegner davon abzubringen, Widerstand zu leisten (das bedeutet eine Krise abzuschrecken) über die Auferlegung schwerer Eskalationshemmnisse bis zu einem Kontext, in dem man einen tatsächlichen bewaffneten Konflikt zu einem erfolgreichen Ende führt.« (S. 85 f.)
»Überlegenheit kann mehr für Rüstungsbegrenzung und Krisenstabilität tun als Selbstbeschränkung.« (S. 85)

7. Rüstungswettlauf muß als Instrument der Politik gesehen und akzeptiert werden:

»Selbst wenn das Argument der Rüstungssteuerung richtig wäre, daß ein Akzent auf Verteidigungsplanungen der USA (Raketenverteidigung, Luftverteidigung und Zivilverteidigung – der Autor) die Sowjetunion dazu anregen würde, mehr aufzuwenden, um diese Verteidigung durch Verbesserung der Offensivstreitkräfte zu überwältigen – sei's drum. Im allgemeinen kann man sagen, daß das Argument, daß diese oder jene amerikanische Initiative sowjetische Reaktionen auslösen wird, zu ernst genommen wird. Es ist sicher sinnvoll, darüber nachzudenken, welche Reaktionen der Gegner zeigen wird, und sich einen vollen Überblick darüber zu verschaffen, welche Möglichkeiten er hat. Aber ein Land, das so reich ist wie die Vereinigten Staaten (und so verantwortlich für internationale Sicherheit), sollte sich nicht durch die Möglichkeit eines Wettbewerbs (mit der Sowjetunion) davon abhalten lassen, die notwendigen Programme durchzuführen.« (S. 85)

Es ist erstaunlich, wie Diskussionsnebel sich heben, wenn Präferenzen und politische Intentionen ausgesprochen werden, die niemand aussprach, weil es nicht tunlich war, sie auszusprechen.

Aussagen über die Notwendigkeit von einzelnen Waffensystemen folgen fast ohne Streit, wenn man erst einmal klargemacht hat, welche der beiden idealtypischen Strategien man will: Reine gesicherte wechselseitige Abschreckung oder Kriegführungsfähigkeit. Denn es ist klar, daß weder hohe Counter-force-first-strike-Kapazitäten (hohe Fähigkeiten, in einem ersten Schlag gegnerische Nuklearstreitkräfte zu zerstören) noch ABM (Raketenverteidigung) noch Zivilschutz gegen strategische Kernwaffen in einem *reinen* [298] Abschreckungskonzept Platz haben. Jeder Versuch, sie doch oder jedenfalls teilweise einzuführen, führt entweder zum Scheitern – oder zu unklaren, unqualifizierbaren und umstrittenen Forderungen (S. 74). Eine Siegtheorie dagegen setzt notwendigerweise voraus:

1. Eine hochentwickelte Fähigkeit der USA, mit einem Erstschlag die gegnerischen Nuklearpotentiale weitgehend auszuschalten.
2. Eine gute Verteidigung der USA gegen etwaige Vergeltungsangriffe der Sowjetunion mit dem ihr verbliebenen Restpotential.
3. Ein effektives Zivilschutzprogramm gegen strategische Nuklearangriffe.

Denn, so Gray:

»Es ist unvernünftig, von einem amerikanischen Präsidenten zu fordern, eine akute Krise durchzustehen oder die frühen Phasen eines großen Nuklearkrieges (central war), wenn er fürchten muß, dafür verantwortlich zu sein, daß mehr als 100 Millionen Amerikaner ihr Leben verlieren... Solange wie die amerikanische Gesellschaft praktisch ungeschützt durch Raketenabwehr, Luftabwehr und Zivilschutz ist, werden die Vereinigten Staaten in jedem Prozeß einer Eskalation gegen die sowjetischen Streitkräfte, so wie er für die 80er Jahre vorhergesehen werden kann, verlieren.« (S. 84 f.)

Grays Analyse ist ein Ärgernis. Und das nicht nur wegen seiner Absicht, Sieg im Atomkrieg zum strategischen Ziel der amerikanischen militärischen Vorbereitungen zu machen. Gerade in diesem Kernpunkt bleibt Gray überdies unklar. Denn *wie* ein Atomkrieg von den USA gewonnen werden könnte und *was* Gewinnen bedeuten soll, das zu zeigen, bleibt Gray schuldig.

Doch nennt Gray notwendige Voraussetzungen für jeden denkbaren Weg zu einem Sieg im Nuklearkrieg und fordert Maßnahmen, die notwendigerweise getroffen werden müssen, wenn Sieg im Atomkrieg Ziel der Strategie ist. Maßnahmen, die häufig mit ganz anderen Begründungen gefordert werden. Begründungen, mit denen sie einfach nicht übereinstimmen. Die Regierung

---

298 In der Realität Europas, in der ein Verteidigungskonzept mit einem Abschreckungskonzept verknüpft wird (flexible response), ist die Frage, wie die Zivilbevölkerung in einem Krieg möglichst gute Überlebenschancen bekommt, schwieriger zu beantworten. Vgl. dazu H. Afheldt, Defensive Verteidigung, S. 134 f.

Reagan scheint die von Gray geforderten Maßnahmen inzwischen vorzubereiten. (Beispiel: Raketenabwehr, höhere Counter-force-Vernichtungsmöglichkeiten und Ausrichtung der Nuklearstrategie auf militärischen Sieg.[299])

Man mag diese Zielsetzungen als falsch und utopisch ansehen und sich über eine solche Wendung amerikanischer Sicherheitspolitik ärgern. Aber das gestattet nicht, über Grays ätzende Kritik an der bisher offiziell vertretenen Sicherheitspolitik der NATO hinwegzugehen. Denn diese kritische Analyse Grays ist in weiten Teilen kaum widerlegbar. Z.B.: Atomkrieg ist möglich. Stabile Abschreckung *verweigert* (auch den Vereinigten Staaten) die Freiheit zu strategisch-nuklearen Einsätzen. Stabile Abschreckung *minimiert* die Relevanz von Kernwaffen auf *beiden* Seiten durch Selbstabschreckung usw.

Aber was bleibt dann von der Abschreckungsstrategie der NATO, auf die der Westen – und insbesondere die Bundesrepublik – sich bisher fast blind verlassen hat?

Auch nicht alle Behauptungen Grays über »bessere Ziele« sind falsch. So erscheint es mir ebenfalls eher rational, zur Abschreckung das *Herrschaftssystem* der Sowjetunion zu bedrohen als die sowjetischen Menschen.[300] Auch für eine Abschreckungs- und Kriegsverhütungsstrategie scheint es mir deshalb richtiger, der Sowjetunion für den Fall eines sowjetischen Angriffs nicht mit der Zerstörung von Städten zu drohen, sondern mit Maßnahmen, die notwendig sind, die »enttäuschten Alliierten im Warschauer Pakt... zu überzeugen, daß sie jetzt ihre eigenen Werte in sehr aktiver politischer Weise sicherstellen können«. (S. 80) – Wobei nur fraglich bleibt, wie man das macht.

Doch der entscheidende Satz in der Argumentation Grays ist ein anderer, er lautet:

»Eine der wichtigsten Aufgaben der amerikanischen ›defense community‹ ist, dazu beizutragen, sicherzustellen, daß in einem Moment einer akuten Krise der sowjetische General-

299 Die New York Times vom 30.5.1982 berichtete über ein geheimes Pentagon-Papier für einen neuen sicherheitspolitischen Fünfjahresplan:
»Die atomare ›Enthauptung‹ (decapitation) der Sowjetunion und die Fähigkeit, ›die gesamte sowjetische (und mit der Sowjetunion verbündete) militärische und politische Machtstruktur auszuschalten‹, sollen einem neuen ›Leitlinien-Dokument‹ des Pentagon zufolge künftig offiziell ›Grundlage der Atomkriegsstrategie‹ Washingtons sein. Dies enthüllt die New York Times am 30. Mai 1982 mit der Veröffentlichung von Auszügen aus dem neuen Pentagon-Dokument, dessen 125 Seiten langer Wortlaut bisher geheim gehalten wird. Weinberger geht damit über die – im Wortlaut bis heute geheime – ›Direktive 59‹ hinaus, in der Präsident Carter 1980 erstmals atomare ›Erst‹- und ›Entwaffnungs‹schläge als amtliche US-Nuklearkriegsstrategie sanktionierte.«
300 Ich habe 1976 dieselbe These vertreten (Resultat 20, S. 64):
»Adressat des Einsatzes und der Einsatzdrohung mit strategischen Waffen ist im Abschreckungssystem die Regierung des Gegners. ... Unerträglich für eine Regierung sind keineswegs nur hohe Verluste der Zivilbevölkerung. Unerträglich vom Standpunkt der Regierung eines Landes ist z.B. auch die Aufhebung der Herrschaft dieser Regierung und jeder ihr akzeptabel erscheinenden Nachfolgeregierung (erzwungener Systemwechsel).«

stab dem Politbüro einen plausiblen Plan für einen militärischen Sieg *nicht* vorlegen kann.« (S. 56)

Und eine solche sowjetische Siegstrategie kann nach Meinung der von Gray vertretenen Richtung *nur* dadurch verhindert werden, daß Vorbereitungen getroffen werden, die einen *amerikanischen* Sieg sicherstellen.

Akzeptiert man diese Prämisse, ein sowjetischer Sieg im Atomkrieg könne durch eine amerikanische Sieg-Strategie und *nur* durch eine solche Siegoption für die USA verhindert werden, dann ist der Rest der Argumentation zwingend: Gegen die Forderung nach möglichst großer amerikanischer Überlegenheit kann dann nicht mehr argumentiert werden. Denn Sieg im Nuklearkrieg (was immer das auch sein soll) setzt selbstverständlich Überlegenheit auf vielen Feldern voraus. Damit wird die Gefahr des Wettrüstens zum Gegenargument zweiten Ranges. Wenn sie – angesichts der amerikanischen industriellen Überlegenheit – überhaupt noch als Gegenargument anerkannt wird.

Und Krisenstabilität erreicht man gleichermaßen durch *gleiche Unfähigkeit* zum positionsverbessernden Angriff auf beiden Seiten (stabile Abschreckung) wie durch *totale Angriffsunfähigkeit eines Gegners* – hier der Sowjetunion.

Alles dreht sich somit um die Prämisse: Um zu verhüten, daß jemals im Falle einer Krise ein sowjetischer Generalstab einen Siegplan vorlegen könne, *müsse ein amerikanischer Siegplan* vorbereitet werden. Doch diese Prämisse hat Gray nur behauptet, nicht aber bewiesen.

Michael Howard widerspricht dieser Behauptung:

»Mir scheint, die Antwort des Westens sollte *nicht* sein, die Russen nachzumachen, sondern ihnen klarzumachen, mit ihrer eigenen Clausewitzschen Logik, daß ein Siegplan einfach nicht funktionieren wird: Daß es keinen Weg gibt, auf dem der Gebrauch der strategischen Nuklearwaffen der Sowjetunion ein rationales Instrument der Politik dieses Staates sein kann – für sie oder für irgend jemand sonst.

... Aber Mr. Gray glaubt, daß Aufgabe der Defense Community ist, das Weiße Haus mit einer plausiblen Siegtheorie zu versehen, und das ist sicher etwas ganz anderes.«[301]

So kommt man zu der entscheidenden Frage: Wie kann und soll eine sowjetische »Sieg-im-Atomkrieg-Intention« – falls sie bestehen sollte – durchkreuzt werden?

Mit einer eigenen Siegstrategie? *Nur* mit einer eigenen Siegstrategie – oder womit sonst?

Die Annahme, die Sowjetunion plane den Sieg im Atomkrieg, kann sehr unterschiedliche Sachverhalte bezeichnen. Sie kann entweder bedeuten:

Die Sowjetunion plant, den Westen ohne zwingenden Grund atomar anzugreifen und zu besiegen. (Frei entschlossener Angriff – Typ 1939.)

301 M. Howard 1981, S. 10.

Oder:

Die Sowjetunion plant, einen Atomkrieg jedenfalls dann zu beginnen und zu gewinnen, wenn eine Situation entstehen sollte, in der ihr Krieg ohnehin unvermeidlich erscheint. Sei es, weil sie einen amerikanischen atomaren Angriff sicher erwartet, sei es aus anderen Gründen. (Präemptivangriff, Präventionsangriff oder Typ Pearl Harbour 1941.[302])

Die Voraussetzungen dafür, der Sowjetunion jede Siegeschance durch Abschreckung zu nehmen, sind aber in diesen beiden Angriffsformen außerordentlich verschieden.

a) Abschreckung der Sowjetunion vom frei entschiedenen Krieg (Typ 1939)

Um die Sowjetunion von einem frei entschiedenen Angriff abzuschrecken, ist einmal erforderlich, daß die Sowjetunion sieht, daß sie *nach* einem Kernwaffenkrieg mit Sicherheit wesentlich schlechter dasteht als vorher. *Diese* Forderung hat die »Abschreckung durch Kriegführungs- und Siegstrategie« mit der »Abschreckung durch wechselseitige, gesicherte Zweitschlagskapazität« (MAD) gemein.

Doch die Vorstellung, es gäbe einen Sieg im Atomkrieg, den man der Sowjetunion verweigern müsse, beruht auf der Meinung, die Sowjetunion könne einen Atomkrieg sehr wohl als Mittel der Politik ansehen und führen, *auch wenn* sie dabei einen fürchterlichen Schaden erleide. Einen Schaden, der weit über jedes nach unseren westlichen Maßstäben erträgliche Maß hinausgehe. Wenn sie damit aber erreiche, daß sie in der Nachkriegswelt den USA überlegen sei und somit schneller ihre Machtposition ausbauen könne, so daß ihr die Weltherrschaft zufalle.

Abschreckung der Sowjetunion durch »Verweigerung des Sieges im Atomkrieg« fordert deshalb nach dieser Auffassung mehr als »assured destruction« (gesicherte Zerstörungsfähigkeit). Sie fordert, daß die *relative* Position der Sowjetunion nach dem Krieg nicht nur sehr viel schlechter ist als vorher (unacceptable damage), sondern auch viel schlechter als die der »Nachkriegs-USA«. So schlecht den Vereinigten Staaten selbst es auch immer gehen möge. Wenn deshalb die Chancen der Sowjetunion im Machtkampf mit den USA zu siegen, durch den Krieg nicht gestiegen, sondern entschieden gesunken sind. Oder wenn gar, wie Gray fordert, dieser Krieg den Machtkampf zugunsten der USA entscheiden würde.

Die amerikanische Zielplanung für die strategischen Kernwaffen legte schon

---

302 Als präemptiv bezeichnet man einen Angriff dann, wenn er in Angriffsvorbereitungen des Gegners hineinläuft. Als präventiv dann, wenn man zwar noch keine Angriffsvorbereitungen des Gegners sieht, aber damit rechnet, der Gegner werde demnächst oder jedenfalls in absehbarer Zeit einen solchen Angriff führen.

Der japanische Angriff auf Pearl Habour schien der japanischen Führung die letzte Chance zu bieten, die Existenz ihres Imperiums zu retten, da die USA Japan vor die Alternative gestellt hatten: Entweder Räumung ganz Chinas oder Blockade in allen Gütern, die Japan für die Fortführung seines Kampfes benötigte.

Ende der 70er Jahre einen Akzent darauf, die relative Machtposition in der »Nachkriegszeit« durch Zerstörung der Erholungsgrundlagen der UdSSR zu zerbrechen:

»Wir richten unsere Zielplanung nicht länger per se auf die Bevölkerung. Was wir jetzt tun ist, darauf zu zielen, die Erholungsfähigkeit (der Sowjetunion) nach dem Krieg zu zerstören.«[303]

Diese Argumentation beleuchtet aber auch, wieweit sich Abschreckung mit Kernwaffen in Zielplanung und Waffenausstattung geplantem Genozid, geplanter Ausrottung genähert hat. Vom alten europäischen Kriegs- und Völkerrechtsdenken, das den Krieg auf die Streitkräfte beschränken wollte, Land und selbst Staaten aber zu erhalten trachtete – über »assured destruction« = Zerstörung der Werte der *lebenden* Generation bis zur »Ausrottungsplanung« – wahrlich ein stolzer Weg[304] von Sicherheitspolitik, Sicherheitspolitikern und sicherheitspolitischer Wissenschaft. Bernard Brodie beschreibt die Zielsetzung der »Counter-recovery-Strategie« deshalb wohl treffend mit den Worten: »Man muß fast bis zum Schicksal Karthagos zurückgehen, um ein historisches Vorbild zu finden.«[305]

Engt man den Blick so auf eine unvermeidliche Duell-Situation zwischen den USA und der Sowjetunion (Rom–Karthago) ein, mag es für Sieg oder Niederlage wirklich nur noch darauf ankommen, wer nach dem Krieg besser – oder genauer: weniger schlecht – dasteht als der andere. Doch damit zeigt sich auch schon das erste Paradoxon einer solchen Betrachtungsweise, die – nach Kissinger – von einem Teil der derzeitigen amerikanischen Regierung geteilt wird, der einen »apocalyptic showdown« mit der Sowjetunion für unvermeidlich hält.[306] Denn die Befürchtung, es komme der Sowjetunion auf praktisch nichts anderes an, als *ihre relative Macht zu den USA* zu verbessern, spart verblüffenderweise weitgehend die Frage aus, wie denn eine so durch den Krieg geschwächte Sowjetunion ihre Position zu Dritten, zu China, West- und Osteuropa halten soll?[307] Und umgekehrt: Wie sollen denn weitgehend zerstörte Vereinigte Staa-

303 General Brown, Chairman of the Joint Chiefs of Staff 1977 – vgl. Defense Monitor Vol. VI, No. 6, August 1977, S.2 (zitiert nach Gray 1979, S.66, Anm.30).

304 Gray (1979) in seinem Plädoyer für einen »amerikanischen Sieg im Atomkrieg« lobt diese Theorie deshalb auch im Prinzip (»the counter-recovery theory was not a bad one«), S. 66. Er meint aber, in der Praxis seien bald einige Schwierigkeiten aufgetaucht, die diesen Ansatz ungeeignet erscheinen lassen.

305 Brodie 1978, S. 79.

306 Henry Kissinger 1982 b.

307 Ein unzerstörtes Westeuropa erscheint in den Kalkulationen zwar häufig – aber nicht als Bedrohung für die kriegszerschlagene Sowjetunion. Sondern als eine Basis, die die Sowjetunion sich leicht verschaffen könne und von der aus sie ihre Erholung dann schneller vorantreiben könne als die USA. Ein unzerstörtes Westeuropa wird in diesem Denken so zu einer »Siegoption« für die Sowjetunion. Da aber in diesem Denken der Sowjetunion jede Siegoption verbaut werden muß, erscheint ein unzerstörtes Europa als eine Gefahr für die USA.

ten ihre Weltmachtrolle gegenüber Drittländern behalten – selbst wenn die Sowjetunion als Weltmacht völlig ausgeschaltet sein würde?

b) Abschreckung der Sowjetunion vom Präventivkrieg

Die unglückseligen Konsequenzen der Denkweise, die den Akzent auf die relative Machtposition in der Nachatomkriegszeit konzentriert oder gar mit Gray die Zerstörung des sowjetischen Imperiums fordert, zeigen sich ganz besonders deutlich, wenn es darum geht, den Präventiv- oder Präemptivangriff der Sowjetunion abzuschrecken. Den Angriff also, den die Sowjetunion deshalb führt, weil sie – zu Recht oder Unrecht – daran glaubt, ein amerikanischer Angriff sei unvermeidbar oder stehe gar unmittelbar bevor.

Bleibt man in den Denkkategorien von »Sieg im Atomkrieg« und »Niederlage im Atomkrieg«, die soeben dargelegt wurden, und nimmt man dann an, die Sowjetunion glaube an einen unmittelbar bevorstehenden Angriff, ist die Frage, die sich die Sowjetunion vorlegen muß, nicht mehr: *Verbessert* ein Krieg die sowjetische relative Macht gegenüber den USA? Hat also die Sowjetunion, wenn sie angreift, bessere Chancen, ihren Willen durchzusetzen, als ohne Krieg?

Die Frage wird vielmehr:

Wie schlecht geht es der Sowjetunion, wenn sie jetzt *nicht* angreift? Wie schlecht ist es also um ihre relative Macht in der Nachkriegszeit bestellt, wenn sie den amerikanischen Angriff über sich ergehen läßt? Ist gar ihr Imperium zerstört? (Gray) Geht es ihr vielleicht doch noch etwas weniger schlecht, wenn sie diesem Angriff jetzt durch einen Präventivschlag zuvorkommt? Verliert die Sowjetunion z.B. »nur« 20 Millionen Tote, wenn sie präventiv angreift, aber 200 Millionen Menschen, wenn sie wartet?

Und, falls die Sowjetunion sich wirklich in die »Sieg im Atomkrieg-Denkweise« verirrt hat, muß sie sich weiter fragen:

Wie sieht einerseits die relative Machtposition der Sowjetunion gegenüber den Vereinigten Staaten in der Nachkriegszeit aus, wenn die Sowjetunion abwartet und 200 Millionen Menschen verliert, die USA aber »nur« 20 Millionen Menschen? Und wie andererseits, wenn die Sowjetunion präventiv angreift, »nur« 20 Millionen Menschen verliert – die USA aber 200 Millionen?

Einen sowjetischen präventiven Schlag abzuschrecken, fordert in der Denkkategorie »Sieg im Atomkrieg« deshalb:

Die Sowjetunion darf *nie* durch Angriff irgendeine Verbesserung ihrer relativen Position erreichen, auch nicht gegenüber der relativen Position, die sie *nach* einem amerikanischen Angriff hätte, wenn sie einen solchen Angriff abwarten würde. Aber das ist eine Forderung, die, wie wir oben sahen[308], nur durch *vollständige Überlegenheit* der USA erfüllt werden kann. Und die Probleme einer

---

308 Oben Kap. 5.1.2. Vollständige Überlegenheit erscheint dort als Variante 6 oder 7.

Politik, die vollständige Überlegenheit anstrebt, haben wir ebenfalls dort kennengelernt.

5.2.2 Sieg im Atomkrieg – die Fakten

Wie sahen die realen Bedingungen bei Amtsübernahme von Präsident Reagan aus? Gab es insbesondere für eine der beiden Supermächte Hoffnung auf einen »Sieg im Atomkrieg«? Wer im Atomkrieg wirklich »siegt«, weiß man erst hinterher. Doch dann ist es zu spät. Zumindest für den Verlierer. Zu spät sicher auch für den Gewinner.

Ehe es zu spät ist, kann man aber versuchen, mit Hilfe mathematischer Modelle und mit den bekannten Daten über Zahlen, Treffergenauigkeiten und Sprengkraft der Waffen, auszurechnen, wie etwa ein nuklearer Angriff und seine Erwiderung durch den Gegner sich auf die Militärpotentiale und auf die Bevölkerung der betroffenen Länder auswirken würde.[309]

Die Ergebnisse solcher Berechnungen legte der damalige US-Verteidigungsminister Brown dem Kongreß 1980 in Form von folgenden Graphiken vor (s. S. 160).[310]

Was ergibt sich aus diesen Graphiken? Wie sieht es aus mit »Sieg im Atomkrieg« – der *relativen* Verbesserung der strategischen Position einer Seite gegenüber der anderen durch einen strategischen Kernwaffenkrieg?

Die Graphiken zeigen:

Durch einen Angriff auf die strategischen Streitkräfte der Vereinigten Staaten kann die Sowjetunion ihre relative Situation auf der strategischen Ebene auch im Verlauf der 80er Jahre nicht verbessern, wenn sie die nach SALT II erlaubten Rüstungsprogramme durchführt und die Vereinigten Staaten mit den von Präsident Carter vorgesehenen Programmen kontern. Im Gegenteil, alle Kurven, die die Relation der Kräfte *nach* einem sowjetischen Angriff zeigen (Figuren II und III), liegen im Vergleich zu der Friedenssituation (Figur I) höher. Das bedeutet aber, die Verhältnisse der verbleibenden strategischen Nuklearkräfte verändern sich durch einen sowjetischen Angriff nur zum *Vorteil* der USA.

Verbesserung der *relativen* Position der *USA* selbst nach einem Angriff der Sowjetunion – das legt natürlich die Frage nahe: Was passiert denn, wenn die *Vereinigten Staaten die Sowjetunion angreifen* sollten? Die Antwort, gegeben vom damaligen Verteidigungsminister Brown:

»Aufgrund der Verbesserung von Treffsicherheit und Energieausbeute wird uns die Minuteman 3 in der Mitte der 80er Jahre eine erhebliche Zerstörungskapazität gegen verbunkerte Raketen geben – selbst ohne MX...«

309 Zur Vorbereitung dieses Kapitels haben wir im Max-Planck-Institut Starnberg ebenfalls solche mathematischen Modelle erstellt. Die dabei gefundenen Ergebnisse decken sich mit den im Text wiedergegebenen des amerikanischen Verteidigungsministeriums.

310 Department of Defense 1981, S. 125.

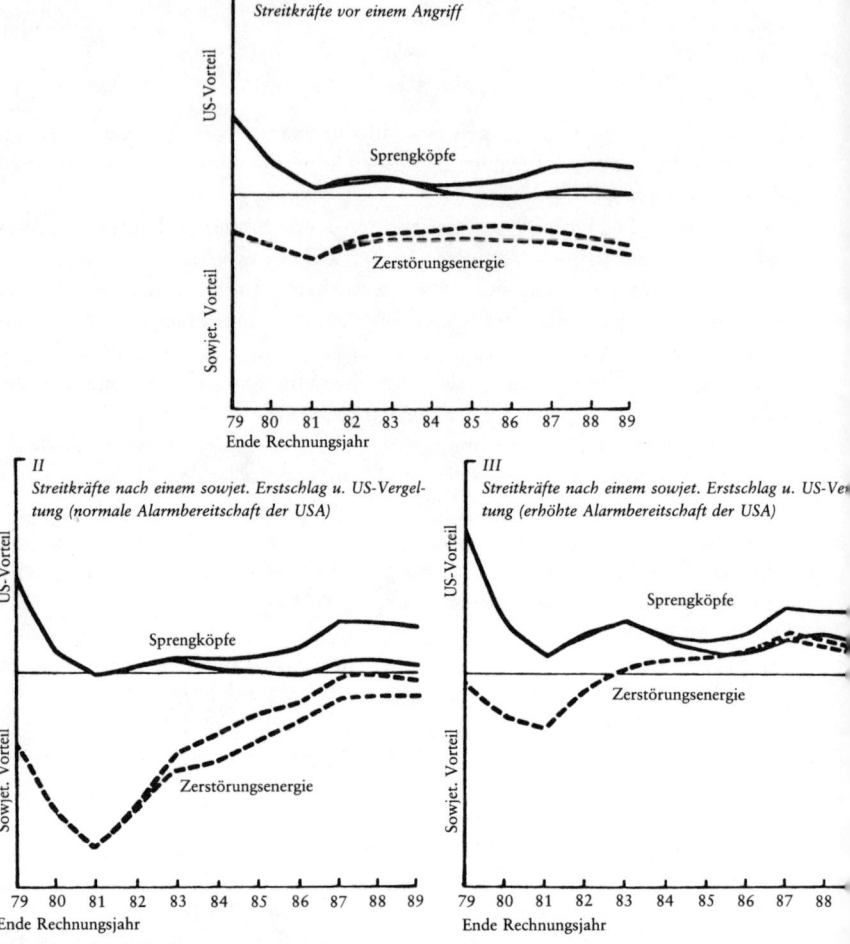

I
Streitkräfte vor einem Angriff

US-Vorteil

Sprengköpfe

Zerstörungsenergie

Sowjet. Vorteil

79 80 81 82 83 84 85 86 87 88 89
Ende Rechnungsjahr

II
Streitkräfte nach einem sowjet. Erstschlag u. US-Vergeltung (normale Alarmbereitschaft der USA)

US-Vorteil

Sprengköpfe

Sowjet. Vorteil

Zerstörungsenergie

79 80 81 82 83 84 85 86 87 88 89
Ende Rechnungsjahr

III
Streitkräfte nach einem sowjet. Erstschlag u. US-Vergeltung (erhöhte Alarmbereitschaft der USA)

US-Vorteil

Sprengköpfe

Zerstörungsenergie

Sowjet. Vorteil

79 80 81 82 83 84 85 86 87 88
Ende Rechnungsjahr

Anmerkung: Die Graphiken gehen von den Rüstungsprogrammen beider Seiten und von der Einhaltung der Höchstgrenzen von SALT II aus. Die Aufspaltung der Kurven folgt aus der Unsicherheit darüber, ob die Sowjetunion auf ihre neuen Raketen ein oder zehn Sprengköpfe setzt. In diesen Graphiken bezeichnen die durchgezogenen Linien das Verhältnis der Sprengköpfe, die die Vereinigten Staaten (noch) besitzen, zu den Sprengköpfen der Sowjetunion. Die punktierten Linien bezeichnen das Verhältnis der Explosionsenergie aller (noch) vorhandenen strategischen Kernwaffen der USA zu dem der (noch) vorhandenen sowjetischen. Ist dieses Verhältnis 1 : 1, dann schneidet die Kurve in der Abbildung die ausgezogene Mittellinie. Ist das Verhältnis größer als 1, also günstiger für die Vereinigten Staaten, liegt die Kurve in der oberen Hälfte der Abbildung. Ist das Verhältnis kleiner als 1, also für die Sowjetunion günstiger, bleibt die Kurve in der unteren Abbildungshälfte. Die Figuren II und III zeigen, wie viele Sprengköpfe bzw. wieviel Zerstörungsenergie beiden Seiten *relativ zur anderen* nach einem Sowjet-Counter-force-Angriff auf die strategischen Streitkräfte der USA und einem Vergeltungs-Counter-force-Angriff der USA auf die verbliebenen strategischen Streitkräfte der Sowjetunion verbleiben.

Und:

»Obgleich die MX einen erheblichen Prozentsatz der sowjetischen strategischen Streitkräfte ausschalten kann, würde die Sowjetunion durch den Verlust ihrer ICBM nicht mehr entwaffnet, als wir es würden. Zumindest hunderte SLBM blieben ihr.«[311]

Richtig ist:
    Der Sowjetunion bleiben nach einem Erstschlag der USA gegen die sowjetischen strategischen Streitkräfte einige hundert SLBM (Raketen auf U-Booten). Aber den USA verbleiben nach einem sowjetischen Erstschlag einige tausend strategische Nuklearwaffen auf Bombern und U-Booten. Unrichtig ist in der Aussage Browns deshalb der Satz, die Sowjetunion würde durch den Verlust ihrer ICBM nicht *mehr* entwaffnet als die Vereinigten Staaten.

Denn 72 % der Sprengköpfe der Sowjetunion, aber nur 22 % der der Vereinigten Staaten, befinden sich auf landgestützten Interkontinentalraketen (ICBM) an Land. Der *relative* Verlust der Sowjetunion durch die Ausschaltung aller ICBMs wäre deshalb dreimal so groß wie der Verlust der Vereinigten Staaten. Auf Schiffsraketen hat die Sowjetunion nur 19 % ihres Potentials, die Vereinigten Staaten aber 51 %.[312] Doch eben diese *relative* Position nach einem Erstschlag ist entscheidend, wenn man in der Kategorie »Sieg im Atomkrieg« denkt. Auch dann, wenn man meint, »Sieg im Atomkrieg« nur vorbereiten zu müssen, um Atomkrieg zu verhüten.

Damit aber stellt sich das Problem:
    Wie sieht es denn mit der Gefahr eines Atomkrieges vom Typ 1914 aus, wenn die Sowjetunion tatsächlich die Veränderung der *relativen Machtposition* zwischen ihr und den USA als allein entscheidendes Kriterium ansehen sollte?

    Sicher: Auch Mitte bis Ende der 80er Jahre hätte die Sowjetunion nicht die Chance, durch einen Angriff auf die USA eine Position zu erreichen, aus der heraus sie die USA zur Kapitulation zwingen könnte. Denn, wie sich in den Figuren II und III zeigte, würde die Sowjetunion durch einen sowjetischen nuklearen Erstschlag die Relation der (verbleibenden) sowjetischen strategischen Potentiale zu denen der Vereinigten Staaten gegenüber dem Friedensverhältnis nur verschlechtern.[313] Es wäre deshalb in dieser Situation eher die Sowjetunion, die durch die Drohung mit den nach diesem sowjetischen Angriff noch verfügbaren überlegenen Nuklearwaffen der USA zur Kapitulation gezwungen werden könnte.

    Doch diese Berechnung der »noch zur Verfügung stehenden Waffen« beschreibt nur den militärischen Aspekt. Mindestens ebenso wichtig für das

311 Department of Defense 1981, S. 90 und S. 89.
312 Nach »Kräftevergleich NATO und Warschauer Pakt«, Bonn 1982.
313 Das gilt bei erhöhter Alarmbereitschaft der USA (Figur III) schon seit Anfang der 80er Jahre, bei normaler Alarmbereitschaft (Figur II) stets für die Sprengköpfe und ab Mitte der 80er Jahre auch für die Zerstörungsenergie.

Nachkriegs-Machtverhältnis der beiden Supermächte zueinander ist, was in diesem Krieg beiden Supermächten auf ihren Territorien widerfuhr: die Counter-force-Nuklearschlacht mit Tausenden von Kernexplosionen im Lande des Angegriffenen. Und hier gibt es zwei Alternativen, die sich für die Vereinigten Staaten und die Sowjetunion ganz außerordentlich unterscheiden.

1. *Greift die Sowjetunion die USA als erste an,* sind die Interkontinentalraketen, die Bomber- und U-Boot-Stützpunkte auf *amerikanischem* Boden das Ziel.

Das aber bedeutet: In diesem Fall explodieren auf *amerikanischem* Boden Mitte der 80er Jahre rund 9000 sowjetische Nuklearsprengköpfe mit fast 9000 MT Zerstörungsenergie.[314] Und die USA werden im Counter-force-Gegenschlag in dieser Alternative »nur« noch 200 bis 300 MT gegen noch nicht eingesetzte strategische Waffensysteme der Sowjetunion richten – wenn sie auch für die Abschreckung weiterer sowjetischer Angriffe gegen Städte der USA ein Restpotential behalten, das dem Restpotential der Sowjetunion überlegen ist.

2. *Wartet die Sowjetunion* dagegen ab, findet der größte Teil der Counter-force-Schläge auf *sowjetischem* Territorium statt.

Das aber bedeutet:

In der Counter-force-Schlacht explodieren einige tausend Sprengköpfe von Minuteman- und MX-Raketen, Trident-U-Boot-Raketen und Cruise Missiles aus amerikanischen Bombern auf *russischem* Boden.

In dem Counter-force-Gegenschlag der Sowjetunion dagegen explodieren in den Vereinigten Staaten vielleicht 100 bis 150 russische überlebende ICBM und SLBM (gegen Häfen) mit 100 bis 150 Megatonnen.

Und für den strategischen Schlagabtausch nach dem Angriff stünden den *USA noch zehnmal soviel Sprengköpfe* und zweimal soviel Megatonnen zur Verfügung *wie der Sowjetunion.*

So führt Abwarten die Sowjetunion in eine ungleich schlechtere relative Nachkriegssituation als die Vereinigten Staaten. Eine Situation, die man als Sieg der USA und Niederlage der Sowjetunion im Atomkrieg bezeichnen müßte, wenn man die Kriterien derjenigen unterstellt, die »Sieg im Atomkrieg« für die Abschreckung für notwendig erklären.[315]

---

314 Was es bedeutet, was es insbesondere an Menschenleben kostet, wenn ein solcher Counterforce-Schlag der Sowjetunion auf die Raketensilos der Vereinigten Staaten niedergeht, ist mehrfach berechnet worden. Der Report »The effects of nuclear war«, herausgegeben vom Office of Technology Assessment of the United States Congress, ist der bis jetzt neueste Bericht über diese Schäden. Der Bericht kommt zu dem Ergebnis, daß zwischen 1–20 Millionen Amerikaner sofort bei diesem Angriff getötet würden. Daß darüber hinaus Millionen von Amerikanern langfristig an Krebs sterben und daß auch außerhalb des Angriffsbereichs mit Millionenverlusten gerechnet werden muß. Ökonomische und ökologische Schäden treten hinzu. Man schätzt, daß ein Jahrzehnt oder gar Jahrzehnte zur Erholung notwendig werden. The effects of nuclear War, Washington 1980, insbes.: Übersicht Tabelle 2, S. 10 des Berichts und S. 81–90.

315 Denken die Sowjets wirklich in »Sieg-im-Atomkrieg«-Kategorien und legen sie für Sicherheit

Ist so betrachtet der Angriff der Sowjetunion, bei dem 9 000 MT Zerstörungsenergie »vorab auf die USA regnen« – und nach diesem Vorabangriff auch noch ungefähres »Gleichgewicht« der verbleibenden strategischen Arsenale besteht – nicht sogar ihre *einzige* Möglichkeit, aus dieser so verzweifelten Lage heraus *das* zu retten, was heute so gerne als »Gleichgewicht« bezeichnet wird? Zumal die Sowjetunion weiß, daß schon in dem ersten amerikanischen Einsatzplan für strategische Waffen (SIOP 63) ein amerikanischer Präemptionsangriff auf die sowjetischen strategischen Streitkräfte für den Fall vorgesehen war, daß »die eindeutige Erkenntnis von einem unmittelbar bevorstehenden Großangriff des russisch-chinesischen Blocks auf die USA oder ihre Alliierten vorliegt«.[316] Und zudem das Resultat eines sowjetischen Präventionsangriffes möglicherweise sogar Sieg der Sowjetunion im Atomkrieg genannt werden könnte, wenn die Sowjetunion tatsächlich die Kriterien zugrunde legt, die ihr von den Anhängern der Strategie für einen Sieg im Atomkrieg unterstellt werden?

Geht man von diesen Kriterien aus, so bleibt deshalb Krisenstabilität wieder einmal auf der Strecke. Weil die Frage, was der Gegner fürchten muß, wenn er *nichts* tut, wieder einmal vergessen wurde. Denn diese Frage ist unbequem. Sie zwingt zum ersten dazu, sich vorzustellen, der Gegner könne Grund haben, an den eigenen rein friedlichen Absichten jedenfalls von seiner Position aus einmal zu zweifeln. Sie kann zum zweiten dazu führen, daß man erkennen muß, daß *mehr* eigenes Rüsten *weniger* Sicherheit bedeutet. Eine Erkenntnis, die zwar Anfang der 60er Jahre in der Theorie gefeiert wurde, die aber sehr wenig Freunde in der Praxis zu finden scheint.

Daraus folgt:

Wenn die sowjetische Führung tatsächlich davon ausgeht, daß es »Sieg im Atomkrieg« bedeutet, wenn die Vereinigten Staaten in einem Atomkrieg sehr viel stärker geschädigt werden als die Sowjetunion, wenn sie also meint, allein die relative Nachkriegsposition sei entscheidend, dann hat bei der relativen Überlegenheit der USA Mitte der 80er Jahre die sowjetische Führung überhaupt keine andere Wahl, als anzugreifen, wenn nur ein einziger Faktor hinzutritt:
Die Erwartung nämlich, daß es ohnehin zum Kriege kommt. Denn unter dieser Annahme wird der Vergleich zwischen dem Friedenszustand und dem Kriegsergebnis irrelevant. Und es zählt nur noch: Wie kommt die Sowjet-

dieselben Maßstäbe an wie die USA, müßten sie deshalb noch erhebliche zusätzliche Anstrengungen unternehmen, um 1985 die gleichen militärischen Fähigkeiten wie die Vereinigten Staaten (militärisches Gleichgewicht) zu besitzen. Und so sagt auch der ehemalige amerikanische Verteidigungsminister Brown im selben Statement: »Wenn die Sowjets das Gefühl haben, sie brauchten mehr, können sie wie wir die gewaltigen zusätzlichen Aufwendungen erbringen, die nötig sind, um die Überlebensfähigkeit ihrer ICBM wieder herzustellen.« (Department of Defense 1981, S. 89)
316 Vgl. dazu Desmond Ball, International Security, Winter 82/83, S. 34, und die dort angegebenen Quellen.

union aus dem Krieg heraus, wenn sie abwartet – und wie, wenn sie präventiv angreift?

Das bedeutet aber: Wenn man diese Denkweise »Sieg im Atomkrieg = relativ besseres Überstehen« zugrunde legt, besteht tatsächlich Mitte der 80er Jahre eine gefährliche Situation. Da diejenigen, die von einem »Fenster der Verwundbarkeit« der USA für die Mitte der 80er Jahre sprechen, dieser Denkweise anhängen, warnen sie von ihrer Position aus mit Grund.

Nur: Diese Gefahr ist nicht Ergebnis amerikanischer strategischer Rüstungsversäumnisse. Katastrophal wird Abwarten für die Sowjetunion vielmehr erst durch die amerikanische Mehrrüstung bis zur unvollständigen Überlegenheit. Erst diese Mehrrüstung mit Counter-force-Waffensystemen macht das Abwarten in der Krise für die Sowjetunion gefährlich oder gar unerträglich – aber auch dies dann und nur dann, wenn die Sowjetunion wirklich in dieser Kategorie denken sollte, wenn sie also wirklich glauben sollte, aus einer Situation unvorstellbarer eigener Zerstörungen ließe sich der Endsieg gewinnen, wenn nur die Vereinigten Staaten noch viel stärker zerstört seien. Dabei wird die Situation noch einmal dadurch verschärft, daß die Sowjetunion weiß, daß die USA heute meinen, sie, die Sowjetunion, hänge der »Sieg-im-Atomkrieg«-Denkweise an, nach der die Sowjetunion beinahe gezwungen wäre, in einer Krise zu prävenieren. Denn wenn die USA in Konsequenz ihrer Annahme eines solchen sowjetischen Denkens mit einem Präventivangriff rechnen müssen, müßten die Vereinigten Staaten bei »rationaler Betrachtung« selbst präemptiv angreifen. So entsteht eine Rückkopplung wechselseitiger Präventionsängste und Präventionszwänge.

Die von den Sieg-im-Atomkrieg-Apologeten geforderte strategische Aufrüstung der Vereinigten Staaten würde dieses Fenster der Gefährlichkeit (Verwundbarkeit) nur noch weiter öffnen. Ein Fenster, entstanden durch unvollständige amerikanische strategische Überlegenheit, das sich aber nur in den Hirnen solcher Leute bildet, die in *relativer* Überlegenheit und *Sieg-im-Atomkrieg-Kategorien denken.* Denn in der Kategorie von Stabilität (assured destruction oder assured deterrence), die wir oben ausbreiteten, ist die geschilderte Instabilität ja gar nicht sichtbar, weil nach wie vor die stabile Variante gesicherter Abschreckungsfähigkeit durch Zweitschlagskapazitäten gegeben ist.

Zwei Wege gibt es, die aus einer solchen Situation der gefährlichen instabilen, unvollständigen Überlegenheit in stabile strategische Situationen zu führen versprechen:

Der erste Weg ist:

Man verweigert die nukleare Schlacht auf seinem eigenen Territorium.

»Landgestützte Raketen gehören nach Alaska, Labrador, Grönland oder in die Wüsten Libyens oder Vorderasiens, keineswegs aber in dichtbesiedelte Gebiete; sie sind Anziehungspunkte für die nuklearen Raketen des Gegners. Alles was Feuer auf sich zieht, ist für Staaten mit hoher Bevölkerungsdichte oder kleiner Fläche unerwünscht.« Das schrieb Helmut Schmidt schon vor 20 Jahren. [317]

Sind Kernwaffen von den Territorien der Supermächte und deren Bündnispartnern verschwunden, dann bringt die nukleare Counter-force-Schlacht um strategische Überlegenheit dem Angreifer nicht mehr den »Vorteil« der Zerstörung des Landes des Gegners. So wird Angreifen auch dann sinnlos, wenn man »Relativ-besser-davon-gekommen-sein« für Sieg im Atomkrieg hält.

Der zweite Weg heißt:

Aufrüstung zu vollständiger Überlegenheit – einschließlich Raketenabwehr.

Die Anhänger der These, Atomkrieg lasse sich *nicht* durch stabile Abschreckung verhindern, sondern nur durch die Vorbereitung des Sieges im Atomkrieg, können naturgemäß nur den *zweiten Ausweg* sehen.

Viele – wenn auch nicht alle – Rüstungsprogramme der Regierung Reagan lassen sich ohne Widerspruch als Versuch interpretieren, diesen Weg zu begehen, vollständige amerikanische Überlegenheit also anzustreben. Gray, dessen Thesen über den Sieg im Nuklearkrieg eben zitiert wurden, wehrt sich daher zu Recht gegen den Vorwurf, seine These werde in den Vereinigten Staaten nur von wenigen vertreten:

»Die Argumente in meinen jüngsten Artikeln in International Security... sind so nahe dem offiziellen, derzeitigen (wenn auch meist im wesentlichen privat ausgedrückten) Denken, wie man es in den öffentlichen Bereichen nur finden kann.« [318]

Daß Wettrüsten unvermeidliche Folge dieses Versuchs ist, Sicherheit des Westens auf *vollständige* amerikanische Überlegenheit zu gründen, mag zwar in Kauf nehmen, wer die Sowjetunion totrüsten will und meint, dies zu können. Doch Teil eines solchen Ringens um vollständige Überlegenheit zwischen den Supermächten müßte der Aufbau einer Verteidigung gegen Interkontinentalraketen (ABM) sein. Aber sobald man sich diesem Ziel nahe meint, wird auch der große strategische Atomkrieg in den Vorstellungen der in Konfrontation stehenden Mächte wieder machbar, wieder gewinnbar. Heute noch in der Form einer »Karikatur eines Sieges« (Michael Howard). [319] Ende der 80er Jahre vielleicht schon in der Vision des Sieges zu »erträglichen Verlusten«, was auch immer dies bedeuten mag.

---

317 Helmut Schmidt 1965, S. 108 f.
318 Colin S. Gray, damals Director of National Security Studies, Hudson-Institute, in einem Leserbrief an das Bulletin of Atomic Scientists, Juni/Juli 1981, S. 65. Daß Gray inzwischen von Präsident Reagan zum Berater der Administration berufen wurde, bestätigt diese seine Auffassung. Gray ist heute Präsident des National Institute for Public Policy.
319 Michael Howard 1981, S. 3.

So muß man feststellen: Die wirkliche Wandlung in der militärischen Konfrontation der Supermächte seit Beginn der 60er Jahre war auf der strategischen Ebene nicht die behauptete Überrüstung der Sowjetunion – sondern die Wandlung des strategischen Denkens in den USA. An die Stelle von Kriegsverhütung durch Stabilität trat Denken in Kategorien von »Sieg im Atomkrieg« – und wenn auch nur, um die Sowjetunion von dem Versuch abzuschrecken, ihrerseits Sieg im Atomkrieg anzustreben.

Damit haben sich die politischen Zielsetzungen und die deklaratorische Strategie den stets mehr von rein militärischen »Effizienzkriterien« bestimmten Zielplanungen für strategische Kernwaffen gebeugt und angenähert.[320]

So wurde in den USA das von der Rüstungssteuerungsschule gesetzte Ziel verfehlt, altes militärisches Effizienzdenken beiseite zu schieben und die Militärapparate so zu verändern, daß sie für die neuen politischen Ziele: Kriegsverhütung durch wechselseitige Uneinsetzbarkeit der militärischen Mittel (Stabilität), Rüstungsbegrenzung und – schließlich – Abrüstung brauchbar werden.

Und was ist mit der Strategie der anderen Supermacht, der Sowjetunion? »Die ›sowjetische Militärstrategie‹ ist... wesentlich das, was westliche Analytiker aus Worten und Fakten destillieren und als ›sowjetische Militärstrategie‹ im Sinne der jeweils herrschenden Lehre mit diesem Prädikat versehen...« Sowjetische Militärstrategie »war, ist und bleibt daher auf absehbare Zeit das, was westliche Analytiker dafür halten«, schreibt Rühle zutreffend.[321] Doch damit ist der Ball wieder im Westen. Während 1972, zur Zeit des Abschlusses des SALT-I-Vertrages, die Auffassung im Westen dominierte, die Sowjetunion sei dabei, das amerikanische Stabilitätskonzept endlich zu verstehen und zu übernehmen, herrscht heute jedenfalls in der amerikanischen Diskussion die Meinung vor, die Sowjetunion verfolge das Konzept, im Falle eines Krieges Sieg im (totalen) Atomkrieg anzustreben. Wobei wir mangels wirklicher Kenntnis sowjetischer Auffassungen offenlassen müssen, ob die Sowjetunion entgegen offiziellen Beteuerungen von höchsten Stellen[322] doch an einen Sieg im Atomkrieg glaubt – oder ob wir im Westen nur glauben, sie glaube. Dabei ist letzteres schon schlimm genug, denn ein solcher Glaube muß das Krisenverhalten des Westens dahinge-

---

320 Vgl. zu den Differenzen zwischen den verschiedenen »Policies« und ihrer Entwicklung Desmond Ball 1982/83.

321 Hans Rühle, Sowjetische Militärstrategie, in: Douglass 1983, S. 13 ff.

322 So Leonid Breschnjew in seinem Rechenschaftsbericht auf d. 26. Parteitag d. KPdSU am 23.2.81: »Der Versuch, einander im Wettrüsten zu übertreffen und auf den Sieg in einem Kernwaffenkrieg zu rechnen, ist gefährlicher Wahnsinn.« Und Jurij Andropow anl. d. 60. Jahrestages der Gründung der Sowjetunion am 21.12.82: »Man muß, was die Realitäten unserer Epoche betrifft, wahrlich mit Blindheit geschlagen sein, um nicht zu sehen: Wie und wo der nukleare Orkan auch aufflammen mag, er wird unvermeidlich außer Kontrolle geraten und eine globale Katastrophe auslösen.« (Nach Europa Archiv 1981, S. D215 und 1983, S. D93.)

hend determinieren, alle Anzeichen in Richtung auf einen bevorstehenden Angriff der Sowjetunion hin (fehl-?) zu interpretieren. Bei der Eskalation einer Krise spielen dann die wechselseitigen Vermutungen Hand in Hand, der Gegner strebe jedenfalls in einer extremen Bedrohung Sieg im Atomkrieg an. Denn auch die Sowjetunion kann in der westlichen Militärpolitik Bestätigungen für ihre Furcht finden, westliche Rüstungspolitik ziele letztlich auf Sieg im Atomkrieg. Und das nicht nur zur Abschreckung eines gefürchteten sowjetischen, vom Zaun gebrochenen Angriffs. Denn, ausgehend von der Annahme:

»Daß gegen Ende dieses oder zu Beginn des kommenden Jahrzehnts eine wirksame Verteidigung gegen ballistische Raketen erreicht sein wird...«

wird in Fachzeitschriften auch der Bundesrepublik argumentiert:

»Was immer die Puristen und die Schwachmütigen im Westen denken mögen – die Sowjets sind entschlossen, sich die Mittel zu verschaffen, die ihnen die militärische Kontrolle über den Raum ermöglichen. Die USA haben endlich begonnen, diese Drohung ernst zu nehmen und Europa sollte dafür dankbar sein, da nur die Supermächte dieses Rennen austragen und der *Gewinner diesen Planeten beherrschen wird.*«[323]

Doch die Frage, ob die Europäer wirklich Grund zur Dankbarkeit haben, wenn die Supermächte wettrüsten, um zum letzten Gefecht um die Weltherrschaft anzutreten, muß mit nein beantwortet werden.[324] Denn einmal steht dahin, ob der, der meint, mit Raketenabwehr den Krieg mit geringen Verlusten siegreich beenden zu können, sein Ziel auch wirklich erreicht. Zum anderen ist die Antwort auf diese Frage für die Europäer nicht interessant. Denn Europa wäre zerstört. Das europäische Territorium ist durch ein Abwehrsystem gegen Interkontinentalraketen nicht geschützt. Europa ist gegen nukleare Zerstörung auch nicht schützbar, weil hier die Bedrohung von Interkontinentalraketen über Mittelstreckensysteme, Bomber und Cruise Missiles herab bis zur Nuklearartillerie beider Seiten reicht.

Überdies: Schon lange, bevor die strategische Aufrüstung die Supermächte in die Nähe einer »Sieg-ist-möglich-Position« geführt hätte, würde solche Rüstung den NATO-Konsens, so wie er im Harmel-Report niedergelegt ist[325], zerstören.

323 Stewart Menaul (zit. nach d. dt. Übers. in: Europäische Wehrkunde, Okt 1981, S. 436). Air Vice Marshal Stewart Menaul veröffentlichte diesen Aufsatz in der britischen Monatszeitschrift »*Protect and Survive Monthly*« (No. 8, August 1981). Er gehörte im Zweiten Weltkrieg dem britischen Bomber Command an, war nach 1954 für die Planung der britischen Atomtests in Australien und Christmas Island verantwortlich, später Direktor des Royal United Services Institute for Defence Studies. Er ist heute Berater des Verteidigungsministeriums und ein bekannter Fernseh-Kommentator.
324 Vgl. dazu auch K. Feldmeyer, Frankfurter Allgemeine Zeitung v. 29.3.1983, zu ähnlichen Studien der Heritage Foundation: »Wer als erster ein neues Feld menschlicher Entfaltung beherrscht, sichert sich die Vorherrschaft insgesamt.«
325 Bericht über die künftigen Aufgaben der Allianz (Harmel-Bericht) vom 13./14.12.1967, abge-

Denn der lautete:
Aufrechterhaltung ausreichender militärischer Stärke als notwendige Voraussetzung für eine wirksame, auf Entspannung gerichtete Politik. Wettrüsten von unvollkommener Überlegenheit der Vereinigten Staaten zu vollständiger Überlegenheit auf der strategischen Ebene wäre mit diesem Konsens unvereinbar.[326] Der Harmel-Report beschreibt aber nicht nur die Grundlagen des NATO-Konsenses. Er entspricht auch dem verteidigungspolitischen Konsens in der Bundesrepublik.

Wer amerikanische Überlegenheit zum Ziel deutscher Sicherheitspolitik machen will, müßte deshalb auch einen neuen sicherheitspolitischen Konsens in der Bundesrepublik schaffen. Dazu müßte er aber nicht nur zeigen, daß dieses Wettrüsten nötig ist, weil die Denkkategorie »Sieg im Atomkrieg« tatsächlich sowjetisches Denken beschreibt, und weil in dieser Kategorie gemessen die vorhandene nur unvollkommene amerikanische Überlegenheit nicht ausreicht. Er müßte auch zeigen, wie er die Probleme des Rüstens um Überlegenheit meistern will. Wie insbesondere auf dem Wege zu vollständiger amerikanischer nuklearstrategischer Überlegenheit der Friede in Europa gerettet werden könnte, wie die Bundesrepublik ein solches Wettrüsten, das natürlich auch bald die konventionelle Ebene erfassen müßte, durchhalten, wie die Verteidigung unseres Landes vor sich gehen soll, wenn es auf diesem Wege zu einem Krieg kommt usw. usf.

Doch damit sind wir bei den europäischen Problemen.

druckt z.B. in Abrüstung und Rüstungskontrolle, Dokumentation herausgegeben vom Auswärtigen Amt 1981, S. 40 ff.
»5. Die Atlantische Allianz hat zwei Hauptfunktionen. Die erste besteht darin, eine ausreichende militärische Stärke und politische Solidarität aufrecht zu erhalten...
Ihre zweite Funktion...: Die weitere Suche nach Fortschritten in Richtung auf dauerhafte Beziehungen, mit deren Hilfe die grundlegenden politischen Fragen gelöst werden können. Militärische Sicherheit und eine Politik der Entspannung stellen keinen Widerspruch, sondern eine gegenseitige Ergänzung dar... Der Weg zu Frieden und Stabilität in Europa beruht vor allem auf dem konstruktiven Einsatz der Allianz im Interesse der Entspannung...«
326 Dabei kann man zwar darüber streiten, wie die amerikanische Rüstungspolitik unter Reagan hier exakt einzuordnen ist. Denn das angestrebte amerikanische Rüstungsziel gegenüber der Sowjetunion ist zu unklar definiert, um zwischen unvollkommener Überlegenheit und vollständiger Überlegenheit unterscheiden zu können. Doch da unvollkommene Überlegenheit, wie sich zeigte, zu unakzeptablen Kriseninstabilitäten führt, ist es wenig wahrscheinlich, daß eine Kriegsverhütungspolitik längere Zeit mit unvollständiger Überlegenheit leben kann. Die Wahl liegt deshalb zwischen Stabilität einerseits und Streben nach vollständiger Überlegenheit andererseits. Und diese Wahl scheint die Regierung Reagan zugunsten vollständiger Überlegenheit getroffen zu haben.

6. Kernwaffen in Europa

6.1 Die eurostrategische Ebene

6.1.1 Was hatte sich 1980 auf dieser Ebene gegenüber 1970 verändert?

Seit mehr als 20 Jahren richtet die Sowjetunion 600 bis 700 Mittelstreckenraketen auf Europa. Jede dieser Raketen (SS-4/SS-5) trägt einen Kopf von 1 bis 2 Megatonnen Sprengkraft – dem 50- bis 100fachen der Hiroshima-Bombe. Würde die Sowjetunion nur die Hälfte dieser Waffen auf die Bundesrepublik abschießen, die Bundesrepublik wäre als Industriegesellschaft ausgelöscht. Mehr als 40 Millionen Menschen – zwei von drei Bewohnern der Bundesrepublik also – wären tot oder verletzt. Und dies selbst dann, wenn es für jeden Einwohner der Bundesrepublik einen Schutzraum gäbe (was keineswegs der Fall ist). [327]

Für den Aufbau dieser sowjetischen Vernichtungskapazität in den 50er Jahren kann man politische und militärische Gründe nennen. Beginnen wir mit den politischen:

Wie überzogen die sowjetischen Befürchtungen vor einem »westdeutschen Revisionismus« in jenen Jahren auch erscheinen mögen, nicht vergessen werden sollte, daß die Bundesrepublik Ende der 50er Jahre den Status quo der Nachkriegszeit in Europa noch keineswegs anerkannt hatte. Deutsche Forderungen nach Wiedervereinigung mit freier Wahl des Bündnisses waren ebenso auf der Tagesordnung wie die Forderung nach deutschen Kernwaffen. [328] Und wenn auch »roll back« – das Zurückdrängen der Sowjetunion aus ihrem osteuropäischen Vorfeld – als militärisches Ziel im Westen kaum je ernsthaft ins Auge gefaßt wurde, *erklärte* politische Strategie blieb »roll back« bis zum Ende der 50er Jahre.

Die Vernichtungskapazität, die die Sowjetunion mit ihren Mittelstreckenraketen für unser Land bereithielt, konnte vom sowjetischen Standpunkt aus daher damals als ein nützliches Mittel angesehen werden, um die sowjetischen Kriegseroberungen in Europa zu sichern. Denn dieses Vernichtungspotential demonstrierte jedermann, daß der Versuch, den Status quo in Europa mit Gewalt zu verändern, nur eines mit Sicherheit verändern würde: Zentraleuropa – nämlich von einem hochentwickelten Industriegebiet zu einem Leichen- und Trümmerfeld.

Hätte die Erkenntnis, daß die von Hitlers Regime verursachten Grenzen in Europa nicht mit Gewalt verändert werden können, sich auch dann durchgesetzt, wenn es in Europa nicht in West *und* Ost Kernwaffen gegeben hätte? Der

---

327 Vgl. Kriegsfolgen und Kriegsverhütung, Tab. 6.9–4, S. 192.
328 Mit der Gefährlichkeit solcher Forderungen unter den damaligen politischen Umständen setzt sich Helmut Schmidt in seinem Buch »Verteidigung oder Vergeltung« auseinander.

mühsame Weg zur Akzeptanz der Ostverträge in der Bundesrepublik, mehr als 25 Jahre nach Beendigung des Krieges, läßt einige Zweifel offen.

Neben diese politische Funktion der sowjetischen Mittelstreckenwaffen traten militärische Funktionen. Unter dem sogenannten »new look« der NATO-Verteidigung und der Devise »more bung for a buck« (mehr Knall pro Dollar) hatten die USA nämlich im Laufe der 50er Jahre ihre Armee in Europa mit Tausenden von taktischen Kernwaffen kurzer und mittlerer Reichweite (battle-field-weapons = Schlachtfeld-Kernwaffen) ausgerüstet. Es scheint plausibel[329], daß die Sowjetunion versuchen mußte, die NATO davon abzuschrecken, dieses Potential an Schlachtfeld-Kernwaffen gegen den Warschauer Pakt einzusetzen.

Zu diesen beiden Rollen für sowjetische Mittelstreckenwaffen trat eine weitere:

Europa und die amerikanischen Interessen in Europa in einer zweiten Geiselrolle zu halten[330]. In der Rolle einer Geisel für den Fall, daß die USA mit ihrer laut verkündeten roll-back-Politik tatsächlich und mit Einsatz ihrer *strategischen* Kernwaffen ernst machen würden.

Für eine solche Befürchtung bestand bei militärischer Betrachtung damals auch durchaus ein Grund. Zwar besaß die UdSSR seit 1949 ebenfalls Kernwaffen (seit 1953 Wasserstoffwaffen), doch fehlten ihr die Einsatzmittel: Langstrek-ken-Bomberflotten und Interkontinentalraketen. An Langstreckenbombern waren aber die USA schon damals außerordentlich stark – und noch heute sind sie der Sowjetunion auf diesem Felde weit überlegen. So mußte die Sowjetunion fürchten, einem amerikanischen Kernwaffenangriff praktisch hilflos ausgesetzt zu sein. Denn der bloße Besitz von Kernwaffen, die man nicht in das Land des Gegners transportieren kann, schreckt nicht ab. Da die Sowjetunion gleichzeitig aber leistungsfähige Mittelstreckenraketen entwickelt hatte, lag es nahe, die bereitstehenden Kernsprengköpfe auf diese Mittelstreckenraketen zu montieren und für den Fall eines Kernwaffenangriffs der USA auf die Sowjetunion mit einem Raketenangriff auf Westeuropa zu drohen.

Doch bald stellte sich heraus, daß diese Waffen nicht nur für diesen (Abschreckungs-)Fall bereitstanden. Denn während der israelisch-britisch-französischen Suez-Intervention 1956 nutzte Chruschtschow seine Mittelstreckenraketen politisch zu einer eindeutigen Drohung gegenüber England und Frankreich. Diese Drohung, verbunden mit der amerikanischen Mißbilligung der Interven-

---

329 Henry Kissinger (1979 b, S. D 593) in seiner Rede über die Zukunft der NATO v. 1.9.1979 beschreibt dieses Faktum so: »... in den fünfziger und sechziger Jahren brachten wir mehrere tausend Kernwaffen nach Europa. Wir hatten allerdings keine klaren Vorstellungen, was wir mit ihnen tun sollten, aber ich bin sicher, daß der sowjetische Geheimdienst irgendeinen Zweck für diese Kräfte herausgefunden hat, und auf jeden Fall waren sie für ihn ein Grund zur Beunruhigung.«

330 Die erste Geiselrolle war die Drohung mit dem Einsatz der konventionellen Überlegenheit der Sowjetunion, eine Drohung, deren Geiselfunktion allerdings durch die Unklarheit über die nukleare Rolle der NATO-Schlachtfeldwaffen abgeschwächt worden war.

tion, zwang die Angreifer, Ägypten zu verlassen. Ein Fall von politischer Nutzung von Kernwaffenpotentialen zur »Erpressung« – wie »rechtmäßig« oder »rechtswidrig«, politisch sinnvoll oder sinnlos die so beendete Intervention in Ägypten auch immer gewesen sein mag.[331]

Die USA »rüsteten« Ende der 50er Jahre »nach«. In der Türkei und Italien wurden Thor- und Jupiter-Raketen installiert, die die Sowjetunion erreichen konnten. Es mag offen bleiben, wie stark dabei die falsche Vorstellung eine Rolle spielte, solche US-Mittelstreckenraketen seien zur Kompensation notwendig, weil die Sowjetunion auf dem Gebiet der strategischen Waffen weit in Führung gezogen sei (die berühmte Raketenlücke, der Wahlschlager der Demokraten Kennedys 1960).[332]

Als nun aber wieder die Sowjetunion nachrüstete und ebensolche Mittelstreckenraketen in Kuba installierte, kam es zur Kuba-Krise.[333] Ihr Resultat, soweit es Mittelstreckenraketen betrifft:

Beide Seiten zogen alle Mittelstreckenraketen ab, die das Heimatland der anderen Seite bedrohen konnten. Die Sowjets ihre Raketen aus Kuba, die USA ihre Raketen aus der Türkei und Italien.

Beide Seiten gestatteten dem Gegner, beim Abbau der Raketen das Gesicht zu wahren. Kennedy bot die Nichteinmischung der USA in die kubanischen Angelegenheiten an. Die Sowjetunion verzichtete auf propagandistische Auswertung, als die Vereinigten Staaten ein Jahr später die soeben erst aufgestellten Mittelstreckenraketen in Italien und der Türkei als »technisch überholt« abmontierten.

Fazit 1980:

Seit 1960 bedroht die Sowjetunion Mitteleuropa mit ca. 600 bis 700 Mittelstreckenraketen. Seit 1963 haben aber die Sowjetunion und die USA alle Mittelstreckenraketen abgebaut, die das Territorium der gegnerischen Supermacht erreichen konnten.

1977 begann die Sowjetunion, die alten SS-4- und SS-5-Raketen durch neue Mittelstreckenraketen zu ersetzen, die berühmt-berüchtigten SS-20. Und dieses Mal war plötzlich eine »Raketenlücke« geboren. Eine »Raketenlücke«, die schließlich zum NATO-Nachrüstungsbeschluß vom Dezember 1979 führte. Was waren die Gründe der Sowjetunion für den Bau der neuen Raketen, was waren die Gründe für die NATO, plötzlich von einer »Raketenlücke« zu sprechen?

Es besteht nicht der geringste Zweifel daran, daß die NATO 20 Jahre alte Mittelstreckenraketen, die, wie die SS-4 und SS-5, vor dem Start langwierig

---

331 Ob der Anteil der sowjetischen Nukleardrohung am Erzwingen des Rückzuges hoch oder sehr niedrig war, bleibe hier offen.

332 Vgl. oben Kap. 3.1, S. 53 und 5.1.1.

333 Vgl. unten Kap. 7.1.1.

aufgetankt werden müssen, längst ausgemustert und durch moderne Feststoffraketen ersetzt hätte. Es ist ebenso unzweifelhaft, daß diese neuen Raketen beweglich gewesen wären – wie die Pershing I und II es beide sind – und es bestehen kaum Zweifel daran, daß sie mehrere zielgenaue Köpfe gehabt hätten.

Die simpelste Antwort auf die Frage, was sich die Verantwortlichen in der Sowjetunion gedacht haben, als sie den Auftrag gaben, die SS-4 und SS-5 durch die SS-20 zu ersetzen, ist also: gar nichts. Sie haben die alten Raketen durch neue ersetzt, so wie man ein altes Auto durch ein neues ersetzt, zwei Leopard-I-Panzer durch einen Leopard II und drei Starfighter durch einen Tornado.

Aber selbst wenn diese Antwort stimmt, die sowjetische Führung sich also gar nichts Besonderes bei der Einführung der SS-20 gedacht hat, ist damit nicht gezeigt, daß sich auch nichts änderte. Unbedachte Änderungen bleiben Änderungen. Was also hat sich geändert? Gute Technokraten fangen bei den technischen Veränderungen von SS-4 und SS-5 zu SS-20 an:

Danach ist die SS-20

1. eine *bewegliche,* schnell einsatzbereite Rakete mit ca. 4000 km Reichweite,
2. eine Rakete mit *drei einzeln präzise* steuerbaren, zielgenauen Köpfen (MIRV),
3. eine Rakete, deren Sprengköpfe *je 100 bis 300 KT* TNT-Äquivalent freisetzen.

Die SS-4 und SS-5 dagegen waren wenig beweglich und brauchten eine lange Auftankzeit, hatten 1900 bis 4000 km Reichweite und nur einen, nicht sehr zielgenauen Sprengkopf, allerdings von 1–2 Megatonnen Energieausbeute.

Folgt man dem alten Brauch und fragt nicht nach Intentionen der Gegenseite, sondern nach ihren militärischen Fähigkeiten, fragt man also, wie haben sich diese Fähigkeiten der Sowjetunion durch ihre SS-20-Rüstung verändert, so ergibt sich:

Unverändert bleibt die Geiselrolle, in der sich Westeuropa befindet. Nicht einmal die Höhe des Schadens, der der Bundesrepublik oder den Teilen Westeuropas droht, gegen die die Raketen eingesetzt werden könnten, ist gewachsen. Ob 300 Sprengköpfe mit je einer Megatonne Zerstörungskraft von 300 SS-4, oder 900 Sprengköpfe à 200 Kilotonnen von 300 SS-20 die Bundesrepublik verwüsten, der Effekt ist derselbe. Die Bundesrepublik ist zerstört, der größte Teil der Bevölkerung tot.

Und auch für begrenzte Einsätze gilt dasselbe: 3×200 KT einer SS-20 richten etwa denselben Schaden an wie 1×2 Megatonnen einer SS-4 oder SS-5, wie die nachfolgende Graphik zeigt[334]:

---

334 Grobe Abschätzung nach »Kriegsfolgen und Kriegsverhütung«, S. 28. Nicht gerechnet sind die ökologischen Folgen. Vgl. dazu: »Dem Nuklearkrieg folgen Finsternis und Frost.« Bericht über eine Studie von Prof. Crutzen (Max-Planck-Inst. f. Chemie, Mainz) in: MPG-Spiegel 6/83, S. 1–3 (Crutzen/Birks 1983).

Tote in der Bundesrepublik

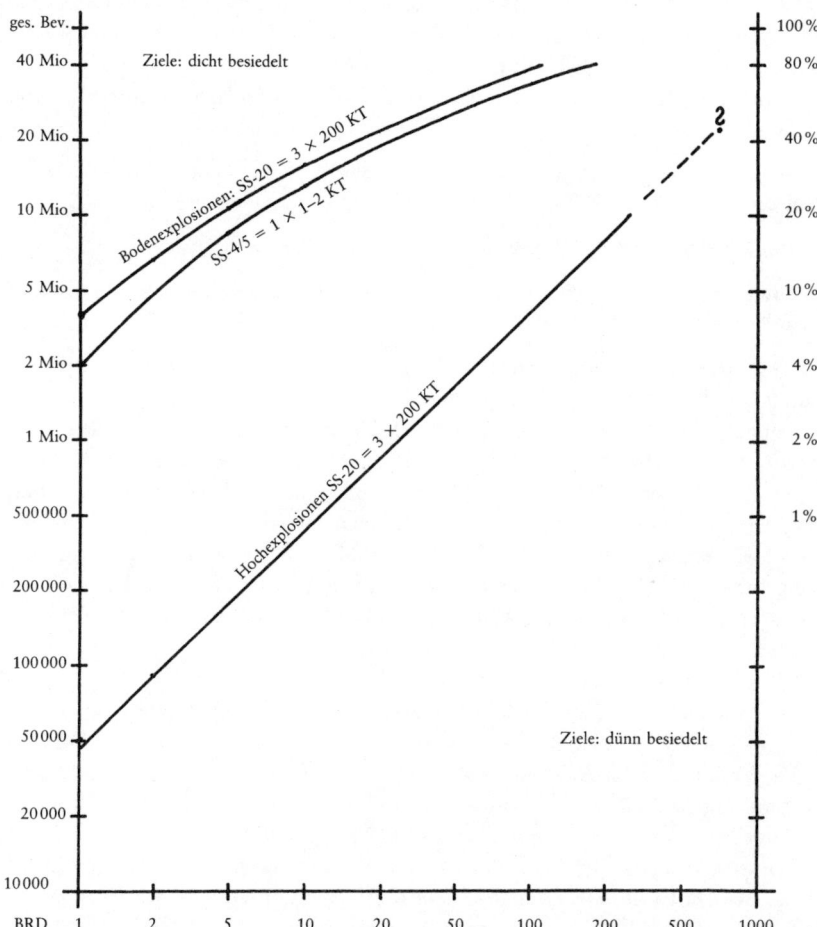

Von der fürchterlich wachsenden Bedrohung der Bundesrepublik durch den fortschreitenden Bau von SS-20 zu sprechen ist also falsch, wenn man damit den Schaden meint, den die Sowjetunion in der Bundesrepublik anrichten kann, falls es zum Kriege kommt. Er ist seit 1960 unverändert: die Vernichtung unseres Landes und seiner Volkssubstanz.

Warum ist dann die Bedrohung so gefährlich *gewachsen,* wenn die zivilen Schäden durch die SS-20 gar nicht größer sind als die, die SS-4 und SS-5 hätten anrichten können?[335]

335 Man kann sogar die These vertreten, diese Schadensdrohung sei geringer geworden, weil die höhere Zielgenauigkeit der SS-20 es der Sowjetunion erlaube, mit weniger Waffen denselben militäri-

173

1. Argument:

Die neuen SS-20 sind *bewegliche* Raketen, die wegen ihrer großen Reichweite weit in der Tiefe des sowjetischen Raums stationiert werden können und die die NATO deshalb kaum bekämpfen kann.

General Franz Josef Schulze, damals NATO-Oberbefehlshaber Europa-Mitte, stellte dazu fest:

»Die SS-20 ist ein grundlegend neues System, das die NATO vor bisher unbekannte Probleme in der Zielaufklärung, Zielverfolgung und Zielbekämpfung... stellt.«[336]

Und auch der ehemalige Verteidigungsminister Leber schrieb:

»Sie [die SS-20] werden treffgenauer sein und beweglicher. Sie werden im Gegenangriff nicht leicht zu zerstören sein.«[337]

Dieses Argument, in unzähligen Erklärungen von NATO-Politikern und Militärs wiederholt, muß man sich genauer ansehen.

Zunächst: Es stimmt, daß die Rakete SS-20 von der NATO kaum angegriffen werden kann. Aber sind nicht im Dezember 1960 die Berater des amerikanischen Präsidenten Kennedy nach Moskau geflogen, um den Russen klarzumachen, sie *sollten* ihre (Interkontinental-)Raketen endlich unverwundbar machen, damit Krisenstabilität eintrete? Krisenstabilität, die die wichtigste Voraussetzung für die neue Strategie der *Kriegsverhütung* ist, die an die Stelle der alten Kriegführungsstrategie treten sollte?[338] Und 1980 wird Unverwundbarkeit der russischen Raketen als Bedrohung empfunden?

Die erschreckten Reaktionen auf die »schwere Bekämpfbarkeit« der neuen SS-20-Raketen zeigen eine besorgniserregende Änderung der Auffassung, die im Westen von der Rüstung, insbesondere von Kernwaffen, herrscht. Krisenstabilität, Stabilität gegen ungewollte Eskalation, wird nicht mehr als unbedingt erstrebenswerte Eigenschaft der Militärpotentiale beider Seiten *angesehen, sondern das Gegenteil: Bekämpfbarkeit der sowjetischen Mittelstreckenraketen. Bekämpfbarkeit aber ist ein Kriterium aus Kriegführungsdenken.*

2. Argument:

Die sowjetischen SS-20 mit ihren zielgenauen Mehrfachköpfen sind in der Lage, die konventionellen und nuklear-taktischen Potentiale der NATO in

schen Effekt zu erreichen. Ich möchte mich dieser Behauptung allerdings nicht anschließen, denn mir scheint wieder einmal in dieser Argumentation der alte Fehler aufzutauchen: Bei der Entwicklung von Vorstellungen für den Kriegsfall von einem einzelnen Waffeneinsatz auszugehen, statt vom Gesamtschaden.

336 Adelbert Weinstein im Gespräch mit General Schulze in der Frankfurter Allgemeinen Zeitung vom 21.2.1979.
337 Frankfurter Allgemeine Zeitung vom 15.2.1979.
338 Oben Kap. 3.1.2.

Europa mit einem Schlage auszuschalten – was die SS-4 und SS-5 nur konnten, wenn sie Mitteleuropa dabei vollständig zerstörten.

Doch wie man sieht, würde der Einsatz der SS-20 im dichtbesiedelten Mitteleuropa zu ebensolchen Begleitschäden führen wie der der SS-4/5. Woraus folgt, daß den SS-20 die Eignung zur Kriegführung *ohne* Totalverwüstung Europas ebenso fehlt wie ihren Vorgängern.

Zwar ist die Gefahr real, daß das sowjetische Nuklearpotential sich zu einem Potential entwickeln kann, das der Sowjetunion einen »chirurgischen Schlag«[339] gegen die NATO-Militär-Installationen (ohne Totalzerstörung Mitteleuropas) möglich macht. Der französische General Gallois weist seit Jahren auf die Risiken hin, die eine solche Entwicklung für die NATO bringen würde.[340] Doch die erste Rakete, die die für einen solchen Entwaffnungsangriff nötigen Eigenschaften erreicht, ist nicht die russische SS-20, sondern die amerikanische Pershing II mit ihrer außerordentlich hohen Treffergenauigkeit. Die sowjetische SS-20-Rakete ist daher nur ein Schritt von reinen Zerstörungspotentialen (wie SS-4 und SS-5) zu kriegführungsgeeigneten Mittelstreckensystemen (wie Pershing II). Aber dieser Schritt zeigt, daß auch bei der Sowjetunion die Mittel für einen *militärischen* Einsatz von Kernwaffen (Kriegführung) herannahen. Da die Aufstellung der SS-20 nun auch noch mit Betrachtungen über Führbarkeit nuklearer Kriege in den Stellungnahmen von Warschauer-Pakt-Militärs einhergeht[341], spricht einiges gegen die These, die Einführung der SS-20 sei eine rein zufällige, undurchdachte Modernisierung.

So findet man bei eurostrategischen Waffen ebenso wie bei strategischen Waffen:

Ost und West betrachten und entwickeln auch die eurostrategischen Kernwaffen immer stärker als Kriegführungsinstrumente.

3. Argument:

Mit der Annäherung an ein »Gleichgewicht« zwischen den strategischen Streitkräften der Sowjetunion und der USA, gekennzeichnet durch SALT I und die Bemühungen um SALT II, ist verschwunden:

a) die Möglichkeit der USA, die »eurostrategische« Unterlegenheit mit strategischen Waffen abzudecken,

---

339 Als chirurgischen Schlag bezeichnet man einen Schlag, bei dem die Nebenfolgen für die Zivilbevölkerung so begrenzt bleiben, daß das Überleben nicht in Frage gestellt zu sein scheint.
340 Über die Option des präzisen nuklearen Entwaffnungsschlages Gallois 1981, S. 39 ff.
341 Dies ist jedenfalls die amerikanische Interpretation der sowjetischen Absichten. Im Statement 1981 formulierte Brown dies so: »Sie scheinen tatsächlich zu versuchen, eine Art Kriegsgewinnkapazität mit ihren Nuklearstreitkräften zu erreichen, wie hoffnungslos dieser Versuch auch immer sein mag.« (S. 38)

b) das Verständnis dafür, daß die Sowjetunion ihre strategische Unterlegenheit durch »eurostrategische« Waffen ausgleicht.[342]

Der zweite Teil dieses Arguments ist richtig. Aus Verständnis wurde Unverständnis. Aus der Akzeptanz der sowjetischen Mittelstreckenraketen die Lücke. Dabei spielte eine Rolle, daß die USA außer der militärischen Rolle von Kernwaffen zunehmend auch die politische Rolle betrachten, die diese Waffen in den Augen dritter Mächte haben (»optisches Gleichgewicht«).[343] Und in den Augen Dritter könnte ein »sowjetisches Monopol« an Mittelstreckenraketen in Europa sowjetische Überlegenheit vortäuschen.

Mit dem ersten Teil des Arguments haben wir uns im vorhergehenden Kapitel auseinandergesetzt. Dabei zeigte sich:

1970 besaßen die Vereinigten Staaten 2000 Sprengköpfe mehr als die Sowjetunion. 1980 dagegen übertraf das amerikanische Arsenal das sowjetische um 3000 Sprengköpfe.[344] Wenn es 1970 möglich war, mit Nuklearsprengköpfen aus dem Arsenal der strategischen Waffen der NATO das russische Mittelstreckenpotential zu kontern (was das auch immer heißt), dann war das 1980 folglich erst recht möglich, als der Überschuß der amerikanischen Sprengköpfe sich um 50 % vergrößert hatte.

Wenn man aber, wie Helmut Schmidt, strategisches Gleichgewicht zwischen den USA und der Sowjetunion dahingehend versteht, daß die strategischen Potentiale beider Gegner sich *neutralisieren*[345], dann war, wie wir feststellen mußten, die NATO-Strategie der flexible response schon seit langem nicht mehr glaubwürdig. Spätestens seit 1970. Denn ein solches »Gleichgewicht« ist keine Erfindung von SALT II, sondern bestand seit Anfang der 70er Jahre.

In der 1970 veröffentlichten Studie »Kriegsfolgen und Kriegsverhütung« hatten wir auf dieses Problem hingewiesen, ohne damals Resonanz zu finden. Wir schrieben:

»... das Patt auf der strategischen Ebene (induziert) Schwierigkeiten bei der Sicherung der commitments, der Sicherheit der Bundesgenossen...

342 So ausdrücklich Brown, Department of Defense 1981, S. 38.
343 Dieser Gesichtspunkt findet sich seit Schlesinger in allen amerikanischen Überlegungen. Vgl. dazu oben Kap. 5.1.1 über das optische Gleichgewicht auf der strategischen Ebene.
344 Oben Kap. 5.1.1.
345 Oben Kap. 5.1.1. Im einzelnen sagte Bundeskanzler Helmut Schmidt vor dem IISS in London am 28.10.1977:
»SALT schreibt das nuklear-strategische Gleichgewicht zwischen der Sowjetunion und den USA vertraglich fest. Man kann es auch anders ausdrücken: Durch SALT neutralisieren sich die strategischen Nuklearpotentiale der USA und der Sowjetunion. Damit wächst in Europa die Bedeutung der Disparitäten auf nukleartaktischem und konventionellem Gebiet zwischen Ost und West...
Wir verkennen nicht, daß sowohl den USA als auch der Sowjetunion... daran gelegen sein muß, die gegenseitige strategische Bedrohung aufzuheben. Aber: Eine auf die Weltmächte USA und Sowjetunion begrenzte strategische Rüstungsbeschränkung muß das Sicherheitsbedürfnis gegenüber der in Europa militärisch überlegenen Sowjetunion beeinträchtigen...«
Zitiert nach Bulletin, Presse- und Informationsamt der Bundesregierung, Nr. 112 vom 8.11.1977.

Letztlich darf nicht übersehen werden, daß es vom Standpunkt der Supermächte aus auch die Option gibt, die Stabilität auf der strategischen Ebene zu erhalten und gleichzeitig in als lebenswichtig definierten Zonen (z. B. Europa) ein militärisches Gleichgewicht herzustellen, ohne konventionelle Streitkräfte gleicher Art am Ort zu versammeln. Das ist die... Strategie, die voraussetzt, daß beide Gegenspieler sich die Auffassung zu eigen machen, ein Krieg auf diesem Platze lasse sich mit Kernwaffen führen und dennoch auf Europa begrenzen. Dies ist dann aber keine Stabilität in der Abschreckung (dissuasion), sondern der Aktion, der Anwendung der Kernwaffen. Wieweit eine solche Strategie Supermächte abschreckt, ... hängt von einer Reihe von Faktoren ab. Sie liegt aber keinesfalls im Interesse der Bundesgenossen.«[346]

Steht man auf dem Standpunkt, die strategischen Waffen beider Seiten *neutralisierten* sich wechselseitig, zählten also nur zur gegenseitigen Abschreckung der Supermächte vor strategischen Kernwaffenangriffen – nicht aber zur Abschreckung anderer Angriffe –, dann vertritt man zwangsläufig die These, Gleichgewicht auf der strategischen Ebene führe zur Abkopplung der USA von Europa. Dann und nur dann aber, wenn diese Auffassung stimmt, kann man folgern: Zahl und Qualität der russischen Mittelstreckenraketen für das europäische »Kriegstheater« sind ein militärischer Faktor, der nicht durch »strategische Waffen« der USA aufgehoben, ausbalanciert werden kann.

Abkopplung der europäischen Ebene von der strategischen Vergeltungsmacht der USA ist insbesondere die logische Voraussetzung für jede Forderung nach »eurostrategischem Gleichgewicht«. Und bestünde ein eurostrategisches Gleichgewicht, so könnte es umgekehrt folglich leicht als Beleg für eine Abkopplung interpretiert werden. Aus diesem Grunde lehnte das Bundesverteidigungsministerium 1979/80 ein eurostrategisches Gleichgewicht auch ausdrücklich ab.[347] In derselben Logik erklärte Helmut Schmidt in seiner Rede vor dem SPD-Parteitag im November 1983:

»Für mich war und bleibt auch klar, es dürfen in Westeuropa niemals so viele amerikanische Systeme stationiert werden, daß jemand in Washington in vollem Ernst auf den Gedanken kommen könnte, eine theoretisch denkbare nukleare Konfrontation mit der Sowjetunion beschränken zu können auf Europa.

Ich gebe zu, dies war immer eine komplizierte Kalkulation. Auch bei mir selbst bleibt ein Rest von Zweifel; denn ich sehe, daß auch an der Spitze von Weltmächten irrational gehandelt werden kann...«[348]

Trifft die These von der wechselseitigen *Neutralisierung der strategischen Arsenale* zu, dann mußte die NATO allerdings neue Maßnahmen ergreifen, weil schon lange die Grundlage ihrer bisherigen Strategie der flexiblen Reaktion

346 H. Afheldt 1970a, S. 61.
347 Vgl. die Dokumente des Bundesverteidigungsministers zum Nachrüstungsbeschluß, »Die nuklearen Mittelstreckenwaffen«, S. 21/22.
348 Zitiert nach DIE WELT v. 21.11.1983, S. 6.

unglaubwürdig geworden war: die Drohung nämlich, ein Krieg in Europa werde von der NATO zum alles zerstörenden *strategischen* Nuklearkrieg zwischen der Sowjetunion und den Vereinigten Staaten eskalieren.[349] Und weil diese schon lange der Strategie immanente Unglaubwürdigkeit spätestens in dem Moment politisch entscheidendes Gewicht bekam, in dem Politiker von der Bedeutung eines Henry Kissinger[350] oder des damaligen Bundeskanzlers Helmut Schmidt diese Unglaubwürdigkeit öffentlich ansprachen.[351]

Welche Lösung man in dieser Lage aber ansteuerte, hing vom zugrundegelegten Sicherheitskonzept ab. Vom Konzept der Kriegsverhütung durch stabile Abschreckung, Rüstungsbegrenzung und Rüstungskontrolle her hätten die folgenden *Kriterien* aufgestellt und beachtet werden müssen:

1. *Stabilisierung* der rüstungspolitischen Lage. Das heißt: Die zu treffende Entscheidung mußte Rüstungssteuerung, Rüstungsbegrenzung und Rüstungsreduktion wirklich fördern. Mußte also ein Beitrag zur Beendigung des Rüstungswettlaufs und zur Entspannungspolitik sein. Denn »Rüstungskontrolle und Abrüstung sind zentrale Bestandteile der auf Entspannung und Friedenssicherung gerichteten Politik der Bundesrepublik Deutschland«.[352]

2. *Stabilisierung von Krisen* gegen ungewollte Eskalation – Verhinderung also des Krieges, den niemand will (Modell 1914).

3. *Stabilisierung* eines evtl. dennoch ausgebrochenen *Krieges* gegen Eskalation bis zur Selbstvernichtung.

4. Aufrechterhaltung bzw. Wiederherstellung der *Abschreckung* des Gegners *von dem frei entschiedenen,* vom Zaun gebrochenen Eroberungskrieg (Modell 1939).

Nicht Ziel, sondern allenfalls Mittel konnte dagegen sein, ein optisches

---

349 Zwar hat es immer wieder Stimmen gegeben, die mit einigem Recht darauf aufmerksam machten, daß für die Sowjetunion alleine schon die *Möglichkeit,* daß die USA schließlich doch Kernwaffen gegen die Sowjetunion einsetzen könnten, abschreckend wirken müßte (worst case für die Sowjetunion). So vor allem die Gruppe um Graf Baudissin. (Vgl. Rosenkranz/Jütte 1973. Rosenkranz verband dort diese Feststellung mit der Aufforderung, die derart zur Verfügung stehende Marge zu politischer Stabilisierung zu nutzen. Aber diesem schlimmsten Fall für die Sowjetunion stand eben entgegen, daß der schlimmste Fall für die Europäer war, die Meinung verbreite sich und setze sich schließlich auch bei der sowjetischen Führung fest, die USA würden die Europäer im Stich lassen und wären bereit, einen eventuellen Krieg auf europäisches Territorium zu begrenzen.)

350 Kissinger erstmals in seiner Brüsseler Rede vom 1.9.1979.

351 Paradox ist natürlich, daß die Vertreter des Nachrüstungsbeschlusses in der Bundesrepublik, allen voran der damalige Verteidigungsminister Apel, gleichzeitig nicht müde wurden, immer wieder zu betonen, daß der Friede durch die Drohung mit nuklearer Eskalation weiter gesichert sei. Zweck dieser Behauptung dürfte überwiegend sein, denen entgegenzutreten, die die reale Möglichkeit eines Krieges sehen und aus dieser Realität und den getroffenen militärischen Vorbereitungen zusammen die richtige Folgerung ziehen, daß für diesen Fall die Vernichtung unseres Landes vorprogrammiert wurde.

352 So die Erklärung der Bundesrepublik zur Abrüstung und Rüstungskontrolle vor dem 1. Ausschuß der Vereinten Nationen am 22.10.1979, also knapp 2 Monate vor dem Doppelbeschluß vom 12.12.1979. Zitiert nach: Abrüstung und Rüstungskontrolle 1981, Nr. 61, S. 180.

Gleichgewicht in den beiderseitigen Rüstungen anzustreben. Das heißt, ebenfalls bewegliche Mittelstreckenraketen in ähnlicher Zahl aufzustellen, wie sie die Sowjetunion bereits besaß bzw. aufzustellen begonnen hatte. Denn spiegelbildliche Imitation von Rüstung ist im Kriegsverhütungskonzept nicht ein Wert an sich. Ist vielmehr eine Zielsetzung, die Rüstungsbegrenzungspolitik in der Praxis bisher stets zum Scheitern verurteilte.[353] Überdies würde ein eigenes eurostrategisches Gleichgewicht ja gerade die Gefahr der Abkoppelung von den Vereinigten Staaten begründen, vor der Helmut Schmidt warnte.

Die Frage ist:

Wieweit erfüllt der Nachrüstungsbeschluß diese Bedingungen von Stabilitätspolitik? Die Antwort auf diese Frage wird zeigen, wieweit die Politik der NATO heute tatsächlich (noch) die Kriegsverhütungspolitik ist, wie sie in den 60er Jahren als Politik der kooperativen Rüstungssteuerung proklamiert wurde. Die Politik also, die Stabilität (gleiche *Un*fähigkeit zur politischen Nutzung der militärischen Mittel) anstrebt und die sich – wie oben dargestellt wurde[354] – so entschieden von der alten, immer wieder in Krieg zurückfallenden Politik unterscheidet, die gleiche militärische Fähigkeiten, »militärisches Gleichgewicht« zum Ziel hat.[355]

6.1.2 Der NATO-Doppelbeschluß vom Dezember 1979 – eine Doppelfalle?[356]

Die militärischen Gründe für den Nachrüstungsbeschluß vom Dezember 1979, so wie er schließlich gefaßt wurde, waren schwach: Die Bedrohung unserer konventionellen und nuklearen Systeme in Europa durch die neuen Raketen SS-20 wird nicht dadurch geringer, daß man für den sowjetischen Zielkatalog Pershing I durch Pershing II und Cruise Missiles ersetzt. Und ein militärisches Gegenmittel gegen SS-20 können Pershing II schon deshalb nicht sein, weil ihre Reichweite dazu nicht ausreicht. Nicht einmal Gleichgewicht im Sinne von »Gleichheit der militärischen Fähigkeiten in Ost und West« war deshalb so erreichbar.

Aber militärische Gründe für die Nachrüstung müßten ohnehin mit großer Vorsicht behandelt werden. Denn zu nahe liegt bei Waffenentscheidungen über Nuklearsysteme aus *militärischen* Gründen die Gefahr, am Ende vor einem führbar erscheinenden Nuklearkrieg in Europa zu stehen, einem auf unseren

353 Oben Kap. 5.1.1.
354 Oben Kap. 3.1.
355 Oben Kap. 2.1, insbes. 2.1.1.
356 Sehr ausführlich (kritisch) zum Nachrüstungsbeschluß A. Mechtersheimer 1980 und Dieter S. Lutz 1981. Die offiziellen positiven Stellungnahmen sind Legion. Vgl. z.B. Abrüstung und Rüstungskontrolle, hg. vom Auswärtigen Amt 1981 und Aspekte der Friedenspolitik, eine Veröffentlichung der Bundesregierung 1981. Eine Übersicht über positive u. negative Stellungnahmen gibt A. Mechtersheimer (Hg.) 1981 und 1983.

Kontinent oder unser Land begrenzten Atomkrieg, abgekoppelt von den USA. Zu nahe liegt außerdem die Gefahr, militärische Sachzwänge für die Eskalation von der Krise zum Krieg aufzubauen. Denn im Zeitalter der Mehrfachsprengköpfe bietet in einem nuklearen Duell der Angriff immer eher Überlebenschancen als Abwarten und Angegriffenwerden.

Aber Waffensysteme haben auch andere Funktionen als die, in einem bestimmten Militärkonzept einsetzbar zu sein. Waffensysteme demonstrieren politische Macht und Selbstbehauptungswillen durch ihre bloße Existenz. Sie machen politische und militärische Strategien plausibel – oder unplausibel. Anschaffung oder Verzicht sind Schachzüge auf dem Spielbrett der Machtpolitik. Sind überdies Züge für oder gegen Rüstungssteuerung und Rüstungsbegrenzung. Dabei ist es in erster Linie die Wahl unter möglichen Alternativen, die von Feind und Freund als Signal für die wirklichen Absichten gelesen und verstanden, oder – bei falschen Signalen – mißverstanden wird. Um die Bedeutung der durch die Nachrüstung so ausgesandten Signale zu erfassen, sei einmal angenommen,

1. eine Nachrüstung mit eurostrategischen Systemen sei notwendig gewesen, »um die Abschreckung wiederherzustellen« und so Krieg in Europa zu verhüten,

2. es bestehe ein Interesse der NATO, die Aufrüstung mit Mittelstreckenwaffen in Ost- und Westeuropa auf ein sehr niedriges Niveau zu begrenzen.

Konnte dieses Doppelziel auf die gewählte Weise erreicht werden? Wurden die für dieses Ziel richtigen Signale gesetzt?

Rüstung und Rüstungsbegrenzung nicht nacheinander, getrennt, sondern simultan in einem Gesamtkonzept zu behandeln, wie der Nachrüstungsbeschluß anstrebt, ist richtig. Man kann fast sagen, daß *nur* durch Gesamtkonzepte Rüstungskontrolle und Rüstungsbegrenzung überhaupt eine Chance bekommen. Aber:

Es genügt nicht, Rüstung und Rüstungsbegrenzung verbal zu verbinden. Rüsten um abzurüsten ist ein Verfahren, das wenig Erfolgsmeldungen aufzuweisen hat. Entscheidend ist vielmehr, daß die Rüstungsmaßnahmen so ausgewählt werden, daß aus der Logik und den Zielen der Rüstung bei Freund und Feind ein Erfolg von Rüstungsbegrenzung denkbar wird.

Will man ernsthaft Rüstungsbegrenzung, dann ist deshalb zu diesem Zweck von zwei Rüstungsmitteln, die eine als notwendig angesehene Aufgabe erfüllen könnten, dasjenige zu wählen, das zur Rüstungsbegrenzung geeignet ist. Die Rüstung, bei der ein Erfolg von Rüstungsbegrenzung unwahrscheinlich erscheint, ist auszuschließen.

Will man ernsthaft nur Kriegsverhütung, muß man von zwei möglichen Mitteln, die den Gegner von einem frei entschiedenen Eroberungskrieg abhalten, dasjenige wählen, das Krisen gegen die Gefahr einer Eskalation durch militärische Sachzwänge sichert und so auch den heute viel mehr zu fürchtenden Krieg vom Typ 1914 verhindert.

Zwei am Wege lauernde Fallen müßte der Beschluß passieren, wenn er diesen Zielen der Rüstungsbegrenzung, Kriegsverhütung und Krisenstabilisierung wirklich dienen soll.

Die erste Falle: Das Aufstellen landgestützter Raketen (572 Systeme) könnte Sachzwänge für Wettrüsten begründen, die stärker sind als der Wunsch zur Rüstungsbegrenzung.

Die zweite Falle: Es könnten mehr oder weniger realistisch erscheinende Strategien für einen auf Europa begrenzten Atomkrieg entstehen. Und ein begrenzbar erscheinender Atomkrieg ist ein für die Supermächte weniger undenkbarer Atomkrieg.

I. Die erste Falle:

Führt die Reaktion der NATO, auf die sowjetische Rüstung mit SS-20-Raketen mit 572 landgestützten Mittelstreckensystemen zu antworten, in Wettrüstungszwänge?

Kann die NATO eigentlich mit 572 Mittelstreckenraketen auskommen, wenn die Sowjetunion 300 bis 400 SS-20-Raketen gegen Europa in Stellung bringt – oder muß sie dann »nach-nachrüsten«?

Die Begrenzung der NATO-Nachrüstung auf 572 Systeme wurde von der Bundesregierung 1979 mit dem Argument begründet:

»Auch mit der Stationierung von 572 Systemen bleibt das nukleare Mittelstreckenpotential an Zahl dem der Sowjetunion deutlich unterlegen. So kann es auch bei der Sowjetunion keinen Zweifel daran geben, daß das nukleare Mittelstreckenpotential keine eigenständige Rolle im Abschreckungsverbund der Allianz spielt.«[357]

Fragt man jetzt, ob diese Grenze gegen weitere Aufrüstungszwänge gehalten werden kann, muß man sofort feststellen:

Das *erste Argument* gegen die Begrenzung auf 572 neue Mittelstreckensysteme ist die Forderung nach einem *Gleichgewicht der Optionen*:

Schon Harold Brown, der Verteidigungsminister der Regierung Carter, erklärte im Januar 1980:

»*Wir müssen auch fähig sein, die SS-20 und Backfire (Bomber) vom (europäischen) Kriegstheater aus in Schach zu halten*... Wir können z.B. nicht eine Situation erlauben, in der die SS-20 und Backfire die Fähigkeit haben, die Aufstellung und die Bewegungen unserer operationellen Reserven zu unterbrechen und zu zerstören, und *wir nicht* in der Lage sind, die vergleichbaren sowjetischen Streitkräfte zu bedrohen.«[358]

In der allgemeineren Form heißt dieses Argument: Der Westen muß auf einem Optionengleichgewicht bestehen. Die Sowjetunion darf nicht über militärische

357 S. 21/22 aus: Die nuklearen Mittelstreckenwaffen, Modernisierung und Rüstungskontrolle.
358 Department of Defense 1980, S. 95. (Hervorh. v. Verf.)

Optionen verfügen, die der Westen nicht hat. (Militärisches Gleichgewicht bei eurostrategischen Systemen.)

Aber ein solches Optionengleichgewicht entsteht nach Realisierung des Nachrüstungsbeschlusses nicht. Der Westen kann zwar die sowjetischen Nachschubeinheiten in den westlichen Militärbezirken der UdSSR mit den Pershing II und Cruise Missiles angreifen. Doch die Sowjetunion hat die Option, diese landgestützten Mittelstreckensysteme der NATO durch einen Überraschungsangriff mit ihren SS-20-Raketen zu zerstören, ehe die NATO sie einsetzen kann. Die NATO hat die entsprechende Option nicht, weil Reichweite und Zahl der Sprengköpfe der Raketen, die laut Nachrüstungsbeschluß aufgestellt werden, dazu nicht ausreichen.

Um ein echtes Optionengleichgewicht, gleiche militärische Fähigkeiten (militärisches Gleichgewicht) herzustellen, wäre deshalb ein erheblicher *quantitativer* und *qualitativer* Ausbau der Mittelstreckenpotentiale der NATO notwendig.

So überrascht nicht, daß immer häufiger betont wird, die im Dezember 1979 beschlossenen Mittelstreckensysteme könnten nur als erster Schritt zur Aufstellung starker und militärisch brauchbarer Mittelstreckenpotentiale angesehen werden.[359] Zwar: Diese Forderung nach einem Optionengleichgewicht ist sicherlich fragwürdig. Denn in letzter Konsequenz würde Optionengleichgewicht bedeuten, daß auch die NATO die konventionellen Angriffsoptionen in Europa braucht, die die Sowjetunion hat. Und ein Ausbau der NATO-Mittelstreckensysteme zu Mittelstreckensystemen, die die sowjetischen SS-20 in einem Präventivangriff zerstören könnten, würde zu noch größerer Kriseninstabilität führen. Denn dann wären *beide* Seiten fähig, in einer Krise durch einen Überraschungsschlag die gegnerischen Mittelstreckenpotentiale auszuschalten und somit beide Seiten unter Zugzwang. Zu wissen, daß der Gegner *auch* unter Zugzwang steht, macht die Situation aber nicht besser, sondern nur noch schlechter. Denn dieses Wissen verstärkt nur den eigenen Zwang zur Prävention – und dieses Faktum wirkt wieder auf den Gegner zurück.

Aber ob es möglich sein wird, mit diesem Argument der Kriseninstabilität den von manchen geforderten und von anderen befürchteten weiteren Ausbau der NATO-Mittelstreckenpotentiale zu einem echten eurostrategischen Optionengleichgewicht zu verhindern, ist mehr als zweifelhaft. Denn es ist sehr einfach, einer Bevölkerung oder auch einem Parlament klarzumachen, daß eine *Un*symmetrie besteht, wenn die *Sowjetunion* Pershing-II-Stellungen mit SS-20-Raketen

---

359 Als Beispiel sei die Arbeit von Donald R. Cotter genannt (von 1973–78 Leiter der Abt. Atomenergie im US-Verteidigungsministerium und früher Direktor der Abt. Internationale Sicherheitsfragen bei der US-Atomenergiekommission), in »Strategic Review«, Spring 1981. Diese Arbeit ist wohl wegen ihrer Bedeutung auch in der »Europäischen Wehrkunde« auf deutsch erschienen. – Auch die Feststellung von Weinberger, die vereinbarte Grundstrategie der NATO fordere starke konventionelle Streitkräfte, starke nukleare Mittelstreckensysteme (TNF) und starke strategische Nuklearstreitkräfte, kann kaum anders ausgelegt werden. Vgl. seine Rede vom 5.5.1981 vor Zeitungsverlegern.

angreifen kann – nicht aber die NATO mit Pershing II die SS-20. Wie will man gegen ein so einfaches, eingängiges Argument mit dem schwer verständlichen Einwand »Kriseninstabilität« ankommen? Einem Einwand, der schon in der Nachrüstungsdebatte 1979 nicht gehört wurde, als man verwundbare landgestützte Pershing II und Cruise Missiles anstelle unverwundbarer seegestützter Systeme aufzustellen beschloß.

So konnte es nicht überraschen, daß die NATO schon im zweiten Teil des Nachrüstungsbeschlusses die von ihr als Rüstungsziel angegebene begrenzte *Unter*legenheit in Mittelstreckenraketen »vergaß« und absolute *Gleichheit* in der Zahl von Mittelstreckenraketen der Supermächte zum Ziel der angebotenen Rüstungsbegrenzungsverhandlungen erklärte. Mit diesem Ziel bezogen die USA in den Genfer Verhandlungen dann Positionen, die weder in der Form der sogenannten Nulloption (keine eurostrategischen Waffen in West und Ost) noch in der Festlegung auf irgendein anderes *gleiches* Niveau mit den Annahmen über Abschreckung übereinstimmten, die alleine einen Nachrüstungsbeschluß tragen konnten: Denn wenn die strategischen Waffen der USA und der Sowjetunion sich so neutralisieren, daß eurostrategische Waffen der NATO zur Wiederherstellung der Abschreckung notwendig sind – wieso ist dann eine Nulloption möglich, die der NATO diese »Ankopplungswaffen« nimmt? Und wenn niemals so viele amerikanische Systeme in Europa stationiert werden dürfen, »daß jemand in Washington... auf den Gedanken kommen könnte, eine theoretisch denkbare nukleare Konfrontation mit der Sowjetunion beschränken zu können auf Europa« (Helmut Schmidt), wieso konnte man dann Zahlen*gleichheit* zwischen sowjetischen SS-20 und Pershing II und Cruise Missiles akzeptieren?

Zweites Argument gegen eine Begrenzung der Mittelstreckenwaffen auf 572 Systeme:

Die Verwundbarkeit der aufgestellten landgestützten Mittelstreckensysteme zwingt die NATO dazu, *die Zahl dieser Systeme zu erhöhen,* um so sicherzustellen, daß genügend NATO-Mittelstreckenraketen einen sowjetischen Angriff überleben würden.

Man braucht nicht viel Phantasie, um vorherzusehen, daß *nach* Aufstellung der geplanten 572 Mittelstreckensysteme in Europa neue, mehr und bessere Mittelstreckenraketen für die NATO gefordert werden dürften. Denn man braucht nur die Argumente auf Mittelstreckenwaffen umzumünzen, die in den letzten Jahren für neue amerikanische *strategische* Kernwaffen ins Feld geführt wurden und die schließlich die Aufrüstungsprogramme auf dieser Ebene auslösten, um sich eine zukünftige Debatte über weitere eurostrategische Waffen vorzustellen. Ein amerikanischer Verteidigungsminister dürfte Ende der 80er Jahre in seinem Bericht an den Kongreß etwa folgendermaßen argumentieren:

»Die bedrohlichste Ursache zukünftiger Instabilität ist die wachsende sowjetische Bedrohung unserer Pershing-II- und Cruise-Missile-Systeme in Europa... In einem oder zwei

Jahren können wir erwarten, daß die Sowjetunion die notwendige Kombination von SS-20-Zahlen, -Verläßlichkeit, -Genauigkeit und -Sprengstoffausbeute hat, die meisten unserer Pershing II und Cruise Missiles in die Gefahr zu bringen, durch einen Angriff mit einem relativ begrenzten Anteil ihrer Mittelstreckenraketen zerstört zu werden. Für Planungszwecke müssen wir deshalb unterstellen, daß das *Mittelstreckenbein* unserer nuklearen Abschreckung in sehr kurzer Zeit als Ergebnis eines sowjetischen Angriffs *zerstört werden könnte.*«[360]

»Die Verwundbarkeit großer Teile unserer Mittelstreckensysteme festzustellen bedeutet nicht, daß die Wahrscheinlichkeit eines sowjetischen Überraschungsangriffs zunehmen muß, wenn die hypothetische Verwundbarkeit (unserer Systeme) größer wird. Eine vorsichtige sowjetische Führung könnte nicht sicher sein, die notwendige Koordination ihrer Streitkräfte zu erreichen, um einen solchen Angriff effektiv zu machen. Noch könnte sie davon ausgehen, daß wir nicht unsere Mittelstreckenraketen und Cruise Missiles in dem Moment abschießen, wo unsere Systeme den Angriff melden oder der Angriff stattfindet (wozu wir unter gar keinen Umständen gezwungen sein möchten). Jedoch weniger vorsichtige oder in eine verzweifelte Lage gebrachte sowjetische Führungen könnten durch diese Überlegungen vielleicht nicht zurückgehalten werden...

Es ist *eine* Sache, die operationelle Fähigkeit zu haben, Kernwaffen nach einer Warnung oder unter einem Angriff abzufeuern. Es ist eine ganz andere Sache, sie einfach deshalb abfeuern zu müssen, um zu vermeiden, sie durch einen Angriff zu verlieren. Die letztere Position mit ihrer Verletzlichkeit gegenüber Unglücksfällen, falschen Alarmen und noch mehr mit ihrer Belohnung hastiger Aktionen und Bestrafung von Überlegung und Kontrolle ist für die Vereinigten Staaten unakzeptabel. In einer gegebenen Situation mag der Präsident einen Feuerbefehl geben, mit oder ohne Warnung. Die Pflicht des Verteidigungsministeriums aber ist, Systeme zu planen und vorzusehen, die geeignet sind, einen Angriff zu überstehen, wenn die Situation es erfordert und der Präsident es anordnet. Es ist unsere Pflicht, nicht seine Hand zu führen...«[361]

»Natürlich könnten wir auch strategische Kernwaffen verwenden. Aber gerade diese Notwendigkeit wollten wir doch mit dem 1979 beschlossenen Programm zum Aufbau einer Mittelstreckenkapazität vermeiden. Wenn wir auch immer diese Möglichkeit der Verwendung strategischer Kernwaffen offen halten, auch hier muß gelten: Wir können nicht den Präsidenten in eine Situation bringen, in der wir ihn *zwingen,* auf diese Kapazität zurückzugreifen.

Unter der Annahme, daß die Sowjetunion in relativ kurzer Zeit etwa 400 SS-20-Raketen mit je 3 Sprengköpfen einer sehr hohen Trefferwahrscheinlichkeit zur Verfügung haben wird, müßten wir deshalb mindestens 1700 Mittelstreckensysteme aufstellen, wenn wir sicher sein wollen, daß die für erforderlich gehaltene Zahl von 572 Mittelstreckenraketen auch noch nach einem sowjetischen Angriff zur Verfügung steht.«[362]

---

360 So fast wörtlich der damalige US-Verteidigungsminister Brown zur Begründung der neuen *strategischen* Rüstung der USA. Ich habe nur die Worte »Minuteman und Titansilos« durch »Pershing-II und Cruise Missiles« ersetzt und »sowjetische ICBM« durch SS-20. Vgl. Department of Defense 1981, S. 85.

361 Department of Defense 1981, S. 86, 88 (hier wieder in die Mittelstrecken-Problematik übersetzt).

362 Diese Argumentation folgt US-Verteidigungsminister Browns Statement (Department of Defen-

Wenn, wie hier einmal unterstellt, die Entscheidung vom Dezember 1979 notwendig war, eine Mittelstreckenkapazität aufzubauen, und wenn ferner für die USA die Entscheidung unvermeidlich schien, bei Gefährdung der landgestützten Interkontinentalsysteme ein neues landgestütztes Raketensystem aufzubauen, ist dann nicht die Argumentation zur Vergrößerung des Mittelstreckenpotentials weit über die geplanten 572 Systeme hinaus zwingend? Wo sind Argumente, unter diesen Prämissen das Nachrüstungsprogramm auch nur auf dem vorgesehenen Höchstniveau anzuhalten?[363]

Das *dritte Argument* für Weiterrüsten:

Statt einer Erhöhung der Zahlen landgestützter Mittelstreckensysteme könnte mit der oben wiedergegebenen Argumentation auch ein anderer Rüstungsschritt gefordert werden:

Die Errichtung seegestützter Mittelstreckensysteme, z. B. auf U-Booten. Mit solchen Systemen könnte dann der Sowjetunion für den Fall, daß sie die landgestützten Mittelstreckensysteme der NATO in einem Überraschungsschlag zerstört, glaubhaft ein Gegenschlag angedroht werden.

Dieses dritte Argument, nach dem Vorbild der strategischen Ebene auch für die eurostrategische Ebene ein drittes Bein (neben landgestützten Mittelstreckensystemen und forward-based-systems aller Art) zu schaffen, gewinnt vor allem dann an Gewicht, wenn eine Vergrößerung der Zahl der landgestützten Systeme von 572 auf ein-, zwei- oder dreitausend letztlich das Problem der Verwundbarkeit durch Überraschungsangriffe nicht löst, weil die Sowjetunion im gleichen Takt ihre SS-20-Systeme ausbaut.

Dieser Weg umgeht auch den vorhersehbaren politischen Widerstand gegen einen weiteren Ausbau der landgestützten Mittelstreckensysteme in Europa. Donald R. Cotter schrieb hierzu in der Frühjahrsausgabe 1981 von »Strategic Review«[364]:

»Es kann sein, daß die politischen Barrieren für eine NATO-Vereinbarung der *benötigten Erhöhung der Zahl der eurostrategischen Systeme* in der unmittelbaren Zukunft unüberwindlich sind. In diesem Fall würden die Vereinigten Staaten vor einer schwierigen Wahl stehen. Ein Ausweg könnte sein, die benötigten Streitkräfte rein amerikanisch aufzustellen, z. B. in der Form von seegestützten, für Angriffe auf Landziele ausgerichteten Cruise Missiles (SLCM), die auf Angriffs-Untersee-Booten oder Schiffen in europäischen Gewäs-

se 1981, S. 85/86 u. 88) mit der dort gegebenen Argumentation für neue *strategische* Waffensysteme. Ich habe diese Argumentation wieder in die Mittelstrecken-Problematik »übersetzt«.

363 Die Einführung von nur 572 Systemen ist daher auch schon bald in den USA heftig kritisiert worden. General Haig, der spätere Außenminister, nannte diese Einführung »only political expediency and tokenism«. Vgl. »The modernization of NATO's long-range theater nuclear forces«. Washington 1981, S. 34.
1982 war die im Text ausgesprochene Vermutung bereits mehr als eine naheliegende Annahme: Die amerikanischen Dienststellen (authorities) glauben, daß die 572 Raketen mehr eine Grundlage als eine Obergrenze darstellen, schreibt Atlantic News Nr. 1358 v. 23. 10. 1981.
364 D. R. Cotter (1981, S. 44 ff., vgl. oben Anm. 359. Hervorh. v. Verf.).

sern stationiert würden. Es gibt außerdem die Möglichkeit von Cruise Missiles auf konventionell angetriebenen Untersee-Booten ...«

Was will man eigentlich gegen diese Forderung nach zusätzlichen seegestützten Systemen sagen, die sich auf die reale Gefahr stützt, daß die Sowjetunion die landgestützten Mittelstreckensysteme der NATO angreifen und zerstören könnte? Eine Option der Sowjetunion, die die Entscheidung des NATO-Nachrüstungsbeschlusses für landgestütze Systeme allerdings überhaupt erst geschaffen hat?

Ob zuerst Erhöhung der Zahl der landgestützten Systeme gefordert würde oder seegestützte Systeme zur Abschreckung eines Angriffs auf die landgestützten, konnte zunächst nicht vorhergesagt werden. Heute aber ist diese Frage schon entschieden. Denn neben die Forderung nach weiteren landgestützten Systemen trat bereits der Beschluß, neue amerikanische seegestützte Cruise Missiles zu bauen.[365]

Ein *viertes Argument* für weitere Rüstungsmaßnahmen, das mit dem Aufbau von landgestützten Mittelstreckensystemen in Europa auf Stapel gelegt wurde, dürfte gegen Ende dieses Jahrzehnts zu erwarten sein. Es lautet: Die aufgebauten *Mittelstreckensysteme müssen durch Abwehrraketen geschützt werden.*

Die Möglichkeit, ein solches Raketenabwehrsystem zum Schutz der in Europa stationierten Kernwaffen zu entwickeln, wurde schon 1980 in Erwägung gezogen.[366]

Fazit:

Die militärischen Gründe für die Aufstellung der vorgesehenen 572 Mittelstreckensysteme in Europa sind schwach. Doch sind diese Raketen einmal »zur Wiederherstellung der Abschreckung nach der wechselseitigen Neutralisierung der strategischen Kernwaffen der USA und der Sowjetunion« installiert, entstehen sehr gute militärische Gründe, diese Mittelstreckenkapazitäten quantitativ und qualitativ auszubauen, durch seegestützte Systeme zu ergänzen und schließlich auch noch mit Abwehrraketen zu verteidigen. Manche dieser Gründe für weiteres Rüsten im Mittelstreckenbereich sind militärisch unwiderleglich. Gegen andere gibt es zwar Gegengründe, doch kaum Chancen, sie politisch durchzusetzen.

---

365 Der Bau von 2500 seegestützten nuklearen Cruise Missiles in den Jahren 1982–1986 wurde von der Regierung Reagan bereits beschlossen. Vgl. Intern. Herald Tribune v. 18.9.1981.

366 General Robert C. Richardson III (retired, Mitglied des 1. US Joint Staff und der NATO Standing Group 1949) schrieb in Strategic Review, Spring 1981: »Die wachsenden Kosten einer hohen nuklearen Schwelle, die heute keine wirkliche Sicherheit oder Abschreckung erlauben, sollten sicherlich einen Anreiz zum Wechsel bilden... Die Allianz kann auf ihren noch überlegenen Fundus zurückgreifen. Man denkt sofort an Neutronenwaffen, an *theater antiballistic missile defense* und eine Anzahl anderer technischer Innovationen, die in der Erprobung oder im Laboratorium bereitstehen.« (S. 43)

Einwand:

Aber eben weil diese Gefahr der Wiederholung des Rüstungswettlaufs auf der strategischen Ebene bei eurostrategischen Waffen besteht, deswegen verbindet die NATO doch gleich den ersten Rüstungsschritt mit dem Angebot einer vereinbarten Rüstungsbegrenzung!

Stimmt dieser Einwand?

Die gute Absicht ist nur zu begrüßen. Doch die Frage des vorliegenden Kapitels ist gerade, ob diese gute Absicht Chancen hat, auf die gewählte Weise realisiert zu werden. Über Chancen läßt sich sicher streiten. Aber gerade über die Chancen von Rüstungskontrollverhandlungen hat die Nachkriegszeit eine Reihe von Erfahrungen, empirischen Daten, geliefert. Wer einen so folgenschweren Schritt wie den Doppelbeschluß tut, muß dieses empirische Material prüfen. Dabei zeigt sich:

Wettrüsten, für das wenig Argumente präsentiert werden können, ist in der Geschichte leider nicht selten. Darauf hoffen, daß sich eine Rüstung begrenzen läßt, die zwingende Gründe für weitere drei oder vier neue Rüstungsstufen selbst setzt, das ist Wetten auf Schneesturm im August.

Sicher: Niemand kann ein Ergebnis diplomatischer Verhandlungen zwingend vorhersagen. Zu viele wechselnde Interessen spielen hier herein. Mehr als ein vorausschauendes Konzept, das den angestrebten Erfolg, *Begrenzung* der euro-strategischen Rüstung auf beiden Seiten, jedenfalls nach seiner inneren Logik wahrscheinlich machte, konnte deshalb auch von der NATO nicht gefordert werden. Doch ein solches Konzept gab es nicht. Vielmehr fällt, wer landgestützte Mittelstreckensysteme in Europa aufstellt, in die Wettrüstungsfalle, weil er mit dieser Aufstellung die Argumente *gegen* weiteres Wettrüsten mit Mittelstrecken-systemen verliert, neue Argumente *für* Wettrüsten aber selber setzt.

Wer Wettrüsten in Mittelstreckensystemen wirklich verhüten will, müßte deshalb nicht mit dem Einstieg, verwundbaren landgestützten Systemen, beginnen, sondern mit dem Schlußstein: den unverwundbaren seegestützten Syste-men. Und er müßte die Zahl dieser Systeme zum Gegenstand der Rüstungsbe-grenzungsverhandlungen machen.

Mit der Stationierung landgestützter Mittelstreckensysteme in Europa ausge-löstes Wettrüsten wird nicht nur die USA und die Sowjetunion erfassen. Unaus-weichlich zieht es die selbständige französische Force de Dissuasion ebenso hinein wie die halbselbständigen britischen Nuklearstreitkräfte.

Dabei wachsen die Kosten mit den einzelnen Rüstungsschritten rapide an. Ruin der Volkswirtschaft durch Rüstung könnte so bald von einem Schlagwort zur Realität werden. Wahrscheinlich ist, daß dieser Ruin nicht alle Beteiligten zur gleichen Zeit treffen würde. Die Meinungen darüber, wem dieser Ruin zuerst droht, sind geteilt: der Sowjetunion? den europäischen Verbündeten? den USA? Unterschiedlich sind auch die Prognosen, was aus dem Bankrott einer dieser Mächte für den Weltfrieden folgen würde.

Wer ist sich sicher, daß wirklich *alle,* die sich für Nachrüstung mit *landgestützten* Systemen eingesetzt haben, auf das Wunder der Rüstungsbegrenzung hoffen?

Wie soll dann aber die Sowjetunion das mit dem Doppelbeschluß verbundene Rüstungsbegrenzungsangebot als ernsthaften Schritt in Richtung »Frieden schaffen mit immer weniger Waffen« lesen? – Zumal sie zur gleichen Zeit vom amerikanischen Verteidigungsminister Weinberger hört: »Wir müssen sicherstellen, daß dieses sowjetische Imperium, wenn es denn aufgrund seiner eigenen Widersprüche zusammenbricht, das mit einem Winseln tut und nicht mit einem großen Knall.«[367]

II. Die zweite Falle:
Der auf Europa begrenzte Atomkrieg wird denkbar.

Nukleare Mittelstreckenraketen, die von Europa aus die Sowjetunion erreichen können, werden selbstverständlich eine wesentliche Rolle in der Strategie der NATO spielen. Die Frage ist nur, welche?

Die Rolle von Kernwaffen im NATO-Konzept hat starke Veränderungen hinter sich. General Richardson, der damals als Planer bei SHAPE dabei war, beschrieb die Rolle von Kernwaffen 1955, zur Zeit der Geburt der Bundeswehr also, so[368]:

»Atomare Kriege gehen von ihrem Ausbruch an schnell in die entscheidende Phase, weil bei atomaren Kriegen beiden Seiten mit den Kernwaffen die Zerstörungskraft, die sie benötigen, schon bei Beginn des Krieges zur Verfügung steht. Alles, was nach Kriegsausbruch zu tun ist, ist, diese Kernwaffen so schnell und effektiv wie möglich einzusetzen, und der Kriegsausgang wird durch diesen Schlagwechsel bestimmt. Das steht in Kontrast zu konventionellen Kriegen, wo sowohl die Notwendigkeit besteht als auch die Zeit verfügbar ist, Munition und Einsatzmittel während des Krieges nachzubauen.«

Dies ist ein Statement, das für das atomare Zeitalter kurz und knapp zwei Pfeiler Clausewitzscher Kriegführungskunst nachzeichnet:

1. Die Erkenntnis, daß – bei etwa gleichen militärischen Mitteln (militärischem Gleichgewicht) – derjenige siegt, der seine militärischen Mittel möglichst ohne Zögern, entschlossen, schnell, rücksichtslos und effektiv voll einsetzt. Einen Grundsatz, den Guderian, der Schöpfer der Panzerwaffe der deutschen Wehrmacht, in die klassischen Worte »nicht kleckern, klotzen« faßte.

2. Die realistische Berücksichtigung der Rolle von Friktionen, die den idealisierten, gedachten Kriegsverlauf vom realen Kriegsverlauf unterscheiden. Und deren kriegsbegrenzende Rolle im atomaren Krieg praktisch verschwindet.

Clausewitz:

»Wäre die Entscheidung im Kriege eine einzige oder eine Reihe gleichzeitiger, so müßten

367 Weinberger 1981a, S. 150.
368 Richardson 1981, S. 41.

natürlich alle Vorbereitungen zu derselben die Tendenz zum äußersten bekommen, denn ein Versäumnis ließe sich auf keine Weise wieder einbringen; es würden also aus der wirklichen Welt höchstens die Vorbereitungen des Gegners, soweit sie uns bekannt sind, einen Maßstab für uns abgeben können, und alles übrige fiele wieder der Abstraktion anheim.«[369]

Die Konsequenz: In einem Konflikt zwischen zwei Nuklearmächten, in dem auch nur für eine Partei der Sieg im Nuklearkrieg das Ziel ist, ist für »abgestufte Reaktionen« (flexible response der NATO) oder »letzte nukleare Warnungen« (französische Militärdoktrin) kein Raum. Wer nuklear warnt, wer »abgestuft« reagiert, verliert die nukleare Schlacht gegen den, der auf Sieg setzt. Begrenzbarkeit des Schadens im Kriegsgebiet (Europa) wird so eine reine Fiktion.

Wollte die NATO die Fähigkeit zum Sieg im atomaren Krieg aufbauen – und sei es nur, um einen Gegner, der eine nukleare Kriegführungsoption aufgebaut hat, davon zu überzeugen, daß er diesen Krieg verlieren würde, um ihn so abzuschrecken –, müßte sie deshalb zwei Voraussetzungen sicherstellen:

»1. Taktik und Streitkräfte der NATO müßten auf Überlebensfähigkeit im Atomkrieg umgestellt werden, um so auf Bereitschaft und Fähigkeit für nukleare Kriegführung zu optimieren.
2. Alle notwendigen Kernwaffen müßten schon bei Beginn der Schlacht in der Hand der NATO-Truppen sein.«[370]

Diese Bedingungen wurden nie erfüllt. Sie wurden bis heute auch deshalb nicht erfüllt, weil ein solcher Krieg keine politische Funktion mehr hat – jedenfalls nicht für die, die dort leben, wo er ausgefochten wird: die Europäer. Offene Vorbereitung nuklearer Verteidigung konnte damit kaum zur Grundlage der Strategie eines Bündnisses zwischen den Vereinigten Staaten und eben diesen Europäern werden. Konsequenterweise verschwand das Konzept deshalb wieder aus den Planungen. Seine formelle Beerdigung fand es mit der offiziellen Annahme des Konzepts der flexible response durch die NATO in den Jahren 1967 bis 1969.

1969 erschien auch das erste Weißbuch der Bundesregierung zur Verteidigungspolitik. Es beschreibt diese »neue« Strategie der flexible response so[371]:

»Das strategische Konzept sieht vor, auf jede Aggression nach dem Grundsatz der *Verhältnismäßigkeit der Mittel* zu reagieren, mit dem Ziel, die Lage wiederherzustellen, die vor Beginn des Angriffs bestanden hat. Die Wirksamkeit dieses Konzepts ist von drei Voraussetzungen abhängig.

369 Clausewitz, 1. Buch, Kap. 8 (S. 197 d. 19. Aufl.). Schon 1963 wies in der Wehrwissenschaftlichen Rundschau Heft 10 der damalige Oberst und spätere Abrüstungsbeauftragte der Bundesregierung H. Roth auf diese Konsequenzen hin.
370 So Richardson 1981, S. 42.
371 Weißbuch 1969 (Hervorh. v. Verf.).

Die erste ist die *politische Entschlossenheit* der Bündnismitglieder, jeder Aggression oder militärischen Erpressung gemeinsam entgegenzutreten.

Die zweite Voraussetzung ist das *Vorhandensein eines militärischen Instrumentes, das stark genug ist,* um unverzüglich und mit Aussicht auf Erfolg eingesetzt werden zu können, und das durch Mobilmachung schnell verstärkt werden kann.

Die dritte Voraussetzung betrifft die *Fähigkeit, unter verschiedenen militärischen Mitteln, konventionellen wie nuklearen, zu wählen* und sie in einer vom Gegner nicht vorauszusehenden Weise einzusetzen. Damit soll dem Gegner die Voraussage der Reaktion der NATO und die Berechnung seines Risikos unmöglich gemacht werden.

Die Durchführung des Konzepts der ›flexible response‹ setzt daher die Ausstattung der Streitkräfte der Bündnispartner mit Trägermitteln für nukleare Waffen voraus.« (S. 18)

Und unter der Überschrift »Kein militärischer Automatismus«:

»Die Strategie der angemessenen Reaktion ist frei von militärischem Automatismus und beläßt der politischen Führung die Möglichkeit, die von ihr als notwendig erachteten Maßnahmen zu ergreifen und die damit verbundenen Risiken unter Kontrolle zu halten. Diese Strategie trägt dem *begrenzten Krieg* als der wahrscheinlicheren Form einer bewaffneten Auseinandersetzung in besonderer Weise Rechnung, ohne die massive Vergeltung im Falle eines Allgemeinen Krieges in Frage zu stellen.« (S. 17)

Dabei wird

»unter einem begrenzten Krieg ... ein nach politischer Zielsetzung, Raum oder eingesetzten Kräften begrenzt gehaltener internationaler bewaffneter Konflikt verstanden, der den *selektiven Einsatz nuklearer Waffen nicht ausschließt*«. (Anm. S. 17)

Wie dieser selektive Einsatz aussehen soll, wird nicht gesagt. Von Verteidigung mit nuklearen Waffen wird an keiner Stelle gesprochen.

Etwas deutlicher wird die Rolle von Kernwaffen im Weißbuch 1970 beschrieben [372]:

»Der erste Grundsatz besteht darin, jeder Aggression durch eine direkte Verteidigung auf etwa der gleichen Ebene entgegenzutreten, und der zweite darin, durch die Möglichkeit der Eskalation abschreckend zu wirken. Es ist das wesentliche Merkmal der neuen Strategie, daß ein Angreifer davon überzeugt sein muß, die NATO werde erforderlichenfalls Kernwaffen einsetzen, jedoch muß er gleichzeitig hinsichtlich des Zeitpunktes und der Umstände dieses Einsatzes im Ungewissen bleiben.« (Ziffer 42)

Und:

»Es kommt dabei entscheidend darauf an, daß in Westeuropa konventionelle Streitkräfte in einem Umfang aufrechterhalten werden, die der NATO die Möglichkeit belassen, auf alles außer einen vorsätzlichen Großangriff anders als nuklear zu reagieren: Und die, wenn ein Angriff dieses Maßstabes erfolgen sollte, Zeit lassen für Verhandlungen über eine Beendigung des Konflikts und für Konsultationen unter den Verbündeten über den Ersteinsatz von Kernwaffen, falls die Verhandlungen fehlschlagen sollten ...« (Ziffer 43)

---

372 Weißbuch 1970 (Hervorh. v. Verf.).

Und:

»Angesichts der nuklearen Bewaffnung des Warschauer Pakts sind nukleare Waffen gegenwärtig ein unverzichtbares Mittel zur Abschreckung. *Als Mittel der Verteidigung können sie wegen ihrer eskalierenden und zerstörerischen Wirkung jedoch nur im äußersten Falle eingesetzt werden und auch dann jeweils restriktiv und selektiv.*« (Ziffer 65)

Klar und deutlich ist der Unterschied der so beschriebenen Strategie zur nuklearen Verteidigungsstrategie, deren Ziele und Notwendigkeiten oben dargestellt wurden.

Unklar ist nur, warum die NATO bei einer so formulierten Strategie 1970 etwa 7000 taktische Kernwaffen für diesen »begrenzten restriktiven Gebrauch« in Europa bereithielt.

1973/74 heißt es dann im Weißbuch[373]:

»Drei Arten militärischer Reaktion sind nacheinander oder gleichzeitig möglich: die *Abwehr mit konventionellen* Streitkräften im Rahmen der Direktverteidigung, die vorbedachte Eskalation, die einen *nuklearen* Einsatz nicht ausschließt, und die allgemeine nukleare Reaktion, die den Einsatz des gesamten militärischen Potentials, einschließlich der nuklearstrategischen Waffen, bedeutet.«

1975/76 lautet die entsprechende Aussage:

»Der taktische Ersteinsatz nuklearer Waffen muß so spät wie möglich, aber so früh wie nötig erfolgen, das heißt, daß die Doktrin der Vorneverteidigung Geltung behält, die konventionellen Kräfte des Verteidigers nicht erschöpft sind und die Unkalkulierbarkeit für den Angreifer erhalten bleibt. *Ersteinsätze nuklearer Waffen sollen weniger eine militärische Entscheidung herbeiführen, als vielmehr politische Wirkungen erzielen.* Der Angreifer soll veranlaßt werden, seine Absichten zu ändern, seinen Angriff aufzugeben und sich zurückzuziehen. Gleichzeitig wird ihm vor Augen geführt, daß er das Risiko einer weiteren Eskalation eingeht, wenn er seinen Angriff fortsetzt. Diese weitere Eskalation würde für den Angreifer bedeuten, daß nuklear-strategische Waffen gegen sein eigenes Territorium eingesetzt werden. Der Einsatz würde sich zunächst selektiv gegen militärische Ziele richten.«[374]

Erstmalig taucht so wieder das Ziel »militärische Entscheidung« im Zusammenhang mit taktischen Kernwaffen auf. Aber diese militärische Rolle wird ausdrücklich als sekundär bezeichnet. (»Weniger eine militärische Entscheidung... als politische Wirkungen.«)

Doch 1979 ist diese eindeutige Priorität politischer Wirkung aus der Beschreibung der Strategie verschwunden:

»Die Atlantische Allianz kann auf *Nuklearwaffen* nicht verzichten. Wenn das Bündnis seine *Verteidigung* ausschließlich auf konventionelle Kräfte stützen müßte, könnte ein Angreifer sein Risiko kalkulieren und begrenzen.
Die NATO hält *Nuklearwaffen für Abschreckung und Verteidigung* bereit, nicht weil

373 Weißbuch 1973/74, Ziff. 27, S. 16 (Hervorh. v. Verf.).
374 Weißbuch 1975/76, Ziff. 38, S. 21 (Hervorh. v. Verf.).

sie damit einen Nuklearkrieg führen, sondern jeden Krieg verhüten will. Die am Ende unberechenbare Zerstörungskraft nuklearer Waffen soll davor abschrecken, den Krieg noch als ein Mittel der Politik zu begreifen. Den Frieden jedoch kann das Bündnis nur wahren, wenn es fähig ist, dem Warschauer Pakt das Risiko eines nuklearen Krieges vor Augen zu führen.«[375]

Ähnlich postuliert das Weißbuch 1983:

»1. Die *Direktverteidigung* soll dem Aggressor *verwehren*, sein Ziel zu erreichen, und zwar auf der Stufe des militärischen Konflikts, die der Aggressor gewählt hat. Das kann den Einsatz *nuklearer Waffen einschließen*. Entweder scheitert damit die Aggression, oder der Aggressor wird mit der Gefahr der Eskalation konfrontiert.

2. Die *Vorbedachte Eskalation* soll einen Angriff dadurch abwehren, daß sie den Angreifer zu der politischen Entscheidung bewegt, seine Kriegshandlungen einzustellen, weil Erfolgschancen und Risiken in keinem für ihn tragbaren Verhältnis stehen. Als mögliches Mittel, ihn hiervon zu überzeugen, hält das Bündnis Optionen des politisch kontrollierten, selektiven Einsatzes nuklearer Waffen offen.«[376]

Noch deutlicher ist der Wandel der Sicht nuklearer Waffen in den unserem Weißbuch entsprechenden *amerikanischen Veröffentlichungen, den jährlichen Berichten des Verteidigungsministeriums* an den Kongreß.

Das (letzte) Statement von Verteidigungsminister McNamara (1969), dem Mann, der (jedenfalls am Ende seiner Amtszeit) wohl am eindeutigsten versucht hat, auf der strategischen Ebene eine »reine« Abschreckungsdoktrin durchzuhalten, berührte taktische Kernwaffen nur in einem kurzen Absatz.

»Die NATO muß eine effektive Nuklearkapazität auf dem europäischen Kriegstheater haben. Wir haben schon eine große Zahl von Kernwaffen in Europa stationiert. Diese große *nukleare ›Schlachtfeld‹-*Kapazität soll den Warschauer Pakt davon *abschrecken*, irgendeinen Versuch zu machen, Westeuropa zu erobern, sei es durch einen umfassenden konventionellen Großangriff oder durch den Gebrauch seiner eigenen taktischen Kernwaffen.«[377]

Diese Aussage findet sich en passant unter »Assessment of the international situation« im Abschnitt »Europa und das NATO-Gebiet«. Einen eigenen Abschnitt für die Probleme taktischer Kernwaffen findet man in diesem Statement nicht. Dafür wird ausführlich über die Probleme der strategischen Ebene berichtet.

1980 ist das Bild völlig verändert. Das »theater nuclear problem« wird in mehreren Abschnitten detailliert analysiert und dargestellt.[378]

---

375 Weißbuch 1979, Ziff. 158, S. 124 (Hervorh. v. Verf.).
376 Ziff. 271, Abs. 1 und 2 des Weißbuchs 1983 (Hervorh. v. Verf.).
377 S. 30, Department of Defense 1969 (Hervorh. v. Verf.).
378 Section I, Kap. 1–V, Kap. 1–VII; Section II, Kap. 2, Kap. 7–II, in: Department of Defense 1981, vorgelegt von Harold Brown (Hervorh. v. Verf.).

Die sowjetische Position bezüglich taktischer Nuklearkriegführung in Europa wird so gesehen:

»Die *sowjetische* Planung für einen Krieg in Europa hat im vergangenen Jahr keine bemerkenswerte Änderung erfahren. Ihre Autoren unterstreichen weiterhin, daß jeder größere Zusammenstoß in Europa mit Wahrscheinlichkeit zu einem Nuklearkrieg eskalieren würde. Andererseits haben, worauf ich schon im letzten Jahre hingewiesen habe, einige neuere Veröffentlichungen die Meinung vertreten, ein Krieg in Europa könnte für einige Zeit unter der nuklearen Schwelle verlaufen. Und es scheint, daß die sowjetischen militärischen Führer angefangen haben, mit einer solchen Möglichkeit zu rechnen und sie in ihren Plänen, ihrer Ausbildung und ihren Übungen zu berücksichtigen. *Gleichzeitig allerdings betonen sie die Notwendigkeit, die taktischen Nuklearstreitkräfte der NATO in einem frühen Stadium eines europäischen Konfliktes zerstören zu können.*« (S. 94)

Die amerikanische Beurteilung der Lage und die daraus gezogenen Folgerungen:

»Es ist immer schwierig gewesen, sich vorzustellen, wie entweder der Warschauer Pakt oder die NATO wirkliche Vorteile durch den umfassenden Gebrauch von Kernwaffen auf einem Kriegsschauplatz wie dem in Europa erreichen könnten. Aber um ein Kontinuum von Abschreckung aufrechtzuerhalten, müssen wir für diese unwünschbare Eventualität vorbereitet sein. Streitkräfte, die einen konventionellen Abnutzungskrieg oder *begrenzte nukleare Angriffe überleben können,* dienen gleichermaßen der Abschreckung und der Eskalationskontrolle. *Die überlebenden Nuklearstreitkräfte im Kriegstheater müssen ferner fähig sein,* verschiedenartige Schläge auszuteilen – wobei sie *einige zig bis einige hundert Waffen* verwenden. Diese Schläge reichen von *direkter Verwendung auf dem Schlachtfeld gegen feindliche Streitkräfte,* die sich im Kampf befinden, bis *zur Zerstörung militärischer Ziele weit innerhalb der Sowjetunion.* Wir planen unsere Nuklearstreitkräfte für das Kriegstheater *nicht* so, daß *sie selbst* einen Abwehrsieg gegen einen entschlossenen Angriff der Sowjetunion in Europa erringen können. Und wir verlassen uns hauptsächlich auf konventionelle Streitkräfte, um einen konventionellen Angriff abzuschrecken.« (S. 94)

Aber an anderer Stelle wird die Verknüpfung und Unterscheidung von Abschreckung und Verteidigung in amerikanischer Sicht so beschrieben:

»Wie sehr Kriegführungskapazitäten zur Abschreckung dienen oder wieweit sie nur im Falle des Versagens der Abschreckung nützlich sind, ist im wesentlichen ein Problem unserer *Nuklearstreitkräfte.* Wir unterscheiden nicht zwischen Abschreckung und Kriegführungspositionen, wenn wir unsere nicht-nuklearen Streitkräfte planen. In *beiden* Fällen *jedoch ist es mehr unser Ziel, den Gegner daran zu hindern, sein Operationsziel zu erreichen, als ihn nur mit der Aussicht auf einen Pyrrhussieg zu konfrontieren. Die Aussicht, die Operationsziele nicht zu erreichen,* und die schweren Verluste, die ein Gegner empfängt, wenn wir ihm so seine Operationsziele verweigern, ist nach unserer Auffassung die überzeugendste aller Abschreckungen.« (S. 63)

Wieweit mit den Nuklearstreitkräften von 1980 die so gestellten Aufgaben erfüllt werden, wird folgendermaßen beschrieben:

»Wir haben bereits bei unseren taktischen Nuklearstreitkräften die ›Flexibilität‹ erreicht, um durchzuführen:

– Begrenzte *nukleare Optionen* für die selektive Zerstörung spezieller Gruppen *unbeweglicher feindlicher militärischer oder industrieller Ziele.*

– Räumlich begrenzte *nukleare Optionen,* die z.B. dazu dienen könnten, die *wichtigsten Elemente einer angreifenden feindlichen Streitkraft zu zerstören.*

– Über das gesamte (europäische) Kriegstheater sich erstreckende *Optionen,* die feindliche Flugfelder und Raketenbasen, Verbindungslinien und *Truppenkonzentrationen* in den nachfolgenden Angriffsstaffeln des Feindes angreifen können.

Wir *müssen* auch fähig sein, die *SS-20-Raketen* und Backfire (Bomber) vom Kriegstheater Europa aus *aufzuwiegen.* Und wir müssen *Streitkräfte* und wichtige Einrichtungen des Warschauer Paktes *tief in Osteuropa* und den westlichen Militärbezirken der Sowjetunion mit dem Risiko der *Zerstörung konfrontieren* können. Wir können z.b. nicht eine Situation erlauben, in welcher *SS-20-Raketen* und Backfire-Bomber die Fähigkeit haben, die *Bildung und die Bewegung unserer operativen Reserven zu unterbrechen und zu zerstören, während wir vergleichbare sowjetische Streitkräfte nicht bedrohen können.«* (S. 94)

Darüber, wie nahe schon dieses letzte Konzept der Regierung Carter einem Konzept nuklearer *Verteidigung* in Europa stand, läßt sich streiten. Die Antwort wird dadurch nicht leichter, daß Abschreckung mit der Androhung eines Sieges in einem eventuellen Kriege mindestens ebenso verbunden ist wie mit »reiner« Abschreckung durch »Strafoptionen« (z.B. mutual assured deterrence).

Fragen wir deshalb: Was wären denn die Voraussetzungen für Konzepte, Europa gegen einen konventionellen oder nuklearen Angriff der Sowjetunion mit Hilfe in Europa stationierter nuklearer Waffen wirksam zu *verteidigen, ohne auf die Abschreckung des Gegners durch die strategischen Waffensysteme* der USA angewiesen zu sein?

Über Jahre hinaus entwickelte, fortgeschriebene und verbesserte Konzepte für nukleare Verteidigungsstrategien in Europa, für die dazu nötigen Streitkräftestrukturen und die dafür geeigneten Waffensysteme findet man vor allem in den Arbeiten, die in Los Alamos unter der Ägide der Atomic Energy Commission entstanden sind.[379]

Eine umfassende Darstellung des Standes dieser Entwicklung gibt Donald R. Cotter, »NATO Theater Nuclear Forces: An Envelopping Military Concept«[380]. Danach ist ein Mix aus konventioneller Verteidigung mit modernen Präzisionswaffen, einem raumumfassenden Informationsnetz und nuklearen Verteidigungsmitteln vorgesehen. Die hier interessierende Rolle von Kernwaffen wird so beschrieben:

»Das vorgeschlagene Operationskonzept für die NATO setzt voraus, daß alle sowjetischen

---

379 Diese Atomic Energy Commission (AEC) wurde, als der frühere Verteidigungsminister Schlesinger unter Carter Energieminister wurde, für die Probleme der Atomwaffenentwicklung und der Atomkriegführung zuständig. Vgl. z.B. R. Shreffler 1978, S. 296ff.

380 Cotter in Strat. Review, Spring 1981 (Hervorh. v. Verf.).

Vorstoßstreitkräfte (dauernd) unter dem Risiko der Zerstörung durch ›theater nuclear forces‹ stehen. Unter dem Risiko der Zerstörung stehen bedeutet:

1. Feindliche Streitkräfte müssen ununterbrochen durch operationsbereite amerikanische oder NATO-Nuklearstreitkräfte angezielt werden.

2. Wir müssen die Fähigkeit dauernd aufrechterhalten, begrenzte oder massive Atomschläge schnell gegen die Streitkräfte aller Angriffswellen auszuführen, auch gegen bedrohliche Militärstreitkräfte *in der Sowjetunion.* Dieses Konzept ähnelt *den derzeitigen amerikanischen Planungen und Fähigkeiten für die strategischen Offensivstreitkräfte, aber es fügt die Aufgabe hinzu, sowjetische mobile vormarschierende Einheiten anzugreifen.«* (S. 48)

Während der damalige Verteidigungsminister Brown schon 1980 feststellte, für das *derzeitige* NATO-Konzept sei die notwendige Flexibilität bei taktischen Kernwaffen bereits erreicht, sagt Cotter über das von ihm vorgestellte Konzept:

»*Das Konzept gibt eine eindeutige Begründung für nukleare Mittelstreckensysteme der NATO.* Und tatsächlich muß eine klare militärische Begründung gegeben werden, *die sich von der oft zitierten vagen Absicht unterscheidet,* die wachsenden sowjetischen SS-20- und Backfire-Kapazitäten aufzuwiegen. Man kann nicht hoffen, *die vorgesehenen NATO-Mittelstrecken-Nuklearsysteme könnten in irgendeinem militärischen Sinn die sowjetischen Mittelstreckensysteme kontern...*

Das Konzept unterstreicht außerdem, daß *die mit dem NATO-Beschluß vom Dezember 1979 beschlossenen Mittelstreckensysteme im besten Falle einen bescheidenen Start für die notwendige Modernisierung der taktischen Nuklearstreitkräfte in Europa darstellen.* Die *objektiven Erfordernisse* einer Strategie, die die feindlichen Streitkräfte unter einem Zerstörungsrisiko halten will, *fordern erheblich mehr als die 572 Sprengköpfe,* die die NATO geplant hat.« (S. 52)

Das heute gültige Field-Manual der US-Armee (100-5) und das offizielle Konzept für die Weiterentwicklung der Einsatzdoktrin der amerikanischen Armee, AirLand Battle 2000, sind die Konsequenz dieser Entwicklung.

Damit schließt sich der Kreis: Hat die NATO ihren Nachrüstungsbeschluß durch Stationierung landgestützter Systeme erst einmal ausgeführt, ist selbst bei strenger Anwendung der Kriterien von Rüstungssteuerung und Kriegsverhütung (Krisenstabilität!) eine erhebliche Vergrößerung dieser Potentiale fast unvermeidlich (erste Falle).

Vergrößert man aber diese Potentiale, entstehen die Kapazitäten, die die Führung eines auf Europa begrenzten atomaren Krieges möglich machen, indem der »Sieg« der NATO notfalls durch Kernwaffen erkämpft wird. Die zweite Falle schnappt zu. Der atomare Krieg, der den europäischen Kontinent zerstört, wird denkbar.

»Der NATO-Modernisierungsbeschluß ist ein pragmatischer Kompromiß zwischen solchen, die glauben, daß in Europa stationierte Nuklearstreitkräfte eine brauchbare (functio-

195

nal) Kriegführungsrolle spielen müssen und solchen, die argumentieren, ihre Rolle sei ausschließlich, die Abschreckung zu verstärken, ...«

So beschreibt der Bericht für das Unterkomitee für Europa und den Nahen Osten des Komitees für Auswärtige Angelegenheiten des amerikanischen Repräsentanten-Hauses[381] deshalb zu Recht die Strecke, die der Doppelbeschluß auf dem Wege zu nuklearen Kriegführungspositionen zurückgelegt hat.

So sinnvoll ein Kompromiß für die Bündnispolitik der NATO sein mag: Wenn überhaupt jemand jemals einen Atomkrieg gewinnt, dann sicher nicht der, der zwar den Abwehrsieg will, seine Kernwaffen jedoch einem solchen Kompromiß zwischen Abschreckung und Kriegführung entsprechend begrenzt verwendet. Denn:

»... Alles, was nach (Atom-)Kriegsausbruch zu tun ist, ist, diese Kernwaffen so schnell und effektiv wie möglich einzusetzen, und der Kriegsausgang wird durch diesen Schlagabtausch bestimmt.«

So der Ausgangspunkt dieses Abschnitts mit dem Zitat von Richardson.

Damit aber steht der Bündniskompromiß, der sich langsam in Richtung Kriegführungsstrategie verschiebt, immer stärker unter dem Zwang, den realen Erfordernissen eines nuklearen Krieges angepaßt zu werden. Und mit jedem neuen Waffensystem, jeder neuen nuklearen Option wächst dieser Druck, Kernwaffen eine echte, erfolgversprechende Verteidigungsrolle zu geben. Bis sich schließlich die Aufmerksamkeit nur noch darauf konzentrieren wird, *wie* dieses Ziel erfolgreicher nuklearer Verteidigung erreicht werden soll. Das derzeitig gültige US Field Manual 100-5 markiert mit seiner Vermischung konventioneller und nuklearer Verteidigung, wieweit solches Denken zumindest in den USA schon vorangekommen ist.[382]

Auch auf dem eurostrategischen Sektor hat dann Kriegsverhütung und Stabilitätspolitik abgedankt – und altes »si vis pacem, para bellum«-Denken Oberhand gewonnen. Für den militärischen Sieg gibt es dann wieder einmal keinen Ersatz mehr.

---

381 The modernization of NATO's long-range nuclear forces. Washington 1981, S. 3.
382 Das wird auch nicht durch den Umstand geschmälert, daß dieses Field Manual »für Europa nicht gelten soll«. Zur Kritik an der im Field Manual vorgesehenen Entwicklung verweise ich auf das Kapitel Rogers-Plan, AirLand Battle und Angriffe gegen das Hinterland des Angreifers in H. Afheldt, Defensive Verteidigung, S. 24f.

6.2 Taktische Kernwaffen auf dem europäischen Kriegstheater

6.2.1 Verteidigung und taktische Kernwaffen[383]

Wie alle NATO-Studien zeigten, würde der Einsatz der taktischen Kernwaffen der NATO in der Bundesrepublik Millionen Menschen töten. Wesentliche Teile des Industriepotentials wären zerstört. Die Bundesrepublik wäre als lebensfähige Industriegesellschaft ausgeschaltet. Es ist nicht einmal klar, ob eine solche »Verteidigung« den Verteidiger überhaupt begünstigt. Wenn Angreifer und Verteidiger Armeen gleicher Struktur haben, vollmechanisierte, gepanzerte Verbände, und mit derselben Taktik beweglicher Kampfführung arbeiten, ist letztlich die größere Zahl[384] der Panzer und der entschlossenere Einsatz der Atomwaffen entscheidend. Die größere Zahl an Panzern aber ist auf seiten des Warschauer Paktes. Ob die NATO die größere Entschlossenheit zu schnellem und umfassendem Einsatz von Kernwaffen auf dem Schlachtfeld Bundesrepublik hat, um diesen Nachteil auszugleichen, ist zumindest zweifelhaft. Im Interesse des Überlebens der Völker Zentraleuropas darf man nur hoffen, daß sie diese schnelle Entschlossenheit *nicht* hat, daß sie vielmehr Kernwaffen überhaupt nicht einsetzt, wenn die Abschreckungswirkung der Kernwaffen einmal versagen sollte. Wieso soll der Warschauer Pakt aber dann fest mit dieser Entschlossenheit rechnen? Und wenn er nicht damit rechnet: Wieso wird er dann abgeschreckt? Und wenn er nicht abgeschreckt wird und die NATO dann doch entschlossen nuklear verteidigen sollte, wäre unser Land zerstört.

An diesen Feststellungen ändert sich auch nichts dadurch, daß seit Anfang der 70er Jahre Kernwaffen entwickelt wurden, bei denen spezielle militärische Wirkungen verstärkt, die Nebenwirkungen gegen die Zivilbevölkerung aber

---

383 Den Stand 1980/81 der »theater nuclear forces« der USA beschreibt der letzte Report von Verteidigungsminister Brown so:
»Die Vereinigten Staaten haben viele Tausende von Kernwaffen, die für den Gebrauch auf dem Schlachtfeld bestimmt sind. Ungefähr 7000 Sprengköpfe sind in Europa stationiert, um die NATO zu unterstützen. Unter ihnen befinden sich Bomben, Kurz- und Mittelstreckenraketen-Sprengköpfe, nukleare Granaten, nukleare Luftabwehrraketen, nukleare Minen und Nuklearbomben zum tiefen Eindringen in die Erde.
Zusätzlich ist eine erhebliche Anzahl von Poseidon-U-Boot-Raketen SACEUR (dem Alliierten Oberkommando in Europa) für Einsätze zur Verfügung gestellt.« Department of Defense 1981, S. 145.
Die »Theater Nuclear Forces« sind heute beschönigend umgetauft in »Intermediate Nuclear Forces« (INF), vgl. Europäische Wehrkunde 4/82, S. 148. Die im Bericht von Brown genannten Nuklearbomben zum tiefen Eindringen in die Erde sollen gepanzerte oder verbunkerte Systeme zerstören. Ein solcher Einsatz produziert besonders viel und weitreichenden Fallout, also besonders große Nebenschäden.
384 Selbst die höhere Qualität, die die modernen NATO-Panzer (z. B. Leopard 2) für das konventionelle Gefecht erhalten haben, geht der NATO als Vorteil verloren, wenn es zum beiderseitigen Einsatz von Neutronenwaffen kommt.

herabgesetzt wurden. Der erste Schritt in diese Richtung war, die Zielgenauigkeit der Trägermittel (Artillerie, Raketen) heraufzusetzen und dafür die Zerstörungskraft der Sprengköpfe zu reduzieren (mininucs). Daneben gibt es Spezialwaffen gegen befestigte Stellungen, sogenannte »earth-penetration-weapons«. Das bekannteste Beispiel neuer Kernwaffen aber ist die Neutronenwaffe. Die Neutronenwaffe ist eine Waffe, die mit reduzierter Hitze- und Druckwirkung verstärkte Neutronenstrahlung verbindet. Als Anhaltspunkt: Die Druckwirkung einer Neutronenwaffe mag der einer 2-KT-Waffe »normaler« Bauart entsprechen, während gleichzeitig ihre Neutronenstrahlung einer 10-KT-Waffe gleichkommt. Diese Neutronenstrahlung der Waffe kann noch auf 700 m Entfernung Panzerbesatzungen innerhalb von wenigen Minuten handlungsunfähig machen. Zwischen 700 und 1 200 m werden Panzerbesatzungen zwar sterben, aber nicht sofort kampfunfähig sein.

So kann man leicht denken, argumentieren und politisch verkaufen:

Die Neutronenwaffe ist eine ideale Waffe zur Verteidigung gegen die übermächtigen Panzermassen des Gegners. Sie tötet Panzerbesatzungen, zerstört aber unser Land nur wenig. Deshalb kann man in einer Art nuklearer Maginotlinie nukleare Artillerie auf unserem Boden einsetzen, die diese Neutronenwaffen auf die angreifenden Panzerkonzentrationen verschießt. Damit wird ein Angriff des Warschauer Paktes ohne Rückgriff auf strategische Kernwaffen abgeschlagen. Da der Gegner dies weiß, kann er einen solchen Panzerangriff auch nicht führen, er wird abgeschreckt. Die Neutronenwaffe dient deshalb unserer Sicherheit. Sie abzulehnen bedeutet Kapitulationsbereitschaft.

Diese Argumentation ist so eingängig, daß der politische Erfolg fast garantiert ist. Denn die zweite Stufe der Reflexion scheint zu kompliziert, um ihr in der politischen Realität Gewicht zu verschaffen.

Die zweite Reflexionsstufe lautet:

Alles, was eben gesagt wurde, ist richtig, nur: Wenn erfolgreiche Verteidigung das Ziel eines solchen Einsatzes ist, dann stellt man diesen Einsatz unter die Gesetze militärischer Logik. Und das bedeutet: Wer nicht hinreichend entschlossen hinreichend viele nukleare Zerstörungsmittel schnell militärisch effektiv zum Einsatz bringt, verliert die nukleare Schlacht. [385]

Zum Zerschlagen eines Angriffs von 50 000 oder gar 100 000 gepanzerten Fahrzeugen, die der Warschauer Pakt hat, braucht man aber Tausende von Neutronenwaffen. Denn eine Neutronenwaffe tötet nur die Panzerbesatzungen auf der Stelle, die sich auf einer Fläche von rund 1,5 qkm befinden (700 m Radius). Bei der durchschnittlichen Dichte der feindlichen Panzer im Angriff

---

385 Welche Erfordernisse eine nukleare Schlacht an Waffenzahlen und Einsatzentschlossenheit stellt, ist in manchen französischen Überlegungen zu Ende gedacht worden. Vgl. dazu z.B. Guy Doly 1980, vgl. dazu auch H. Afheldt 1979.

bedeutet dies statistisch günstigstenfalls 5 bis 10 sofort ausgefallene Panzer je Neutronenwaffe.[386] Außerhalb dieses Kreises werden Panzerbesatzungen zwar auch getötet, aber nicht sofort. Damit entsteht eine Armee von noch kampffähigen Soldaten, die wissen, daß sie ohnehin sterben müssen. Und die vor denen stehen, die ihnen das angetan haben.

Dieser begrenzten Verteidigungswirkung stehen große Schäden in der Bundesrepublik gegenüber. Denn der Zerstörungsradius durch Druck[387] steigt nur mit der dritten Wurzel der Vergrößerung der Sprengkraft.[388] Der Zerstörungsradius der Hiroshima-Bombe (15 KT Sprengwirkung) war deshalb nur etwa doppelt so groß wie der einer Neutronenwaffe von 2 KT. Auf die Fläche umgerechnet, zerstört eine Neutronenwaffe deshalb immer noch ein Viertel der Fläche, die die Hiroshima-Bombe zerstörte. Der SPIEGEL demonstrierte diese Zerstörungswirkung durch ein drastisches Bild: Lübeck unter der Explosion einer Neutronenwaffe. Der Zerstörungskreis bedeckt den größten Teil der Innenstadt.[389]

Entsprechen vier Neutronenwaffen in ihrer mechanischen Zerstörungswirkung einer Hiroshima-Bombe, entstehen im Verteidigungsraum, in dem diese nukleare Maginotlinie aufgebaut werden soll, Zerstörungen wie von Hunderten oder Tausenden von »Hiroshima-Bomben«. Aber in einem Streifen von 100 km westlich der innerdeutschen Grenze leben 30 % der Bevölkerung der Bundesrepublik Deutschland und stehen 25 % der Industriekapazität![390]

Die These von der Neutronenwaffe als der sauberen Waffe, die Bevölkerung und Land schont, kann deshalb nur als Selbstbetrug angesehen werden.

Offen blieb schließlich auch die Frage, *wie* denn diese neuen Schlachtfeldkernwaffen in der Verteidigung militärisch effizient verwendet werden sollen. Die einfachste Vorstellung war, diese Waffen in das bestehende Konzept der Verteidigung mit mechanisierten Verbänden einzubauen – so einzubauen, wie man 1917 die ersten Tanks in die Infanterieangriffstaktik einbaute. Ein wenig geistreiches Verfahren, das sich schon 1917 nicht bewährt hatte – und das sich auch heute kaum bewähren kann. Denn NATO-Panzer sind gegen Neutronenwaffen ebenso empfindlich wie die des Warschauer Paktes.[391] Und bei den durch

386 Natürlich schwankt die Konzentration je nach Gelände und Auftrag. Die Annahme im Text ist: Eine Division mit ca. 600 gepanzerten Fahrzeugen konzentriert zum Angriff auf 15 × 15 km = 225 qkm verteilt, würde erst durch 150 Neutronenwaffen voll ausgeschaltet. Das entspricht 4 Panzer je Waffe.

387 Druck ist für den überwiegenden Teil der Schäden durch nukleare Luftexplosionen der entscheidende Parameter. Für Bodenexplosionen gilt dies erst recht. Erst bei Megatonnen-Explosionen kann die Zerstörungswirkung durch Hitzestrahlung überwiegen. Vgl. dazu Glasstone, Kap. 7.05.

388 Vgl. Glasstone 1962, Kap. 3.56.

389 Vgl. SPIEGEL Nr. 34 v. 17.8.1981, S. 28.

390 Weißbuch 1979, S. 124, Ziffer 160.

391 Jedenfalls dann, wenn man annimmt, diese Empfindlichkeit sei nicht durch Gegenmaßnahmen drastisch herabgesetzt – was möglich ist.

solche Kernwaffen produzierten großen Verlusten *beider* Seiten wird *der* die Schwelle des »zuwenig« zuerst erreichen, der zahlenmäßig schwächer ist. Gilt dies schon beim Einsatz größerer, »schmutziger« Kernwaffen, gilt es erst recht beim Einsatz kleinerer, »sauberer« Kernwaffen zur Verteidigung. Denn »schmutzige« Kernwaffen haben jedenfalls den militärischen Vorteil für den Verteidiger, daß sie durch die radioaktive Verseuchung denjenigen mehr behindern, der sich mehr bewegen muß – und das ist der Angreifer. »Saubere« Kernwaffen haben diese sperrende Nebenwirkung nicht. Und so beschreibt denn auch der Militärkorrespondent der Zeitung Le Monde in aller Unschuld – richtig – den Hauptvorteil der »sauberen Neutronenwaffe« so:

»Für die Vereinigten Staaten… handelt es sich darum, die Waffe… auf dem Schlachtfeld (durch Flugzeuge, durch taktische Raketen oder Artilleriegranaten) einzusetzen, um die Soldaten auszuschalten, ohne die Umgebung zu sehr zu zerstören, was hinterher die *Eroberung des Territoriums unmöglich* machen würde und so verhinderte, das Ziel der Schlacht zu erreichen, nämlich das Territorium zu erobern.« [392]

Es stimmt, daß die NATO diesem Dilemma dadurch entgehen kann, daß sie mit aufgelockerten, eingegrabenen Einheiten und *nicht* mit Panzern nuklear verteidigt. Denn die Neutronenwaffe wirkt gegen tief eingegrabene Truppen sehr viel schwächer als gegen Panzer. Angreifende Warschauer-Pakt-Panzer und -Artillerie werden im Gefecht mit Neutronenwaffen deshalb sehr viel höhere Verlustraten erwarten müssen als die eingegrabene NATO-Infanterie und -Artillerie. Eben deshalb steht aber in jedem Handbuch, wie eingegrabene Truppen im nuklearen Gefecht richtig bekämpft werden: mit Kernwaffen hoher Sprengwirkung – und, bei gutem Schutz durch Eingraben, mit Bodenexplosionen oder gar »earth-penetration«-Waffen. Bodenexplosionen aber sind die schmutzigste Einsatzart mit dem größten zivilen Schaden. So wird atomare Verteidigung in einem Gürtel eingegrabener Nuklearartillerie der sicherste Weg zur Verwüstung unseres Landes.

Zudem: Sollte sich die NATO dazu entschließen, mit aufgelockerten und eingegrabenen Jägereinheiten zu verteidigen, könnten diese Kommandos angreifende mechanisierte Verbände sehr viel besser, wirksamer und ungefährlicher mit neuentwickelten konventionellen Waffen abwehren. [393]

Gerade bei Schottenpanzerung ist die Auffüllung der Schotten durch Elemente niedrigen Atomgewichts leicht vorstellbar. Eine Diskussion verschiedener Möglichkeiten, solche Schutzschichten einzufügen, findet man z.B. bei A. Gsponer, La Bombe à Neutrons est-elle une Arme Antichar vraiment efficace? (mit Quellen), GIPRI, Geneva International Peace Research Institute 1982. Im übrigen: Ist die Empfindlichkeit der Panzer auf beiden Seiten so herabgesetzt, daß wieder die Zerstörungswirkung des Drucks überwiegt, ist die Neutronenwaffe ohne jeden besonderen militärischen Sinn, vergleicht man sie mit normalen Kernwaffen.

392 Le Monde vom 15.2.1981, S. 3 (Hervorh. v. Verf.).
393 Vgl. dazu H. Afheldt, Defensive Verteidigung, und die dort zitierte Literatur.

Fazit:

Wer mit geringen Zerstörungen durch Neutronenwaffen argumentiert, hat drei Dinge vergessen:

1. *Daß die Zerstörungswirkung selbst einer einzigen Neutronenwaffe noch immer ungeheuer groß ist.*

2. *Daß man im Verteidigungsgefecht sehr viele Waffen sehr schnell einsetzen muß, wenn man das Gefecht nicht verlieren will.*

3. *Daß im Kriege auf der eigenen Seite im allgemeinen die Zerstörungen nicht von uns selbst, sondern weit überwiegend vom Gegner ausgelöst werden.*

Anders ausgedrückt: Die, die begeistert Beifall für die These klatschen, daß die Neutronenwaffe die ideale Waffe für den Verteidiger sei, um die Panzer des Warschauer Paktes abzuschießen, *ohne* unser Land zu zerstören, beschreiben einen seltsamen Krieg: einen Krieg nämlich, in dem nur *wir* schießen, nicht aber der Gegner.[394] Diesen Krieg jedoch gewinnen wir ohnehin. Dafür braucht man keine Neutronenwaffen. Nur: ihn gibt es nicht.

6.2.2 Abschreckung mit taktischen Kernwaffen

Kissinger:

»Was aber keinen Sinn macht, ist, die Strategie der nuklearen Vergeltung zu verfolgen, die konventionelle Streitmacht nicht auszubauen und auf wahllos stationierten taktischen Atomwaffen zu verharren, bei denen niemand eine Erklärung geben kann, wie dieses System im Krisenfall funktionieren soll.«[395]

Die Unvereinbarkeit des europäischen Interesses an einer reinen politischen *Abschreckungs*rolle für Kernwaffen mit den amerikanischen Interessen an erfolgreicher, die Eskalation zum strategischen Krieg unwahrscheinlich machender *Verteidigung*, wird heute dadurch verdeckt, daß alle möglichen Nuklear*verteidigungsformen* als »notwendige Option für die *Abschreckung*« bezeichnet werden:

»*Der Schritt von einem Niveau der Anwendung der Streitkräfte zu höheren Gewaltniveaus darf nicht so schwer sein, daß der Feind annehmen könnte, die NATO-Staaten würden ihn nicht machen. Die NATO braucht daher einen vollen Bereich von Optionen, der von einer begrenzten Antwort mit konventionellen Streitkräften reicht bis zu einem umfassenden strategischen Nuklearschlag*«,

beschreibt das britische Weißbuch 1980 sehr präzise diese Denkweise.[396]

---

394 Ähnlich Paul-Marie de la Gorce im Leitartikel des Le Figaro v. 17.8.1981, S. 1/4. Ähnlich im Resultat auch: Kent F. Wisner 1981.

395 Kissinger 1982a, S. 134.

396 Zit. nach Robert Neild 1981 (Hervorh. v. Verf.).

Folglich, so wird behauptet, braucht die NATO konventionelle Streitkräfte, Nuklearschlachtfeldwaffen kurzer und mittlerer Reichweite, nukleare Mittelstreckenwaffen und alle Arten strategischer Nuklearwaffen. Denn nach diesen Annahmen muß die NATO ja »zur Abschreckung des Gegners« in der Lage sein, auf jedem einzelnen »Waffenniveau« erfolgreich antworten zu können – wie katastrophal auch immer sich ein solcher Einsatz militärisch auswirken würde, wie zerstörerisch er auch für Mitteleuropa und seine Bevölkerung wäre. Diese – etwas unfreundlich – als mechanistisch zu bezeichnende Betrachtungsweise liefert militärische Argumente für immer neue Waffensysteme.

Die Forderung nach einem »Optionengleichgewicht« auf jedem einzelnen Waffenniveau zeigt sich als eine weitere Ursache für die heutige Art von Rüstungssteuerungspolitik, das bisher fast ergebnislose Verhandlungsspiel um Zahlen und Waffensysteme.

Aber ist diese Argumentation wenigstens militärisch und abschreckungspolitisch richtig?

Der Eskalationsschritt, der so schwerwiegende Folgen hat, daß die NATO am ehesten zögern könnte, ihn auszulösen, ist unbestritten der von konventioneller Gegenwehr zu nuklearen Einsätzen. Die ersten Zweifel daran, daß durch die fortdauernde Auffächerung und Erweiterung des Nuklearpotentials der NATO in den letzten Jahren dieser Griff zu Kernwaffen der obigen Forderung: »Nicht zu folgenschwer« heute *besser* genügt als vor zehn Jahren, ergeben sich aus der oben dargestellten Tendenz der Verwendung von Kernwaffen im Konzept der flexible response.

1970: einige wenige Einsätze. 1980: verteidigungswirksame, recht massive Einsätze.

Der Griff zu Kernwaffen ist offensichtlich ein *größerer* Eskalationsschritt geworden, ist heute folgenschwerer als 1970, wurde so für den Gegner unglaubhafter – nicht glaubhafter. Nach allen Maßnahmen zur Steigerung der »Flexibilität« erfüllt deshalb heute die Planung für die Rolle der Kernwaffen ihr *selbstgesetztes* Kriterium nicht besser als 1970, sondern schlechter.

Gregory Treverton, damals stellvertretender Direktor des International Institute for Strategic Studies, London, untersuchte in seiner Schrift »Nuclear Weapons in Europe« die Analysefallen, in die Optionensammeln führt. Die Ausführungen Trevertons sind wert, hier detailliert wiedergegeben zu werden[397]:

»... Die meisten Annahmen darüber, wie Kernwaffen in Europa verwendet werden

397 Treverton 1981, S. 11–12. Ähnliche Schlüsse zieht J. D. Steinbruner, Director of Foreign Policy Studies, Brookings Institution 1981/82, S. 11 f.

könnten, mögen allenfalls theoretischen, aber wenig prophetischen Wert haben. In der NATO-Strategie der flexible response ausdrücklich – und implizit in den meisten Diskussionen – finden wir die Annahme einer Eskalationsleiter. Die ersten Kernwaffen, die verwendet werden sollen, würden Schlachtfeldkernwaffen kurzer Reichweite sein. Falls notwendig, würden hierauf weiterreichende Schlachtfeldkernwaffensysteme folgen und letztlich im Extremfall amerikanische zentrale (strategische) Systeme.

Aber... was würde geschehen, wenn die NATO tatsächlich im Begriff wäre, einen konventionellen Krieg zu verlieren und ihre Führer entschieden, daß die Zeit für das große Risiko des Kernwaffeneinsatzes gekommen sei? Erstens würde man keine Entscheidung für eine Automatik treffen, und großes Gewicht würde solchen Kernwaffensystemen gegeben werden, die am besten kontrolliert werden können. Der amerikanische Präsident würde sicherlich darauf bestehen, jeden einzelnen Kernwaffeneinsatz und jedes einzelne Ziel einzeln freizugeben. Er könnte kaum weniger fordern. Aber das bedeutet, daß er außerordentlich zurückhaltend sein würde, Kernwaffen kurzer Reichweite für den Schlachtfeldgebrauch den Befehlshabern auf dem Schlachtfeld freizugeben.

Ein deutscher Kanzler (oder irgendein anderer europäischer Staatschef), der dem amerikanischen Einsatz von Kernwaffen zustimmte – und es ist schwer vorstellbar, daß die USA, jedenfalls zu Beginn, Kernwaffen ohne eine solche Zustimmung einsetzen würden –, würde dies sicher nur unter zwei Bedingungen tun:

Auf gar keinen Fall auf deutschem Territorium, West oder Ost: und nicht von deutschem (oder vielleicht selbst britischem) Territorium aus. Das ist vernünftig genug... Wer würde nukleare Vergeltung auf sich ziehen wollen, selbst wenn es Gründe dafür geben sollte, daran zu zweifeln, daß die Sowjetunion ähnlich unterscheidend wie die NATO vorgehen würde...

Wo würde die NATO, ein paar Minuten nachdem ihre Führung nuklearen Krieg vor sich sieht, damit stehen? Ein Schlag gegen die Sowjetunion selbst würde zunächst als zu hohe Eskalationsstufe ausgeschlossen, und die NATO-Führung würde wahrscheinlich statt dessen darauf bestehen, militärische Ziele in Osteuropa anzugreifen. Und sie würde sehr schnell seegestützte Systeme als die besten Vehikel diskutieren. Deshalb könnte ein begrenzter Poseidon-Schlag gegen Ziele tief in Osteuropa sich nicht als eine der letzten Stufen auf irgendwelchen Vorstellungen von einer Eskalationsleiter herausstellen, sondern als die erste.«

Damit aber ist für Schlachtfeldkernwaffen nach den eigenen Prämissen der flexible response gar kein Raum mehr. Denn sind sie überhaupt nicht verwendbar, um mit ihrem Einsatz »als kleinstem Schritt die nukleare Abschreckung glaubhaft zu machen«, weil dieser Einsatz in Wirklichkeit einen sehr großen Schritt hin zu nuklearer Kriegführung bedeutet, dann bleibt ihnen nur ihre für das Bündnis unakzeptable Bedeutung: sie sind *notwendige* Mittel für einen auf Europa begrenzten Nuklearkrieg.[398]

---

398 So auch L. Freedman (1981/82, S. 66), der schreibt: »Schlachtfeldkernwaffen bilden den unklarsten und gefährlichsten Punkt der derzeitigen Strategie. Denn sie verhüten die Entwicklung von überzeugenden taktischen Doktrinen, erhöhen die Furcht vor hohen Schäden nuklearer Explosionen und bieten einen Angriffspunkt zu Vorwürfen gegen NATO, einen geographisch begrenzten nuklearen Krieg vorzubereiten oder das Risiko vorschneller nuklearer Eskalation zu schaffen...«

Und die Entscheidung Präsident Reagans, die Neutronenwaffe zu produzieren, wurde zunächst auch mit diesem Argument begründet. Daß dieses Argument dann ganz schnell aus den Verlautbarungen verschwand, hat verständliche politische Gründe.

Treverton: Nukleare Verteidigungsstrategien sind ihrer Natur nach »abkoppelnd«.[399]

Ist das aber so, so wird die Literatur über das Glasperlenspiel des angeblich notwendigen lückenlosen Spektrums nuklearer Optionen Makulatur. Denn sie zielt am Problem zweimal vorbei. Weder ist der vom Zaun gebrochene Krieg (Typ 1939), mit dessen Abschreckung durch dieses Spektrum sich diese Literatur fast ausschließlich befaßt, wahrscheinlich. Noch bieten die »nuklearen Zwischenoptionen« von den Mininucs und Neutronenwaffen auf dem Schlachtfeld bis zu landgestützten Mittelstreckenraketen überhaupt die angeblich für die Abschreckung nötigen kleinen Zwischenschritte der Eskalation. Denn dafür ist ihr Einsatz zu riskant, der Schritt zu groß.

Fazit:

Schlachtfeldkernwaffen haben in Europa keine relevante Abschreckungsrolle. Sie sind so allenfalls Kriegführungsinstrumente. Als Kriegführungsinstrumente aber sind sie selbstzerstörerisch. Sie können und sollen deshalb vom europäischen Territorium so schnell wie möglich entfernt werden – und zwar vollständig.

Der auf fünf Jahre verteilte Abzug von ca. 1400 Kernwaffen, den die NATO im Dezember 1983 beschloß, ist zwar ein Schritt in die richtige Richtung, aber ein viel zu kleiner, um sich militärisch und politisch positiv auszuwirken.[400] Der Vergleich mit dem Abzug von 1000 Panzern aus der DDR im Jahre 1979 liegt nahe. Denn ob die schließlich verbleibenden ca. 4000 Kernwaffen der NATO, oder 6000 bis 7000, die 1980 in Europa stationiert waren, auf dem Territorium der Bundesrepublik eingesetzt würden – die vorhersehbare Katastrophe wäre dieselbe: Millionen von Toten und Verwundeten, die Verluste nicht gerechnet, die der Einsatz sowjetischer Kernwaffen zusätzlich bedeuten würde![401]

---

399 Treverton 1981, S. 12.

400 Der bereits vorgenommene Abzug von rd. 1000 Systemen wird durch die Aufstellung von 572 neuen Mittelstreckensystemen mehr als kompensiert.

401 Der Schaden, den 4000 Kernwaffen mit im Schnitt 20 KT Explosionsenergie auslösen würden, läge je nach Einsatzart (Boden / Luft / Städte / flaches Land) zwischen 6 und 40 oder mehr Millionen Toten und Verwundeten. Wie die Berechnung der Kriegsfolgenstudie ergab, hängt nämlich der Schaden durch Kernexplosionen stark von der Einsatzart ab.

6.3 Kernwaffen zur Kriegsverhütung in Europa

Welche Entscheidungen über nukleare Waffensysteme in Europa hätte die NATO statt des Nachrüstungsbeschlusses und der viel zu geringen Reduzierung der Zahl taktischer Kernwaffen treffen müssen, um den Kriterien der Kriegsverhütungspolitik zu genügen, um insbesondere also gleiche Unfähigkeit beider Seiten zur Verwendung ihrer militärischen Mittel sicherzustellen?

Bei dieser Frage nach Alternativen zu den gewählten Rüstungsentscheidungen der NATO muß festgehalten werden, daß die NATO »Optionen des politisch kontrollierten, selektiven Einsatzes nuklearer Waffen« in Europa für notwendig hält, um durch »vorbedachte Eskalation... einen Angreifer zu der politischen Entscheidung (zu bewegen), seine Kriegshandlungen einzustellen«. (Weißbuch 1983, Ziffer 271, Abs. 2.) Damit lautet die Frage:

Wie hätte die NATO diese gewünschte Option gewinnen können, *ohne* die unlösbare Problematik von Schlachtfeldkernwaffen in Europa zu konservieren und ohne sich die neuen Risiken und Probleme, die landgestützte Mittelstreckensysteme hervorrufen, einzuhandeln?

Die Antwort findet man wieder bei Treverton:

»Weiterreichende Systeme (Mittelstreckensysteme)... geben eine Kapazität für ausgewählte Schläge weit im Warschauer-Pakt-Territorium, Schläge, die sich als eine glaubhaftere Abschreckung herausstellen dürften als atomarer Ersteinsatz auf dem Schlachtfeld. Die NATO sollte eine erklärte Politik ins Auge fassen, die klarmacht, daß ein Erstgebrauch von Kernwaffen, falls nötig, aus Schlägen in das osteuropäische Hinterland bestehen würde.

Kernwaffen mit längerer Reichweite können sowohl an Land als auf See stationiert werden. Von einem rein militärischen Gesichtspunkt aus gibt es starke Argumente für eine Seestationierung: Beweglichkeit, daraus folgend relative Unverwundbarkeit gegen präemptive Zerstörung und die Abwesenheit von naheliegenden Vergeltungsoptionen (für den Gegner) gegen europäisches Territorium, Optionen, die landgestützten Systemen immanent sind.« [402]

Diese Thesen Trevertons decken sich mit der in »Verteidigung und Frieden« von mir begründeten Auffassung, der noch am ehesten glaubhafte, weil am ehesten begrenzbare Schritt von konventioneller Verteidigung zur Verwendung von Kernwaffen sei die Androhung beschränkter »politischer« Einsätze einzelner seegestützter Waffen gegen einzelne Ziele in solchen osteuropäischen Ländern, die einen sowjetischen Angriff voll mittragen sollten. [403]

Vgl. dazu Philipp Sonntag in: Kriegsfolgen und Kriegsverhütung, S. 189 f., insbesondere Figur 6.9–3, S. 192.

402 Treverton 1981, S. 13. Ich habe diesen Schluß vor dem Nachrüstungsbeschluß ebenfalls gezogen und vertreten. H. Afheldt 1979, S. 149 ff.

403 Problemlos ist auch eine solche Planung für den Ersteinsatz von Kernwaffen mit ausschließlich politischer Zweckbestimmung nicht:

Wäre tatsächlich Kriegsverhütung, d. h. gleiche Unfähigkeit beider Seiten zur politischen Nutzung ihrer Militärpotentiale, das oberste Ziel der NATO gewesen, hätte sie deshalb den Abzug aller taktischen Kernwaffen aus Europa und die Stationierung einer begrenzten Zahl von Mittelstreckensystemen auf See beschließen müssen.

Landstationierung von Pershing II und Cruise Missiles, Modernisierung der taktischen Kernwaffen und nur sehr begrenzte Reduzierung durch Abzug veralteter Nuklearsysteme sind dagegen heute NATO-Realität. Und in dieser Realität spiegelt sich leider die oben[404] aufgezeigte Tendenz wider, Kernwaffen immer mehr eine Rolle in der aktiven Verteidigung zu geben, sie als Mittel zur Verweigerung des Angriffsziels zu verwenden. Das aber heißt, sie den Clausewitzschen Gesetzen der Kriegführungskunst zu unterstellen. Doch diese Gesetze haben mit Kriegsverhütungspolitik wenig gemein.

Fazit:

Auf keinem der betrachteten Felder der militärischen Konfrontation ist von irgendeiner Seite die Politik ernsthaft verfolgt worden, die als neue Kriegsverhütungspolitik von der Rüstungskontrollschule verkündet wurde – und deren Ziel in dem Satz zusammengefaßt werden kann: nur so zu rüsten, daß für keine Seite die politische Nutzung militärischer Mittel erfolgversprechend ist.

Von der strategischen Ebene über die eurostrategischen Waffen und taktischen Kernwaffen in Europa herab bis zur konventionellen Rüstung ist vielmehr eine fortschreitende Militarisierung des Denkens festzustellen, werden Entscheidungen über Waffenbeschaffungen und Einsatzformen mehr und mehr nach rein militärischen »Effizienzkriterien« getroffen, wird Sieg immer mehr als unverzichtbar betrachtet. – Und sei es auch nur, um mit dieser Möglichkeit des Sieges

1. Wenn auch ein solcher Ersteinsatz noch am ehesten von allen denkbaren Einsätzen begrenzbar ist, droht dennoch auch in diesem Falle die Eskalation zum alles zerstörenden Krieg.
2. Die Osteuropäer sind Europäer wie wir – nicht Feinde. Zu planen, in ihrem Gebiet Zerstörungen hervorzurufen, um einen russischen Griff zur Weltmacht zu verhüten, widerspricht daher der den westeuropäischen Nationen gestellten Aufgabe, die Treuhandschaft für gesamteuropäische Solidarität zu pflegen und Europa wieder eine selbständigere Rolle zwischen den Supermächten zu geben. Selbst politisch determinierte begrenzte nukleare Einsätze sind deshalb nur gegen solche osteuropäischen Länder denkbar, die – in Verletzung der europäischen Solidarität – den Angriff der Sowjetunion voll mittragen sollten. Eine derart begrenzte Drohung hätte überdies auch die höchste Abschreckungswirkung, da sie den Angriffszusammenhalt des Warschauer Paktes selbst bedroht.
Wenn aber kein Paktstaat den Angriff wirklich unterstützt, dürfte sich das Problem nuklearer Eskalation durch die NATO bei nur halbwegs richtiger konventioneller Verteidigungsvorbereitung ohnehin nicht stellen, da dann der Warschauer Pakt keine Chance für einen konventionellen Angriffserfolg hat. (Vgl. dazu Christian Krause in: Neue Gesellschaft Nr. 11/82: »Plus/Minus 33 Divisionen – stimmt der militärische Kräftevergleich?«)
404 Kap. 6.1.2.

das Verhalten des Gegners zu beeinflussen, z.B. den Gegner vom Angriff abzuschrecken.

Doch damit werden *mehr* und militärisch *bessere* Waffen wieder politisch nutzbare Mittel – und folglich Rüstungsbegrenzung grundsätzlich unmöglich, weil sie beiden Seiten die politisch gewünschten Mittel vorenthalten würde.

In einer solchen »Sicherheitspolitik« ist die immer wieder von allen Seiten in West und Ost vorgebrachte Behauptung, man strebe Rüstungsbegrenzung oder gar Abrüstung an, nichts als Opium fürs Volk.

IV. Primat der Politik in der Krise

7. Die Verhütung des Krieges, den niemand wirklich wünscht (Typ 1914)

7.1 Wie steht es heute mit dem Primat der Politik in der Krise?

7.1.1 Die Kuba-Mittelstreckenraketen-Krise 1962

Am 16. Oktober 1962 erfuhr der amerikanische Präsident Kennedy, daß die Sowjetunion auf Kuba Mittelstreckenraketen errichtet.[405] Die Zahl dieser Raketen wurde auf 16 bis 32 (!) geschätzt.[406] Man erwartete, daß mehrere Abschußrampen in wenigen Tagen operationsfähig sein würden.[407]

Präsident Kennedy war entschlossen, Gegenmaßnahmen zu ergreifen.[408] Zwei denkbare Maßnahmen standen nach längeren Beratungen zur Wahl:

1. eine Seeblockade, empfohlen von Robert Kennedy, dem damaligen Verteidigungsminister McNamara und anderen;

2. ein sofortiger Angriff auf die Raketenstellungen, verbunden mit einer See- und Luftlandung auf Kuba.

Diese Lösung empfahlen z.B. die Vereinigten Stabschefs und der frühere Außenminister Dean Acheson.[409]

---

405 Über den Verlauf der Krise vgl. Robert Kennedy 1974.

406 S. 28/29, a.a.O.

1962 lösten *16* Mittelstreckenraketen eine Weltkrise aus, die, so Kennedy, die Welt an den Abgrund der nuklearen Vernichtung brachte (S. 11, a.a.O.). Heute will die NATO 572 Mittelstreckenraketen in Europa errichten, die die Sowjetunion erreichen könnten, und sieht dies als einen Beitrag zur Rüstungskontrolle an. Krasser kann man die rapide Verschlechterung der Weltlage trotz oder durch kooperative Rüstungskontrolle kaum in einer Karikatur darstellen.

407 S. 64, a.a.O.

408 Die Richtigkeit dieses Entschlusses war damals wie heute umstritten. Vor allem deshalb, weil die USA selbst Mittelstreckenraketen auf dem Territorium eines Verbündeten errichtet hatten, die die Sowjetunion erreichen konnten. (Diese Position vertrat z.B. Adlai Stevenson, vgl. S. 44, a.a.O.)

409 Robert Kennedy sagt hierzu:

»Die Diskussion verlief zum größten Teil diszipliniert, obwohl, wie bei allen Besprechungen dieser Art, manche Behauptungen als unanzweifelbare Wahrheiten vorgebracht wurden, die zumindest ich für fragwürdig hielt. Einer der Stabschefs verfocht zum Beispiel, daß wir Atomwaffen einsetzen könnten, da unsere Gegner auch die ihrigen bei einem Angriff gegen uns verwenden würden. Ich dachte beim Zuhören an die vielen Gelegenheiten, bei denen die Militärs Positionen bezogen hatten, deren Vorteil im Falle eines Irrtums darin bestand, daß am Ende kein überlebender Zeuge würde aussagen können.« (S. 42, a.a.O.)

Präsident Kennedy entschied sich für die Seeblockade.[410]

Die Seeblockade wurde verkündet, doch die russischen Schiffe mit Kurs auf Kuba setzten ihren Weg fort. Als sie sich der Sperrzone näherten, ließ Kennedy diese Zone von 800 auf 500 Seemeilen zurückziehen. Er gewann so einen bis eineinhalb Tage Zeit, bevor die russischen Schiffe in die Zone eindrangen. Am Mittwoch, dem 24.10.1962, waren zwei russische Schiffe nur noch wenige Meilen von der verkleinerten Zone entfernt. Von der amerikanischen Marine traf die beunruhigende Meldung ein, daß ein russisches U-Boot zwischen den beiden Schiffen in Stellung gegangen sei.

Robert Kennedy schildert diesen Augenblick so:

»Ich glaube, der Präsident wurde in diesen Minuten von tiefsten Zweifeln beunruhigt. Stand die Welt am Rande der Vernichtung? War es unsere Schuld? Ein Fehler? Hätte noch irgend etwas anderes getan werden sollen? Oder nicht getan? Er hob die Hand und legte sie über seinen Mund. Er ballte sie zur Faust und öffnete sie wieder. Sein Gesicht wirkte durchfurcht, seine Augen fast grau, mit gequältem Ausdruck...

Die Stimmen der andern sprachen weiter, aber ich verstand den Sinn der Sätze nicht, bis ich den Präsidenten sagen hörte: ›Gibt es nicht noch irgendeine Möglichkeit, wie wir den ersten Zusammenstoß mit einem russischen U-Boot umgehen könnten – wäre nicht fast alles andre besser als das?‹

›Nein‹, antwortete McNamara, ›die Gefahr für unsere Schiffe ist zu groß. Es gibt keine Alternative. Die Marine hat Anweisung, Feindseligkeiten wenn irgend möglich zu vermeiden, aber wir müssen darauf vorbereitet sein und damit rechnen.‹

Die Zeit der Entscheidung war gekommen. Der Präsident sagte: ›Wir müssen damit rechnen, daß sie Berlin absperren – treffen Sie die endgültigen Vorbereitungen für diesen Fall.‹

Ich hatte den Eindruck, daß wir an einem Abgrund standen und keinen Ausweg mehr hatten. Es handelte sich nur noch um diesen einen Augenblick – nicht um nächste Woche, nicht um ›morgen können wir das in einer weiteren Sitzung entscheiden‹; nicht um ›in den nächsten acht Stunden können wir uns noch einmal an Chruschtschow wenden, vielleicht versteht er uns dann‹. Das alles war nicht mehr möglich. Tausend Meilen von uns entfernt, im weiten Raum des Atlantischen Ozeans, wurde der Verlauf jetzt entschieden. Präsident Kennedy hatte die Richtung bestimmt, aber er konnte die Ereignisse nicht mehr lenken. Er mußte warten – wir mußten warten. Die Minuten tickten im Kabinettssaal langsam ab. Was war jetzt noch zu sagen – was konnten wir tun?

Um 10.25 Uhr wurde John McCone eine Nachricht überbracht. ›Herr Präsident, eine vorläufige Meldung scheint zu bedeuten, daß einige der russischen Schiffe angehalten haben.‹

Angehalten? Welche Schiffe? Wird die Meldung überprüft? Ist sie wahr? Ich sah auf die Uhr: 10.32. ›Die Meldung wird bestätigt, Herr Präsident. Sechs Schiffe, die sich bisher mit

---

410 »Das stärkste Argument gegen einen vernichtenden militärischen Angriff – das Argument, auf das niemand befriedigend antworten konnte – bestand darin, daß ein Überraschungsangriff die moralische Stellung der Vereinigten Staaten in der ganzen Welt schädigen, wenn nicht sogar zerstören würde.« (S. 43, a.a.O.)

Kurs auf Kuba dem Rand der Sperrzone genähert hatten, haben gestoppt oder abgedreht und den Rückweg nach der Sowjetunion angetreten.‹«[411]

Aber damit war diese Krise nicht beendet.

Einmal hatte die Sowjetunion auf ihrer Weigerung beharrt, die Quarantäne anzuerkennen. Gleichzeitig machte sie offensichtlich ihre Raketen auf Kuba einsatzbereit. Der Präsident ordnete daraufhin eine abgestufte Verstärkung der Druckmittel an, wobei er eine direkte Militäraktion noch immer zu vermeiden suchte.

»Doch im stillen war der Präsident auch hinsichtlich dieser Maßnahmen nicht allzu optimistisch. Mit jeder Stunde wurde die Lage ernster. *Die Befürchtung wuchs... daß eine direkte militärische Konfrontation der beiden großen Atommächte unvermeidlich war.* Sowohl die ›Falken‹ wie die ›Tauben‹ hatten den Eindruck, daß wir mit unserer Kombination von begrenztem Einschreiten und diplomatischen Bemühungen nichts erreichten. Falls die Russen weiterhin unnachgiebig blieben und den Aufbau ihrer Raketenstreitmacht fortsetzten, war militärische Gewaltanwendung die einzige Konsequenz.«[412]

Am Abend des Freitag, dem 26.10.1962, kam ein persönlicher Brief von Chruschtschow, in dem er vorschlug: Keine Waffenlieferung an Kuba und Entfernung der schon vorhandenen Mittelstreckenraketen gegen die Verpflichtung der USA, nicht in Kuba zu landen.

Die Lage schien sich etwas zu entspannen, doch am Samstag, dem 27.10.1962, erfuhr man, daß die sowjetischen Diplomaten in New York Vorbereitungen trafen, ihre Geheimdokumente zu vernichten. Gleichzeitig traf ein (neuer) Brief aus Moskau ein:

»›Wir werden unsere Raketen aus Kuba abziehen, Sie werden die Ihrigen aus der Türkei entfernen... Die Sowjetunion wird sich verpflichten, keine Invasion oder Einmischung in die inneren Angelegenheiten der Türkei zu unternehmen; die Vereinigten Staaten geben die entsprechenden Zusicherungen hinsichtlich Kubas ab.‹...

Der Vorschlag der Russen war nicht abwegig und bedeutete keinen Verlust für die Vereinigten Staaten oder unsere NATO-Verbündeten. In den vergangenen anderthalb Jahren hatte der Präsident das State Department mehrmals ersucht, mit der Türkei über die Entfernung der dort stationierten Jupiter-Raketen zu verhandeln.«[413]

»Der Präsident hielt es für selbstverständlich, daß seine Wünsche befolgt würden, wenn er sie als Präsident ausdrücklich klarmachte; er setzte daher den Abbau der Raketenbasen voraus und beschäftigte sich nicht mehr damit. Jetzt aber erfuhr er, daß die in der Türkei noch immer vorhandenen Raketen zu einem Druckmittel der Sowjetunion geworden waren.

Er äußerte lebhaften Ärger. Begreiflicherweise hatte er keine Lust, die Raketen unter sowjetischem Druck aus der Türkei abzuziehen. Andererseits wollte er die Vereinigten

---

411 S. 65–67, a.a.O. (Hervorh. v. Verf.)
412 S. 81, a.a.O. (Hervorh. v. Verf.)
413 S. 91, a.a.O.

Staaten und die Menschheit nicht wegen veralteter und unbrauchbarer Raketenbasen in einen katastrophalen Krieg verwickeln. Er erklärte dem State Department und den anderen, daß ein solcher Tauschhandel in den Augen vernünftiger Leute wie ein durchaus fairer Vorschlag aussehen könnte; daß unsere Position außerordentlich verwundbar geworden sei und daß die Schuld daran bei uns selbst liege.«[414]

»Die NATO-Länder ermutigten die Vereinigten Staaten zu fester Haltung; doch Präsident Kennedy meinte, daß sie die vollen Auswirkungen auf ihr eigenes Schicksal unterschätzten. Wenn wir einen Luftangriff gegen Kuba unternähmen und die Sowjetunion ihn mit einem Angriff gegen die Türkei erwiderte, würde die gesamte NATO in Mitleidenschaft gezogen. Dann müßte er sofort entscheiden, ob Atomwaffen gegen die Sowjetunion eingesetzt werden sollten, und die ganze Menschheit geriete in Gefahr.

Die Vereinigten Stabschefs kamen hinzu und empfahlen ihre Lösung. Verlockend daran war, daß sie einen höchst einfachen nächsten Schritt bedeutete: Am Montag ein Luftangriff, kurz darauf die Invasion. Sie versicherten dem Präsidenten, daß sie die Blockade von jeher für eine viel zu schwache Maßnahme gehalten hätten und daß die Sowjetunion nur militärische Schritte verstehen würde. Die Tatsache, daß durch die begrenzte Aktion nichts erreicht worden war, verwundere sie nicht, denn das sei genau das, was sie vorausgesagt hätten.«[415]

Die Sitzung wurde durch die Meldung unterbrochen, daß ein amerikanisches U-2-Flugzeug, das die Raketenstellungen über Kuba fotografierte, abgeschossen worden war.

»›Wie können wir weiter U-2-Piloten über dieses Gebiet fliegen lassen, wenn wir nicht vorher alle SAM-Stellungen ausschalten?‹ fragte der Präsident. ›Jetzt fängt eine ganz neue Phase an.‹

Anfänglich stimmten wir fast alle darin überein, daß wir am nächsten Tag frühmorgens mit Bombern und Kampfflugzeugen angreifen und die SAM-Stellungen zerstören müßten. Doch wieder hielt uns der Präsident zurück. ›Ich habe keine Bedenken in bezug auf den ersten Schritt‹, sagte er, ›sondern in bezug auf die Eskalation beider Seiten zum vierten und fünften Schritt – zum sechsten kommt es nicht, weil niemand mehr dasein wird. Wir müssen uns darüber klar sein, daß wir einen sehr gefährlichen Kurs einschlagen.‹«[416]

Präsident Kennedy entschied:

»›Wir werden morgen nicht angreifen... Wir werden es noch einmal versuchen.‹

Das State Department unterbreitete den Entwurf eines Antwortschreibens des Präsidenten an Chruschtschow. Es berührte die in Chruschtschows letztem Brief vorgebrachten Argumente und betonte, daß kein Tauschhandel möglich sei, da wir die Raketen nicht aus der Türkei abziehen könnten.

Weder der Inhalt noch der Ton des Briefes überzeugten mich. Ich regte an – unterstützt

414 S. 92/93, a.a.O.
415 S. 94, a.a.O.
416 S. 95/96, a.a.O.

von Ted Sorensen und anderen –, daß wir Chruschtschows zweites Schreiben ignorieren und nur auf den Vorschlag seines ersten Schreibens eingehen sollten.«[417] »Argumente und Gegenargumente wurden geltend gemacht. Heftige Meinungsverschiedenheiten entbrannten. Sämtliche Teilnehmer waren gereizt, einige der Erschöpfung nahe, auf allen lastete die drückende Sorge. Präsident Kennedy war am ruhigsten. Als wir schließlich kaum mehr imstande zu sein schienen, miteinander zu sprechen, schlug er mit leiser Ungeduld vor, daß ich – da ich die Bemühungen des State Department so unbefriedigend fände – mit Ted Sorensen die Sitzung verlassen und in sein Amtszimmer gehen sollte, um einen anderen Entwurf auszuarbeiten, den er dann mit dem vorliegenden vergleichen könnte.«

Der Kern des Vorschlages von Bob Kennedy war,

»daß die sowjetischen Raketen und Offensivwaffen unter UNO-Aufsicht entfernt würden, falls die Vereinigten Staaten und die übrige westliche Hemisphäre versprächen, nicht auf Kuba zu landen«.[418]

Präsident Kennedy entschied sich für den Vorschlag seines Bruders. Während dieser Entwurf geschrieben wurde, sprach Präsident Kennedy wieder

»über die Fehlkalkulationen, die zum Kriege führen. *Selten entsteht ein Krieg aus Absicht.* Die Russen wollen ebensowenig kämpfen wie wir. Weder wollen sie gegen uns in den Krieg ziehen noch wir gegen sie. Und doch, wenn die Ereignisse sich weiterentwickeln wie in diesen letzten Tagen, dann wird dieser Kampf – den niemand wünscht und mit dem man nichts erreicht – die ganze Menschheit erfassen und vernichten.

Er wollte sicher sein, daß er alles in seiner Macht Liegende, alles nur Denkbare getan habe, um eine solche Katastrophe zu verhindern.«[419]

Am Samstag, dem 27.10.1962, gegen acht Uhr abends bestellte Robert Kennedy den russischen Botschafter Dobrynin zu sich. Er sagte ihm, die Zeit verstreiche, es blieben nur noch wenige Stunden, die USA müßten sofort eine Antwort der Sowjetunion bekommen – innerhalb des nächsten Tages.

Am Sonntag, dem 28.10.1962, gegen 10 Uhr morgens erfuhren die Vereinigten Staaten, daß die Sowjetunion eingewilligt hatte, ihre Mittelstreckenraketen aus Kuba abzuziehen.

Und die Lehren?

Robert Kennedy:

»Später dachte ich oft über einige Lehren nach, die sich aus dieser Konfrontation ergaben. Wesentlich war die Zeit, die dem Präsidenten und seinen Beratern zur Verfügung stand, um sich streng vertraulich, in Ruhe und in kleinem Kreis über die Art des Vorgehens klarzuwerden. Wenn unsere Erörterungen veröffentlicht worden wären, *wenn wir innerhalb von vierundzwanzig Stunden eine Entscheidung hätten treffen müssen, so wäre der*

417 S. 98/99, a.a.O.
418 S. 99, a.a.O.
419 S. 103/104, a.a.O. (Hervorh. v. Verf.)

Kurs, den wir schließlich einschlugen, wahrscheinlich ganz anders und viel gefährlicher gewesen. Die Tatsache, daß wir sprechen, diskutieren, argumentieren, in Gegensätze geraten und weiterdiskutieren konnten, war für unser zuletzt gewähltes Vorgehen von entscheidender Bedeutung.«[420]

»Zeit allein genügt allerdings nicht. Unsere Beratungen scheinen mir deutlich zu zeigen, wie wichtig es ist, daß der Präsident die Empfehlungen und Ansichten von mehr als einem Berater, von mehr als einem Ministerium hört. Meinungen, sogar Tatsachen, lassen sich am besten in der Debatte, im Konflikt beurteilen. Ein wichtiges Element fehlt, wenn einmütig derselbe Standpunkt vertreten wird.«[421]

»Auf militärischem Gebiet, glaube ich, war dies am allernotwendigsten.

... es bedrückte den Präsidenten, daß die Militärs, mit Ausnahme von General Taylor, anscheinend kaum an die Auswirkungen der von ihnen befürworteten Maßnahmen dachten. Sie schienen immer vorauszusetzen, daß die Russen und die Kubaner keinen Gegenschlag führen würden oder daß, falls sie es doch täten, ein Krieg in unserem nationalen Interesse läge. Einer der Vereinigten Stabschefs äußerte einmal mir gegenüber, er sei für einen Präventivangriff auf die Sowjetunion. An dem schicksalsschweren Sonntagmorgen, als die Russen den Abzug ihrer Raketen ankündigten, schlug ein hoher militärischer Berater vor, wir sollten trotzdem am Montag angreifen. Ein anderer hatte das Gefühl, daß wir irgendwie betrogen worden seien.«[422]

Und:

»Keine Aktion gegen einen mächtigen Widersacher entsteht in einem Vakuum. Regierungen oder Völker, die sich dieser Einsicht verschließen, bringen sich selbst in größte Gefahr. Denn auf diese Weise beginnen die Kriege – *Kriege, die keiner will, keiner beabsichtigt und keiner gewinnt.*«[423]

Heute, 1983, stehen nicht 16 Mittelstreckensysteme noch unfertig im Bau, geben 14 Tage Entscheidungszeit. Heute sind Hunderte von Mittelstreckensystemen auf beiden Seiten einsatzbereit. Fast 20 000 Interkontinentalraketen-Sprengköpfe und Bomben können in kurzer Frist ins Ziel gebracht werden. Heute fehlt die Zeit, die 1962 der Diplomatie noch zur Verfügung stand.

Entsprechen die derzeitigen Vorbereitungen den Lehren, die 1962 in der Kuba-Krise berücksichtigt wurden? Entsprechen sie den dort neu gewonnenen Erkenntnissen und entsprechen sie vor allem der noch viel schwieriger gewordenen Lage?

Schon muß man gelegentlich hören, 1983 sei nicht 1914, die Situation von 1914 sei in keiner Weise übertragbar. Krieg sei wegen unserer militärischen Vorbereitungen *unmöglich.* Folglich gebe es auch keine Gefahr durch die atomaren Rüstungen beider Seiten. Insbesondere könne die Stationierung dieses

---

420 S. 110, a.a.O. (Hervorh. v. Verf.)
421 S. 110/111, a.a.O.
422 S. 118/119, a.a.O.
423 S. 125/126, a.a.O. (Hervorh. v. Verf.)

oder jenes neuen *eigenen* Waffensystems keine Gefahr darstellen.[424] Dieses Unfehlbarkeitspostulat einiger Sicherheitspolitiker für ihre eigene Politik ist meilenweit von der Sensibilität entfernt, die Präsident Kennedy in der Krise 1962 besaß. 1962 reale Erfahrung einer Krise im Atomzeitalter, 1983 Anmaßung der Unfehlbarkeit durch Menschen, die in der Verantwortung für unsere Sicherheit stehen und eines Tages vielleicht ähnliche Entscheidungen treffen müssen. Die Diskrepanz zwischen dem Denken der Kennedys 1962 und dieser Arroganz macht betroffen. Denn ein Sicherheitspolitiker, der behauptet, Krieg in Europa sei heute unmöglich, auch ein Krieg, den niemand wirklich will (wie 1914), sei heute undenkbar, wiederholt *genau den Fehler,* den die deutsche Reichsregierung 1914 machte.[425] Er demonstriert, daß er durch 38 Friedensjahre die Sensibilität verloren hat, die *ein* notwendiges Element dafür war, daß die Kuba-Krise so ausging, daß man heute noch über Sicherheitspolitik reden kann.

Die anderen Elemente, die 1962 zu dem günstigen Ausgang beitrugen, waren: die überwältigende strategische Überlegenheit der USA[426], die konventionelle Überlegenheit der Vereinigten Staaten am Ort (Kuba) und die – sicher zum großen Teil dadurch verursachte – außerordentlich vorsichtige Reaktion Chruschtschows.

Aber alle diese Elemente sind Vergangenheit. Um so wichtiger wäre heute *mehr* Sensibilität als 1962 – nicht weniger.

Doch schon 10 Jahre nach der Kuba-Krise, in der Krise, die der Jom-Kippur-Krieg 1973 auslöste, findet man eine Verschiebung der Handlungsmaximen in umgekehrter Richtung.

7.1.2 Die Nahost-Krise 1973

Wer behauptet:

»Krieg gegen den eigentlichen Willen der Beteiligten (Typ 1914) ist im atomaren Zeitalter unmöglich. Denn jede Großmacht wird der Vermeidung des Krieges stets die höchste Priorität geben – weil die eigene Vernichtung auf dem Spiel steht!«, sollte Kissingers Erinnerungen an den Nahost-Krieg 1973 lesen! Und er wird sehen, daß sein so einleuchtend klingender Einwand nichts als weltfremde Einfalt ist.

Kissinger schreibt in seinen Memoiren[427]:

424 Vgl. oben »Statt einer Einleitung« Kap. 1. Dieses Argument hört man allerdings fast nie, wenn der *Gegner* Waffen stationiert.

425 Vgl. dazu oben Kap. 2.2 mit dem Zitat von Bethmann Hollweg, dem deutschen Reichskanzler in der Juli-Krise 1914, das zeigt, daß auch Bethmann Hollweg damals davon überzeugt war, daß letztlich Krieg unmöglich sei und deshalb die Gegner im letzten Augenblick schon zurückweichen würden.

426 Vgl. oben Kap. 5.

427 Kissinger 1979/82, Bd. 2. (Hervorh. v. Verf.).

»Ich hatte während Nixons erster Amtsperiode, vor allem unter seiner Anleitung, gelernt, *daß sich eine Großmacht, wenn sie sich zu etwas verpflichtet hat, auch durchsetzen muß.* Es gereicht ihr nicht zur Ehre, wenn sich ihre inneren Zweifel als Unentschlossenheit manifestieren. Wenn es ihr auch noch so schwergefallen ist, sich zu einem Entschluß durchzuringen, *muß sie den einmal eingeschlagenen Weg unbeirrt fortsetzen, um zum Erfolg zu kommen.*« (S. 611)

Und:

»Wir waren nicht bereit, amerikanische Truppen nach Ägypten zu schicken, und wollten auch die Entsendung sowjetischer Truppen nicht zulassen. *Wir hatten uns nicht jahrelang darum bemüht, die militärische Präsenz der Sowjetunion in Ägypten abzubauen,* um sie jetzt mit Hilfe einer UN-Resolution wiederherzustellen. Wir wollten auch nicht gemeinsam mit den Sowjets eine Truppe aufstellen, denn dadurch würde die militärische Präsenz der Sowjetunion im Nahen Osten als rechtmäßig anerkannt und die radikalen Elemente würden gestärkt.« (S. 679)

»Wir waren entschlossen, die Verlegung sowjetischer Truppen in den Nahen Osten *wenn notwendig mit Gewalt zu verhindern,* gleichgültig, unter welchem Vorwand die Verlegung geschah.« (S. 680)

Kriegsgefahr?

Kissinger (Mittwoch, den 24. 10. 1973):

»Wir steuerten unter Umständen auf *die schwerste außenpolitische Krise* der Amtszeit Nixons zu – *denn hier kam es zur Konfrontation der Supermächte –*, während der Präsident von seinen Gegnern und einem Kongreß in die Regierungsunfähigkeit getrieben wurde…

Nachdem ich die Ausgangsstellung auf diese Weise vorläufig festgelegt hatte, rief ich Dobrynin um 19.25 Uhr abends noch einmal an. Ich ersuchte ihn dringend, die Sache nicht zum Äußersten kommen zu lassen. Wir wären bereit, UN-Beobachter in den Nahen Osten zu schicken, würden es aber nicht zulassen, daß unter irgendeinem Vorwand sowjetische Truppen dorthin verlegt würden.« (S. 682)

Und am 25. 10. 1973:

»*Die Sowjets hatten den Rückzug angetreten. Die unmittelbare Gefahr war gebannt.* Wir hatten noch manche Klippe zu umschiffen. Aber *wir wußten jetzt, daß wir,* wenn wir Glück hatten und geschickt vorgingen, *unseren Einfluß bei den Friedensverhandlungen verstärken konnten…*« (S. 700)

»*Wir hatten* Israel während des ganzen Krieges aus den verschiedensten historischen, moralischen und strategischen Gründen unterstützt und *sogar während der gefährlichen innenpolitischen Watergate-Krise einen Krieg gegen die Sowjetunion riskiert…*« (S. 706)

Kissinger:

»*Wir waren bereit, mehr zu riskieren* als Moskau.« (S. 610)

Drohte Krieg wegen sowjetischer Aggressivität – oder Krieg aus eskalierender Konkurrenz der Weltmächte?

Die erste Position, die man zu dieser Realität von Großmachtpolitik in Krisen beziehen kann, ist:

Machtpolitik ist nun einmal so. Und Großmächte werden sich stets so verhalten, wie Kissinger dies beschreibt – oder sie hören auf, Großmächte zu bleiben.

Aber dann *ist* die Gefahr groß, daß einmal eine Krise in Krieg eskaliert, daß das in Kauf genommene Risiko sich also realisiert.

Denn *einmal* wird sich zumindest *eine* Seite in der Risikobereitschaft der anderen verschätzen. Selbst dann, wenn keine Seite auf Sieg spielt, sondern nur »den einmal eingeschlagenen Weg fortsetzt, um zum Erfolg zu kommen« (Kissinger).

Wo bleibt dann erst die Chance, Krieg aus Kriseneskalation zu vermeiden, wenn die Politik verfolgt werden sollte, dem »Koloß auf tönernen Füßen« Sowjetunion auf eben diese Füße zu schlagen?

Zumindest wer neben dem Koloß leben muß, kann deshalb eine solche Politik nicht mittragen. Denn auf ihn würde der Koloß ja fallen. Doch damit kommt man zur *zweiten Position:*

Gerade wenn Politik und Machtpolitik so sind – und alle anderen Wünsche Illusion –, gerade dann trennen sich in derartigen Krisen die Interessen der Verbündeten von den Interessen der Supermacht. War es z.B. wirklich im Interesse der europäischen Verbündeten, Krieg gegen die Sowjetunion zu riskieren, um eine gemeinsame russisch-amerikanische Friedensstreitmacht im Nahen Osten zu verhindern?

Doch welche Chancen blieben den europäischen Verbündeten der Großmacht USA, in der Krise *ihre* Interessen zu wahren? Konnten diese Verbündeten, konnte insbesondere die Bundesrepublik vermeiden, das Kriegsrisiko mitzulaufen, wenn sie glaubte, die Verhinderung einer solchen gemeinsamen Streitmacht gehöre *nicht* zu ihren lebenswichtigen Interessen?

Nochmals Kissinger:

»Um 1.30 Uhr unterrichtete ich die britische Regierung durch Botschafter Cromer davon, daß wir die amerikanischen Streitkräfte in erhöhte Alarmbereitschaft versetzt hatten, und teilte ihm den Inhalt von Breschnews Brief mit. Ich sagte ihm, daß wir eine Stunde nach Absendung unserer Antwort an die Sowjets, also gegen Mittag Brüsseler Zeit, den Nordatlantik-Rat offiziell vom Stand der Dinge in Kenntnis setzen würden. Wir hofften, daß Großbritannien uns sowohl im Nordatlantik-Rat als auch in anderen Hauptstädten unterstützen werde.

Das war ein klassisches Beispiel für die ›besonderen Beziehungen‹ zu Großbritannien, es zeigte aber auch, wo die Grenzen für Konsultationen mit den Verbündeten lagen.

... Unsere anderen Verbündeten konnten wir nicht im voraus konsultieren, weil wir wollten, daß die Sowjets aus eigenen Quellen von unseren vorbereitenden Maßnahmen erfuhren und nicht durch bei den Verbündeten entstandene undichte Stellen.« (S. 692)

Und, in der Rückschau:

»Die Einwände unserer Verbündeten richteten sich nicht so sehr gegen diesen Zeitplan wie gegen die Tatsache, daß sie keine Möglichkeit hatten, unsere Entscheidung zu beeinflussen. Aber angesichts der akuten Gefahren gab es keine Zeit mehr für einen Meinungsaustausch, und, um offen zu sein, hätten wir einer von der unseren abweichenden Meinung nicht zustimmen können.« (S. 835/836)

»Einseitige Schritte wie eine Truppenalarmierung können natürlich nur ein letzter Ausweg sein. Wenn irgend möglich, sollten die Verbündeten konsultiert werden. Wir müssen aber damit rechnen, daß es wieder zu solchen Krisensituationen kommen wird, und niemand kann ein Interesse daran haben, daß die Macht, die die Hauptverantwortung für die Sicherheit der freien Welt trägt, angesichts einer unmittelbar bevorstehenden sowjetischen Intervention durch bürokratische Verfahrensfragen am Eingreifen gehindert wird.« (S. 836)

Mehr ist wohl über »gemeinsame Krisenbeherrschung im (NATO-)Bündnis« nicht zu sagen.[428] Und von Mitbestimmung der Verbündeten im Warschauer Pakt kann man in diesem Zusammenhang sicher vollständig schweigen.

Zumindest in Krisen, die in Krieg zu eskalieren drohen, fallen so die (Macht-)Interessen der Verbündeten und der Supermacht auseinander.[429]

Dieses Auseinanderfallen ist unvermeidlich. Es gibt keinen technischen Trick, es zu vermeiden. Und hier liegt der entscheidende Unterschied zwischen einem echten Bündnis unter mehr oder weniger Gleichen in der Multiporalität und der »Führungsrolle von Supermächten« in bipolar verkümmerten weltpolitischen Strukturen.

Denn in einem echten Bündnis zwischen gleichen Nationen kann nicht nur jede Nation hoffen, in Krisen über ihre Existenzfrage wirklich mitentscheiden zu können.[430] Krisenstrategie im multipolaren Kontext kann auch meist den Konflikt so eingrenzen, daß sich die Existenzfrage für die beteiligten Nationen gar nicht erst stellt. Eine Option, die, wie Kissingers Beschreibung der Nahost-Krise 1973 zeigt, kaum besteht, wenn jede Krise zur Konfrontation der Supermächte führt – und in jeder Konfrontation der Supermächte schon die kleinste Kompromißbereitschaft als kaum akzeptabel angesehen wird.

---

428 Die Erfahrungen, die der engste Verbündete der USA, Großbritannien, im November 1983 mit der amerikanischen Invasion der (Commonwealth-)Insel Grenada und im Dezember 1983 mit der amerikanischen Eskalation des Libanon-Engagements gegen Syrien machen mußte, sollte doch dem letzten Träumer die Augen öffnen. In beiden Fällen wurde der Verbündete *nicht* gefragt, obgleich er unmittelbar betroffen war.

429 Dies zeigte sich sehr deutlich auch in der Krise 1973. So verbot die Bundesregierung am 23.10.1973 die weitere Verschiffung von Kriegsmaterial von deutschen Häfen nach Israel (SPIEGEL Nr. 13/1982, S. 169). Und am 10.10. teilte die Türkei mit, die NATO-Stützpunkte in der Türkei stünden nur für NATO-Zwecke zur Verfügung, nicht aber im Zusammenhang mit dem Nahost-Krieg. Diese Erklärung veröffentlichte die Türkei am 11.10.1973 (SPIEGEL Nr. 13/1982, S. 171).

430 Natürlich kann diese Hoffnung auch trügen, wie der August 1914 zeigt.

Die *dritte kritische Position* gegenüber dieser Realität von (Groß-)Machtpolitik greift tiefer, radikaler an. Sie lautet: Mag Machtpolitik so sein, mag es zur Großmacht-Erhaltung nötig sein, einmal bezogene Positionen nicht aufzugeben, muß eine Großmacht einen einmal eingeschlagenen Weg auch fortsetzen, um zum Erfolg zu kommen – dann ist Machtpolitik solcher Art eben nicht angepaßt an die technische Welt von heute mit ihren totalen Zerstörungsmöglichkeiten. Denn das Ziel der Machtpolitik, das nach dieser Auffassung Durchhalten in Krisen fordert, ist gegenüber der Kriegsvermeidung zweitrangig. Oder, einfacher und emotionaler:

Wir sind nicht länger bereit, uns als Bauer auf einem Schachbrett des Spiels um Macht, so wie Kissinger es für die Nahost-Krise 1973 beschrieben hat, bewegen und (er-)schlagen zu lassen.

Die beiden letzten Positionen, die die Prioritäten der Supermachtpolitik in Frage stellen, sind heute politische Realität.

Die erste zeigt sich in dem wachsenden Interesse in West- und Osteuropa an größerer Selbständigkeit gegenüber der dominierenden Supermacht. Die zweite ist Grundlage der radikal-pazifistischen Komponente der Friedensbewegung: »Frieden schaffen ohne Waffen«.

Mit ursächlich für diese Entwicklungen ist sicher, daß in den letzten Jahren offenkundig wurde:

Der Akzent des Interesses der beiden Supermächte hat sich auch und gerade nach der Nahost-Krise 1973 noch weiter von Kriegsverhütung (Kuba-Krise 1962) zu Machterhaltung um (fast?) jeden Preis verschoben. Kompromißwille und Krisenbeherrschungskommunikation zwischen beiden Supermächten aber wurden schwächer und schwächer.

Kissinger 1983:

»Mein Alptraum ist seit je, daß sich etwas Ähnliches wiederholen könnte wie beim Ausbruch des Ersten Weltkriegs. Niemand wollte einen Krieg dieses Ausmaßes, aber im Juli 1914 begriff keiner der europäischen Staatsmänner, welche Folgen seine Handlungen haben könnten, und so erhöhten sie, in einem vergleichsweise unbedeutenden Konflikt, den Einsatz. Wenn sie im Juli 1914 gewußt hätten, wie die Welt 1918 aussehen würde, hätte keiner von ihnen den Krieg begonnen. Das ist auch jetzt die Gefahr, und wir müssen solch einen aus Unverständnis entstandenen Krieg verhindern...

Denken Sie an den Nahostkrieg 1973. Das war ein schlimmer Krieg, aber wir standen täglich in Verbindung mit den Sowjets, selbst als wir unsere Streitkräfte in Alarmbereitschaft versetzten. Am Ende hielten sich beide Seiten zurück. In der gegenwärtigen Krise bin ich nicht sicher, ob die Kommunikation so leicht wäre...«[431]

431 DER SPIEGEL Nr. 40/1983, S. 168/169.

7.2 Stabilisieren die militärischen Vorbereitungen heute Krisen?

Ein sicherer Weg, in einer Krise Politik zugunsten von militärischen Sachzwängen zum Abdanken zu zwingen, ist, einer Seite eine Prämie für den ersten Schlag, den Angriff, zu geben. Den sichersten Weg in den Abgrund aber bereitet, wer *beiden* Seiten eine Angriffsprämie verschafft.

Wie sieht es damit heute in Europa aus?

7.2.1 Krisenstabilität auf der Ebene der konventionellen Streitkräfte?

Man kann davon ausgehen, daß der Warschauer Pakt – wenn er schon angreift – so angreifen wird, daß er seiner Meinung nach »gewinnen« kann, d. h. sein Angriffsziel auch erreicht.

Die Frage ist, hat er heute und in absehbarer Zukunft eine solche Siegeschance, und wenn ja, unter welchen Bedingungen?

Geht man wieder vom schlimmsten Fall für die NATO aus[432], hält der Warschauer Pakt in Friedenszeiten 46 Divisionen in Mittel- und Nordeuropa bereit, denen 27 NATO-Divisionen gegenüberstehen, die drei französischen Divisionen in der Bundesrepublik nicht mitgezählt.[433]

Schon diese Gegenüberstellung macht klar, wie entscheidend schnelle Mobilisierungs- und Verstärkungsmaßnahmen in Mitteleuropa für die Verteidigungsfähigkeit der NATO sind.

Doch damit sieht es nicht sehr gut aus. Die »Military Balance« 1980/81 des International Institute for Strategic Studies in London beschreibt diese Probleme so:

»Ein zutreffendes Gesamturteil über die Verstärkungskapazitäten am Anfang eines Konfliktes dürfte sein: Der Warschauer Pakt ist an sich fähig, in den ersten zwei oder drei Wochen *sehr viel schneller Formationen aufzustellen*; insbesondere, wenn ihm Überraschung gelingt. Denn er hat große Reserven, auf die er sich stützen kann, und genügend Formationen, diese Reserven aufzunehmen. Die NATO kann nur versuchen, einem solchen Aufbau zu begegnen, wenn sie genügend *Warnzeit hat und diese Warnzeit auch nutzt*. Aber die folgende Rate des Aufbaus der Verstärkungseinheiten begünstigt ebenfalls den Warschauer Pakt erheblich. Nur wenn die Krise sich langsam genug entwickelt, so daß die westlichen Einheiten voll verstärkt werden können, kann der Westen schließlich eine bessere Position erreichen. Abgesehen von den größeren ökonomischen Ressourcen halten die Allianzländer, Frankreich eingeschlossen, mehr Soldaten unter Waffen als der Warschauer Pakt.«[434]

---

432 Der schlimmste Fall für die NATO ist, daß alle Warschauer-Pakt-Staaten den Angriff voll mittragen. Das aber ist keineswegs sicher.

433 Military Balance 1980/81, S. 110, Tab. I.

434 Heer und Marine NATO: 2 860 000, Warschauer Pakt: 2 612 000. Military Balance 1980/81, S. 111 (Hervorh. v. Verf.).

Dem Problem »rechtzeitiger Mobilisierung« überlagert sich die Empfindlichkeit der Luftwaffe gegenüber Überraschungsangriffen. Eine Empfindlichkeit, die zwar seit langem erkannt, aber keineswegs beseitigt wurde.[435] Doch ohne eigene Luftwaffe ist bewegliche Vorneverteidigung mit mechanisierten Großverbänden nicht möglich. Dies ist aber nicht die einzige Verschärfung des Zeitzwanges, unter den die militärischen Vorbereitungen der NATO die Politik in Krisen stellen:

»Ein wesentliches Element der NATO-Strategie ist das Prinzip der Vorneverteidigung. Vorneverteidigung bedeutet grenznahe, zusammenhängende Verteidigung mit dem Ziel, möglichst wenig Gebiet zu verlieren und Schäden möglichst zu begrenzen.«[436]

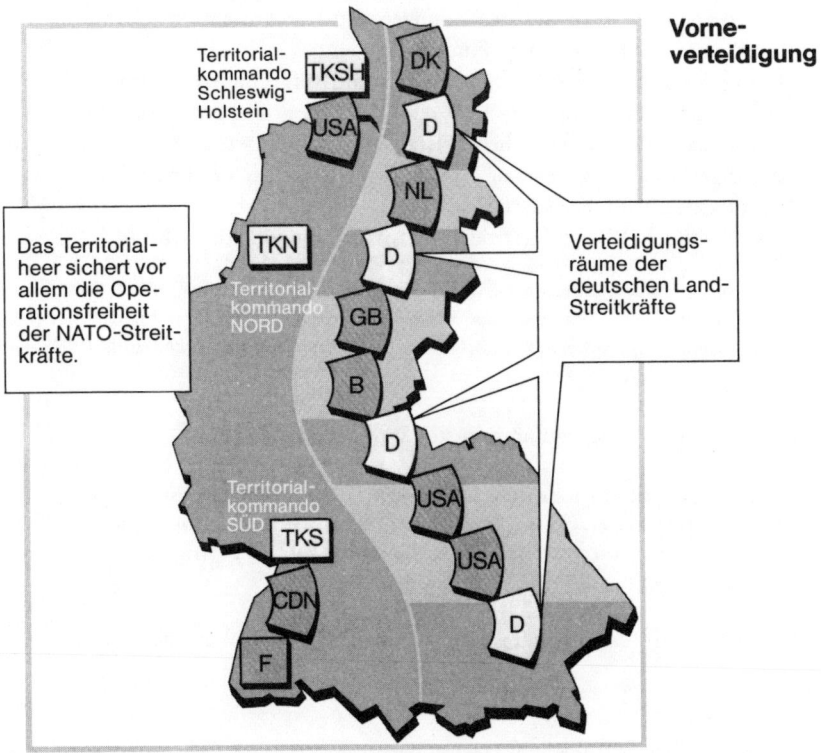

Vorne-verteidigung

Territorialkommando Schleswig-Holstein — TKSH / DK / USA / D

Das Territorialheer sichert vor allem die Operationsfreiheit der NATO-Streitkräfte.

Territorialkommando NORD — TKN / NL / D / GB / B / D

Verteidigungsräume der deutschen Land-Streitkräfte

Territorialkommando SÜD — TKS / USA / USA / CDN / F / D

435 Vgl. Department of Defense 1981, S. 10, und Wolfgang Tewes 1981, S. 42. Nach Tewes gibt es zur Zeit Schutzbunker für ca. 70 % der Verbände. Doch der Schutz dieser Bunker aus 65 cm Stahlbeton mit 22–30-mm-Stahltüren ist begrenzt. Gegen Volltreffer konventioneller (Lenk-)Bomben sind 65 cm Beton ebenso wirkungslos wie gegen atomare Angriffe.
436 Weißbuch 1979, Ziff. 159.

Selbst wenn man den Selbstbetrug einmal beiseite schiebt, der in der schönen Formel liegt, Verteidigung vorne mit schweren Verbänden sei nötig, um den Feind vom Bundesgebiet möglichst fernzuhalten und Schäden zu begrenzen – so als ob es keine Raketen und keine Luftwaffe gäbe[437], bleiben Probleme über Probleme.

In Friedenszeiten stehen keineswegs alle Verbände in den Einsatzräumen, die die dem Weißbuch entnommene Grafik (S. 221) zeigt.[438] Das gilt insbesondere für die Armeen der Verbündeten, der Holländer (NL), der Belgier (B) und Engländer (GB), die wesentliche Teile der nördlichen Fronthälfte abdecken sollen. Und es ist schwierig, diese Verbände in einer Krise in ihre Einsatzräume zu bringen. Manche Verbände haben mit Tausenden von Fahrzeugen mehrere 100 Kilometer in West-Ost-Richtung vorzurücken, um da anzukommen, wo sie nach den Planungen den Feind erwarten sollen.

Ihnen werden Millionen von Flüchtlingen entgegenströmen, die in Ost-West-Richtung dem drohenden konventionellen und befürchteten nuklearen Kampfgeschehen entkommen wollen. Und quer dazu fließt der Strom der türkischen, jugoslawischen und italienischen Gastarbeiter, die in Nord-Süd-Richtung ihre Angehörigen in der Heimat zu erreichen suchen, oder die ihren heimatlichen Gestellungsbefehl in der Tasche haben.[439]

Das Weißbuch 1979 folgert deshalb zwingend und lakonisch:

»Damit in Spannungszeiten vor Ausbruch eines militärischen Konflikts Kampfkraft schneller aufwachsen kann, muß das Krisenmanagement im Bündnis funktionieren. Es kommt darauf an, *Warnzeiten entschlossen* zu nutzen und *politische Entscheidungen rechtzeitig* zu treffen.«[440]

Und 1983 stellt Verteidigungsminister Wörner fest:

»Von ausschlaggebender Bedeutung für das Bestehen des wichtigen ersten Gefechtes wird die Beantwortung der Frage sein, ob die NATO-Streitkräfte unter Ausnutzung der Warn- und Vorbereitungszeit *rechtzeitig vor* einem Angriffsbeginn die Einsatzbereitschaft herstellen können.«[441]

Aber rechtzeitig – das könnte bei den heutigen Waffen heißen: in Stunden.[442]

---

437 Wenn 10 bis 15 % der Bundeswehr in Kampfeinheiten stehen, 90 % aber rückwärts diese Kampfeinheiten unterstützen, stehen logischerweise auch 85–90 % der Ziele im Hinterland.
438 Weißbuch 1979, S. 21.
439 Vgl. die recht realistischen Beschreibungen bei Close, Europa ohne Verteidigung, und Hackett, Der dritte Weltkrieg.
440 Weißbuch 1979, S. 22, Ziff. 29 (Hervorh. v. Verf.).
441 Wörner 1983, S. 12 (Hervorh. v. Verf.).
442 So U.S. Army Chief of Staff, General E. C. Meyer, New York Times, 31.3.1982.

Und das Gegenteil von *rechtzeitig* ist: zu spät. *Rechtzeitig* eine militärische Maßnahme ergreifen zu müssen, da es sonst zu spät ist, das aber war einer der Gründe dafür, daß die Juli-Krise 1914 schließlich aus der Hand ging. Und für einen Gegner, der sich fragt, ob er einen konventionellen Angriff mit Aussicht auf Erfolg vortragen kann – und wenn ja, wie –, ergibt sich aus der Häufung von »rechtzeitig« zu ergreifenden Maßnahmen in den Plänen der NATO eine zwingende Konsequenz:

Will die Sowjetunion verhindern, daß die Verteidigungsmaßnahmen der NATO, die der NATO unverzichtbar erscheinen, »rechtzeitig« getroffen werden, muß sie angreifen, *ehe* die NATO rechtzeitig handeln konnte – vor allem bevor die Verstärkung der NATO in Europa durch amerikanische, kanadische und britische Truppen abgeschlossen ist.

Denn:

»Nach den Planungen der NATO soll über die Zuführung der überseeischen Verstärkung in Spannungszeiten so *frühzeitig* entschieden werden, daß die zusätzlichen Verbände mit Masse *noch vor Beginn* eines militärischen Konfliktes Europa erreichen«[443],

sagt das Weißbuch 1979 der Bundesregierung.

Und der amerikanische Verteidigungsminister Brown meint in seinem Statement zum Budget 1981:

»Die Sowjets können nicht darauf vertrauen, daß ihnen ein Durchbruch gelingt, *falls die US-Verstärkungen rechtzeitig (on time) ankommen.*«[444]

Falls sie rechtzeitig ankommen. Doch damit bleibt der möglichst frühe Angriff in einer Krise die einzige erfolgversprechende konventionelle Angriffsoption des Warschauer Paktes. Und mit diesem Interesse des Warschauer Paktes am Überraschungsangriff fest verbunden ist die Furcht der NATO davor, daß dieser Angriff stattfinden könnte – und damit der Zwang, vorsichtshalber noch etwas frühzeitiger in einer Krise zu mobilisieren, usw. usf.

So kommt man zu dem nicht sehr erfreulichen Resultat, daß die seit 1970 planmäßig betriebene Verstärkung der konventionellen Rüstung der NATO einerseits und die konventionelle Aufrüstung des Warschauer Paktes im selben Zeitraum andererseits die militärischen Sachzwänge für die NATO in einer Krise nicht aufgehoben, sondern verstärkt, und die Zwänge für den Warschauer Pakt, in einer Krise *schnell* und *überraschend* militärisch zu handeln, erhöht haben.

Karber beschreibt diese Veränderung so:

»1965 hätte die NATO noch eine Reaktion auf frühzeitige Anzeichen einer militärischen Gefahr ohne wirkliches Risiko um eine Woche verzögern können, um weiteres Nachrichtenmaterial zu sammeln, um innerhalb der politischen Führungen der Staaten der Allianz

443 Weißbuch 1979, Ziff. 145 (Hervorh. v. Verf.).
444 Department of Defense 1981, S. 9 (Hervorh. v. Verf.).

223

die Antworten auf die gegebene Situation sorgfältig abzuwägen und um die Absichten des Warschauer Pakts diplomatisch zu erkunden – dies alles *vor* Beginn der militärischen Mobilisierung. In den 80er Jahren würde eine politische Krise, die auch nur Vorzeichen erhöhter militärischer Aktivität innerhalb des Warschauer Pakts mit sich brächte, die sofortige Auslösung militärischer Alarmstufen erfordern. Die NATO müßte die Mehrzahl ihrer Streitkräfte rasch und sichtbar in ihre Verteidigungspositionen nahe der Grenze bringen. In den Vereinigten Staaten müßten Verstärkungen im großen Maßstab beginnen, einsetzend mit der Verlegung von 1000 taktischen Flugzeugen über den Atlantik. Nukleare Gefechtsköpfe, die in Mitteleuropa eingelagert sind, müßten verteilt werden. In Westeuropa schließlich müßte die Mobilisierung eingeleitet werden, also die Einberufung von Reservisten, die Übernahme ziviler Unterstützungselemente durch militärische Stellen, die Unterstellung des Transport- und Fernmeldewesens unter militärischen Befehl – alles Maßnahmen, die wirtschaftlich so verheerend wie militärisch notwendig wären.«[445]

»Die für die Eröffnung der Offensive erforderlichen WP-Streitkräfte befänden sich somit voraussichtlich bereits in Stellungen für eine unmittelbare Grenzüberschreitung, bevor die Mehrzahl der NATO-Einheiten überhaupt die Kasernen verlassen hätte. Dies würde eine extrem gefährliche Situation darstellen... Der sichtbare und schwerfällige Vorgang der Dislozierung auf seiten der NATO brächte vielversprechende Anlässe für präemptive militärische Maßnahmen und/oder politische Pressionen mit sich.«[446]

Fazit:

*Die Krisen*instabilität *der militärischen Vorbereitungen auf dem Sektor der konventionellen Konfrontation in Europa hat sich in den letzten 20 Jahren – dem Zeitalter der Rüstungssteuerungspolitik also – nicht vermindert, sondern drastisch erhöht.*

Können die zur Zeit von der NATO diskutierten Verbesserungen der konventionellen Verteidigung Krisenstabilität wiederherstellen?

Bestünde die Verbesserung der NATO-Verteidigung in der Umstellung auf rein defensive Verteidigung, würde dies natürlich die Krisenstabilität drastisch erhöhen.[447]

Nur, rein defensive Verteidigung ist von der NATO nicht geplant. Wie die NATO aber die konventionelle Verteidigungsfähigkeit verbessern will, ist noch nicht entschieden. Unterschiedliche offizielle und offiziöse Konzepte, viele Vorschläge von Arbeitsgruppen und ehemaligen Militärs bieten sich an. Einen starken Einfluß übt natürlich das gültige Field Manual der amerikanischen Armee (100-5) und das offizielle Konzept zu seiner Weiterentwicklung: »Air-Land Battle 2000« aus. Wichtig ist zum anderen das als »Rogers-Plan« bekannt gewordene Konzept des ACE (Allied Command Europe).[448] Diskutiert werden

445 Karber 1982, S. 117/118.
446 Karber 1982, S. 119.
447 H. Afheldt, Defensive Verteidigung, 1983, S. 41.
448 Rogers 1983.

auch die Pläne der ehemaligen Wilson-Gruppe, als deren Sprecher vor allem der frühere NATO-Oberkommandierende Europa-Mitte, General Schulze, auftritt.[449] Auch die Vorschläge vom bisherigen NATO-Oberbefehlshaber Europa-Mitte, General von Senger und Etterlin[450], dürften ebensowenig unbeachtet bleiben wie die Vorschläge von General Steinhoff für die Luftwaffen der NATO[451] – um nur einige Vorschläge zu nennen, an denen Europäer mitgewirkt haben.[452]

Allen diesen Plänen ist gemeinsam, daß »tiefe Schläge«, Angriffe in die Tiefe des feindlichen Hinterlandes, eine entscheidende Rolle spielen. Mit den Konsequenzen solcher Maßnahmen habe ich mich in dem Buch »Defensive Verteidigung« auseinandergesetzt. Es zeigte sich, daß zwar unstreitig der Einsatz großer Zahlen präziser konventioneller Zerstörungsmittel tief im feindlichen Aufmarschgebiet (Osteuropa bis in die westlichen Bezirke der Sowjetunion) die konventionelle Verteidigungsfähigkeit der NATO erheblich verstärken würde. Aber zum einen würde die gleichzeitige Einführung von landgestützten konventionellen *und* atomaren Cruise Missiles oder Pershing-II-Raketen Rüstungskontrollabkommen verhindern, das gegenseitige Mißtrauen steigern und letztlich zu einem nochmaligen Nachrüsten mit nuklearen und konventionellen Mittelstreckensystemen auf beiden Seiten führen.

Zum anderen entstünde eine drastisch verschärfte Kriseninstabilität auf der konventionellen Ebene. Das zeigt sich, wenn man die Planung für Präzisionsraketen mit konventioneller Munition betrachtet: Als ballistische Präzisionsraketen kommen z. B. Pershing II mit konventioneller Munition in Frage, aufzustellen auf den Flugplätzen der NATO.

»Von allen denkbaren Stationierungsmöglichkeiten wäre die billigste, die Flugkörper auf bestehenden NATO-Flugplätzen aufzustellen. Sie würden in herkömmlich verbunkerten Schutzbauten mit jeweils acht Flugkörpern unterzubringen sein.«[453]

Bewegliche Ziele wären die in der Tiefe des feindlichen Hinterlandes zum Angriff bereitgestellten Verbände der zweiten und dritten Welle (Echelon) sowie die Logistik für die Angriffsverbände. Der Zweck dieser Einsätze wäre, die Angriffsverbände des Gegners von der zweiten und dritten strategischen Staffel und ihrer Versorgung zu trennen. Dabei gilt dann:

»Der gleichzeitige Kampf gegen mehrere Staffeln muß nicht nur geführt werden, er muß

449 ESECS – European Security Study, Wege zur Stärkung der konventionellen Abschreckung in Europa: Vorschläge für die 80er Jahre, Bericht der Lenkungsgruppe.

450 Europäische Wehrkunde – WWR 8/83, S. 363 f.: »Neue Dimensionen militärischer Operationen«.

451 Steinhoff 1983.

452 Auch an dem bekanntesten und regierungsnächsten amerikanischen Konzept für die Zukunft, AirLand Battle 2000, haben deutsche Militärs mitgewirkt.

453 Wikner 1983, S. 204.

auch in hohem Tempo ablaufen. Pro Stunde muß eine große Anzahl von Fahrzeugen bekämpft werden.«

Als *feste Ziele* von hohem Wert, die sofort angegriffen werden müßten (»zeitkritisch«), gelten:

Engpässe (z. B. Brücken, Verschiebebahnhöfe).
Unterirdische Ziele (z. B. Hauptquartiere, Fernmeldeeinrichtungen).
Sondereinrichtungen (z. B. Lager für chemische und nukleare Waffen).
Flugplätze und ihre Start- und Landebahnen und Schutzbauten für Flugzeuge und Raketen.
Kampfverbände in Verfügungsräumen.
(Nuklear-)taktische ballistische Flugkörper: SS-21, 22, 23 und nukleare Mittelstreckenraketen: SS-4, SS-5, SS-20.[454]

Die Einsatzgrundsätze für diese Streitkräfte beschreibt N. F. Wikner so:

»Von den sechs Zielkategorien ... ist vielleicht die wichtigste die schnelle Abriegelung der sowjetischen Flugplätze, derjenigen Haupteinsatzflugplätze, auf denen Flugzeuge stationiert sind, die Träger für chemische und nukleare Waffen sind sowie auch derjenigen Flugplätze, auf denen Langstreckenflugzeuge mit hoher Nutzlast für konventionelle Waffen stehen. Die Hauptaufgabe besteht darin, diese Haupteinsatzflugplätze schnell auszuschalten, um dadurch die Fähigkeit der Sowjets, zusätzliche Sorties nach Ausbruch der Feindseligkeiten zu generieren, erheblich herabzusetzen. Auch die Strategie hinter diesem Abriegelungsprogramm setzt sich aus zwei Teilen zusammen: Einsatz ballistischer Flugkörper und Einsatz von Erdkampfflugzeugen. Die zweigleisige Verfahrensweise sieht wie folgt aus:
– Abriegelung der sowjetischen Haupteinsatzflugplätze durch ballistische Flugkörper;
– Abriegelung der Ausweichflugplätze durch Flugzeuge. Die Vernichtung der auf diesen unverbunkerten Flugplätzen stehenden Luftfahrzeuge wird mit Flugzeugen durchgeführt, die eine Vielzahl von Kampfmitteln mitführen.«[455]
»Beide Gruppen von Zielen (feste und bewegliche) sind extrem zeitkritisch und müssen innerhalb von Minuten nach der Feststellung, daß ein massiver Angriff des Paktes auf die NATO vorliegt, angegriffen werden. Die Flugplätze und die Abriegelungspunkte müssen am ersten Tage zerstört werden, wenn die NATO überleben soll.«[456]

So entsteht ein militärischer Zwang, schnell zu handeln, wenn die NATO diese Optionen für tiefe Angriffe aufbaut.

»Die Frage, was ist, wenn der Gegner diese Art von Rüstung nachvollzieht, wird nicht gestellt. Stellt man sie, zeigt sich: Auch in den Bunkern der Warschauer-Pakt-Flugplätze stehen dann Kampfmittel, die die Bunker der NATO-Hauptflugplätze mit ihren weitreichenden Präzisionswaffen und Flugzeugen und die NATO-Flugplätze selber zerstören sollen und können. Wer dann zuerst schießt, der hat den Krieg bei der heutigen Struktur

454 Nach Wikner 1983, S. 202.
455 Wikner 1983, S. 203.
456 Cotter 1983, S. 22.

der Armeen in Ost und West schon fast für sich entschieden. Denn schon heute ist für das derzeitige Militärkonzept auf beiden Seiten die Luftwaffe ein entscheidendes Element. Und in der geschilderten Weiterentwicklung würden Luftwaffe und weitreichende Präzisionsraketen sogar eine noch bedeutendere Rolle einnehmen.«[457]

Winkt aber in zukünftigen Krisen jeweils dem der Erfolg, der als erster diese Ziele angreift, dann herrscht Kriseninstabilität in höchster Potenz.

Weil Krisenstabilität in den Verbesserungsvorschlägen für die konventionelle Verteidigung der NATO nicht als Wert erscheint, ja nicht einmal diskutiert wird, ist es auch kein Wunder, daß erhöhte Kriseninstabilität das Resultat sein würde. Es ist ebenfalls kein Wunder, daß die Autoren sich dann auch nicht die unerträgliche Entscheidungssituation vorstellen, in der die Verantwortlichen der NATO stehen würden, sobald die vorgeschlagenen Verbesserungen der konventionellen Verteidigungsfähigkeit erst einmal realisiert worden wären. Erfreulich, daß man immerhin noch nicht vergessen hat, daß die NATO nicht angreifen will, nicht angreifen soll und nicht angreifen darf. Doch daß man deshalb vorschlägt, die feindlichen Hauptflugplätze zwar »am ersten Kampftage« anzugreifen, aber erst nachdem der Gegner seine Flugzeuge gestartet hat, das sollte doch eigentlich schon darauf aufmerksam machen, daß die vorgeschlagenen Mittel kaum optimal für die rein defensive Aufgabe der NATO sein können. Denn diesem Zweitschlagsangriff kann man zwar immer noch einen gewissen militärischen Sinn zuschreiben. Doch ist diese Anwendung der weiterreichenden Präzisionswaffen zur Zerstörung von Flugplätzen und Flugzeugschutzräumen bestenfalls die zweitwirksamste. Die wirksamste Anwendung ist natürlich, die weitreichenden Präzisionszerstörungsmittel einzusetzen, *ehe* die feindlichen Luftstreitkräfte gestartet sind und den NATO-Truppen, die in ihre Kampfräume vorrücken, schwere Verluste beigebracht haben. Diese beste Verwendungsweise aber würde fordern: in der Krise als erster zu den Waffen zu greifen, den Krieg also zu beginnen. Abzuwarten, die zweitwirksamste Methode zu verwenden, andererseits, würde bei etwa gleich starken Streitkräften auf beiden Seiten dazu führen, daß die NATO zweiter Sieger der konventionellen Schlacht wird. Denn der doch als aggressiv eingestufte Warschauer Pakt dürfte diese Hemmung nicht zeigen und seinerseits die wirkungsvollste Einsatzform, den Ersteinsatz dieser Raketen, vorziehen – falls er überhaupt angreift.

Den zweiten Sieger nennt man im Kriege aber bekanntlich den Verlierer. Verliert die NATO jedoch die konventionelle Schlacht, bleibt ihr nur die Wahl zwischen Kapitulation und Zerstörung Europas durch »Verteidigung« mit Kernwaffen. »Gewinnt« sie konventionell einen Abwehrsieg, indem sie aus der Krise heraus präventiv angreift, kann sie – zu Recht oder Unrecht – hoffen, beide Seiten würden den Griff zu Kernwaffen letztlich scheuen. Und da der Warschau-

457 H. Afheldt, Defensive Verteidigung, S. 33 ff. (39).

er Pakt nach Verlust seiner Luftwaffe keine konventionelle Angriffsoption mehr hat, wäre damit Westeuropa weder rot noch tot. Doch diese Entscheidung, nicht abzuwarten, sondern die feindliche Luftwaffe präventiv zu zerstören, ist eine Entscheidung zum Angriffskrieg.

Militärische Vorbereitungen, die derartige Zwangssituationen für jede zukünftige ernste Krise schaffen, produzieren nicht nur den höchsten Grad von Kriseninstabilität und erhöhen so die Gefahr des einzig wahrscheinlichen Krieges (Typ 1914).

Sie bürden außerdem der politischen Führung von Bundesrepublik und NATO in kommenden Krisen auf, zwischen zwei unverantwortbaren Alternativen wählen zu müssen. Derartige Vorbereitungen sind damit schon selbst unverantwortliche Politik.

Fazit:

Nicht jede nach militärischen Effizienzkriterien gemessene Verbesserung der konventionellen Verteidigung der NATO in Europa erhöht die Sicherheit vor Krieg und – falls die Abschreckung versagt – vor nuklearer Selbstzerstörung.

1. Eine Fortschreibung der bisherigen Entwicklung der konventionellen Verteidigung in die Zukunft würde die bisherigen militärischen Handlungszwänge für die NATO erhalten oder noch verstärken.

2. Weiterentwicklungen in Richtung auf das gültige US-Field Manual 100-5 (AirLand Battle) würden zu Ersteinsatz- und Angriffsprämien für beide Seiten führen. Sie begründeten so die höchste Stufe von Kriseninstabilität.

Die militärisch optimale Nutzung der nach solchen Vorstellungen angeschafften militärischen Mittel wäre der Angriff. Angriff aber widerspricht dem Interesse der Bundesrepublik, ihrer Verfassung – und dem vereinbarten Ziel des NATO-Bündnisses. Bündniskonforme, abwartende Nutzung aber wäre gegenüber einem Gegner, der sich diese Restriktion nicht auferlegt, militärisch ineffizient – und damit militärisch unvertretbar.

Solche »Verbesserungen« der konventionellen Fähigkeit der NATO würden deshalb zu einer Diskrepanz zwischen politischen Zielen des Bündnisses (Abschreckung und Verteidigung) und militärischen Erfordernissen führen.

Diese gefährliche Divergenz kann nur durch Anpassung der militärischen Mittel an die politischen Ziele beseitigt werden – nicht umgekehrt.

3. Die Anpassung der militärischen Mittel an den defensiven politischen Zweck der NATO durch Veränderung der Struktur der NATO-Armeen fordert aber schnelles und entschlossenes politisches Handeln der Europäer. Denn schon melden sich Stimmen aus den USA, die die umgekehrte Konsequenz aus dieser Divergenz ziehen wollen: Es wird gefordert, die Aufgabe der NATO der Militärstruktur anzupassen, die die Offensive immer mehr begünstigt und zu diesem Zweck die (konventionelle) Offensive in Europa zur gültigen NATO-Strategie zu erklären. Sei es die Gegen-Offensive, z.B. nach Leipzig und Prag nach einem sowjetischen Angriff an anderen Frontabschnitten in Europa, sei es die Offensive in Europa im Falle eines Konflikts in Nahost (konventionelle horizontale Eskalation). [458]

7.2.2 Taktische Kernwaffen in Europa und Krisenstabilität

Daß der Warschauer Pakt unter bestimmten Umständen die Option hat, einen erfolgreichen konventionellen Angriff gegen die NATO in Europa zu führen, ist seit fast 30 Jahren der Grund dafür, in die Abschreckungs-/Verteidigungsoptionen der NATO *nukleare* Waffen einzubauen.

Heben vielleicht diese nuklearen Mittel die gewachsene *Kriseninstabilität* auf dem konventionellen Sektor wieder auf – oder verstärken sie gar?

Ist, wie unstreitig, das für den europäischen Kriegsschauplatz bestimmte Nuklearpotential der NATO zum überwiegenden Teil zumindest gegen nukleare Angriffe des Warschauer Paktes verletzlich, so bedeutet dies nichts anderes, als daß der Warschauer Pakt das NATO-Kernwaffenpotential in Europa weitgehend ausschalten kann, wenn er seinerseits zum Kernwaffen-Ersteinsatz eskaliert. [459]

Treverton beschreibt diese Situation so:

»... Die meisten dieser taktischen Sprengköpfe werden an einigen 50 Plätzen aufbewahrt. Die NATO bildet nicht mehr als 70 Ziele von Schlachtfeldkernwaffen im Frieden und nur 200–300, wenn die Waffen zur Vorbereitung eines Krieges verteilt worden sind. Die Maßnahmen, um die Freigabe der Waffen sicherzustellen, sie zu verteilen und die Codes einzugeben, die notwendig sind, um die Waffen anwendbar zu machen, würden Stunden erfordern, selbst Tage. Die derzeitige NATO-Position führt dazu, die Sowjetunion herauszufordern, diese Waffen präemptiv zu zerstören. Und es ist vielleicht sogar möglich für Moskau, dies mit konventionellen Waffen zu erreichen.« [460]

Ähnlich beschreibt Stratmann die Handlungsoptionen des Warschauer Paktes [461]:

»Wenn sich die sowjetische Führung zu einem Angriff gegen das nukleare Potential der NATO entschließen sollte, so ist also anzunehmen, daß diese Operation nicht *allein dem Führungssystem gelten würde, sondern zugleich auch Einsatzmitteln, Waffen und Einsatzverbänden, deren rechtzeitige Zerstörung oder Lähmung in der sowjetischen Literatur* als Voraussetzung für einen militärischen Erfolg dargestellt wird.« (S. 157)

»Die hochgradige Gefährdung der NATO-TNF in ihrer Friedensdislozierung gegenüber

458 Samuel P. Huntington, Direktor des »Center for International Affairs, Harvard University«, 1983/84, S. 32 f. (45, 50).
459 Diese alte Feststellung ist ausführlich in Jeffrey Record, »US Nuclear Weapons in Europe«, dargelegt.
460 Treverton 1981, S. 13.
461 Stratmann, NATO-Strategie in der Krise? (Hervorh. v. Verf.).

Entwaffnungsangriffen ist bereits erwähnt worden. Ihre Kernwaffen sind in relativ wenigen SAS konzentriert, deren Lage der anderen Seite bekannt sein dürfte. ... würde das landgestützte TNF-Potential der NATO wahrscheinlich durch einen ›*attack out of the blue*‹ *nahezu vollständig zerstört,* bevor es eingesetzt werden könnte ... Ein derart umfassender Entwaffnungsangriff des Warschauer Paktes müßte, wenn er sich auf die TNF der NATO-Staaten beschränkte, in Westeuropa etwa *400 bis 600* Ziele zerstören. Quantitativ und qualitativ reichen die für den europäischen Kriegsschauplatz vorgesehenen sowjetischen Kernwaffensysteme zweifellos aus, um diesen Auftrag zu erfüllen.« (S. 158)

Daß der Warschauer Pakt diese Entwaffnungsoption hat, beweist natürlich nicht, daß er von ihr auch Gebrauch machen würde.

Stratmann:

»Trotz dieser hohen Erfolgswahrscheinlichkeit bleibt die Option eines nuklearen Überraschungsangriffs auf die TNF der NATO mit schwierigen Problemen und erheblichen Risiken belastet, vor allem, *weil sie mit der Gefahr der Eskalation in den allgemeinen strategischen Kernwaffenkrieg verbunden ist.* Nach Verlust ihrer landgestützten TNF stünde die amerikanische Führung vor dem Dilemma, entweder auf eine rasche, militärisch wirksame nukleare Reaktion in Europa zu verzichten und damit einen politischen und militärischen Zusammenbruch der westlichen Allianz unvermeidbar zu machen, oder sich für den Einsatz strategischer Waffen zu entscheiden.« (S. 159)

Wieder einmal hängt somit die Abschreckung der Sowjetunion vom Gebrauch einer militärisch sehr effizienten Option, der Zerstörung der Kernwaffen der NATO in Europa, nur davon ab, ob sie an den Einsatz der *strategischen* Arsenale der USA glaubt oder nicht. Jeder, der die These vertritt, mit dem Gleichgewicht auf der strategischen Ebene neutralisierten sich die strategischen Potentiale der USA und der Sowjetunion, jeder also, der deshalb für den »Nachrüstungsbeschluß« eintrat, müßte logischerweise damit rechnen, daß die Sowjetunion sich durch die strategischen Waffen der USA von diesem (Präventiv-)Angriff[462] auf die Nuklearwaffen der NATO in Europa *nicht* abschrecken lassen muß.

Nimmt man an, daß sich die strategischen Potentiale der Vereinigten Staaten und der Sowjetunion wechselseitig neutralisieren (Helmut Schmidt), so bieten die NATO-Nuklearstreitkräfte in Europa der Sowjetunion die Option einer außerordentlich hohen Prämie des ersten Schlages gegen diese NATO-Nuklearstreitkräfte.

Gibt es auch für die NATO first-strike-Prämien für die Eskalation in den nuklearen Bereich?

Aufgabe der NATO-Nuklearstreitkräfte ist:

Die als zu schwach angesehene konventionelle Verteidigung zuerst durch die Drohung mit einem nuklearen Ersteinsatz, und, falls erforderlich, durch diesen

---

462 Präventiv wegen der NATO-Drohung mit dem Ersteinsatz ihrer Kernwaffen.

*Erst*einsatz selbst abzustützen. First use, Ersteinsatz also, ist so geradezu die Ratio der taktischen Nuklearstreitkräfte der NATO. Die weitere Rolle der Nuklearstreitkräfte, den Warschauer Pakt von der Verwendung seiner taktischen Kernwaffen abzuschrecken, wird unter dieser Aufgabenstellung sekundär: Der Warschauer Pakt soll jedenfalls so lange nicht Kernwaffen einsetzen, bis die NATO sich zum Ersteinsatz entschließt.

Fazit:

Die taktisch-nuklearen Mittel der beiden Pakte in Europa potenzieren die schon auf der konventionellen Ebene bestehende Kriseninstabilität dadurch, daß für jede Seite der Ersteinsatz entscheidende militärische Vorteile verspricht.

7.2.3 Krisenstabilität und Landstationierung von Mittelstreckensystemen in Europa

Hätte man mit dem Nachrüstungsbeschluß die Stationierung von Mittelstreckenraketen auf See (oder in der Luft, wie ebenfalls vorgeschlagen wurde[463]) eingeleitet und gleichzeitig die verwundbaren Schlachtfeldkernwaffen abgebaut, der Warschauer Pakt hätte die Option verloren, sich durch einen präventivnuklearen Angriff auf das Nuklearpotential der NATO in Europa militärisch entscheidende Vorteile zu verschaffen. Denn luft- oder seegestützte Mittelstreckensysteme können von der Sowjetunion nicht präventiv zerstört werden.[464]

Damit aber hätte man Krisen gegen den gefährlichsten Präventivangriff des Warschauer Paktes stabilisiert: den Nuklearangriff auf unserem Boden.

Landgestützte Cruise Missiles und Pershing II aber kann die Sowjetunion durch einen nuklearen Präventivangriff mit großer Sicherheit ausschalten.[465] Die neuen Mittelstreckensysteme der NATO sind deshalb keine unverletzlichen Waffen für einen gesicherten Zweitschlag. Diese Forderung an Instrumente für eine Kriegsverhütungsstrategie (Stabilitätsziel) erfüllen sie somit nicht.

463 So ein Vorschlag des französischen Generals Gallois.
464 Das habe ich 1979 vorgeschlagen. Vgl. Wehrwissenschaftliche Rundschau, Heft 5, 1979, S. 141 f.
465 Es ist ein offenes Geheimnis, daß manche Europäer Landstationierung gerade *wegen* der Verwundbarkeit landstationierter Waffen empfohlen haben. Denn zur Amtszeit Carters wuchs die Furcht, die Vereinigten Staaten könnten einem Konflikt in Europa längere Zeit zusehen, *ohne* ihn durch nukleare Eskalation zu beenden. Durch die Verwundbarkeit der Pershing und Cruise Missiles hoffte man, die USA in einen Eskalationszwang (use it or lose it) zu versetzen und so die Abschreckung der Sowjetunion vor dem unprovozierten Angriff zu verbessern. Laut ausgesprochen wurde dieser Vergewaltigungsversuch an der Bündnisvormacht natürlich nie. Der Amerikaner Steven L. Canby brach dieses Schweigen auf der Jahrestagung des IISS 1983. Vgl. Canby 1983/84, S. 6: »Finally, the U.S. INFs were to be deployed in a vulnerable enough way that Washington would have to use them early in a conflict or lose them.«

Auf der anderen Seite aber sind sie auch keine Waffen für einen *entwaffnenden* Angriff auf die sowjetischen Mittelstreckenraketen. [466] Denn die Reichweite der Pershing II ist dazu zu kurz. Die Reichweite der Cruise Missiles würde zwar genügen, die meisten auf Europa gerichteten SS-20-Raketen zu erreichen. Doch ist ihre Flugzeit viel zu lang. Denn in der Flugzeit von einigen Stunden, die die Cruise Missiles brauchen, können die SS-20-Raketen längst aus dem Zerstörungskreis der Cruise Missiles herausgefahren oder abgefeuert sein. [467]

Fazit:
Nur für einen nuklearen Ersteinsatz kann die NATO mit Pershing II und landstationierten Cruise Missiles verläßlich rechnen. Solche Waffen haben einen militärischen Sinn also nur dann, wenn man davon ausgeht, daß die Sowjetunion ihren Angriff auf keinen Fall mit einem nuklearen Erstschlag auf die eurostrategischen Systeme beginnt.

Aber darauf, daß die Sowjetunion einen solchen Präventivangriff auf Cruise Missiles und vor allem auf Pershing II *nicht* führt, kann die NATO sich in einer Krise keinesfalls verlassen.

Die sowjetischen Autoren »betonen die Notwendigkeit, in der Lage zu sein, die taktischen Nuklearstreitkräfte der NATO in einem europäischen Konflikt zu einem frühen Zeitpunkt zu zerstören«,

meinte jedenfalls US-Verteidigungsminister Brown im Statement zum Budget 1981. [468]
Auch Stratmann kommt in seiner detaillierten Darstellung der Verzweigungen möglicher Aktionen und Reaktionen zu dem Schluß:

»Es hat den Anschein, als plädiere die sowjetische Militärstrategie auch wegen der zahlreichen Unwägbarkeiten einer intensivierten nuklearen Kriegführung für den Grundsatz des präemptiven Kernwaffeneinsatzes...
›Die wichtigsten Objekte des Kampfes auf den Kriegsschauplätzen werden die Kernwaffen sein.‹ (Sokolowski).« [469]

Zu dieser Auffassung haben die sowjetischen Autoren auch allen Grund – vor allem *nach* Realisierung des Nachrüstungsbeschlusses. Denn wegen ihrer hohen Treffergenauigkeit könnten die Pershing II, falls sie präventiv eingesetzt würden,

---

466 Andererseits läßt sich nicht bestreiten, daß Pershing-II-Raketen wegen ihrer Treffsicherheit und Reichweite *Teil* eines Potentials für einen entwaffnenden Erstschlag werden können, wenn die übrigen für einen Erstschlag geeigneten Potentiale der Vereinigten Staaten weiter ausgebaut werden.
467 Selbst unter der Annahme, daß die technische Entwicklung der Cruise Missiles eine Endphasenlenkung zum »Nachsteuern« geben würde.
468 Department of Defense, S. 94.
469 Stratmann 1981, S. 161.

praktisch alle Flugplätze im Bereich des Warschauer Paktes und der westlichen Sowjetunion, Verkehrsknotenpunkte, Nachschub- und Kommandozentralen ausschalten, wenn sie auf militärische Ziele gerichtet würden. Sie könnten vielleicht auch den Kreml treffen[470] – oder das sowjetische Pendant zum Ahr-Bunker der Bundesregierung. Alles das konnte die Pershing I nicht.[471]

Die im NATO-Nachrüstungsbeschluß vorgesehene Aufstellung von landgestützten Pershing-II-Raketen und Cruise Missiles bietet beiden Seiten hohe Prämien für den Ersteinsatz von Nuklearwaffen und führt damit zu höchster Kriseninstabilität auch auf der Ebene der nuklearen Konfrontation in Europa.

Die Gefahr der Eskalation einer Krise zwischen den Weltmächten in einen Nuklearkrieg in Europa (Krieg vom Typ 1914) durch diesen Mechanismus muß um so höher eingeschätzt werden, je mehr man der Auffassung zuneigt, im strategischen Gleichgewicht neutralisierten sich die strategischen Potentiale der USA und der Sowjetunion wechselseitig.

Unabhängig davon, daß diese nuklearen Präventionszwänge bis in die Krise zurückwirken und damit den Ausbruch eines Krieges, den letztlich niemand will (Typ 1914), in jeder ernsten Krise wahrscheinlicher machen könnten:
Die Abschreckung beider Seiten von einem *frei entschiedenen Eroberungsangriff (Typ 1939)* wird durch diese Präventionszwänge nicht aufgehoben. Denn *diese* Abschreckung hängt nur davon ab, daß die *Gewinnchancen* eines solchen Krieges sehr viel niedriger bewertet werden als die Gefahr der auch im strategischen Gleichgewicht nach wie vor *möglichen* Eskalation zur nuklearen Selbstzerstörung. Solange beide Seiten diese Gefahr rational einschätzen, bleibt der Krieg vom Typ 1939 undenkbar, wird er durch Kriseninstabilität nicht wahrscheinlicher. Kein Wunder deshalb, daß diejenigen, die nur auf diesen deutschen Hitler-Kriegstyp 1939 als einzig denkbare Kriegsursache sehen, bedenkenlos militärische Vorbereitungen befürworten, die Kriseninstabilitäten zur Folge haben, wie wir sie für die konventionelle und die nukleare Ebene in Europa feststellen mußten.

470 Über die Reichweiten und Reichweitenvergrößerungen bei der Pershing herrscht Streit. Vgl. hierzu die Anfrage der Grünen und die Antwort der Bundesregierung. Dieser Streit kann hier nicht entschieden werden. Doch entscheidend ist nicht die wirkliche Reichweite, sondern die, die die Sowjetunion fürchten muß, und sie wird sich kaum darauf verlassen, daß die Pershing-II-Raketen wie die deutschen Truppen 1941 nur gerade eben bis vor Moskau gelangen können. Umgekehrt hat auch die NATO sowjetische Reichweiten-Angaben stets mit Skepsis behandelt.

471 Dieses Fehlen einer angeblich notwendigen *nuklearen Kriegführungsfähigkeit* der NATO beklagte z.B. General a. D. Domröse:
»Wenn ich die Kriegführung verhindern will, dann muß ich, und jetzt komme ich wieder auf die Modernisierung durch die Ground Launched Cruise Missiles und durch die Pershing II, dann muß ich Mittel bereithalten, die die Elemente eliminieren, die zur Kriegführung gegen uns von der anderen Seite zwingend gebraucht werden. Das ist die Kommandozentrale, das Hauptquartier in Lwow, das ist ein Flugplatz in der Nähe von Poltawa, das ist ein Flugplatz in der Nähe von Witebsk.« Hanns-Seidel-Stiftung, München 1982, S. 204–205.

7.2.4 Kriseninstabilität ist das herausragende Kennzeichen der militärischen Konfrontation in Europa

Mit der Feststellung von Kriseninstabilität auch auf dem Gebiet der neu zu installierenden eurostrategischen Raketen wird das abschließende Urteil unvermeidlich:

Nicht nur hat die Sicherheitspolitik der NATO ihr Ziel verfehlt, Rüstungen zu begrenzen oder gar zur Abrüstung beizutragen (Harmel-Report). Sie hat auch darin versagt, Krisen gegen militärische Eskalationszwänge zu stabilisieren.

Obgleich Stabilität in der Krise ursprünglich eines der primären Ziele von Rüstungssteuerungspolitik (arms control) war, hat die Rüstungspolitik in Ost und West in den letzten 20 Jahren zu einer enorm gesteigerten Kriseninstabilität der konventionellen und nuklearen Konfrontation in Europa geführt.

Begonnene (Nachrüstung) und nach rein militärischen Effizienzkriterien geforderte »Verbesserungen« der nuklearen und konventionellen Rüstung der NATO drohen diese Kriseninstabilität zum Extrem zu steigern, indem sie wechselseitige Präventionszwänge schaffen.

So dienen die Militärapparate beider Seiten nur noch der Verhütung des vom Zaun gebrochenen Eroberungskrieges (Typ 1939). Doch der war schon 1960 kaum führbar. Und gerade die enorm gesteigerten Rüstungsaufwendungen beider Pakte könnten ihn in Zukunft sogar wieder denkbar machen, wenn die wechselseitigen Zweitschlagskapazitäten beider Seiten durch gesteigerte Treffergenauigkeiten und letztlich vielleicht gar durch Raketenabwehr gefährdet scheinen. Die Verschiebung des Denkens von Kriegsverhütung durch reine Abschreckung weg zu Abschreckung durch Kriegführungsfähigkeit beschleunigt diese Entwicklung.

Krieg, der dadurch entsteht, daß eine Krise entgegen den eigentlichen Absichten der Beteiligten – und ganz bestimmt gegen die Absichten jeder Bundesregierung – aus der Hand geht, der ist durch die Sicherheitspolitik der letzten Jahre nur wahrscheinlicher geworden. Doch dieser Krieg ist zur Zeit (noch) der einzig möglich erscheinende Krieg. Und damit hat die westliche Sicherheitspolitik auch das Ziel verfehlt, Krieg unwahrscheinlicher oder gar unmöglich zu machen.

7.3 Instabile Krise – politisch nutzbare Krise?

Für Streitkräfte in der neuen Politik der Kriegsverhütung und kooperativen Rüstungssteuerung (arms-control-Schule) forderte Schelling 1960:

»Daß wir unsere Militärstreitkräfte offenkundig und absichtlich in Richtung auf Abschreckung und Stabilität und langsame Reaktionen entwickeln... eine strategische Streitmacht planen, die besonders geeignet ist, in Krisen eine abwartende Haltung einzunehmen... Eine solche Streitmacht eignet sich nicht besonders für einen Präventivangriff und hat es nicht nötig, auf eine Warnung schnell zu reagieren.«[472]

Aber 1979 erklärte Kissinger:

»So geben wir der Sowjetunion einen hohen Grad von Vertrauen in die militärische Stabilität der Krise. Dieses Vertrauen in Krisenstabilität kann nun wieder Krisen wahrscheinlicher machen.«[473]

Soll man also – entgegen den oben[474] dargelegten Kriterien der Kriegsverhütungs- und Rüstungssteuerungspolitik – Krisen *bewußt* militärisch *instabil* machen, um so »vor Krisen abzuschrecken«?

Betrachtet man die Struktur einer derartigen bewußten Nutzung militärisch instabiler Krisen, zeigt sich Herman Kahns Doomsday-in-a-hurry-Maschine:

»Die Rechenmaschine würde alle technischen Voraussetzungen haben, um über die Zustände in der Welt ›gut informiert‹ zu sein. Wir könnten dann ein ›Sowjetisches Strafgesetzbuch‹ veröffentlichen. Darin wären in großer Ausführlichkeit alle Handlungen aufgeführt, welche die Sowjets nicht begehen dürften. Die Sowjets würden dann informiert werden, daß, wenn die Rechenmaschine sie bei irgendwelchen Übertretungen ertappt, sie die Welt in die Luft jagen wird.«[475]

Nun ist die Doomsday-Maschine für intellektuelle Spiele ein ideales Mittel, Krisen zu verhüten. Denn im intellektuellen Spiel kann man die zusätzliche Voraussetzung einführen: Jede Krise *kann überhaupt nur* vom Gegner ausgehen.

In der politischen Realität ist dies allerdings eine total weltfremde Annahme. Selbst in der politischen Rhetorik war es bis zur Amtsübernahme des amerikanischen Präsidenten Reagan nicht üblich, die Sowjetunion für alle Übel in der Welt von Afghanistan (wo sie wirklich die Übel produzierte) bis zur Instabilität in Mittel- und Südamerika, von Persien bis Südafrika, von der PLO bis zu den Extremisten-Anschlägen in Italien verantwortlich zu machen. Glaubt dies nun außerhalb der Vereinigten Staaten fast niemand, und glauben das auch in den Vereinigten Staaten wohl die wenigsten Verantwortlichen[476], zwingt sich doch die Frage auf:

---

472 Schelling 1962, S. 201. Vgl. auch oben Kap. 3.1.
473 Economist-Interview 1979.
474 Kap. 3.1.1.
475 H. Kahn 1962, S. 136.
476 Bei politischem Bedarf (Wahljahr) wird dann auch selbst bei Reagan aus der Quelle allen Übels

Was kann denn eigentlich der Grund dafür sein, daß die NATO im gefährlichsten Konfrontationsgebiet zwischen West und Ost, in Europa, eine derart kriseninstabile militärische Situation hat entstehen lassen? Warum verstärkt sie diese Kriseninstabilität laufend, z.B. durch Landstationierung nuklearer Mittelstreckensysteme anstelle ihrer Seestationierung? Warum fegt kein verantwortlicher Politiker die rein militärisch, an militärischen Siegeschancen gemessen zwar richtigen, aber für Stabilitätspolitik unvertretbaren Pläne für die »Verbesserung« der konventionellen, atomaren und chemischen NATO-Vorbereitungen in Europa vom Tisch, ob sie nun AirLand Battle, AirLand Battle 2000, Rogers-Plan oder wie auch sonst heißen, die alle die Krisen*instabilität* noch weiter erhöhen würden? Was also sind die Absichten (intentions), die hinter der Schaffung solcher »capabilities«, solcher militärischer Optionen stehen?

Fragt man nach Absichten, kann man nicht verdrängen, daß etwa gleichzeitig mit dieser wachsenden Kriseninstabilität in den USA seit der Amtszeit des Verteidigungsministers Schlesinger zunehmend »die Theorie der horizontalen Eskalation« Anhänger gewinnt. Diese Theorie besagt, daß die Vereinigten Staaten die militärische Option benötigen, Konflikte in Weltregionen, in denen sie geostrategisch ungünstige Positionen haben, in andere Regionen zu ziehen, in denen die USA militärisch sehr viel besser dastehen.[477] Nun dürfte sich offensichtlich das defensive NATO-Bündnis kaum zu einem vorsätzlich offensiven militärischen Vorgehen in Europa bewegen lassen, selbst dann nicht, wenn z.B. in Nahost europäische (Öl-)Interessen ebenso stark oder stärker gefährdet werden als amerikanische (Öl-)Interessen. Erst recht natürlich nicht, wenn die Europäer ihre Interessen in dem außereuropäischen Konflikt gar nicht tangiert sehen. So läßt sich die Drohung mit einer vorsätzlichen horizontalen Eskalation eines außereuropäischen Konfliktes nach Europa aber auch nicht benutzen, um die Sowjetunion in dem außereuropäischen Konflikt zum Einlenken zu zwingen.

Anders, wenn die militärische Konfrontation in Europa extrem *kriseninstabil* ist. Denn mit dieser Destabilisierung der militärischen Lage in Europa wird in jeder Krise die Gefahr der horizontalen Eskalation real, auch wenn die NATO und insbesondere die europäischen Regierungen gar nicht die *Absicht* haben, in

plötzlich ein Gegner, mit dem man kooperieren kann – vgl. dazu die Grundsatzrede Präsident Reagans am Vorabend der Stockholmer Konferenz für vertrauensbildende Maßnahmen und Abrüstung in Europa am 16.1.1984. (In: Amerika Dienst/Sonderdienst v. 16.1.1984 und in: Frankfurter Rundschau v. 19.1.1984, S. 15.)

477 Weinberger: »Insbesondere für die Golfregion ist unsere Strategie darauf gegründet, daß die Aussicht auf Kampf mit amerikanischen und befreundeten Streitkräften, *verbunden mit der Aussicht, daß wir den Krieg in andere Regionen tragen könnten,* die beste Abschreckung einer sowjetischen Aggression ist.« Department of Defense 1983, I–14 (Hervorh. v. Verf.).

Vgl. über die Verbreitung dieser Schule der horizontalen Eskalation und die konkurrierenden Schulen in den Streitkräften und politischen Gruppierungen der USA Keith A. Dunn und William O. Staudenmaier vom Strategic Studies Institute des US-Army War College in Foreign Policy No. 52, Herbst 1983, S. 25.

Europa militärisch vorzugehen. Allein der Hinweis auf die Gefahr der militärischen Eskalation auf einen Kriegsschauplatz, der der Sowjetunion gefährlich viel näher liegt als den Vereinigten Staaten, und auf dem die USA mit ihren Verbündeten zusammen dennoch eine militärisch starke Position haben, wird dann als Druckmittel politisch nutzbar – nutzbar wie die Doomsday-in-a-hurry-Maschine Herman Kahns, um die Sowjetunion in Grenzen zu verweisen, die von den USA bestimmt werden. Verstärkt wird dieser Hebel noch dadurch, daß man sich in Ost und West nicht einmal darauf verlassen kann, daß die Vereinigten Staaten niemals die Absicht haben werden, horizontal zu eskalieren.[478] Schließlich hat ein ehemaliger amerikanischer Präsident (Nixon) geradeheraus bestätigt, die in Europa stationierten nuklearen Mittelstreckenwaffen seien (auch) für einen Einsatz gegen Ziele in Nahost bestimmt.[479]

Angesichts dieser Realität der »capabilities« nützt es wenig, wenn die Vereinigten Staaten auf besorgte Anfragen des deutschen Verteidigungsministers erklären, sie hätten nicht die Absicht, von dem Instrument der horizontalen Eskalation Gebrauch zu machen.[480] Denn die politische Nutzbarkeit der horizontalen Eskalation durch die »Doomsday-in-a-hurry-Maschine« der militärischen Kriseninstabilität in Europa entsteht automatisch. Sie ist unabhängig davon, ob die Verantwortlichen in den USA Anhänger der Schule der horizontalen Eskalation sind, die diese Option bewußt nutzen wollen, oder ob sie wie die Europäer eine solche politische Nutzung der militärischen Instrumente der NATO eigentlich ablehnen.

Damit zeigen sich die militärischen Maßnahmen, die diese Kriseninstabilität in Europa förderten, zeigen sich vor allem aber militärische Vorschläge, die sie noch weiter steigern, als Vorbereitungen politischer Nutzung der militärischen Instrumente. Das aber ist nicht länger nur noch Gebrauch militärischer Mittel zur Verhütung dieses Gebrauchs durch den Gegner, sondern ist Gebrauch militärischer Mittel zum politischen Zweck. Politisches Handeln in Krisen wird unter solchen Umständen zwangsläufig derselbe Gebrauch militärischer Mittel, den die Mächte vor dem Ersten Weltkrieg übten – und der in den August 1914 führte.

Denn der Gebrauch militärischer Mittel hat nie in erster Linie gemeint: Krieg, Schießen. Vor dem Krieg lag immer das Manövrieren mit militärischen Drohungen in Krisen. Krieg war nur die Barzahlung, der letzte Entscheid. Krieg kam,

478 Der französische Premierminister P. Mauroy befürchtet: »Es ist gut vorstellbar, daß Europa für die Vereinigten Staaten nichts anderes darstellen könnte als eine Stufe auf der Skala der Gewalt.« Zitiert nach Sirjacques-Manfrass 1983.
479 Vgl. Nixon im STERN-Interview v. 29.9.1983.
480 Vgl. Frankfurter Allgemeine Zeitung v. 9.6.1983.

wenn die politischen Ziele ohne Krieg nicht zu erreichen waren (frei entschiedener Krieg 1939) – oder wenn die Krise aus der Hand ging wie 1914. Diese Tendenz, militärische Mittel immer stärker in Richtung auf politische Nutzbarkeit auszurichten, zeigt deshalb das Ende von Kriegsverhütungspolitik an. Denn Kriegsverhütungspolitik fordert: Verzicht auf die politische *Nutzung* der eigenen Streitkräfte zum politischen Zweck, Beschränkung ihrer Aufgabe auf Abwehr etwaiger Versuche des Gegners, militärische Mittel in irgendeiner Weise politisch zu nutzen. Die so entstehende beiderseitige *Unfähigkeit* zur politischen Nutzung der militärischen Mittel ist die Voraussetzung für Frieden in unserer Zeit. Frieden aber ist die Existenzvoraussetzung für Volk und Staat. Und die Existenz des Volkes zu sichern, ist höchster Zweck der Politik. Nutzung militärischer Mittel in Krisen, die diesen obersten politischen Zweck gefährdet, ja ihm zuwiderläuft, verletzt den Primat der Politik der Kriegsverhütung.

8. Militärische Kriseninstabilität in Europa und ihre politischen Folgen für die Bundesrepublik

8.1 Sicherheit gegen Erpressung? Die Bundesregierung in einer ernsten Krise

Militärische Instabilität war einer der Aspekte, unter denen sich die Katastrophe der Juli-Krise 1914 immer unaufhaltsamer entwickelte. Der andere Aspekt – mit diesem Phänomen verwandt, aber nicht identisch – war: Die Handlungsfreiheit der beteiligten Regierungen ging Stück für Stück verloren. Und zwar zunächst nicht (nur) an militärische Sachzwänge, sondern (auch) an andere Krisenpartner, nämlich die Kabinette der befreundeten Nationen und der Gegner. Bis schließlich niemand mehr Handlungsfreiheit hatte, weil die militärischen Zwänge obsiegten.

Wie steht es heute in Ost-West-Krisen mit der politischen Handlungsfreiheit der Bundesregierung? Was kann sie tun, wenn sie schon nicht die mittelbare politische Nutzung der militärischen Instrumente der NATO in Europa verhindern kann, die in jeder Krise zwischen den Weltmächten automatisch aus der Drohwirkung der militärischen Instabilitäten in Europa fließt? Wie lange kann sie jedenfalls verhindern, daß die militärischen Automatismen einsetzen und die Bundesrepublik in den Krieg ziehen?

Zweifellos kann die Bundesregierung in einer sich zuspitzenden Krise beschließen, die Verteidigungsbereitschaft herzustellen – oder auch nicht.

Aber schon ob diese Entscheidung frei getroffen werden kann, ist zweifelhaft. Denn sowohl die Sowjetunion als auch die eigenen Alliierten können Fakten setzen, die diesen Entschluß praktisch vorwegnehmen. Das drastischste Beispiel für ein solches Faktum ist der Überraschungsangriff der Sowjetunion, der seinerseits wieder Konsequenz aus anderen Eskalationszwängen sein mag – oder auch nicht. Ob die Bundesregierung diese anderen Fakten hat beeinflussen können, ist ebenfalls offen.

Wie dem auch sei: Mit der Herstellung der Verteidigungsbereitschaft kann die Bundesregierung ihre letzte Mitwirkungsmöglichkeit aus der Hand gegeben haben. Ob sie dann noch einmal zu einer Entscheidung Gelegenheit bekommt, liegt nicht mehr in ihrer Hand. Denn ob eine solche zukünftige Krise militärisch eskaliert oder nicht, entscheidet (wahrscheinlich) in erster Linie die Sowjetunion [481], in zweiter die USA. Beide Supermächte stehen dabei auch noch unter

---

481 Daß in erster Linie die Sowjetunion entscheidet, folgt aus der Annahme: Es ist nicht die Absicht der Vereinigten Staaten, Krisen zu provozieren. Die überwiegende Zahl der Krisen jedenfalls wird von der Sowjetunion stärker heraufbeschworen als von unserem Verbündeten, den USA. Die Zahl derjeni-

den Eskalationszwängen, die die beiderseitig vorbereitete militärische Kriseninstabilität hervorruft. Ob ein daraus hervorgehender Krieg zunächst konventionell gekämpft wird oder von Anfang an nuklear, entscheidet wieder in erster Linie die Sowjetunion. Dabei ist durch die Stationierung von verwundbaren Pershing-II-Raketen und Cruise Missiles auf unserem Territorium die Wahrscheinlichkeit noch gestiegen, daß dieser Angriff der Sowjetunion auch mit Kernwaffen geführt werden wird, falls es überhaupt zum Kriege kommt.

Ob die USA einen konventionellen Angriff nuklear beantworten, hängt wiederum in erster Linie davon ab, ob es überhaupt einen rein konventionellen Angriff der Sowjetunion gibt.

Gibt es ihn, und ist er erfolgreich – was bei der Art der derzeitigen Verteidigungsvorbereitungen der NATO wahrscheinlich ist –, kann es sein, daß die Vereinigten Staaten nur eskalieren, wenn die Bundesregierung zustimmt. Doch sicherstellen, daß die USA *nur* dann eskalieren, wenn die Bundesregierung zustimmt, das kann die Bundesregierung nicht. Denn es ist kaum vorstellbar, daß sich eine amerikanische Regierung, ein amerikanischer Präsident wie Reagan zum Beispiel, vom deutschen Bundeskanzler die Kapitulation in Europa vorschreiben läßt. Eine Kapitulation, die den USA als erster Schritt zur endgültigen Niederlage in der Konfrontation mit der Sowjetunion erscheinen könnte. So ist es sehr viel wahrscheinlicher, daß die USA ihrerseits nuklear eskalieren, ohne die Bundesregierung zu fragen, oder daß die Vereinigten Staaten nuklear eskalieren, obwohl die gefragte Bundesregierung nein sagt und die Kapitulation wünscht.[482]

Egon Bahr:

»Die Europäer haben eine... Erfahrung gemacht. Je stärker die Konfrontation (der Supermächte), um so geringer ihr Spielraum. Es ist klar: Sicherheit geht vor. Im Ernstfall ist der Spielraum, eigene Interessen zu verfolgen, annähernd null. Im Ernstfall muß dem gehorcht werden, was die beiden Oberkommandos sich als Strategie ausgedacht haben. Europa würde gemeinsam sterben...«[483]

Was geschieht, ob und wann die Dinge (welcher) Regierung aus der Hand gleiten, weiß zu Beginn der Krise niemand.

In jeder Krise hat die Bundesregierung deshalb nur die Wahl:

---

gen, die diese Annahme für falsch halten, wächst aber – auch und vor allem in den USA und in der Bundesrepublik. Die schärfste Kritik der Politik der Regierung Reagan aus jüngster Zeit stammt wohl von Averell Harriman (1984).

Die politisch bedeutsamsten kritischen Stellungnahmen aus der BRD stammen von Erhard Eppler in seinem Buch »Die tödliche Utopie der Sicherheit« und von Oskar Lafontaine in seinem Buch »Angst vor den Freunden«.

482 Die Erfahrungen, die Großbritannien mit den Vereinigten Staaten in den 50er Jahren in dieser Frage machte, dürften eindeutig sein. Vgl. dazu die jetzt bekanntgewordenen Antworten der amerikanischen Regierung auf britische Anfragen aus dem Jahre 1953. Die Welt v. 4.1.1984.

483 Egon Bahr 1981, S. 768.

Entweder, sie macht die Krise sofort zu einer Nichtkrise. Sie erklärt z. B. einen russischen Einmarsch in Polen zur inneren Angelegenheit des Warschauer Paktes (wie die Invasion der UdSSR 1956 in Ungarn und 1968 in der ČSSR).[484] Oder: Sie »steht fest zum Bündnis«, läßt zu, daß ein russischer Schritt als eine die NATO bedrohende Handlung bezeichnet wird und die NATO ihn auch so behandelt, d. h. zumindest Mobilisierungsmaßnahmen einleitet.

Im ersteren Falle ist sie erpreßt. Im zweiten Falle hat sie mit dieser Entscheidung das Heft aus der Hand gegeben.

Der Unterschied von 1914 zu heute ist deshalb:

1. Von vorneherein ist für jedermann klar zu erkennen, daß die deutsche Regierung mit einer Verschärfung der Krise von der politischen Bühne abtreten wird.

2. Nicht die Weltmachtposition des deutschen Kaiserreichs steht auf dem Spiel, sondern die physische Existenz des geteilten deutschen Volkes.

Das Modellbild für eine Entscheidung, bei der einer der Beteiligten handelt, ohne zu wissen, ob er sich damit selbst umbringt, ist nicht mehr die Doomsday-Maschine (Weltuntergangsmaschine)[485], sondern das »russische Roulette«.[486]

Die ethische und verfassungsrechtliche Legitimation, am Aufbau eines solchen Mechanismus teilzunehmen, ist aber zweifelhaft. Denn selbst wenn eine Legitimation der Bundesregierung gegeben sein sollte, zur Abschreckung eines Gegners vor einem unprovozierten Angriff eine nukleare Eskalation (mit) vorzubereiten und anzudrohen, folgt daraus noch nicht die Legitimation, auch am Aufbau einer kriseninstabilen nuklear-militärischen Situation in Europa mitzuwirken. Denn eine solche militärisch instabile Lage kann objektiv eben nicht nur der Abwehr der Gefahr eines von der Sowjetunion drohenden Angriffs dienen, sondern dient zwangsläufig automatisch auch als militärisches Instrument der Politik – und wird so eine eigenständige, von der Bundesrepublik mitgeschaffene Gefahrenquelle. Eine Gefahrenquelle, die zudem selbst von verantwortlichen amerikanischen Politikern als gefährlicher angesehen wird als die Gefahr des unprovozierten sowjetischen Angriffs.

484 Stratmann 1981, S. 233/34: »Die in der westlichen Sicherheitsdebatte immer häufiger geäußerte Befürchtung, daß sich die Risiken der nuklearen Eskalationsdoktrin in einer Situation erhöhter Spannung oder im Kriegsfall politisch gegen das westliche Bündnis kehren, seine Handlungsfähigkeit lähmen und seinen Zusammenhalt sprengen würden, hat gewiß spekulative Züge. Allzu unrealistisch ist sie allerdings nicht.«

485 Oben Kap. 7.3 und Herman Kahn 1962, S. 135.

486 Mehrere Personen reichen sich einen Trommelrevolver, in dessen Trommel eine von 8 Kammern mit 1 Patrone gefüllt ist. Niemand weiß, welche. Einer nach dem anderen setzt den Revolver an die Stirn und drückt ab. Wer Glück hat, erwischt eine leere Kammer. Wer die Kammer mit der Patrone erwischt, hat Pech. Er ist tot.

Den Ausdruck russisches Roulette verwendete A. Guha auf dem »Friedensforum« der SPD für das *gesamte* Abschreckungssystem, nicht nur für die Rolle der Bundesregierung, die selbst nur begrenzt handlungsfähig ist. Sicherheitspolitik kontra Frieden? S. 22.

So sprach z. B. der ehemalige amerikanische Präsident Nixon von vier Kriegsgefahren und erklärte:

»Die geringste davon ist, daß Moskau einen Krieg beginnt. Das wäre für die Sowjetunion viel zu gefährlich.«[487]

Ähnlich erklärte Brown, der Verteidigungsminister Präsident Carters, in seiner letzten Botschaft an den Kongreß:

»Die größten Gefahren für Europa würden aber weniger durch plötzliche und unprovozierte Angriffe (der Sowjetunion) drohen, als vielmehr durch schwere Ost-West-Krisen, die sich an Schwierigkeiten in oder nahe dem sowjetischen Herrschaftsbereich entzünden.«[488]

Nur in deutschen Weißbüchern und Regierungserklärungen, Antworten auf Anfragen zur Verteidigungspolitik[489] und ähnlichen offiziellen Stellungnahmen kommt diese, die größte Gefahr für Europa nicht vor[490] – wird der Frieden nur durch einen unprovozierten sowjetischen Angriff gefährdet.

Verfassungsrechtlich fraglich ist zudem schon, ob die Entscheidung über Existenz oder Nichtexistenz des deutschen Volkes, die der Einsatz von Kernwaffen auf unserem Territorium bedeutet, nach dem Grundgesetz überhaupt von einer Bundesregierung für das ganze Volk getroffen werden kann – ob also Entscheidungsrechte über die Existenz eines Volkes an eine Regierung delegiert werden.[491] Aber selbst wenn man diese Frage positiv beantworten sollte, ist

487 Nixon im STERN Nr. 40 vom 29.9.1983, S. 31 ff.
Die anderen drei Kriegsgefahren, auf die Nixon sich bezog, waren: Kriege durch Fehleinschätzungen oder Fehlinformationen, oder dadurch, daß kleinere Länder Konflikte mit Atomwaffen austragen. Atomkrieg durch Computerfehler, durch technisches Versagen, durch Zufall.
488 Vgl. Department of Defense 1981, S. 46.
489 Stellungnahme der Bundesregierung zur Bundestagsdrucksache 10/151 (Entschließungsantrag der SPD-Fraktion zur Erklärung der Bundesregierung zum Ergebnis der NATO-Konferenz am 9./10.6.1983).
490 Anders die Erklärung von Verteidigungsminister Weinberger zum Etat der Streitkräfte 1984: »Ferner ist die Erkenntnis wichtig, daß Abschreckung zwar einen bewußten Entschluß zur Führung eines Angriffs abwenden, doch nicht alle Arten von Konflikten verhindern kann. So kann zum Beispiel bloße Abschreckung unsere Gegner nicht daran hindern, nicht eindeutig erkennbare Aggressionsformen, wie zum Beispiel die verdeckte Kampfführung, anzuwenden oder die Ursprünge eines Konflikts zu verdrehen oder zu verschleiern. Abschreckung kann auch einen unbeabsichtigten oder durch einen ›Betriebsunfall‹ ausgelösten Ausbruch von Feindseligkeiten nicht verhindern.« Europa Archiv, Folge 16/1983, S. D 439.
491 Selbstverständlich hat der einzelne das Recht, für sich Selbstmord dem Leben unter einem kommunistischen Regime vorzuziehen. Doch wer für ein ganzes Volk dekretieren will, Leben unter dem Kommunismus sei nicht lebenswert und es sei besser, das ganze Volk gehe unter als daß es dieses Schicksal erleide, möge einmal sagen, woher die Legitimation ziehen will, so darüber zu bestimmen, wann für andere und gar für ein ganzes Volk das Leben lebenswert ist und wann nicht. Ernst Tugendhat in seinem »Versuch eines Dialogs« fragt m. E. zu Recht: »Wer weiß denn, wie sich die Welt, wenn sie einmal unter einer einzigen, und sei es totalitären Hegemonialmacht steht, weiter entwickeln wird? Wie könnt ihr euch anmaßen, das zu antizipieren und zu sagen, dann soll die Welt lieber ein für allemal aufhören zu existieren?« Ernst Tugendhat 1983, S. 35.

noch nicht klar, ob dieses Entscheidungsrecht dann gemäß Artikel 24 Abs. I oder II weiter auf die NATO übertragen werden dürfte. Denn zwar soll die Abschreckung der NATO-Kernwaffen Krieg verhüten. Daß die NATO aber eine »friedliche und dauerhafte Ordnung in Europa und zwischen den Völkern der Welt« darstellen soll – wie Artikel 26 Abs. II des Grundgesetzes für Beschränkungen der Hoheitsrechte der Bundesrepublik in einem System kollektiver Sicherheit fordert –, das hat bisher noch nicht einmal die NATO behauptet.[492]

Aber selbst wenn man sich auch noch um dieses Problem herumargumentiert: Die NATO hat überhaupt nicht die letzte Entscheidung über den Einsatz der amerikanischen Kernwaffen in Europa erhalten. Sie wird lediglich konsultiert, falls die Umstände es erlauben. Doch die Umstände erlauben das um so weniger, je kürzer die Entscheidungszeiten werden. Glaubte man diese Entscheidungszeit Mitte der 50er Jahre, zur Zeit des NATO-Beitritts der Bundesrepublik also, noch in Wochen messen zu können, so verkürzte sie sich durch die seitdem enorm gestiegene Kriseninstabilität in Europa und die immer kürzeren Einsatzzeiten der neuen Kernwaffen in Ost und West auf Zeiträume, die nur noch in Bruchteilen von Stunden oder Minuten gemessen werden können. Diese Entscheidungszeiten sind für den Warschauer Pakt und die NATO durch die Aufstellung der schnell einsatzbereiten SS-20 und die verwundbare Landstationierung der ebenfalls schnell einsatzbereiten Pershing II noch einmal drastisch reduziert worden. Zeit zur Konsultation der Bündnispartner wird nicht mehr bestehen. So wird der frühere Ausnahmefall der Normalfall. Es entscheidet alleine der amerikanische Präsident über den Einsatz von Kernwaffen in Europa. Der amerikanische Präsident aber ist weder eine »zwischenstaatliche Einrichtung« im Sinne des Artikels 24 Abs. I des Grundgesetzes noch ein »System gegenseitiger kollektiver Sicherheit« im Sinne des Artikels 24 Abs. II. Denn er ist als Präsident eines *anderen* Staates *dessen* Wohl zu wahren verpflichtet – und zu sonst gar nichts.

Würde der deutschen Bundesregierung ein echtes und auch in der Krise durchsetzbares Veto-Recht eingeräumt – wie es z.B. der bayerische Ministerpräsident und CSU-Vorsitzende Franz Josef Strauß fordert[493] –, würde sich der Spielraum der Bundesregierung in zukünftigen Krisen erheblich erweitern, wären einige verfassungsrechtliche Bedenken ausgeräumt. Denn dann könnte die Bundesregierung zumindest verhindern, daß durch einen *Ersteinsatz* der Kernwaffen der *NATO* ein Konflikt in die Zerstörung unseres Landes eskaliert.

Aber: Weil die Wahrscheinlichkeit, daß irgendeine Bundesregierung unter

492 Vgl. z.B. dazu die oben im Text wiedergegebene Erklärung der NATO-Außenminister von 1974 (vgl. oben Text zu Anm. 107), nach der die NATO erhalten bleiben soll, »bis die Umstände die Einführung einer allgemeinen, vollständigen und kontrollierten Abrüstung erlauben, die allein echte Sicherheit für alle bringen könnte«.

493 Ähnlich auch Karsten D. Voigt und ein Strategiepapier des SPD-Parteitages. Vgl. zu diesem Komplex DER SPIEGEL Nr. 33, 1983, S. 17ff.

irgendwelchen Umständen die Totalzerstörung unseres Landes zuließe, äußerst gering ist, und dies auch die Sowjetunion weiß, würde, so wird gefolgert [494], der Einsatz der in Europa stationierten Kernwaffen der NATO durch ein deutsches Veto-Recht unwahrscheinlich und damit die Abschreckungswirkung dieser Waffen weitgehend aufgehoben. Das stimmt. Doch einmal ist der Abschreckungswert der in Europa an Land stationierten Kernwaffen der NATO ohnehin sehr begrenzt. [495] Zum anderen: Russisches Roulette mit der Existenz eines ganzen Volkes zu spielen, »um die Abschreckung zu vergrößern« – das dürfte außerhalb der politischen Moral – verstanden als verantwortliches Handeln, liegen. [496] Es ist übrigens auch nicht zweckmäßig. Denn wenn in jeder Krise die deutsche Bundesregierung in die Rolle des »Russischen-Roulette-Spielers« gedrängt wird, wird jede Krise zu einer Zerreißprobe für das Bündnis. Zurückweichen der Bundesrepublik gegen den Willen der USA wird als Verrat am Bündnis betrachtet werden, und russisches Roulette aus Nibelungen-Treue zur Bündnisvormacht produziert die Gefahr, das Schicksal der Nibelungen zu teilen. Und die waren bekanntlich zum Schluß alle tot.

So wird letztlich nicht einmal das Ziel erreicht, durch das NATO-Bündnis Krisen bestehen zu können, ohne sich russischen Erpressungen beugen zu müssen. Die Selbstabschreckung der Bundesrepublik durch das herausragend hohe Risiko, das die Bundesrepublik [497] (zusammen mit der DDR) in Europa trägt, macht so Krisen (auch) zu einem Instrument der Sowjetunion. [498]

8.2 Kernwaffen, kriseninstabile militärische Vorbereitungen und die innenpolitischen Konsequenzen

Sicherheitspolitik, die – beabsichtigt oder unbeabsichtigt– gleichzeitig zur Konzentration von Kernwaffen und zu militärischer Kriseninstabilität in Europa führt, zwingt aber nicht nur zukünftige Bundesregierungen in zukünftigen

---

494 So z.B. der Parlamentarische Staatssekretär im Verteidigungsministerium, Würzbach, im Kölner Stadtanzeiger v. 7.11.1983: »Bei einem Vetorecht, ›bis zum letzten Punkt‹ könnte nach Würzbachs Auffassung die UdSSR ›sich einen Staat politisch schnappen und ihm drohen, ihn erpressen, ihn dazu anhalten, sein Veto einzulegen, und damit würde man die Abschreckungskraft der NATO berechenbar schwächen‹.«

495 Vgl. oben Kap. 6.2.2 und 6.3.

496 Morgenthau 1963, S. 56. »Der einzelne mag für sich sagen: ›Fiat justitia, pereat mundus‹. (Der Gerechtigkeit werde Genüge getan, und wenn die Welt darüber zugrunde geht.) Der Staat ist aber nicht berechtigt, dies im Namen derer zu sagen, für die er verantwortlich ist. Sowohl der einzelne wie auch der Staat müssen politisches Handeln nach allgemeinen sittlichen Grundsätzen beurteilen.«

497 Über dieses besondere Risiko der westeuropäischen Länder, die unmittelbar Kampfzone werden, und die daraus folgenden besonderen Interessen dieser Länder vgl. z.B. Generalinspekteur Altenburg in Würzbach, Hrsg., 1983, S. 111.

498 Vgl. dazu auch die Warnung von Kurt Biedenkopf in DER SPIEGEL v. 19.12.1983, S. 32, 34.

Krisen in fast auswegslose und daher unzumutbare Entscheidungszwänge. Das Wissen um die Unmöglichkeit verantwortlichen Handelns deutscher Regierungen in Krisen ist auch eine der Ursachen dafür, daß wachsende Teile der Bevölkerung einer solchen Sicherheitspolitik ihre Zustimmung entziehen. Das schwerste Problem aber, das die Fortführung und Extrapolation einer solchen existenzgefährdenden Sicherheitspolitik produziert, wird dem Soldaten aufgelastet. Totale Nichtbeachtung dieses Problems demonstriert, daß sich in die papierenen Expertendiskussionen über Sicherheitspolitik eine sehr merkwürdige Mißachtung der Probleme eingeschlichen hat, mit denen die dem Vaterland dienenden Menschen im Verteidigungsfall konfrontiert werden.

Betrachten wir deshalb einmal die Verschiebung der Rolle des deutschen Soldaten durch die wachsende »Verteidigungsrolle« von Kernwaffen[499], die zunehmende Instabilität von Krisen und das Überhandnehmen der Eigendynamik militärischer Sachzwänge und die damit zunehmende Gefangenschaft der eigenen Regierung in dem selbst mitgebauten Entscheidungsdilemma:

Der Soldat, der nach der Strategie der flexible response, so wie sie Anfang der 70er Jahre in deutschen Weißbüchern gesehen wurde[500], konventionell kämpfen sollte, um eine Pause vor dem äußerst begrenzten Einsatz nuklearer Waffen zur Kriegsbeendigung zu erkämpfen, hatte schon eine Reihe schwerer Entscheidungen hinter sich, wenn er sich mit dem Einsatz seines Lebens zum Kampfe stellte. Aber er konnte sich sagen:

»Wenn ich weglaufe – und wenn alle meinem Beispiel folgen sollten – bricht die Front zusammen. Und wer weiß, vielleicht gibt es gerade erfolgversprechende politische Verhandlungen, die unmöglich werden, wenn die Front zusammenbricht. Verhandlungen, die vielleicht die Freiheit meines Landes sichern. Und wenn die Front zusammenbricht, kann es entweder zum Atomkrieg kommen – oder zur Unfreiheit. Weil ich dazu beitragen will, *beide* Übel zu verhindern, lasse ich mich ausbilden, folge ich dem Einberufungsbefehl – oder werde sogar Berufssoldat, kämpfe ich und bin bereit, mein Leben einzusetzen.«

Doch wenn Sachzwänge überhandnehmen und Krisen immer unstabiler werden, wenn der Entscheidungsspielraum der handelnden Regierungen eng ist und der der eigenen, der Bundesregierung, sich bis zum »russischen Roulette« verengt, dann wird dem Gewissen des deutschen Soldaten eine Bürde aufgeladen, die ich für unzumutbar halte. Denn zwar trägt er einerseits durch seinen Dienst dazu bei, eine Abschreckung des sowjetischen Gegners vor einem unprovozierten Angriff aufzubauen, die die Mehrheit der deutschen Bevölkerung billigt, ja fordert. Doch sobald andererseits eine ernste Krise ausgebrochen ist und er in dieser Situation zum Mitwirken bei der Ausführung der vorbereiteten Verteidigungspläne aufgerufen wird, muß er sich auch fragen:

499 Vgl. dazu oben Kap. 6.2.1.
500 Vgl. dazu Weißbuch 1969, S. 17 und 18, sowie Weißbuch 1970, Ziff. 42, 43 und 65, oben in Kap. 6.1.2–II teilweise wiedergegeben.

»Trage ich nicht zur Entstehung eines Zustandes bei, in dem möglicherweise keine der Regierungen mehr anders handeln kann, als der militärischen Entwicklung ihren Lauf zu lassen, wenn ich dem Einberufungsbefehl folge, wenn ich meine Soldaten in ihre Bereitschaftsräume führe, wenn ich meine Panzer vorrücken lasse? Werde ich nicht mitschuldig, wenn ich meine Division bereitstelle – oder wenn ich auch nur Munition nach vorne fahre und damit dazu beitrage, daß sich eine Situation entwickelt, die schließlich unaufhaltsam zum Atomkrieg eskaliert und so die zentraleuropäischen Völker in den Tod treibt? Werde ich nicht erst recht mitschuldig an diesem entsetzlichen Resultat, wenn ich helfe, die Hemmungen zur nuklearen Eskalation dadurch zu beseitigen, daß ich schießen lasse oder schieße – und sei es auch nur in der ehrlichen Absicht der Verteidigung?«

Völkermord sei nicht sicher – es könne ja auch noch anders kommen, niemand könne das vorhersagen –, und eben deshalb müsse erst einmal gekämpft werden, wird den so Zweifelnden entgegengehalten.

Doch was ist, wenn die Verteidigung tatsächlich in Völkermord umkippt? Und wenn jedermann vorher weiß, daß dieses Umkippen zumindest jederzeit *möglich* ist? Und der Soldat kämpfen soll, obwohl er von der *Möglichkeit* des Umkippens weiß?[501]

Wer kann behaupten, es sei *keine* Gewissensentscheidung, *nein* zu sagen, wenn eine Mitwirkung bei militärischen Maßnahmen gefordert wird, die in Völkermord umkippen können – auch dann, wenn der Betreffende sehr wohl bereit ist, sein eigenes Leben zur *Verteidigung* mit der Waffe in der Hand gegen einen Angreifer einzusetzen?

Aber hat nicht der so mit dem Problem seiner moralischen Verantwortung allein gelassene Soldat den Auftrag des Volkes, zur Verteidigung der Freiheit an diesem russischen Roulette mitzuwirken, wenn die verantwortliche politische Führung unseres Staates aus ihrer besseren Einsicht heraus dies fordert? Ist es dem Soldaten nicht verwehrt, solche politischen Entscheidungen zu überprüfen (Primat der Politik)?

Zum einen befreit nach der Rechtsprechung der Nürnberger Gerichte »Handeln auf Befehl« den Soldaten nicht von der eigenen Verantwortlichkeit.[502] Und zum anderen:

Kann man tatsächlich sagen, jede zukünftige Bundesregierung habe die bessere Einsicht, wenn sie Totalvertrauen in das Funktionieren dieser Abschreckung

501 Der Frankfurter Magistratsdirektor Schubart wurde vom OLG Frankfurt wegen Landfriedensbruchs verurteilt, weil er bei seinem Aufruf zu rein friedlichen Demonstrationen gegen den Bau der Startbahn West mit der Möglichkeit von Gewalt hätte rechnen müssen. Der SPIEGEL v. 24.1.1983, S. 53 ff. Der Bundesgerichtshof hat diese Entscheidung des Vorgerichts insoweit bestätigt. Der SPIEGEL v. 9.1.1984, S. 54.

502 Archiv d. Gegenwart 1946/47 S. 882 ff. Und in der Friedensbotschaft des Papstes aus Hiroshima vom 25. 2. 1981 heißt es: »Einige sehen die Nuklearwaffen als ein unverzichtbares Mittel, um das Gleichgewicht der Mächte durch ein Gleichgewicht des Schreckens zu erhalten. Aber es gibt keinerlei Rechtfertigung dafür, die Frage der Verantwortlichkeit jeder Nation und *jedes einzelnen Individuums* angesichts eines möglichen Krieges und der nuklearen Bedrohung zu verschweigen.« (Le Monde, 26. 2. 1981, S. 8.) (Hervorh. v. Verf.)

durch das nukleare Damoklesschwert in *allen* Krisen setzt? Wenn sie fordert, das Volk müsse sich fest darauf verlassen, daß keine der beteiligten Regierungen je einen einzigen Fehler mache, daß also nicht nur die deutsche Regierung *unfehlbar* sei, sondern auch die amerikanische und – nicht zuletzt – die russische und welche Regierung von Polen über China bis zum Nahen Osten sonst noch entscheidend involviert sein möge?

Weiß eine Führung es wirklich besser, wenn sie ein derartiges Totalvertrauen fordert? Ein Totalvertrauen, das wider alle geschichtliche Erfahrung Unfehlbarkeit der derzeitigen und zukünftigen Regierungen voraussetzen muß?

Mir scheint, hier liegt ein erstaunlicher Unernst in der Beurteilung der militärischen Vorbereitungen und in der Sicht der den Soldaten zugewiesenen Rolle zugrunde. Dieser Unernst mag in den 38 Friedensjahren und in Hunderten von Abschreckungsspielen am Schreibtisch seinen Ursprung haben. Weder begreift die deutsche Politik den eigentlich unzumutbaren Entscheidungszwang, in den sie jeden Tag gestellt werden kann, als tödliche Bedrohung für unser Land *und* als unzumutbares Dilemma, in das die bedauernswerten Politiker, die in einer solchen Krise die Bundesrepublik werden steuern müssen, gestellt werden. Noch macht man sich Gedanken über die Rolle, in die der Soldat gerät, wenn der Moment kommt, in dem aus intellektuellen Glasperlenspielen mit nuklearen Abschreckungsoptionen Ernst werden könnte. An dem Punkt, wo seit 20 Jahren jedes Manöver der NATO endet, beim Einsatz von Kernwaffen nämlich, genau dort läßt man den Soldaten mit seinen Problemen allein. Je deutlicher durch die wachsende Konfrontation zwischen Ost und West für deutsche Soldaten wird, daß es eben sehr wohl sein kann, daß sie nicht nur zur Abschreckung dienen, sondern daß tatsächlich der Tag kommen kann, an dem sich das Krisenkarussell mit Kernwaffen an Bord in Gang setzt, desto mehr Soldaten werden in diesen Gewissenskonflikt getrieben werden.[503]

Wer aber nicht mehr in der Lage ist, diese Zweifel beiseite zu schieben, ist der dann nicht verpflichtet, schon jetzt im Frieden nein zu sagen – statt in einer Krise den Dienst zu verweigern, mit den unabsehbaren Folgen, die ein solches unangekündigtes Ausscheren im letzten Augenblick für die an sich doch bejahte Verteidigungsfähigkeit hat?

Doch damit erhält das Problem der Wehrdienstverweigerung aus Gewissensgründen eine neue Dimension: Nicht nur die grundsätzliche Ablehnung jeder Gewaltanwendung zur Verteidigung, sondern auch die Mitwirkung an ganz bestimmten, als selbstmörderisch für das ganze Volk angesehenen militärischen Vorbereitungen kann hier Menschen dazu bringen, aus Gewissensgründen

---

503 Dabei manifestiert sich dann in den betroffenen Soldaten »ein Konflikt zwischen einer von Experten entwickelten Rationalität nuklearer Abschreckung, auf der de facto unsere heutige Sicherheit beruht, und der immer drängenderen Frage, ob man diese Rationalität ihrer eigenen Gesetzmäßigkeit überlassen darf«. Biedenkopf 1983a, S. 57.

»nein« zu sagen, die grundsätzlich bereit waren und sind, ihr Leben für unsere Ideale einzusetzen.[504]

Daß es eine Gewissensentscheidung sein kann, Landesverteidigung und Wehrdienst grundsätzlich zu bejahen, Wehrdienst aber zu verweigern, solange atomare Rüstungen und wachsende – gewollte oder unbeabsichtigte – Kriseninstabilität die Sicherheitspolitik unseres Landes beschreiben, das kann meines Erachtens nicht bestritten werden. Denn es gibt keine ethische Norm, nach der ein Gewissen nur zwischen totaler Zustimmung zur militärischen Gewalt und totaler Gewaltlosigkeit wählen kann. Auch die Männer des 20. Juli z.B. waren ebensowenig grundsätzliche Wehrdienstverweigerer wie General Yorck von Wartenburg im Jahre 1813 – und doch folgten sie unbestritten einer Gewissensentscheidung, als sie die Fortführung einer bestimmten militärischen Politik verweigerten. Und würde die Bundesrepublik und mit ihr die Bundeswehr tatsächlich in eine offensive amerikanische Hegemonialpolitik eingebaut, die militärische Mittel indirekt oder gar direkt nutzt, wie die Unterzeichner der Heilbronner Erklärung meinen[505], so wäre Verweigerung nicht nur eine Gewissensentscheidung, sondern Widerstand gegen die Mitwirkung an solchen nach unserem Grundgesetz verfassungswidrigen militärischen Vorbereitungen wäre geboten.

Darüber herrscht wohl auch kein Streit. Aber die Frage, *ob* die erkennbaren und auch in diesem Buch beschriebenen Fakten amerikanischer Politik Anfang 1984 das Urteil zulassen, die Vereinigten Staaten verfolgten mit Hilfe ihrer Verbündeten – und darunter auch der Bundesrepublik – eine Politik, die den von der Verfassung gesetzten politischen Handlungsspielraum der Bundesregierung überschreitet, weil sie offensiv ist, ist keine Gewissensfrage, sondern eine Frage der Beurteilung der Fakten. Diese Beurteilung aber ist streitig. Die Bundesregierung teilt die Meinung keineswegs, auch die amerikanische Politik sei offensive Hegemonialpolitik – und in diesem Punkte dürfte ihr heute die Mehrheit der Bevölkerung noch folgen. Die amerikanische Politik unter Reagan als aggressive

---

504 Typisch hierfür dürfte die Stellungnahme des Oberstleutnants d. R. Alfred Mechtersheimer sein, die er als Begründung »für seine persönliche Kriegsdienstverweigerung« am 16.12.1983 anläßlich der Heilbronner Schriftstellerbegegnung abgab:
»Ich bekenne mich zur Notwendigkeit der Heimatverteidigung. Aber ich verweigere mich der Heimatvernichtung. Deshalb werde ich an dem Tag, an dem die ersten Pershing II einsatzbereit gemeldet werden, einen Antrag auf Kriegsdienstverweigerung stellen.
Und ich bitte alle Reservisten der Bundeswehr, ein Gleiches zu tun und an das Kreiswehrersatzamt zu schreiben, daß sie aus Gewissensgründen nicht mehr länger Vernichtungsbefehle ausführen werden. Sie sollen hinzufügen, wie ich das tun werde, daß wir uns dann nicht mehr verweigern, wenn alle atomaren und chemischen Massenvernichtungsmittel aus unserem Land verschwunden sind.« Zitiert nach friedenspolitischer kurier, 2. Jahrgang Nr. 1.
505 Öffentlich formuliert hat diese Verweigerung der Schriftsteller Günter Grass, vgl. Frankfurter Rundschau v. 21.12.1983.

Hegemonialpolitik anzusprechen würde überdies bedeuten, die Grundlagen als zusammengebrochen zu betrachten, auf denen die Außenpolitik der Bundesrepublik seit ihrer Gründung beruht – ohne daß eine neue Außenpolitik auch nur in Konturen sichtbar wäre. Daß sich eine Regierung in einer solchen Lage im Recht fühlt, wenn sie sich auf parlamentarische Mehrheitsentscheidungen stützt, ist verständlich. Daß sie dann auch alle gesetzlichen Mittel verwendet, um diese Entscheidungen durchzusetzen, ist legitim.

Das gilt aber auch gegenüber der Verweigerung aus Gewissensgründen, die auf der Furcht basiert, Mitwirkender beim russischen Roulette nuklearer Kriseninstabilität zu werden. Denn auch ein Ausbreiten dieser Verweigerungsform würde tatsächlich zwangsläufig in eine Situation führen, in der die Verteidigungsfähigkeit – und damit die Abschreckungsfähigkeit des Bündnisses – gefährdet werden. Und weil keine neue konsensfähige Verteidigungspolitik zur Hand ist und auch beim besten Willen nicht in kurzer Zeit aus dem Boden gestampft werden kann, *muß* die Regierung zunächst noch Gehorsam gegenüber der bisherigen Sicherheitspolitik fordern. Und dies auch dann, wenn ihr selbst Zweifel an der Richtigkeit dieser Politik gekommen sein sollten.

Kurt Biedenkopf:

»Gleichwohl muß die Zustimmung zur gegenwärtigen Politik fortdauern, bis die Alternative entwickelt ist. Die politische Führung muß politische Zustimmung für Instrumente erhalten, von denen sie selbst annimmt, daß sie abgelöst werden müssen.«[506]

Konsequenz dieser Zwangslage der Bundesregierung ist dann aber auch, daß selbst viele derjenigen innerhalb und außerhalb der Streitkräfte, die die hier beschriebenen Zweifel an der Verteidigungspolitik (oder gar an der amerikanischen Außenpolitik) teilen, die Gewissensentscheidung treffen werden, weiter Gehorsam zu leisten und zu fordern. Doch jeder Versuch, den bisherigen Kurs noch eine Zeitlang durchzuhalten, birgt die Gefahr, das Schiff der Sicherheitspolitik über die nächsten Entscheidungen hinweg auf den alten Kurs festzulegen. Aber die jetzt anstehenden Entscheidungen über neue Waffensysteme (z. B. für Schläge in die Tiefe des Hinterlandes des Warschauer Paktes) und neue Einsatzstrategien (z. B. AirLand Battle, AirLand Battle 2000) drohen, die Bundesrepublik in eine militärisch noch instabilere Konfrontation zu verwickeln und die NATO-Strategie in die Nähe einer Offensivstrategie zu führen.[507] Dies ist das Gewissensproblem derjenigen, die sich in Erkenntnis der Schwächen der derzeitigen Situation und trotz des Erschreckens über die sich abzeichnende Verschlechterung dennoch entscheiden, sich weiter in den Dienst der Fortführung dieser Politik zu stellen – so wie es das Gewissensproblem derjeni-

---

506 Biedenkopf 1983a, S. 62.
507 Huntington: Eine vergeltende Offensive ist voll vereinbar mit der US-AirLand-Battle-Doktrin, die die Initiative auf tiefe Angriffe und Manöver legt. Huntington 1983/84, S. 48.

gen ist, die sich verweigern, daß sie damit die Abschreckung hier und heute gefährden können.

Diejenigen, die keine Probleme mit der Fortführung der bisherigen Sicherheitspolitik empfinden und auch die sich abzeichnende Weiterentwicklung dieser Politik gutheißen, werden aber diejenigen nicht verstehen, die Konflikte sehen oder gar zum Anlaß der Verweigerung nehmen.

So stehen wir wieder vor einer Konfrontation in der Bundesrepublik, in der das Gespräch zwischen den verschiedenen Gruppen ebenso zu einer Diskussion unter Gehörlosen zu werden droht, wie es die jahrelange Diskussion um den Nachrüstungsbeschluß war, die ich mit dem eingangs durchgespielten Dialog[508] zu beschreiben suchte. In dieser Situation wäre es das schlimmste, wenn die Regierung versuchen sollte, nach der Devise »Die protestieren. Wir regieren« unter Berufung auf ihre Mehrheit im Parlament und die – reale – Gefährdung der Abschreckung bei einer Ausbreitung der Verweigerung, alle Argumente für eine Neuformulierung der Sicherheitspolitik vom Tisch zu wischen und sich darauf zu beschränken, die Fortsetzung der bisherigen Politik zu erzwingen. Diese Versuchung wäre nicht nur für den inneren Frieden gefährlich, sondern letztlich auch für den äußeren, soweit dieser von Verteidigungsbereitschaft abhängt.

Denn wie Kurt Biedenkopf feststellt:

»Für die Abweichung parlamentarischer Mehrheiten von der Ansicht der Mehrheit der Wähler gibt es jedoch Grenzen. Sie sind dann erreicht, wenn es sich um Gegenstände handelt, die nicht nur die Gefühle, sondern die Existenz aller Menschen treffen.«[509]

Und Helmut Schmidt zitierte in seinem 1960 erschienenen Buch:

»Diese Regierungen werden das in sie gesetzte Vertrauen nicht wert sein, sofern sie nicht das Problem der Entwicklung einer nicht-selbstmörderischen Form der Verteidigung lösen...«[510]

Seit Helmut Schmidt so schrieb, sind 20 Jahre vergangen. In dieser Zeit war er drei Jahre lang Verteidigungsminister und acht Jahre Bundeskanzler.[511] In all

508 Siehe oben »Statt einer Einleitung«. Als Fortschritt kann man feststellen, daß die »Diskussion« um den Nachrüstungsbeschluß mit der Infragestellung eines Symptoms der Politik (den Pershing II und Cruise Missiles) begann und sich langsam zur heutigen Diskussion der Ursachen der Krise der Politik hin entwickelte. Einen bis an die letzten Wertentscheidungen durchgespielten Dialog breitet Ernst Tugendhat (1983) aus.
509 Biedenkopf 1983a, S. 55.
510 S. 16, a.a.O.
511 Daß Helmut Schmidt seine Sensibilität für dieses Problem nicht verloren hat, zeigte seine Rede vor der UNO-Sondergeneralversammlung für Abrüstung v. 14. Juni 1982: »Heute protestieren dagegen nicht nur idealistisch gestimmte Pazifisten und weltfremde Utopisten, sondern hier äußern sich immer dringender Zweifel an der Weisheit und an der Fähigkeit der strategischen Denker, der Diplomaten, der Staatsmänner, Zweifel an deren Fähigkeit, aus dem Teufelskreis von Vorrüstung und Nachrüstung endlich auszubrechen. Es wächst also die Ungeduld der Menschen, und nicht nur der jungen Menschen,

diesen Jahren aber ist das Problem nicht gelöst, sondern weiter verschärft worden.

Auch eine im Grunde genommen unakzeptable Politik kann eine Zeitlang konsensfähig sein, wenn die Hoffnung, sie werde bald durch eine bessere Politik ersetzt werden, den Konsens trägt. Doch diese Zeit ist jetzt abgelaufen. Die Landstationierung der Mittelstreckenraketen wurde das auslösende Ereignis, das der Bevölkerung das schon seit langem bestehende Problem der Verteidigung mit Einmischung von Kernwaffen plötzlich ins Bewußtsein hob. Und damit die Reaktionen auslöste, die keiner der »Strategie-Experten« bei der Vorbereitung des Nachrüstungsbeschlusses vorhergesehen hatte.

Unter der Überschrift »Strategie-Spezialisten und der gemeine Mann« beschreibt Flora Lewis das rauhe Erwachen der Experten der bisherigen Sicherheitspolitik, das sie auf der Tagung des International Institute for Strategic Studies im Jahre 1982 in Den Haag beobachten konnte:

»Man kann darüber streiten, ob jemals ein Konsens existiert hat und verlorengegangen ist, oder ob öffentliches Desinteresse fälschlich als Zustimmung gelesen wurde. Klar ist, daß sich eine breite Lücke aufgetan hat zwischen Leuten, die meinten, sie wüßten es am besten und Leuten, die nicht wirklich wußten, was die anderen zu tun im Begriff waren.

Das kommt als ein Schock zu den Experten, weil sie ihre Ideen nicht absichtlich geheimgehalten haben. Im Gegenteil, sie haben seit Jahrzehnten darüber gesprochen und ihre Meinung veröffentlicht.

Teilweise haben sie nicht bemerkt, daß sie in ein Fachgeschwafel abgeglitten sind, das außerhalb des Verständnisses anderer Bürger war. Teilweise gewannen sie eine blasierte Zufriedenheit daraus, einen ausschließlichen Anspruch auf spezielle Kenntnis zu postulieren, so daß sie Kritiker geringschätzig als Simpel abtun konnten. Und teilweise wurden sie durch ihre eigenen Pläne in das Unterholz der Verteidigungsvorbereitungen verführt, so daß sie den Blick auf den Wald verloren, der den Rest von uns allen darstellt...«[512]

Niemand hat dieses, die Experten so überraschende Phänomen wohl besser erklärt als Kurt Biedenkopf:

»Die Aufhebung der Existenz der Gattung oder die Aufhebung der Natur als Ganzes sind Grenzen, deren auch nur mögliche Überschreitung nicht konsensfähig ist. Technologische Optionen, die solche Möglichkeiten begründen, sind gesellschaftlich nicht auf Dauer integrierbar. Das heißt: Grenzsituationen, die solche Wirkungen als Möglichkeiten ein-

---

die Ungeduld mit Regierungen, die nur zu reden scheinen, während sie gleichzeitig immer neue todbringende Waffen entwickeln, produzieren und in Stellung bringen lassen. Es wächst die Ungeduld mit politisch Verantwortlichen, die zulassen, daß immer mehr Ressourcen dem Kampf gegen Hunger und Armut entzogen und statt dessen in die Rüstung gesteckt werden.« Und die Furcht vor einer entschiedenen Reaktion der Bevölkerung spiegelt sich in den Worten: »Wir müssen uns der Gefahr bewußt sein, daß die von den Schrecken eines nuklearen Holocaust geängstigten Bürger bald nicht mehr verstehen können oder wollen, warum sich Verhandlungen über praktische Abrüstungsschritte über endlose Jahre hinziehen.«

512 International Herald Tribune, 15.9.1982.

schließen, können zwar vorübergehend entstehen. Aber sie sind nicht als Dauerzustand stabilisierbar. Sie sind, aus objektiven Gründen, nicht dauerhaft konsensfähig.

Daß die nukleare Strategie von solchen Grenzsituationen für Europa ausgeht, sie jedenfalls als logische Möglichkeiten implizieren muß, ist unbestreitbar. In dem Maße, in dem dies bewußt wird – vor allem jenen, die die Grenzsituation als politisches Konzept vorfinden – wird die Situation zunehmend unakzeptabel. Ich halte den Prozeß dieser Bewußtseinsbildung weder für revidierbar, noch glaube ich, daß man ihn aufhalten kann.«[513]

Meines Erachtens ist es deshalb eine Illusion zu meinen, verstärkte Werbung für die bisherige atomare Sicherheitspolitik, besserer Verkauf der Ware[514], werde die Bevölkerung wieder mit der Aussicht versöhnen, die Existenz des Volkes in Krisensituationen aufs Spiel setzen zu müssen. Denn selbst wenn es gelänge, den selbstmörderischen Charakter der derzeitigen Verteidigungsvorbereitungen erneut aus dem Bewußtsein eines Teiles der Bevölkerung zu verdrängen – die nächste Krise würde den Schleier zerreißen und Bevölkerung und Regierung schlagartig mit der unerträglichen Realität konfrontieren, ohne noch Zeit für sinnvolle Korrekturen zu lassen.

Nur ein Weg ist aus diesem Dilemma zwischen Fortführung unakzeptabler Sicherheitspolitik einerseits und der Gefahr des Zusammenbruchs jeder Sicherheitspolitik andererseits sichtbar:

Die Bundesregierung muß schnell deutliche Zeichen dafür setzen, daß sie tatsächlich entschlossen ist, eine Sicherheitspolitik zu entwickeln und im Bündnis durchzusetzen, die wirklich die Chance gibt, das und *nur* das mit militärischen Mitteln zu erreichen, was Außenminister Genscher so beschreibt und fordert[515]:

»Gemeint und gefordert ist militärische *Stabilität.* Das Bündnis versteht darunter ein hinreichendes *Gleichgewicht zwischen Angriffsfähigkeit* des Warschauer Paktes und *Verteidigungsfähigkeit* des westlichen Bündnisses...«
»Stabilitätsbildend hinzukommen sollte für *beide* Seiten das Bemühen um ein Gleichge-

---

513 Kurt Biedenkopf 1981.
514 Alois Mertes in einer »Attacke auf Biedenkopf«:
»Mertes sagte, nach seiner Meinung könnten selbst die nuklearen Komponenten einer Politik, zu der alle bisherigen Regierungen der Bundesrepublik Deutschland gestanden hätten, den Menschen einsichtig gemacht werden. Dazu bedürfe es aber der eigenen Einsicht in die Plausibilität der westlichen Strategie und des politischen Willens, für sie zu werben. Wer die Qualität seiner Ware selbst in Zweifel ziehe, der könne und wolle keine Verkaufserfolge haben.« Süddeutsche Zeitung v. 8.12.1983. Ähnlich auch Christoph Bertram in DIE ZEIT v. 15.1.1982, in der er versucht, den Verfall des Konsenses über Sicherheitspolitik psychologisch zu erklären, statt sich klarzumachen, daß nichts anderes geschehen ist, als daß die Realität der Sicherheitspolitik in das Bewußtsein rückte, diese Realität aber gar nicht konsensfähig ist.
515 Genscher 1983, S. 24 (Hervorh. im Original). Die von Genscher am gleichen Ort geforderte nukleare Abschreckung auch gegen konventionelle Angriffe dagegen kann aus den dargelegten Gründen auf die Dauer nicht akzeptiert werden.

wicht, das sich an der *Fähigkeit zur Defensive* ausrichtet. Bei einem Wettbewerb der *Angriffsfähigkeiten* wird sich jede Seite nur dann sicher fühlen, wenn sie sich überlegen glaubt. Das schließt Stabilitätsbildung nahezu gesetzmäßig aus. Ein an *Defensivfähigkeiten* ausgerichtetes Gleichgewicht hat dagegen eine vergleichbar stabilitätsgefährdende Bedrohungswirkung nicht.«

Worin solche deutlichen Zeichen bestehen können, darüber kann man verschiedener Meinung sein. Ist Ziel diese Defensivfähigkeit in Europa – und *nur* Defensivfähigkeit –, ist ferner auch nur bei Beschränkung auf Defensivfähigkeit überhaupt eine Chance gegeben, das politische Ziel der Bundesrepublik zu erreichen: Frieden schaffen mit immer weniger Waffen, dann müßte logischerweise die Umstrukturierung und Optimierung der konventionellen NATO-Streitkräfte in Europa auf reine Defensivfähigkeit das erste Ziel sein. Soll außerdem die auf Dauer nicht konsensfähige Abstützung der Sicherheitspolitik auf den Ersteinsatz von Kernwaffen beseitigt werden, müßten gleichzeitig mit dem Aufbau konventioneller Defensivfähigkeit die in Europa stationierten Kernwaffen abgebaut werden.

Folgt man dieser Denkweise, dann wären geeignete Signale, die einen neuen Konsens vorbereiten könnten:

1. Anzukündigen, daß mit dem Aufbau von defensiven konventionellen Strukturen entlang den Grenzen zu den Staaten des Warschauer Paktes so schnell wie möglich begonnen und gleichzeitig der Zulauf angriffsgeeigneter Waffensysteme zur Bundeswehr abgestoppt wird.

2. Bekanntzumachen, daß die Bundesregierung im Bündnis die Forderung erheben und durchsetzen will, im Verlauf der nächsten fünf Jahre nicht nur 1400 taktische Nuklearwaffen aus Europa abzuziehen, wie schon im Dezember 1983 beschlossen, sondern alle.

3. Darauf zu bestehen, daß auch die eurostrategischen Waffensysteme, die jetzt aufgebaut werden, abgezogen und an ihrer Stelle eine begrenzte Zahl eurostrategischer Systeme von der NATO auf See stationiert wird.

Die Zeit für solche oder ähnliche, vielleicht bessere Schritte ist gekommen. Die technischen und militärischen Möglichkeiten für eine konsensfähige Sicherheitspolitik zeichnen sich heute ab.

Politiker und sicherheitspolitische Experten, die dennoch meinen, sie wüßten besser, was dem Volke frommt, als dieses Volk, das sich in seiner Mehrheit weigert, Selbstmord als Verteidigungsform wirklich zu akzeptieren, Politiker und Experten, die die bisherige atomare Risiko- und Aufrüstungspolitik fortsetzen wollen, sollten sich deshalb (mit Brecht gesprochen) ein anderes Volk suchen – bevor die Grundlagen für eine Friedenspolitik in Freiheit zerstört sind, weil immer mehr Menschen keinen anderen Weg sehen, dem drohenden nuklearen Unheil zu widerstehen, als den der letzten Verzweiflung:

Sich unserem Staat, dem bisher freiesten und gerechtesten Staat der deutschen Geschichte, zu verweigern.

Bibliographie

(Alle aus fremdsprachigen Originalen stammenden Zitate im Buch wurden von Horst Afheldt übersetzt.)

Abrüstung und Rüstungskontrolle (1981). Dokumente zur Haltung der Bundesrepublik Deutschland. 5., erg. Aufl. Hrsg.: Auswärtiges Amt, Bonn.

Afheldt, Horst (1970a): Analyse der Sicherheitspolitik durch Untersuchung der kritischen Parameter. Methodik d. Studie, Zusammenhang u. Ergebnisse d. Arbeiten. In: Kriegsfolgen u. Kriegsverhütung, S. 23–74.

– (1970b): Entwicklungstendenzen der Sicherheitspolitik in Europa und umfassendere Ansätze zur Friedenssicherung. In: Kriegsfolgen u. Kriegsverhütung, S. 417–453.

–; *Sonntag,* Philipp (1970c): Stabilität und Abschreckung durch strategische Kernwaffen – eine Systemanalyse. In: Kriegsfolgen u. Kriegsverhütung, S. 303–415.

– (1972): SALT und qualitatives Wettrüsten. In: Wehrkunde 12/1972, S. 628–634. (Auch in:) Eine andere Verteidigung? Alternativen zur atomaren Abschreckung. München 1973, S. 23–60.

– (1976): Verteidigung und Frieden. Politik mit militärischen Mitteln. München: Hanser (als dtv-Taschenbuch 1979).

– (1979): Kernwaffenkrieg begrenzt auf Europa? Die russischen Mittelstreckenraketen SS-20 als Indiz für den Trend zur militärischen Instrumentalisierung von Kernwaffen. In: Wehrwissenschaftl. Rundschau, Jg. 28, Nr. 5, S. 141–151.

– (1983): Defensive Verteidigung. Reinbek. (rororo aktuell 5345.)

AirLand Battle 2000. 1982 version with functional areas. US Army Training and Doctrine Command, Fort Monroe, Virg., 10.8.82.

Aktive Friedenspolitik. München 1982. (Berichte u. Studien der Hanns-Seidel-Stiftung, Bd. 32.)

Altenburg, Wolfgang (1983): Militärstrategische Überlegungen zur Sicherheit Westeuropas. In: *Würzbach,* Hrsg., S. 107–134.

Aspekte der Friedenspolitik (1981). Argumente zum Doppelbeschluß des Nordatlantischen Bündnisses. Presse- und Informationsamt der Bundesregierung, Bonn.

Bahr, Egon (1981): Europa in der Globalität. In: Merkur, August 1981, S. 765–771.

Ball, Desmond (1982/83): U.S. strategic forces: How would they be used? In: International Security, Vol. 7, No. 3, S. 31–60.

Bartel, Wilfried (1972): Neues Licht auf die Frage der Schuld am Ausbruch des Korea-Krieges. In: Vereinte Nationen, 2/1972, S. 41–49.

Baudissin, Wolf Graf von (1982): Nie wieder Sieg! Programmatische Schriften 1951–1981. München.

Bertram, Christoph (1969): Vor den sowjetisch-amerikanischen Rüstungsgesprächen. Aussichten u. Auswirkungen von SALT. In: Europa-Archiv, Jahr 24, S. 717–726.

– (1977): Was anders sein wird in den achtziger Jahren. In: Frankfurter Allg. Zeitung, 5.12.1977, S. 10.

Bethmann Hollweg, Th. von (1912–21): Betrachtungen zum Weltkriege. Berlin. T.1: Vor dem Kriege. T.2: Während des Krieges.

Biedenkopf, Kurt (1981): Rückzug aus der Grenzsituation. In: Die Zeit, 30.10.81.
- (1983): »Das Vertrauen ist brüchig geworden.« Spiegel-Gespräch. In: Der Spiegel, Nr. 51, 19.12.83, S. 28–34.
- (1983a): Die Akzeptanz einer Friedenssicherung mit Waffen. In: *Würzbach,* Hrsg., S. 53–69.
Birnstiel, Fritz (1983): Gleichgewicht oder Gegengewicht? Zur Problematik der Friedenssicherung. In: Europäische Wehrkunde, Jg. 32, S. 422–427.
Boyer, Yves (1982) : Les augmentations du budget de la défense américaine. Le cas des forces stratégiques. In: Défense Nationale, Febr. 1982, S. 51–65.
Breyer, Siegfried; *Wetterhahn,* Armin (1983): Handbuch der Warschauer-Pakt-Flotten. Bonn.
Brigot, André; *David,* Dominique (1980): Le désir d'Europe. L'introuvable défense commun. (Cahiers de la Fondation pour les Études de Défense Nationale, Paris, No. 16.)
Brodie, Bernard (1978): The development of nuclear strategy. In: International Security, Vol. 2, No. 4, S. 65–83.
Brown, Harold s. Department of Defense
Bundy, McGeorge; *Kennan,* George, F.; *McNamara,* Robert S.; *Smith,* Gerard (1982): Kernwaffen und das atlantische Bündnis. In: Europa-Archiv, Jahr 37, Folge 7, S. 183–198.

Canby, Steven; *Dörfer,* Ingemar (1983/84): More troops, fewer missiles. In: Foreign Policy, Nr. 53, S. 3–17.
Clausewitz, Carl von (1980): Vom Kriege. Jubiläumsausg. 19. Aufl. T.1–3. Bonn
Close, Robert (1977): Europa ohne Verteidigung? 48 Stunden, die das Gesicht der Welt verändern. Bad Honnef. (Orig.:) L'Europe sans défense? Bruxelles 1976.
Collins, John M. (1980): U.S.-Soviet military balance. Concepts and capabilities, 1960–1980. New York.
Cornides, Wilhelm (1962): Das amerikanische Sicherheitsdenken und die Friedenspolitik der Freien Welt. In: Strategie der Abrüstung, S. 462–474.
Cotter, Donald R. (1981): Europäische Nuklearstreitkräfte der NATO: ein umfassendes militärisches Konzept. In: Europäische Wehrkunde, Jg. 30, H. 7, S. 298–303. (Orig.:) NATO theater nuclear forces. In: Strategic Review, Spring 1981, S. 44–53.
- (1983): Eine moderne integrierte Konzeption für die Vorneverteidigung Westeuropas. In: Europäische Wehrkunde, Jg. 32/1, S. 20–25.
Crutzen, Paul J.; *Birks,* John W. (1983): The atmosphere after a nuclear war: twilight at noon. In: Nuclear war: the aftermath. Pergamon Press, S. 73–97. (Auch in dt. Übers. bei Pergamon Press 1984.)
Czempiel, Ernst-Otto (1981): Nachrüstung und Systemwandel. Ein Beitrag zur Diskussion um d. Nachrüstungsbeschluß der NATO. (Hessische Stiftung Friedens- u. Konfliktforschung, Arbeitspapier Nr. 18.)

Denkschrift des Militärischen Expertenausschusses... s. *Rautenberg/Wiggershaus*
Department of Defense, USA: Annual Report of the Secretary of Defense to the Congress, fiscal year 1969: *McNamara,* Robert S.
       1976/77: *Schlesinger,* James R.
       1980 u. 1981: *Brown,* Harold
       1983 u. 1984: *Weinberger,* Caspar

A dollar cost comparison of Soviet and US defense activities, 1968–78. A research paper. CIA National Foreign Assessment Center. Washington, Jan. 1979.

Doly, Guy s. François

Douglass, Joseph D. jr. (1983): Sowjetische Militärstrategie in Europa. München. (Orig.:) Soviet military strategy in Europe. New York 1980.

Dunn, Keith A.; Staudenmaier, William O. (1983): Strategy for survival. In: Foreign Policy, Nr. 52, S. 22–41.

The effects of nuclear war. Assessment... to examine the effects of nuclear war on the populations and economies of the United States and the Soviet Union. US Congress, Office of Technology Assessment. Montclair, N. J.; London 1978.

Einstein, Albert s. Russell-Einstein-Manifest

Eppler, Erhard (1983): Die tödliche Utopie der Sicherheit. Reinbek.

European Security Study, ESECS. Wege zur Stärkung der konventionellen Abschrekkung in Europa: Vorschläge f. d. 80er Jahre. Bericht der Lenkungsgruppe. Baden-Baden 1983. (Teilübers. d. Orig.:) Strengthening the conventional deterrence in Europe. New York, London 1983.

Field Manual No. 100-5. Operations (Air-Land-Battle). Washington, D.C.: Dept. of the Army Headquarters, 20.8.82.

Fischer, Fritz (1979): Der Griff nach der Weltmacht. Die Kriegszielpolitik des kaiserlichen Deutschland 1914/18. 2. Aufl. Königstein/Ts.

Fischer, Jens Malte (1980): Das technoromantische Abenteuer. In: Vondung, Hrsg. (1980), S. 275 ff.

François (Pseud. f. Guy Doly) (1980): Wenn die Russen angreifen... Stuttgart. (Orig.:) La 6e colonne. Roman sans fiction. Paris 1979.

Freedman, Lawrence (1981/82): NATO myths. In: Foreign Policy, No. 45, S. 48–68.

Frei, Daniel (1970): Kriegsverhütung und Friedenssicherung. Eine Einführung in die Probleme der internationalen Beziehungen. Frauenfeld, Stuttgart.

Gallois, Pierre M. (1981): La vaine recherche d'un »théâtre d'opérations« européen. In: Défense Nationale, Année 37, mars, S. 39–48.

Gebhardt, Jürgen (1980): Symbolformen gesellschaftlicher Sinndeutung in der Krisenerfahrung. In: Vondung, Hrsg. (1980), S. 41–61.

Genscher, Hans-Dietrich (1983): Verteidigungsfähigkeit und Rüstungskontrolle als Elemente deutscher Friedenspolitik. In: Würzbach, Hrsg., S. 19–39.

Geschke, Günter (1981): Die letzte Frist. Nachrüsten, um zu verhandeln? In: Deutsches Allg. Sonntagsblatt, 8.11.81, S. 4.

Glasstone, Samuel, Hrsg. (1962): The effects of nuclear weapons. Prep. by US Dept. of Defense, publ. by US Atomic Energy Commission. Rev. ed. Washington: Gov. Print. Office. (Dt. Übers. unter d. Titel:) Die Wirkungen der Kernwaffen. Überarb. u. erw. Aufl. Köln: Heymann 1964.

Gray, Colin S. (1979): Nuclear strategy: the case for a theory of victory. In: International Security, Vol. 4, No. 1, S. 54–87.

Gsponer, A. (1982): La bombe à neutrons est-elle une arme antichar vraiment efficace? Geneva International Peace Research Institute (GIPRI 82–05).

Guha, Anton-Andreas (1981): Thesen zur Kritik der Sicherheitspolitik und des Brüsseler Beschlusses. In: Sicherheitspolitik contra Frieden? S. 18–27.

Hackett, John (1978): Der Dritte Weltkrieg. Hauptschauplatz Deutschland. München. (Orig.:) The Third World War. London 1978.

Hanns-Seidel-Stiftung s. *Aktive Friedenspolitik*

Harmel-Bericht. Bericht des Nordatlantik-Rats über die zukünftigen Aufgaben der Allianz vom 13./14.12.1967. (Der Bericht ging auf eine Anregung des belgischen Außenministers Pierre *Harmel* zurück.) In: Europa-Archiv 1968, S. D75–77; Auszug in: Abrüstung u. Rüstungskontrolle 1981, S. 40–41.

Harriman, Averell (1984): Three years of Ronald Reagan. 1: An opportunity squandered. 2: Nuclear irresponsibility. In: International Herald Tribune, 2. u. 3.1.1984.

Herrmann, René (1983): ABM in den achtziger Jahren. Technische Möglichkeiten u. strategische Zwänge. In: Aus Politik u. Zeitgeschichte, B15–16/83, S. 31–45.

Himmeroder Denkschrift s. *Rautenberg/Wiggershaus*

Howard, Michael E. (1981): On fighting a nuclear war. In: International Security, Vol. 5, No. 4, S. 3–17.

Howe, Günter (1956): Gedanken zur deutschen Wehrpolitik zwischen 1871 und 1914. In: *Schüssler*, Wilhelm (Hrsg.): Weltmachtstreben u. Flottenbau. Witten-Ruhr.

Hubatsch, Walther (1955): Die Ära Tirpitz. Studien zur deutschen Marinepolitik 1890–1918. (Göttinger Bausteine zur Geschichtswissenschaft, Bd. 21.)

Huntington, Samuel P. (1983/84): Conventional deterrence and conventional retaliation in Europe. In: International Security, Vol. 8, No. 3, S. 32–56.

Hurd, Archibald; *Castle*, Henry (1913): German sea-power – its rise, progress, and economic basis. London.

Jacobsen, Hans-Adolf (1969): Balance of power. In: Fischer Lexikon 7: Internationale Beziehungen. Frankfurt, S. 35–40.

Jane's Fighting Ships. London, annual.

Janis, Irving L. (1972): Victims of groupthink. A psychological study of foreign-policy decisions and fiascoes. Boston.

Kahn, Herman (1961): On thermonuclear war. 2. ed. with index. Princeton.

– (1962): Das Wettrüsten und einige seiner Gefahren. In: Strategie der Abrüstung, S. 119–155.

Karber, Phillip A. (1982): Die konventionellen Kräfteverhältnisse in Europa 1965–1980. In: *Nerlich*, Hrsg., 1982, S. 49–133.

Kennan, George F. (1956): Amerika und die Sowjetmacht. Bd. 1: Die Entscheidung zur Intervention. 2: Der Sieg der Revolution. Stuttgart: Steingrüben (ohne Jahr – ca. 1956).

– (1979): The decline of Bismarck's European order. Franco-Russian relations, 1875–1890. Princeton.

– (1982) s. *Bundy* et al.

Kennedy, Robert (1974): Dreizehn Tage. Wie die Welt beinahe unterging. Darmstadt. (Orig.:) Thirteen days. A memoir of the Cuban missile crisis. 1969.

Kissinger, Henry A. (1960): The necessity for choice. Prospects of American foreign policy. New York.

– (1979a): Interview: Kissinger's critique. In: Economist, 3. u. 10.2.1979.

– (1979b): Die nächsten 30 Jahre NATO. Rede in Brüssel am 1.9.79. In: Europa-Archiv, Jahr 34, Folge 22, S. D589–598.

– (1979–82): Memoiren. Bd. 1: 1968–73. 2: 1973–74. München: Bertelsmann.

– (1982a): ... über die Ost-West-Beziehungen. 4. Spiegel-Gespräch. In: Der Spiegel, 6/1982, S. 126–134.

– (1982b): Kissinger on foreign policy. First: coherence. In: International Herald Tribune, 22.1.82, S. 4.

– (1983): »Wir sind zur Koexistenz verdammt.« H. Kissinger über Nachrüstung, Jumbo-Abschuß und Sowjetmacht. (Interview.) In: Der Spiegel, Jg. 37, Nr. 40, S. 156–172.

Kräftevergleich NATO und Warschauer Pakt. Min. der Verteidigung, Informations- u. Pressestab, Bonn. (Orig.:) NATO and the Warsaw Pact. Ed.: Joseph M. A. H. *Luns*, Secret. General of NATO.

Krause, Christian (1981): Atomwaffen in Europa. Gefahren und Wege zu mehr Sicherheit. In: Die Neue Gesellschaft, Jg. 28, 12, S. 1115–1121.

– (1982): Plus/Minus dreiunddreißig Divisionen – Stimmt der militärische Kräftevergleich? In: Die Neue Gesellschaft, Jg. 29, 11, S. 1076–1081.

Kriegsfolgen und Kriegsverhütung. Hrsg.: *Weizsäcker*, Carl Friedrich von. München 1970. 3., um ein Reg. erw. Aufl. 1971.

Kriele, Martin (1981): Der Pazifismus gefährdet den Frieden. In: Rheinischer Merkur/Christ und Welt, 6.2.81, S. 3.

Lafontaine, Oskar (1983): Angst vor den Freunden. Die Atomwaffenstrategie der Supermächte zerstört die Bündnisse. Reinbek.

Lebow, Richard N. (1983): Der Krieg, den keiner wollte. Fehlwahrnehmungen im Falkland-Konflikt. In: Beiträge zur Konfliktforschung, Bd. 13, Nr. 2, S. 67–98.

Leitenberg, Milton (1974): SALT als Mittel der Rüstungskontrolle. In: Beiträge zur Konfliktforschung 1974, H. 3, S. 90.

Lewis, A. (1981): Seeing western strategy as naiv to the point of absurdity. In: International Herald Tribune, 24.11.81.

Lewis, Flora (1982): Strategy analysts and the common man. In: International Herald Tribune, 15.9.1982.

Löser, Jochen (1981): Weder rot noch tot. Überleben ohne Atomkrieg – eine sicherheitspolitische Alternative. Unter Mitarb. v. Otto *Buchhorn* u.a. München.

Lutz, Dieter S., Hrsg. (1979): Die Rüstung der Sowjetunion. Rüstungsdynamik u. bürokratische Strukturen. Baden-Baden.

– (1981): Weltkrieg wider Willen? Die Nuklearwaffen in und für Europa. Reinbek. (rororo aktuell 4934.)

–; *Pott*, Andreas; *Schwarz*, Günter (1984): Seemacht und Friedenspolitik. Baden-Baden: Nomos.

Mechtersheimer, Alfred (1980): Hat SALT III noch eine Chance? In: Aus Politik u. Zeitgeschichte, B41/80, S. 3–25.

– Hrsg. (1981): Nachrüsten? Dokumente u. Positionen zum NATO-Doppelbeschluß. Reinbek. (rororo aktuell 4940.)

- (1982): Rüstung und Frieden. Der Widersinn der Sicherheitspolitik. München.
-; *Barth*, Peter, Hrsg. (1983): Den Atomkrieg führbar und gewinnbar machen? Reinbek. (Dokumente zur Nachrüstung, Bd. 2.)

Menaul, Stewart (1981): Krieg im Weltraum – Tatsachen oder Utopie. In: Europäische Wehrkunde, Jg. 30, H. 10, S. 433–436.

Menzel, Eberhard (1967): Abrüstung in Vergangenheit und Gegenwart. In: D. amerikanischen u. sowjetischen Vorschläge f. eine allgemeine u. vollständige Abrüstung u. d. Atomsperrverträge bis 1967. Göttingen. (Schriften d. Vereinigung Deutscher Wissenschaftler, H. 5.)

Metcalf, A. G. B. (1980): Foreign policy and force requirements. In: Strategic Review, Vol. 8, No. 3, S. 9–10.

The *Military Balance*. International Institute for Strategic Studies, London, annual. Dt. Übers. unter dem Titel »Streitkräfte« in der Reihe »Bernard & Graefe aktuell«.

The *modernization of NATO's long-range* theater nuclear forces (1981). Report prep. by the Foreign Affairs and National Defense Division, Congressional Research Service, Library of Congress. Washington.

Molander, Roger (1982): Wie ich lernte, die Bombe zu fürchten. In: Stern, 15.4.82, S. 308–309.

Morgenthau, Hans J. (1963): Macht und Frieden. Grundlegung einer Theorie der internationalen Politik. Gütersloh. (Orig.:) Politics among nations. New York 1948.

NATO and the Warsaw Pact s. Kräftevergleich...

Neild, Robert (1981): How to make up your mind about the bomb. London.

Nerlich, Uwe, Hrsg. (1962) s. Strategie der Abrüstung

– (1981): Neuorientierung der amerikanischen Außenpolitik. Grundlagen des Wandels unter Präsident Reagan. In: Europa-Archiv, Jahr 36, Folge 15, S. 461–468.

– Hrsg. (1982): Sowjetische Macht und westliche Verhandlungspolitik im Wandel militärischer Kräfteverhältnisse. Baden-Baden.

Ngo-Anh, Cuong (1981): Die Vietcong. Anatomie einer Streitmacht im Guerillakrieg. München.

Nixon, Richard (1983): »Unter keinen Umständen Krieg mit den Sowjets.« (Interview.) In: Stern Nr. 40, 29.9.83, S. 30–38.

Die *nuklearen Mittelstreckenwaffen*. Modernisierung und Rüstungskontrolle. Texte, Materialien u. Argumente zum Beschluß der NATO vom 12.12.1979. Bundesmin. d. Verteidigung, Planungsstab, Bonn 1980.

Picht, Georg; *Weizsäcker*, C. F. von; *Grosser*, Alfred; *Reynaud*, Paul (1965): Die Force de Frappe. Europas Hoffnung oder Verhängnis? Olten, Freiburg.

Posen, Barry R.; *Evera*, Stephen van (1983): Defense policy and the Reagan Administration. Departure from containment. In: International Security, Vol. 8, No. 1, S. 3–45.

Potyka, Christian (1981): Zwischen zwei Alpträumen. Europäische Zweifel an der US-Strategie der atomaren Abschreckung. In: Süddeutsche Zeitung, 23./24.5.81, S. 8.

Die *Praxis der defensiven Verteidigung*. Hrsg.: C. F. v. Weizsäcker. Hameln 1984.

Rautenberg, Hans-Jürgen; *Wiggershaus*, Norbert (1977): Die »Himmeroder Denkschrift« vom Oktober 1950. (Denkschrift über die Aufstellung eines deutschen Kontingents im Rahmen einer übernationalen Streitmacht zur Verteidigung Westeuropas.) In: Militärgeschichtl. Mitteilungen 21, S. 135–206.

Record, Jeffrey (1974): U.S. nuclear weapons in Europe. Issues and alternatives. Washington, D.C.: Brookings Institution (Studies in Defense Policy).

Richardson, Robert C. (1981): NATO nuclear strategy. A look back. In: Strategic Review, Vol. 9, No. 2, S. 35–43.

Rogers, Bernard W. (1983): Glaubwürdige Verteidigung für die NATO: Erfordernisse und Ziele der Sicherheitspolitik. In: *Würzbach,* Hrsg., S. 91–105.

Rosenberg, David Alan (1983): The origins of overkill. Nuclear weapons and American strategy, 1945–1960. In: International Security, Vol. 7, No. 4, S. 3–71.

Rosenkranz, Erhard; *Jütte,* Rüdiger (1974): Abschreckung contra Sicherheit? München.

Rostow, Eugene V. (1981): Anhörung des Direktors d. Amtes f. Rüstungskontrolle u. Abrüstung vor dem Außenpolit. Ausschuß des US-Senats am 22.7.81. (Auszüge.) In: *Mechtersheimer,* Hrsg. (1981), S. 114–120.

– (1982): Which comes first. Arms control and security. (Interview.) In: New York Times, 21.3.82, S. E5.

Rotblat, Joseph (1967): Pugwash – the first ten years. History of the Conferences on Science and World Affairs. London.

– (1972): Scientists in the quest for peace. A history of the Pugwash Conferences. Cambridge, Mass., London.

Roth, H. (1963): Zum Problem der Eskalation. In: Wehrwissenschaftl. Rundschau, Jg. 13, H. 10.

Rühle, Hans (1983): Sowjetische Militärstrategie. Eine Einführung. In: Douglass (1983), S. 13–26.

Rüstungsjahrbuch s. World Armaments…

Rusk, Dean (1981): Nuclear advice to Reagan from one who's been there. In: International Herald Tribune, 3./4.10.81.

Russell-Einstein-Manifest, am 12.7.1955 von 9 Atomwissenschaftlern unterzeichnet. Text in: *Einstein,* Albert: Über den Frieden. Bern 1975, S. 628–631. Auszüge in: Archiv der Gegenwart 1955, S. 5250.

Schelling, Thomas C. (1962): Reziproke Maßnahmen zur Stabilisierung der Rüstungen. In: Strategie der Abrüstung, S. 186–207.

Schlesinger, James R. s. Department of Defense

Schmidt, Helmut (1965): Verteidigung oder Vergeltung. Ein deutscher Beitrag zum strategischen Problem der NATO. 3. Aufl., m. einem Beitrag über d. Lage des Westens im Jahre 1965. Stuttgart.

– (1969): Strategie des Gleichgewichts. Stuttgart.

– (1977): SALT, MBFR, Neutronenwaffe. Strategische u. politische Notwendigkeiten. Vortrag vor dem International Institute for Strategic Studies, London. In: Bulletin d. Presse- u. Informationsamtes der Bundesregierung, Nr. 112/77. Auszug in: *Mechtersheimer,* Hrsg. (1981), S. 129.

– (1982): Rede… vor den Vereinten Nationen, 2. Sondergeneralversammlung für Abrüstung, New York, 14.6.82. In: Bulletin d. Presse- u. Informationsamtes der Bundesregierung, Nr. 62/82.

Scholl-Latour, Peter (1980): Der Tod im Reisfeld. 30 Jahre Krieg in Indochina. 4. Aufl. Stuttgart.

Schulze-Torge, Ulrich J. (1976–81): Die sowjetische Kriegsmarine. 4 Bde. Bonn.

Senger und Etterlin, Ferdinand M. von (1983): Neue Dimensionen militärischer Operationen. In: Europäische Wehrkunde, Jg. 22, Nr. 8, S. 363–367.

Senghaas, Dieter (1969): Abschreckung und Frieden. Studien zur Kritik organisierter Friedlosigkeit. Frankfurt. (Kritische Studien zur Politikwissenschaft.)

– (1972): Aufrüstung durch Rüstungskontrolle. Über den symbolischen Gebrauch von Politik. Stuttgart. (Urban Taschenbücher, Reihe 80, 835.)

–; *Rittberger*, Volker; *Luber*, Burkhard (1973): MBFR: Aufrüstung oder Rüstungskontrolle? In: *Bielfeldt*, Carola u. a.: Frieden in Europa? Reinbek, S. 48–87.

– (1974): Gewalt – Konflikt – Frieden. Essays zur Friedensforschung. Hamburg. (Standpunkt. Analysen, Dokumente, Pamphlete.)

– (1981): Abschreckung und Frieden. Studien zur Kritik organisierter Friedlosigkeit. 3., überarb. u. erg. Aufl. Frankfurt.

– (1983): Rückblick und Ausblick auf Abschreckungspolitik. In: Aus Politik u. Zeitgeschichte, B 38/83, S. 28–38.

Sethe, Paul (1953): Es war alles ganz anders. (Koreakrieg.) Leitartikel der Frankfurter Allg. Zeitung vom 1.9.53, nachgedr. in: Vereinte Nationen, 2/1972, S. 53.

Shreffler, R. (1978): The new nuclear force. In: Tractical nuclear weapons: European perspectives. Stockholm International Peace Research Institute, S. 296–341.

Sicherheitspolitik contra Frieden? Ein Forum zur Friedensbewegung. Berlin, Bonn 1981.

SIPRI Yearbook s. World Armaments…

Sirjacques-Manfrass, Françoise (1983): Grundzüge der französischen Sicherheitspolitik in der Ära Mitterrand. In: Neue Gesellschaft, 1983/2, S. 134–143.

Sonntag, Philipp (1970a): Mathematische Analyse der Wirkungen von Kernwaffenexplosionen in der BRD. In: Kriegsfolgen und Kriegsverhütung, S. 75–198.

– (1970b): s. *Afheldt/Sonntag* (1970c).

Die sowjetische Rüstung. Pentagon-Papier zur sowjetischen Rüstung. München 1981.

Statement of Secretary of Defense s. Department of Defense

Statement on the Defense Estimates, 1980. London: HMSO.

Steinberg, Jonathan (1965): Yesterday's deterrent. Tirpitz and the birth of the German battle fleet. London.

Steinbruner, John D. (1981/82): Nuclear decapitation. In: Foreign Policy, No. 45, S. 16–28.

Steinhoff, Johannes (1983): Neue Herausforderungen an die Luftstreitkräfte der NATO-Staaten. In: *Würzbach*, Hrsg., S. 135–146.

Strategie der Abrüstung. 28 Problemanalysen. Hrsg. unter d. Schirmherrschaft d. American Academy of Arts and Sciences v. Donald G. *Brennan*. Dt. erw. Ausg. hrsg. in Verbindung m. d. Forschungsinst. d. Deutschen Gesellschaft f. Auswärtige Politik v. Uwe *Nerlich*. Gütersloh 1962. (Orig.:) Arms control, disarmament and national security. New York 1961. (Ein Teil d. Beiträge erschien erstmals in einer Sondernummer von »Daedalus« unter d. Titel »Arms control«.)

Stratmann, K.-Peter (1981): NATO-Strategie in der Krise? Militärische Optionen von NATO u. Warschauer Pakt in Mitteleuropa. Baden-Baden.

Szilard, Leo (1981): Die Stimme der Delphine. Science-fiction-Erzählungen. Vorw. von

von C. F. von *Weizsäcker*. Frankfurt. (Orig.:) The voice of the dolphins. New York 1961.

Taschenbuch der Deutschen Kriegsflotte. Jg. 1900–1914.

Tewes, Wolfgang (1981): Einsatzflugplätze der Luftwaffe; Anlagen, Strukturen, Ausrüstung und Schutz. In: Wehrtechnik, '81/11, S. 42–48.

Treverton, Gregory (1981): Nuclear weapons in Europe. International Inst. for Strategic Studies, London. (Adelphi Papers, Nr. 168.)

Tuchman, Barbara (1962): August 1914. London.

Tugendhat, Ernst (1983): Rationalität und Irrationalität der Friedensbewegung und ihrer Gegner. Versuch eines Dialogs. Berlin. (Schriftenreihe des AK atomwaffenfreies Europa, Bd. 7.)

Verteidigungsweißbuch s. Weißbuch...

Vitzthum, Wolfgang Graf (1981): Weltnuklearordnung und Staatengleichheit. In: Im Dienste Deutschlands und des Rechts. Festschrift f. Wilhelm G. *Grewe.* Baden-Baden, S. 609–638.

Von wo die Gefahr für den Frieden ausgeht. Moskau: Militärverl. des Min. f. Verteidigung; Nachdruck: Plambeck, Neuss. 1982.

Vondung, Klaus, Hrsg. (1980): Kriegserlebnis. Der 1. Weltkrieg in der literarischen Gestaltung und symbolischen Deutung der Nationen. Göttingen.

Wagenlehner, Günther (1981): Militärische Überlegenheit, Krieg u. Gewaltanwendung in der Auffassung der sowjetischen Führung. In: Beiträge zur Konfliktforschung, Jahr 11, Nr. 4, S. 5–35.

Waltz, Kenneth N. (1981): The spread of nuclear weapons: more may be better. IISS, London. (Adelphi Papers, Nr. 171.)

Watzlawick, Paul (1976): Wie wirklich ist die Wirklichkeit? Wahn – Täuschung – Verstehen. München.

Weede, Erich (1982): Kriegsverhütung durch nukleare Abschreckung oder Entspannung? Referat auf d. Tagung »Friedensbewegung u. Friedensforschung« der Österreichischen Ges. f. Politikwissenschaft, Wien, Nov. 1982.

Weinberger, Caspar (1981): Rede vor dem Verband der amerikanischen Zeitungsherausgeber über die Verteidigungspolitik der Reagan-Administration. In: Amerika-Dienst, 13.5.81, S. 1–11.

– (1981a): »Mit einem Winseln, nicht mit einem Knall.« Spiegel-Interview mit US-Verteidigungsminister Weinberger über das Wettrüsten der Supermächte. In: Der Spiegel, Jg. 35, Nr. 40, S. 145–150.

– (1983): Weinberger to Writers' Association. In: Wireless Bulletin from Washington No. 68, 12.4.1983, S. 4–10.

– (1983a u. 1984): s. Department of Defense

Weinstein, Adelbert (1978): Schlieffen und die Rote Armee. In: Frankfurter Allgemeine, 22.8.78.

– (1981): Der Mythos vom begrenzten Krieg. In: Frankfurter Allgemeine, 23.10.81.

– (1982): Die Europäer sollten nicht provozieren. In: Frankfurter Allgemeine, 13.5.82.

Weißbuch 1969 zur Verteidigungspolitik der Bundesregierung. Hrsg.: Bundesmin. der Verteidigung, Bonn.

Weißbuch... Zur Sicherheit der Bundesrepublik Deutschland. Hrsg.: Bundesmin. der Verteidigung, Bonn. 1970. 1973/74. 1975/76. 1979. 1983.

Weizsäcker, Carl Friedrich von (1958): Mit der Bombe leben. Die gegenwärtigen Aussichten einer Begrenzung der Gefahr eines Atomkrieges. Sonderdruck der ZEIT-Aufsätze. (Auch in:) *Weizsäcker* 1981, S. 43–87.
   - (1965) s. *Picht* u. a. (1965)
   - Hrsg. (1970) s. Kriegsfolgen und Kriegsverhütung
   - (1980): Bevölkerungsschutz gegen mögliche Kriegseinwirkungen. In: Die Zeit, 18.5.1980. Auch in: *Weizsäcker* (1981), S. 518–532.
   - (1981): Der bedrohte Friede. Politische Aufsätze 1945–1981. München.

Wiesner, Jerome B. (1962): Einleitung zur amerikanischen Ausgabe. In: Strategie der Abrüstung, S. 27–30.
   - (1962a): Umfassende Systeme der Rüstungsbegrenzung. In: Strategie der Abrüstung, S. 219–257.

Wikner, N. F. (1983): Neue konventionelle Technologien und Vorneverteidigung in Europa. In: Europäische Wehrkunde, Jg. 32/4, S. 201–215.

Wisner, Kent F. (1981): Military aspects of enhanced radiation weapons. In: Survival, Vol. 12, Nr. 6, S. 246–251.

Wit, Joel S. (1981): Neue Systeme zur U-Bootbekämpfung. In: Spektrum der Wissenschaft, April 1981, S. 58 ff.

Wörner, Manfred (1983): Aktive Friedenssicherung durch Verbesserung der konventionellen Verteidigungsfähigkeit. In: *Würzbach*, Hrsg., S. 9–17.

World Armaments and Disarmament. SIPRI Yearbook. Stockholm International Peace Research Institute. London. (Auswahl in dt. Übers. unter dem Titel »Rüstungsjahrbuch« bei Rowohlt.)

Würzbach, Peter-Kurt, Hrsg. (1983): Die Atomschwelle heben. Moderne Friedenssicherung für übermorgen. Koblenz.

Zechlin, Egmont (1982): Keiner konnte sich dem Teufelskreis entziehen. Die europäischen Mächte im Juli 1914. In: Frankfurter Allgemeine, 8.7.82, S. 6.

Personenregister

Carl Friedrich von Weizsäcker
im Carl Hanser Verlag

Die Einheit der Natur
Studien. 1971. 4. Auflage 1972. 492 Seiten

Fragen zur Weltpolitik
1975. 3. Auflage 1976. 164 Seiten (= Reihe Hanser Band 186)

Wege in der Gefahr
Eine Studie über Wirtschaft, Gesellschaft und Kriegsverhütung. 1976. 6. Auflage
1978. 268 Seiten

Der Garten des Menschlichen
Beiträge zur geschichtlichen Anthropologie. 1977. 8. Auflage 1981. 612 Seiten

Deutlichkeit
Beiträge zu politischen und religiösen Gegenwartsfragen. 1978. 2. Auflage 1979.
184 Seiten

Diagnosen zur Aktualität
Beiträge. 1979. 2. Auflage 1979. 100 Seiten

Der bedrohte Friede
Politische Aufsätze 1945–1981. 1981. 4. Auflage 1983. 648 Seiten

Möglichkeiten und Probleme auf dem Weg zu einer vernünftigen Weltfriedensordnung
1982. 5. Auflage 1984. 32 Seiten

Wahrnehmung der Neuzeit
1983. 5. Auflage 1984. 440 Seiten

Albrecht A.C. von Müller
im Carl Hanser Verlag

Die Kunst des Friedens
1984. 132 Seiten